동아시아 삼국을 살아온 이야기

배천 조씨(趙氏)의 디아스포라

조봉빈(趙鳳彬) 저
이춘희(李春姬) 역

박문사

『論語논어』 술이述而편에 "분발하여 일을 하다보면 먹는 것도 잊게 되고, 일에서 즐거움을 얻으면 근심도 사라지고 자신이 늙는 것도 알지 못 한 다(發憤忘食, 樂而忘憂, 不知老之將至也)"는 구절이 있다. 내가 대학교에서 근무한 지 벌써 40여 년이 되었다. 그 사이 비록 교학과 연구에 몰두하면서 끼니 를 에우고 슬픔도 잊은 적이 있었지만 내가 늙었구나 하는 생각은 별로 하지 않았다. 그러다가 1998년 6월 재직하고 있던 길림대학교에서 퇴임 하게 되면서 아, 나도 나이가 들었구나 하는 생각이 들었다. 하지만 바로 그 해 봄에 일본의 서부에 위치한 후쿠오까福岡현 다자이부太宰府시에 있는 지쿠시筑紫학원대 교수로 부임했다. 여기서 다시 분발하여 아시아학과를 신설하는 등 일을 맡아보면서 정성과 노력을 기울여 교학과 연구에 매 진하다가 2003년 3월에 교수직을 떠나 귀국하였다. 그때 나이가 71세였 다. 이쯤 나이가 들면 자연스럽게 자신의 지나온 시간들을 돌이켜 보며 종종 추억에 젖어들기 마련이다. 늙은이의 마음은 이러한 것일까.

가끔 주변에 오랜 시간을 신중국의 성립을 위해 아낌없이 헌신했던 분들이 모년에 자신의 회고록을 남기거나 가족의 역사를 문자로 남겨서 훌륭한 교육 자료로 활용되는 모습을 보게 된다. 그때마다 늘 참 좋은 일이라고 생각했었다. 젊은이들은 '미래'를 보고 살고, 늙은이들은 '과거'

를 보며 산다는 말이 있다. 틀린 말 같지는 않다. 하지만 내가 자서전을 남기고자 하는 것은 늙어서만은 아니다. 자신이 걸어 온 길이 얼마나 대단하고 남긴 업적이 얼마나 휘황하기 때문은 더더욱 아니다. 나는 평범한 중국 조선족 지식인의 한 사람이다.

2003년, 일본을 떠나기 직전에 나는 나의 일생을 기록한 회고록을 출간한 바 있다. 내가 책을 세상에 내 놓은 것은 다음 몇 가지 이유에서였다. 하나는 나의 삶의 여정에 대한 기록으로, 중국의 여타 민족 또는 외국인들이 늘 나에게 문의하는 중국 조선족의 민족의식에 대한 문제를 대답하기 위함이다. 둘째는 내 자신이 겪어온 체험으로 동북아시아 삼국 또는 '삼지사국三地四國', 즉 중국, 일본 그리고 한반도의 나라들이 20세기에 들어 약 80년에 걸친 격동의 역사적 연혁을 서술해보고 싶었다. 셋째는 상기 두 가지 과정의 체험을 자신의 정체성을 깊이 인지해 보고자 했다. 사실상, 위의 세 가지는 궁극적으로는 하나의 문제에 귀결된다. 즉 중국 조선족은 누구인가? 중국 조선족의 역사는 과연 무엇인가 하는 것이다. 가령, 우리가 이와 관련한 인식이 없거나 또는 그 인식이 온전하지 못하다면, 나의 이 글에서 어느 정도 확인할 수 있을 것이다.

물론 내 평생에 대한 기술은 중국 조선민족의 변천사라는 큰 틀에서 볼 때 아주 평범한 것이며 보잘 것 없다. 그렇다고 하더라도, 나는 나의 회고록이 중국 조선족 역사를 알려주는 전형성을 띤 하나의 사례로, 다사다난했던 그래서 더욱더 다채로운 조선민족의 역사를 해석하고 이해하는 틀이 될 것이라 믿어 의심치 않는다.

1986년 여름, 나는 일본에서 온 친구와 함께 차를 마시며 환담을 나누던 중 우연하게 나의 인생 경력을 그에게 털어 놓았다. 이것이 내 개인 경력을 처음 얘기한 것으로 기억된다. 일본 친구는 그때 내가 있던 길림대학 경제학과에 방문교수였던 일본 서남西南학원대 교수 오가와 유헤이 小川雄平 선생이다. 그는 나와 함께 동북아지역경제협력과 관련한 과제를 함께 수행하면서 주로 중국과 일본, 한국 삼국의 경제협력과 교류문제를 연구했다. 당시 중국은 한국과 수교를 맺지 않았고, 동북아 냉전체제 역시 풀리지 않은 상태였다. 오가와 선생은 일본의 연구동향을 소개하면서 이렇게 말했다. "일본에서 한반도문제를 연구하는 학자는 일본인 말고도 한국사람, 북한사람도 있습니다. 그 중에는 아마도 선생님의 연구영역과 상당히 가까운 학자도 있을 겁니다"라고 했다. 그러면서 오사카大阪시립대 박일朴— 교수, 신슈信州국립대 김조설金早雪 교수, 당시 경북대학교 김영호金泳鎬 교수도 소개해 주었다. 주지하는 바, '한일합방'으로 일본이 한반도를 점령한 후 적지 않는 한국인들이 일본에 이주해 정착했으며, 또 적지 않는 무고한 사람들이 일본에 끌려와 강제 노동에 종사했다. 오가와 선생이 말하는 '재일 한국인 조선인'은 바로 이때 이주했던 사람이거나 또는 그 후손이었다. 통계에 따르면 한반도에서 일본으로 이주한 인구는 약 200만 명에 달했고, 당시에만 해도 70만 명이 넘는다고 했다. 그때까지만 해도 '재일 한국인, 조선인'이라는 용어는 나에게는 아주 낯설었다.

그런데, 오가와 선생은 장춘長春에서 약 5개월 동안 머물면서 한 번도 나에게 출신 민족을 묻지 않았다. 아마 내가 소수민족이라는 것을 이미 들었을 수도 있었을 것이다. 나는 공동 작업 하는 데 껄끄러움을 없애기 위해 종종 그가 묵고 있는 길림대학 게스트하우스로 찾아갔었다. 그리고 자진해서 나 자신의 이력과 조부가 중국에서 항일운동 했던 경황을 그에게 말했다. 꽤 긴 시간동안 얘기했는데, 그는 조용히 귀담아 들으면서 도중에 말을 끊지도 않았고 아무런 질문도 하지 않았다. 예상 밖이었다. 나는 오가와 선생의 이처럼 조신하고 침묵만 지키는 태도에 약간 반감이 생기다가 미구에는 불쾌감이 들기까지 했다. 그 후 얼마 안 있어 오가와 선생은 길림대학에서의 연구 프로젝트를 마치고 북경, 홍콩, 싱가포르를 거쳐 일본으로 돌아갔다.

　그 후 2년이 지난 1988년, 구정을 지낸 지 얼마 되지 않았을 때 오가와 선생이 갑자기 장춘에 왔고 곧바로 나를 찾아왔다. 좀 뜻밖이었다. 당시 장춘은 영하 20여 도나 되는 추운 겨울이었기 때문이다. 더욱이 예상 밖이었던 것은 그가 이번에 장춘을 찾아 온 것은 오로지 나를 인터뷰하기 위함이라는 것이다. 그는 "송구합니다! 사전에 연락도 없이 갑자기 찾아와서 많이 놀라셨죠? 출판사 쪽에서 특별히 선생님을 인터뷰하라고 보냈습니다"라고 하면서 또 좋은 소식을 전해주었다. 소식인즉 저번에 중국, 일본, 한국 삼국의 연구자들이 공동으로 완성한 저서 『한국경제분석韓國經濟分析』을 일본평론사評論社에서 출간한다는 것이었다. 그에 덧붙여서 출판사의 사장이 저서 첫 머리에 나의 약력을 '인터뷰' 형식으로 수록하고자 한다면서, 나의 동의를 구했다, 날짜는 정확히 1월 13일이다. 그 날 대화의 내용은 모두 녹화되었다. 이튿날 오가와 선생은 녹화된 테이프를 가지고 곧바로 일본으로 떠났다. 그리고 약 한 달이 지났을 무렵 나는 출판사에서 보내온 인터뷰 원고 교정본을 받았다. 아마 수십 쪽에 달하는 원고의 표제는 『두 개의 얼굴─어느 한국계 중국인의 전후戰後역사』라 했다. 작은 표제는 "176만 조선족", "일본이 식민화 교육", "1945년 일본이 패전할 때", "중국 국적 신청", "폭풍우 같은 문화대혁명", "중국 소수민족 정책", "민족의 편견과 조선사람", "중한교류─인적 교류에서 물적 교류로", "남북 간의 물밑교류", "동북아시아의 벽두" 등등이었다. 실제로, 인터뷰에서 거론된 내용은 나의 전체 가족사에서 볼 때는, 일 부분에 그치며, 주로 동북아시아의 정세 등을 많이 담았다.

나의 가족사는 마땅히 20세기 초 일제의 식민지로 전락한 뒤부터 시작한다. 그런데, 인터뷰 원고의 내용은 '전후'의 체험에 초점을 맞춘 듯하다. 이에 나는 곧바로 적절치 못하다는 나의 뜻을 표명하고 일부 문제들에 대하여 수정하기도 했다. 우리 가족의 역사는 그 폭이 1910년 '한일합방' 때부터 1930년대 초 '위僞만주국'이 성립되고 일본이 투항하기까지, 이어서 2차세계대전에 막을 내리고 중국에서 국공양당國共兩黨, 즉 국민당과 공산당의 내전시기에서 줄곧 신중국의 성립까지로 펼쳐진다. 그 뒤에 약 30년간의 사회주의 혁명시기와 10년간의 문화대혁명시기, 그리고 1979년 개혁개방의 새로운 역사시기까지 이어진다. 흥미로운 점은 문화대혁명시기에 '투 페이스북兩個臉譜'라는 말이 유행되었는데, 하나는 중국인의 얼굴이고 다른 하나는 조선인의 얼굴이라는 뜻이다. 그런데 편집자는 원고 내용에서 가장 중요한 키워드가 되는 '중국 조선족'에 대해서는 일언반구도 싣지 않았다. 실제로 인터뷰 할 때 나는 여러 차례에 걸쳐 '중국 조선족'을 언급했고 모두 녹화되었음에도 불구하고 수록하지 않았다는 것은, 편집자에 의해 삭제된 것이 분명하다. 편집부에서는 이 말을 좋아하지 않았고 이해하려고도 하지 않는 듯했다. 후에 알게 되었지만, 이것은 우연히 생긴 일이 아니었다. 바로 그 시기에 일본인들은 '중국 조선족'에 대하여 잘 알지 못했다. 민족관념에 있어서 나와 일본인과 서로 다른 견해를 가지고 있었다. 그 이듬해 『한국경제분석』이라는 책은 중국어로 번역되어 중국전망출판사中國展望出版社에서 간행했었는데, 이때 나는 일본어 책의 서문에 수록했던 '인터뷰' 내용을 삭제했다.

한 가지 잊을 수 없는 일은, 2002년 오가와 선생이 나의 일본어 회고록인 『동아시아와의 동행同行 ─ 나의 삼국지』(創言社, 2003)의 서문에 지난 세기 80년대 중반 나와 처음 만났을 때 감회를 솔직하게 서술했는데, 지금 읽어도 그 진솔함이 느껴진다. 그의 감회는 바로 중국인과 일본인의 민족의식 내지는 문화적 관념의 차이를 잘 보여준다. 그의 말을 인용해 본다.

처음 조봉빈 선생님을 뵌 것은 1982년 여름이다. 나는 학생들과 길림대학에 가서 약 한 달 동안 연수했다. 당시 외사판공실(外事辦公室)의 오패치(吳佩致)선생이 우리를 맞이했는데, 조 선생님께서 통역을 맡아 주셨다. 그때부터 조 선생님의 인자하고 친절한 인품과 뛰어난 일본어 실력이 지금까지 우리와의 밀접한 교유와 깊은 우정을 쌓게 해 주었다. 1986년 나는 재차 길림대학을 방문하여 약 5개월 동안 유학했다. 그때 학교 게스트하우스에 근무하는 한족으로부터 '조 선생은 선족(鮮族, 당시 조선족을 이르는 말)이지만, 사람은 참 좋다'라는 얘기를 들었다. 말하자면 그는 비록 좋은 사람이지만, 아쉽게도 조선족이라는 것이다. 이 말을 듣고 나는 사회주의 중국에서도 민족적 편견과 멸시가 있구나 하는 생각을 했다. 뒤에 나의 이 생각을 굳혀주는 일이 또 있었다. 그것은 내가 일본어를 전공하는 조선족 대학원생을 찾아갔을 때 일이다. 기숙사에 찾아 갔었는데, 공교롭게도 그 친구는 외출중이었다. 기숙사의 경비원은 유창하지 못한 나의 중국어를 듣더니, '너도 선족이니?' 하고 물었다. 특히 그가 '선족'이라는 말을 할 때 나는 분명히 경멸의 뉘앙스를 느꼈다.

사실상, 이 글에서 나는 또 다른 '민족적 편견'과 '민족적 멸시'를 느꼈다. 일제가 한반도를 점령하고 민족동화책을 강행하면서 한민족을 야마토大和 민족에 복속시켜 '선계鮮系'로 나누어 놓지 않았던가? 그래서 민간에서도 조선족을 부를 때 '선족'이라 하지 않았던가? 이 호칭 자체에 이미 식민지 문화의 잔영이 서려 있었던 것이다. 들은 바에 따르면 새 중국이 세워진 뒤, 중앙정부에서는 이 문제와 관련해 특별공문을 내려 '선족'이라는 어휘를 쓰지 못하도록 했다고 한다. 하지만 민족적 편견이란 그만큼 쉽게 가셔지지 않았다. 일본평론사에서 나를 찾아와 특별 인터뷰한 것도 '중국에서 지성인으로 살아가는 조선족 교수 조봉빈은 현실을 어떻게 대처하면서 살아가고 있는가?'에 대한 지대한 관심으로 풀이할 수 있다.

1998년 봄, 길림대학에서 퇴임하고 나서 기회가 되어 일본 후쿠오카현 치쿠시築紫여학원대 교수로 부임했다. 그런데 부임한 지 얼마 안 되서 우연한 계기로 나의 개인사는 또 거론되었다. 나는 문학부에 전임 교수로 있었는데, 그때 아시아학과에서 주관하는 학술지 "아오미도리蒼翠" 편집부의 마쓰시타 히로부미松下博文와 요코야마 고시横山豪志 두 선생으로부터 "잡지에 조 교수의 자서전을 연재하고자 하는데, 어떻습니까?"라는 제안을 받았다. 나는 "대학의 학술지에 나의 자서전을 발표하는 것은 마땅치 않습니다"고 대답했는데, 그들은 머리를 절레절레 흔들며 "아닙니다. 저희 학술지의 독자는 주로 대학생들입니다. 선생님의 국제적인 인생체험은 오늘날 일본의 대학생들의 교육한 소중한 자료가 될 것입니다"라고 말했다.

요코야마 선생의 재차 요청에 결국 거절하지 못하고 먼저 1986년의 오가와 선생이 채록한 인터뷰 내용을 정리해서 보냈다. 원고에 대한 반응은 아주 나쁘지 않았던 것 같다. 요코야마 선생은 "아주 좋습니다. 그렇지만 자서전 형식으로 장을 나누어 등재하면 더 좋겠습니다"라고 요청했다. 그렇지만 나는 "나와 학생들이 대화를 나누는 형식으로 하면 자연스러울 것이다", "학생과 대담하는 과정에서 자유롭게 질문하고 자신의 생각을 말할 수 있었으면 좋겠다"고 대답했다. 마침내 그들은 나의 의견에 동의했다. 이렇게 되어 1999년부터 2003년까지 약 5년에 걸쳐 나의 인생 70년에 관한 장편 대화록이 "아오미도리" 잡지에 연재되었다. 그리고 내가 치쿠시학원대 교수직에서 물러나 귀국하기 반년 전의 어느 날, 일본 창언사 관계자가 나를 찾아와 '대화록을 토대로 자서전으로 출간하자'고 제안했다.

이러한 인연과 과정을 거쳐 나의 70여 년 인생 체험을 기록한 '중국조선족의 일대기'(일본 오사카시립대 박일 교수의 서평에서)가 간행되었다.

(…중략…)

졸저는 나 개인의 역사이지만 불가피하게 개인적인 견해로 봐야 하는 부분과 전체 역사적 환경을 조명하지 못한 한계를 띠고 있다. 하지만 나의 실체 체험은 하나의 좌표가 되어 20세기 동아시아 삼국의 역사의 역동적인 변천사 내지는 발전사의 모습을 종횡으로 보여줄 수 있다고 믿어 의심치 않는다. 또한 평범한 조선족 지식인의 개인사를 통해 당시 중국 조선족의 형성과정과 발전사를 읽을 수 있을 것으로 기대하며 자랑스럽게 생각한다.

목
차

1

'만주滿洲'로, 조부의 망명과

조선인들의 항일독립운동

동아시아 삼국을 살아온 이야기

배천 조씨(趙氏)의 디아스포라

중국 만주로 이주

　나의 삶에 대한 이야기는 마땅히 한반도에서 시작되어야 한다. 그것은 내가 태어난 곳이 한반도 중부에 있는 산골 마을이기 때문이다. 1938년 말, 내가 일곱 살 되던 해 추운 겨울에 우리 가족은 고향인 한국 강원도江原道 금화군金化郡 원동면遠東面 장연리長淵里를 떠나 중국으로 이주했다. 아버지와 어머니, 큰형과 형수, 둘째 형과 나, 이렇게 모두 여섯 식구였다. 그때 우리는 중국 동북(만주)으로 향하는 기차 안에서 1939년 새해를 맞이했는데, 정확하게 말하면 평안북도 만포滿浦에서 압록강 다리를 지나 지안輯安(현 吉林省 集安)을 향하는 열차 안에서였다. 자정이 지나 사방이 칠흑같이 시커먼 밤에 압록강을 지날 때는 묘한 느낌이 들었다. 고향, 나의 조국을 떠난 것인가, 이제 이국의 땅인가……

　분명 이국 타향에 들어섰는데 열차는 멈추지 않았고 신분 검사도 하지 않았다. 그 당시 조선에서 중국으로 들어갈 때는 지금처럼 복잡한 입국 절차가 없었다. 하지만 열차에 있는 사람들은 누구도 잠을 자지 않았다. 아마 잠을 잘 수 없었던 모양이다. 나도 자지 않았다. 그때 나는 어려서 어른들의 마음을 모두 헤아릴 수 없었지만, 그들이 주고받는 말 속에서 '우리는 만주로 간다, 만주로'라는 말은 지금도 기억이 생생하다. 그들은 '중국'이라든가 '동북'이라고 말하지 않고 '만주'라고 했는데, 그들의 말투에서 만주는 신비로운 곳이면서도 아주 익숙한 고장같이 느껴졌다. 열차는 계속 달렸다.

　우리 가족은 동북의 안둥성安東省 환런현桓仁縣 과이모쯔촌拐磨子村에 정착하여 살게 되었다. 그때 나는 초행이었지만 아버지와 형은 예전에 만주에 와서 묵은 적이 있었다. 나의 조부도 만주에 망명하셨던 것으로 알고 있다. 아버지, 어머니는 여기 왔다가 다시 조선에 돌아갔었다. 그리고 1938년 말, 온 가족이 중국 동북으로 이주 와서 살기 시작한 뒤로는 지금까지 중국 동북, 만주를 떠나지 않았다. 이렇게 해서 나의 일가와 나의 인생은 만주와 떼려고 해도 뗄 수 없는 사이가 되어 버렸다. 그래서 나의 이야기도 '만주'로부터 시작한다.

뒤에 알았지만, '만주滿州'라는 명칭은 제2차 세계대전 이전에 사용했던 것으로, 사실상 일본통치하의 중국 동북지역을 가리키는 말이다. 하지만 그 어원으로 따지면 만주는 지명에서 유래한 것이 아니고 민족의 이름을 딴 것이다. 청나라 초, 북방민족의 한 갈래였던 여진女眞 민족을 가리켜 만족이라고 했고, 만족의 집거지인 동북을 만주라 불렀다. 만주가 지명으로 널리 쓰이게 된 것은 러일전쟁(1904~1905) 이후 일본이 중국 동북지역을 차지하기 시작한 때부터였다. 대체로 1931년 9·18사변(만주사변) 전이었다. 바로 사변 이듬해에 '만저우국滿洲國'이 세워졌는데, 이는 일본이 중국 전역에 대한 침략의 목적으로 청나라 마지막 황제였던 푸이傳儀(1906~1967)를 동북에 모셔다 세운 괴뢰정권이었다. 당시 일본은 만주지역을 자기들이 러시아와 싸워서 이긴 '전리품戰利品'인 양 여기고, 9·18사변 초에 벌써 다롄大連에 일본 관동군 총독부總督府를 세우고 만주를 직할 식민지로 통치하였다. 하지만 일본의 식민통치를 비판하는 국제 여론과 중국 내의 반일민족주의 운동이 거세게 일어나자 일본 관동군은 독단적으로 청나라 황제 푸이를 불러와 '집정執政'하도록 하고 만주국을 세웠던 것이다. 1934년에는 또 국호를 '만주제국滿洲帝國'이라 고치고 집정제執政制를 제국제帝國制로 탈바꿈함으로써 푸이는 허수아비인 위황제僞皇帝가 되었다. 그 당시 지도에 만주지역은 붉은 색이었던 조선이나 일본과 구별하여 누런색으로 칠해져 있었다. 이런 사정으로 인해 우리가 압록강을 건너던 그날, 만주와 조선 사이에는 사실상 국경이 없었던 것이다.

현재 창춘長春은 당시에는 신징新京이라 불렸다. 지금의 신민다지에新民大街는 그때 관팅지에官廳街라 하여 여기에 위만주국의 정부기관들이 있었다. 국무원, 군사부, 사법부, 경제부 등등 여덟 개의 중앙기관이 거리 양쪽에 줄지어 세워져 있었다. 그러나 만주국의 중앙기관들은 대체로 제구실을 하지 못했다. 일본인들로 구성된 '총무청總務廳'이 별도로 있어 이들 중앙기관의 실권을 장악하고 있었기 때문이다. 그리고 총무청은 일본 관동사령부의 '내부지령'에 따라 움직였다.

배천白川 조씨趙氏 가문의 내력

나는 어려서 이주해 왔기 때문에, 우리 가족의 내력에 대해서는 만주에 온 뒤에 차츰 알게 되었다. 나는 고향에서 초등학교 1학년을 마친 상태였고 만주에 와서 그곳 초등학교 2학년에 편입하였다. 내가 다녔던 조선족 소학교는 6년제로서 당시 국민우수학교로 손꼽히는 초등학교였다. 소학교를 졸업한 뒤 국민고등학교 중학반에 진학하여 계속 학교를 다녔다. 동북지역이 일본으로부터 해방되었을 때 나는 열네 살이었다. 말하자면 나는 한국에서 7년, 중국 동북에서 7년, 모두 14년 동안 일본제국주의 통치하에서 유년 시기를 보냈다.

나는 초등학교 3학년 때 처음으로 우리 가족의 족보를 보았다. 그해 여름에 나는 장티푸스傷寒라는 병에 걸려 모질게 앓았는데, 다들 내가 살아난 것은 기적이라고 했다. 장티푸스는 속칭 열병이라고 했는데, 전염병의 일종이다. 그때 나는 퉁화성通化省(지금의 通化市)에 있는 일본인이 꾸리는 병원에 입원했다. 일본인 의사는 나를 진찰한 뒤, 병세가 너무 악화되어 치료해도 살 가망이 없다고 말했다. 그래서 나는 죽음만을 기다리는 병실 '병막病幕'이라는 병실로 들것에 실려 갔다. 병막은 전염병 확산을 방지하기 위해 별도로 세워진 격리병실과 비슷한 기능을 했다. 내가 있었던 병막은 시내 병원과 떨어져 있는 훈장渾江 가에 있었다. 지금 생각해보니 나무판자로 지어진 큰 창고 비슷한 집이었다. 다행히 내가 앓았던 때는 겨울이 아니어서 추위에 떨지 않아도 되었고, 강변의 공기도 좋았다. 어쩌면 이 때문에 살아났는지도 모른다. 아버지는 나를 간호하기 위해 전염의 위험을 무릅쓰고 병막에 함께 묵었다.

당시 병막에는 모두 10여 명의 중환자가 입원해 있었던 것으로 기억된다. 나와 아버지를 빼고 모두 만주 사람이었는데, 우리는 중국인漢族을 만주족, 중국어를 만저우어滿洲語라고 불렀다. 그리고 조선 사람이나 일본인이 아니면 대체로 구분하지 않고 만주인으로 불렀다. 나는 그때 만주어를 몰랐고 아버지도 간단한 용어만 알고 계셨기 때문에 병막에 있던 만주인들이 하는 이야기들을 알아듣지 못해 답답했다. 게다가 여기 환자들은 모두 전염병을 앓고 있기 때문에 죽으면 바로 화장터로 실려가 불태워졌다. 매일 죽어 나가는 사람들로 인해 소란스러웠다. 나는 이런 상황을 견디기 어려워서 화가 났다. 그래서 그들을 향해 마구 욕을 했다. 어쨌거나 그들의 말을 알아들을 수 없다는 생각에서였다. 그런데 아버지는 나에게 이렇게 말씀하셨다.

"너 이건 알고 있어라. 우리 선조도 '되놈'이었단다. 너무 욕하진 마라."

나는 이 말을 이해하지 못했다. 우리 가문의 선조가 어찌 '되놈'이란 말인가? 아버지는 자세히 설명해 주시지도 않았고 다른 말씀도 하시지 않았다. 당시의 환경에서는 조선 사람이든 중국 사람이든 서로 상대를 비하해서 말하기 일쑤였다. 비하하는 말인 줄은 알았지만 많이 듣다 보니 피차 익숙해진 듯도 했다. 조선 사람은 중국 사람을 가리켜 '되놈'이라고 비하했고, 중국 사람은 조선 사람을 가리켜 '가오리방쯔高麗棒子'라고 욕했다. 하지만 그날 아버지가 하신 '되놈'은 폄하해서 한 말은 아니다. 만주인을 지칭한 것일 뿐이다. 따지고 보면 이렇게 서로 비하해서 불렀던 것은 우리나 그들 자체의 문제라고 볼 수 없다. 그렇게 된 데에는 사회적 원인이 있었기 때문이다.

위만주국 시대에 조선 사람과 만주인 사이에는 알력이 대단했다. 무슨 뚜렷한 이유를 찾아볼 수 없었지만 어쨌거나 그들과 우리 사이에는 커다란 장벽이 세워져 있는 듯했다. 이 장벽이 민족 간 문화 차이에서 오는 부분도 없진 않겠지만 그보다는 일본이 동북을 차지하면서 자기들이 세운 만주국과 조선은 하나라는 '만선일체滿鮮一體'를 내세우고 민족적 이간정책을 실시했기 때문으로 보인다. 게다가 마침 그 시기에 조선 사람이 대거 이주해 오니 만주인들의 눈에는 조선 사람이 일본 놈들을 따라와서 자기들의 땅을 나누어 차지하는 못된 인간들로 보였던 것이다. 만주인들은 일본인을 귀신같은 인간이라 해서 '구이쯔鬼子'라고 역겹게 표현했고, 조선인에 대하여는 그 앞잡이라는 의미에서 '얼구이쯔二鬼子'라고 욕했다. 조선 사람들은 일본인을 '왜놈'이라고 욕했다. 왜놈은, 한편으로는 고대 중국의 한나라에서 지어 준 이름이기도 하다. 그때 일본은 자기의 문자가 없었기에 오랜 역사 기간 동안 한나라에서 지어 준 이 이름으로 자기 나라를 지칭했다. 이것이 또한 중세에 이르러 '왜구倭寇'라는 말이 나오게 된 어원이기도 하다. 위만주국의 국기는 '5족협화五族協和', 즉 다섯 민족의 화합을 추구하는 다민족 국가임을 표방한 것이다. 여기서 다섯 민족은 일본, 조선, 만족, 한족, 몽골족을 말한다. 일본인은 한족과 몽골족을 서로 다른 민족으로 구분했지만, 당시 사람들은 대체로 한족이나 중국인이라

하지 않고 모두 뭉뚱그려 만주인이라 불렀다. 당연한 이야기지만 일본인이 말하는 '만선일체', '5족협화' 이런 것은 진정한 의미의 일체나 화합이 아니라 저들의 통치를 유지하기 위한 정치적인 술수였다.

아마도 하느님이 도와준 덕분인지, 아니면 일본인 의사의 치료가 효과를 본 때문인지 나는 기적적으로 살아났고 이내 호전되어 퇴원하게 되었다. 큰형님 봉운鳳雲이 과이모쯔촌에서 버스를 타고 통화에 와서 나와 아버지를 맞이했다. 집에 오자 어머니가 나를 꼭 껴안고 눈물을 흘리시며,

"아이고, 우리 봉빈이 살아 왔구나, 정말 하느님이 도우신 거야!"

라고 기뻐하셨다. 어머니는 조선 고향에 계실 때 이미 독실한 기독교 신자이셨다. 아버지도,

"맞아, 같이 병막에 있던 '되놈' 환자들은 거의 다 화장터로 실려 갔는데 말야, 우리 봉빈이만 이렇게 살아 왔으니 정말 행운인 거지."

라고 대꾸하셨다. 그런데 나중에 생각해 보니 나보다 더 행운인 사람은 오히려 아버지이셨다. 아버지는 나 때문에 병막에 갇혀 계셨으면서도 장티푸스에 감염되지 않으셨으니 말이다. 어머니 말씀대로라면 아들을 살리려는 아버지의 지극한 정성이 하느님을 감동시켰다는 것이다. 그때 아버지는 훤칠한 키에 수염을 기른 50대 장년이셨다. 나의 조부님을 닮으셨다고들 한다.

크게 앓고 난 뒤, 나는 늘 병막에 있을 때 하신 아버지의 말씀을 되새겼다. 그때 아버지는 처음으로 나에게 많은 말씀을 하셨다. 주로 우리 가문의 내력에 대한 것이거나 우리 민족에 대한 말씀을 하셨다. 사실 난 당시에는 그 이야기들을 잘 이해할 수 없었고 수수께끼처럼 늘 머릿속에 맴돌았다. 어린 마음에 그저 우리 민족은 저 만주인보다 낫고 또 다른 어떤 민족보다 더 우월하다고 생각했다. 그렇기 때문에 문득 문득 나 자

신에게 물었다. 나는 왜 조선인일까? 언젠가 아버지께서 대답해 주셨다. "조씨의 본관은 배천白川 조씨, 양주陽州 조씨, 옥천玉川 조씨가 있는데 우리는 배천 조씨고, 배천 조씨의 조상은 중국 사람이란다. 우리만 이런 것이 아니다. 실제로 중국인 선조를 둔 사람이 적지 않단다." 그렇지만 조씨 가문의 조상 문제에 대한 나의 의문은 아직도 풀리지 않았다.

한민족의 구성원 가운데 비록 성은 같으나 계보가 다른 경우가 많다. 그렇기 때문에 같은 조씨를 만났다 하더라도 서로 만나면 반드시 "어디 조씨지요?" 또는 "본관이 어디요?" 하고 묻기 일쑤다. 본本은 바로 선조의 발원지라 할 수 있고, 본관本貫 또는 고향이라고도 할 수 있다. 조선 반도의 본관제도는 10세기 고려시대에 형성되었는데, 이 본관제도는 부계가족 혈연관계인 족보를 이해하는 근거이기도 하다. 옛 법에 따르면 본관이 같은 남녀는 결혼을 할 수 없다. 그 이유는 동성동본同姓同本 결혼 금지법에 따른 제도 때문이다(현재는 8촌 이내의 결혼만을 금지하고 있다).

송나라 황족의 후예

한국에는 조상을 연구하는 전문분야와 연구자가 있어, 나는 민중서원에서 펴낸 『배천조씨세보白川趙氏世譜』에서 가족의 내력을 알 수 있었다. 이 세보에 따르면, 배천 조씨의 시조는 고려 현종 때 금자광록대부金紫光祿大夫·좌복야左僕射·참지정사參知政事를 지낸 조지린趙之遴이다. 그는 중국 송나라 태조 조광윤趙匡胤의 맏아들인 위왕魏王 조덕소趙德沼의 셋째 아들로 979년(고려 경종 4년) 난을 피하여 우리나라에 건너와 황해도黃海道 배천군白川郡 도태리都台里에 정착하였다고 한다. 그가 배천에 세거의 터를 잡고 아들 조양유趙良裕가 고려 덕종과 정종 때 판위시승判衛侍丞을 거쳐 추의찬화익조공신推義贊化翊祚功

臣·문하시중^{門下侍中}으로 배천군^{白川君}에 봉해져 후손들이 본관을 배천으로 삼아 세계^{世系}를 이어 왔다.

배천 조씨의 조상이 중국 사람이고 송나라의 황족이었으니 아버지 말씀처럼 나의 조상이 '되놈'인 것도 맞는 얘기다. 아버지는 또 입버릇처럼 "우리 가문은 양반 집안이니라"라고 하셨는데, 세보를 자세히 살펴보니 배천 조씨 선조들 가운데 조정에서 높은 관료를 지내며 가문을 빛냈던 분들이 10여 분이나 계셨다. 아버지의 말씀이 틀리지 않았다.

'양반'은 옛날 조정에서 문관을 가리키는 '동반^{東班}'과 무관을 가리키는 '서반^{西班}'을 아우른 명칭이다. 유교를 국시로 하고 있던 조선시대에는 문관의 지위가 무관에 비해 높았다. 양반 계급은 관료이며 또한 지식 계층이기도 하여 상류 계급에 속한다. 그러나 그들은 법률적인 절차를 밟고 생겨난 특권계층이 아니라 사회의 전통과 관습에 의해 인정된 특수계층인 것이다. 나의 조상은 중국에서 조선반도로 건너온 뒤 몇 세기에 걸쳐 조선반도의 사람들과 동화되어 왔고, 또 이미 조선민족의 일원이 되었다.

혈연관계는 선천적이며 자연적인 속성이므로 영원히 변치 않는다. 하지만 사람들의 생활문화는 후천적인 사회현상이므로 인류 사회의 발전이나 민족의 흥망성쇠에 따라 변화를 보인다. 때문에 혈연관계로 볼 때 나의 가족은 송나라 황족의 혈통을 이어간다고 할 수 있다. 그러나 사회문화적 속성으로 본다면 우리 가족은 조선민족이다. 배천 조씨는 지금도 대부분이 조선의 북부에 거주하고 있으며, 한국에서 살고 있는 친척은 아주 적다. 배천은 조선반도 중서부에 있는 황해도의 한 지명으로 지도에서도 쉽게 찾아볼 수 있다. 그곳은 중국의 산둥반도와 마주 보고 있다. 나의 조상 조지린이 피난 갈 당시 황해와 발해를 지나 조선반도로 들어가지 않았나 싶다. 그 밖에 나의 어머니 김창선^{金昌善}은 경주 김씨인데, 김씨는 한국이나 조선(북한)에서 성씨는 같고 본관이 다른 동성이본으로 가장 많은 수를 가지고 있는 성씨이며 역시 귀족 혈통을 가지고 있다.

중-한 수교가 이루어진 초기에 나는 국제학술회의 참석차 경주에 간 적이 있다. 기조발제를 하게 된 나는 내 이름이 적혀 있는 발표석에 앉아 있었는데, 그때 조씨 성을 가진 한 분이 내 앞으로 다가와 명함을 내밀며 말했다.

"선생께서는 어디 조씨입니까? 저는 배천 조씨입니다."

나도 같은 배천 조씨라고 대답하자 그는 아주 반가워하며 회의 마친 후 자기 집으로 같이 가자고 권했다. 그래서 나는 그의 집에 초대받아 며칠간 묵으면서 많은 얘기를 나누었다. 우리는 조상으로부터 시작해 현재 한국에 살고 있는 배천 조씨들, 그리고 중국에 살고 있는 배천 조씨 사람들에 대하여 서로 자세히 설명했다. 정말 친절하게 나를 대해 주었는데, 그때 받은 감동이 지금도 가시지 않는다. 내가 배천 조씨가 아니었다면 이런 환대를 받았을까 의구심도 들고 말이다.

한국이나 조선에서는 지금도 족보族譜를 보존하고 있으며 족보를 이어서 만드는 일도 게을리 하지 않는다. 기록에 따르면 족보는 중국의 위진 남북조 시대에 생겨나기 시작했으며, 대체로 한 가문의 장자에 의해 세대로 전승되고 있다. 우리 집에서는 남자 3형제 중 큰형 봉운이 족보를 보존하고 있었는데, 큰형이 1946년에 병으로 돌아가시자 아버지께서 족보를 보관하셨다. 큰형은 슬하에 해성海成, 경실慶實 두 남매를 두었는데, 해성은 1960년대 초반에 조선으로 건너갔다. 당시 중국은 경제가 아주 침체되어 식량 공급도 제대로 이루어지지 않아 굶는 사람들이 많았다. 해성은 이를 이기지 못하고 조선으로 몰래 건너갔다가 1년 뒤에 형수와 여동생 경실까지 모두 데려갔다. 그들은 지금까지 조선 평안북도 삭주군

朔州郡에서 살고 있다. 아버지는 조선으로 떠나는 형수에게 족보를 주시면서 맏조카 해성이가 건사하도록 하셨다. 지난번 한국에 갔을 때 어떤 분이 나에게 이런 말을 했다. "배천 조씨의 족보를 가지고 계시면 우리의 연구 사업에 큰 도움이 될 텐데……." 그래서 나는 귀국한 뒤에 조선에 있는 조카에게 편지를 써서 족보에 대하여 알아보았으나 회답을 받지 못했다. 그러다가 중국이 개혁개방정책을 실시하게 되니까 조선의 친지들이 중국으로 방문할 수 있게 되었다. 이때 우리는 조카 경실을 초청했는데, 그의 말에 따르면 어머니가 돌아가시기 전에 오빠가 족보를 불태워 버렸다고 한다. 정말 애석한 일이다. 어찌 족보를 태워 버린단 말인가. 하지만 나는 그들을 나무랄 생각은 없었다. 중국에서 '문화대혁명'을 겪고 난 나로서는 충분히 이해할 수 있었기 때문이다. 당시 조선의 사정에 대하여는 장을 바꾸어 말하겠다.

이렇게 되어 우리 집 족보는 없어졌지만, 몇 년 전에 나의 둘째 형 봉걸鳳杰(지금 이름은 철수澈秀)이 친지들과 상의하여 다시 족보를 만들었다. 족보를 다시 만든 것도 다행스럽지만, 더욱 중요한 것은 나의 조부 조택제趙宅淸의 초상이 잘 보존되어 있다는 것이다. 우리 가족의 운명과 이민의 역사는 20세기 초 조부님께서 만주로 망명하셨던 데서부터 엮어졌기 때문이다. 나는 조부를 뵌 적이 없다. 하지만 80여 년이 되는 내 인생을 돌이켜 보면, 조택제 조부는 언제나 우리 가족 구성원의 중심에 계셨고 우리 삶의 영혼이 되어 주셨다. 내가 지금 조선, 중국, 한국, 일본으로 다니면서 활동할 수 있게 된 것도 역시 조부께서 만주 조선인 항일구국운동에 참여하셨던 데서 비롯된 것이라고 믿어 마지않는다.

조부의 망명 ― 중국 동북의 만주

일제는 1870년대부터 그 침략의 마수를 조선반도로 뻗치기 시작했다. 1905년에는 조선 조정을 협박해 '통감부統監府'를 설치하고 조선의 외교통상권을 앗아갔다. 1909년 조선 애국지사 안중근安重根이 중국 동북의 하얼빈역에서 이토 히로부미伊藤博文를 암살하는 사건이 발생했는데, 이토 히로부미가 바로 초대통감이었다. 1910년에는 '한일합방조약'을 맺어 조선을 완전히 자기의 식민지로 만들었다. 이로부터 조선반도는 장장 35년 동안 일본의 통치하에 굴욕의 역사를 이어 갔다. 하지만 조선 인민은 일제 통치에 저항하여 독립운동을 일으켜 왔으며, 조선반도가 완전히 해방될 때까지 끊임없이 투쟁했다.

조부 조택제(1873~1932)는 조선 평안북도 정주군定州郡에서 태어났다. 조부는 일찍부터 일제 식민지통치를 반대하는 운동에 가담했다. 그는 주로 출생지인 정주, 초산 일대에서 '조선독립만세!'를 외치면서 독립조직을 결성해 일본군에 직접 맞서 싸우기까지 했다. 이 때문에 일본인이 지배하는 지역 경찰서는 조택제를 비롯한 독립운동의 수령들을 지명 수배했다. 어쩔 수 없이 조부는 1913년 애국지사들과 함께 조선을 떠나 중국 만주로 망명하였으며 곧이어 대한독립단大韓獨立團에 가입했다. 대한독립단은 안동성 일대의 산악지대를 중심으로 해서 반일구국운동을 펼쳤던 조선인 항일무장조직이었다. 아버지와 어머니도 조부를 따라 함께 만주에 들어왔고 만주지역 환런현桓仁縣 주변의 산속에서 살았다. 몇 년 살아가는 동안 나의 큰형 봉운과 둘째 형 봉걸鳳傑(후에 철수澈秀로 개명)이 이곳 대한독립단 군영에서 태어났다. 이들은 말 그대로 중국에서 태어난 '재중이세在中二世'였다.

둘째 형 봉걸의 말에 따르면, 정주군 '태구타리'라는 마을에서 태어난 뒤 얼마 안 되어 초산楚山으로 이사했다고 한다. 그리고 조부는 조선 북부지역 조선민주주의 운동의 초창기 핵심인물 가운데 한 사람이면서 또한 조선독립군 초기 지도자의 한 사람이었다고 한다. 만주로 망명할 때 조부는 이미 마흔이었고, 만주에 온 뒤에는 주로 만주의 환런현, 지안현, 싱징현興京縣 등 조선과 인접해 있는 지역에서 활동했다. '3·1운동'이 일어난 두 달 뒤인 1919년 5월에는 조선독립단 '총감總監'이라는 요직에 임명되었다. '총감' 직은 주로 독립군의 무기장비와 물자 마련의 책임을 지고 있었고, 전시에는 부대를 이끌고 일본 관동군에 맞서 작전을 지휘했다. 조부는 독립단 총감으로 있으면서 일본군과 수많은 전투를 벌였다. 그러던 중 1935년 어느 날 장티푸스傷寒에 걸려 환런현 서북쪽에 위치한 산간마을 라오라쯔촌老拉子村에서 세상을 떠났다. 향년 62세였다. 조부님의 묘소는 지금도 라오라쯔 산골짜기에 있다. 나의 어릴 적 기억을 떠올려 보면, "너의 조부는 독립군 총감이셨다. 반일독립전쟁을 지휘하는 사령관이셨다"라고 하신 아버지의 말씀이 어렴풋이 기억난다. 중국에 있는 나의 친척 대부분이 아직도 조부가 생전에 독립운동을 하셨던 환런현에서 살고 있다.

제2차 세계대전 직후, 독립군 동지들이 환런현 베이뎬쯔北甸子 산 속에서 조부가 묻어둔 무기장비와 재봉틀, 회중시계 등 군용물품을 찾아냈다. 조부와 함께 투쟁했던 동지의 후손이 아버지를 찾아와 그 물건들을 건네주면서, "이 물자들은 조 총감께서 생전에 산 속에 묻어 두었던 것이오. 병사들의 물품인데 일본군에게 빼앗기지 않기 위해 숨겨 두었던 것이지요"라고 말했다. 이제는 녹이 슬어 쓸 수 없는 재봉틀과 회중시계를 보면서 아버지는 과거 조부님의 항일운동의 자취를, 그리고 그의 손길을 느꼈을 것이다.

일본군의 기밀보고서

1993년 중-한 수교 직후, 나에게서 박사연구생으로 공부하던 김화림金華林이 한국으로 자료조사를 간 적이 있다. 출국하기 전에 그는 나에게 물었다. "교수님, 이번에 한국 가면 뭘 좀 가져다 드릴까요?" 나는 마침 읽고 있던 〈랴오닝일보遼寧日報〉를 그에게 보여 주었다. 거기에는 둘째 형 봉걸이 최근 발표한 회고록이 실려 있었다. 나는 김화림에게 이렇게 말했다. "이것은 나의 둘째 형이 조부의 항일투쟁 사실을 기록한 회고록인데, 필요한 연구자에게 전해 주면 좋겠네. 혹시 도움이 되지 않을까 해서 말이네."

김화림은 서울에 가서 세종연구소 수석연구원을 지내던 이종석李鍾奭 선생을 만나 조부의 항일사적을 조사해 달라고 부탁했다. 이종석 선생은 노무현 대통령 시절에 통일부 장관을 역임했던 분이기도 하고 북한문제 연구로 이름난 학자이기도 하다. 이종석 선생은 여러모로 자료를 수집하던 중 일본 관동군의 내부 기밀문서 하나를 발견했다. 기밀문서는 1972년에 출판된 일본 『현대사자료(28) 조선』이라는 문헌집에 실려 있었다. 예전에 만주에서 근무했던 일본경찰고문 사카모토坂本 대위大尉가 작성한 것으로, 정보 제10호, 환런현에 거주하는 불순한 조선인조사보고 즉, '情報第10號: 桓仁縣內不逞鮮人搜査報告'(大正9年6月)라는 제목이다. 보고일은 1921년 6월이다. 이로 보아 조부가 만주로 망명해서 조선독립군 사령관으로 항일운동을 했던 시기는 1919년부터 1935년 돌아가시기 전까지 약 16년간인 셈이다. 이처럼 중요한 기밀문서가 일본에서 공개적으로 발간되었으니, 나로서는 참으로 뜻밖에 얻은 수확이었다.

기밀문서에는 환런현 일대에서 있었던 항일독립운동에 대한 구체적인 정보가 기록되어 있었다. 문서 32쪽에서 사카모토는 나의 조부 조택제가 1919년 5월에 대한독립단 총감으로 임명되던 과정을 자세히 적어 놓았다. 이 밖에도 그 지역의 조선인들이 "일본을 배척하는 운동을 치열하게 전개했다"는 내용도 자세히 기록되어 있었다. 기밀문서의 다음과 같은 기록에서 이 점을 입증할 수 있다. 즉, "같은 해 5월 환런현 조선독립단 단장 양기하梁基河가 횡도천橫道川마을에 찾아가 독립단 활동의 형세에 대하여 강연했다. 마친 뒤 독립단의 임원들에 대하여 김윤혁金潤赫을 외교원으로, 김경하金京河, 이시청李時淸을 참의원으로, 조택제를 총사무관으로, 송학서宋學瑞를 서기로 임명하였다. 그리고 횡도천에 살고 있는 20대에서 40대 이하의 남성 전원이 항일운동에 참가하도록 독려했다." 해당문서에는 이밖에도 압록강 주변에 있는 중국의 각 현들에서 활동하고 있는 항일 운동가들의 활동 내역에 대해 상세하게 기록되어 있어 당시 주변 현들의 사정도 잘 알 수 있다.

문서의 기록에 따르면 조부 조택제는 '총사무관'이라는 직을 맡고 있었는데, '총사무관'은 바로 '총감總監'을 일본어로 풀어 쓴 것이다. 조부가 몸담고 있던 환런현의 항일운동에 대하여 사카모토 대위는 6월 7일자 정보의 제9호에 다음과 같이 기술해 놓았다. "환런현 경내 조선인들의 치열한 항일운동의 열정과 적화赤化된 사상은 아동들에게까지 그 불량한 영향을 미치고 있다. 또우양차우道陽岔에 있는 협성학교協成學校와 기타 산거해 있는 마을의 학당에 잠복해 있는 불순한 조선인들이 학생들에게 불량한 사상을 선동하고 있다. 따야허大雅河마을에 있는 한 학교의 학생들이 휴대하는 돛천으로 만든 책가방에 조선 국기를 그려 놓고는 '이를 보며 조국을 잊지 말자'라는 문구까지 새겨 놓은 사건도 발생했다." 기밀문서에는 또한 당시 일본군에 투항해 그들의 앞잡이가 된 변절자 열몇 명의 이름도 기록해 놓았다. 이러한 기록들은 일본관동군이 동북지역의 항일운동에 대하여 얼마나 자세히 알고 있는지를 보여준다. 그만큼 신경 쓰고 있었던 것이다.

러일전쟁 이후, 일본은 남만철도와 일본 조계지였던 뤼순旅順, 따롄大連 지역에 일본인 수비대守備隊를 건립했다. 1919년에 일본은 이 수비대를 기반으로 하여 다시 일본 관동군을 창립했다. 일본 관동군은 일본이 만주를 근거지로 해서 중국 전역을 침략하는 데 있어서 핵심 권력을 가지고 있었으며, 그 군사력 또한 크게 강화되어 못하는 짓이 없었다. 1928년 동북에 웅거하고 있던 군벌 장쭤린張作霖을 살해했고, 1931년에는 '9·18사변'을 일으켰고, 1937년에는 '7·7사변'(일명 루거우챠오盧溝橋사변, 중일전쟁)을 조작해서 중국 전역으로 그 마수를 뻗어가기 시작했다. 또한 이 과정에 청의 마지막 황제 푸이傅儀를 불러다 만주국이라는 괴뢰정권을 세워서 저들이 저지른 만행을 감추고 미화하려 했다.

이와 동시에 1920~1930년대에 중국 동북에서의 반일정서는 최고조에 달했으며, 일제의 통치를 반대하는 만주인과 조선인들의 항일투쟁은 더없이 치열하였다. 그러자 일본 관동군은 자기의 정예부대를 풀어서 토벌과 소탕과 학살로 진압했으며 무고한 백성들에게조차 총칼을 들이대며 수없이 많은 목숨을 앗아갔다. 그런데도 일본 관동군의 만행에 징벌이 가해지지 않았으며, 이들은 오히려 미친 듯이 날뛰며 사실상 동북지역의 태상황제로 행세했다.

조부 조택제는 주로 압록강 연안의 안동성安東省과 통화성通化省에 위치한 산간지역에서 항일 활동을 진행했다. 당시 일본 관동군이 집중 소탕했던 지역도 이 지역이었다. 그래서 조부 등 항일지사들은 큰 타격을 받았으며 전례 없는 곤경에 빠지기도 했다. 사카모토坂本 대위大蔚는 관동군 봉천奉天 부대 본부에서 파견된 토벌대 지대장支隊長이었다. 그는 1921년 6월에 환런현 일대에서 대규모 소탕작업을 진행한 바 있는데, 그 수색 대상이 바로 조부와 같은 독립군 지도자와 대한청년연합회, 한족회韓族會 등의 반일운동 주동자들이었다. 그들은 수색 부대를 다섯 갈래로 나누어 사젠쯔沙尖子, 마췬쯔馬圈子, 쟈피거우夾皮溝, 얼다오양차二道陽岔, 횡도천, 그리고 환런현성 등 지역에서부터 환런현에서 좀 떨어진 콴덴현寬甸縣까지 범위를 넓혀서 소탕 작전을 벌였다. 이러한 사연은 그가 봉천에 있는 상사에게 보낸 기밀문서에 적혀 있었다. 나의 셋째 삼촌 창숙昌淑 어른이 살아 계실 때의 회상에 따르면, 독립군 지도층이 통화현성에 있는 후마링虎馬嶺에서 비밀리에 회의를 소집했다고 한다. 조부 조택제도 이 회의에 참석했다. 그런데 변절 자가 이 사실을 고발하는 바람에 관동군 특종부대에 포위되고 말았다. 결국 회의 참석자 중 몇 명은 체포되었고 조부를 비롯한 다른 몇 명은 포위를 뚫고 겨우 위험에서 벗어났다고 한다. 앞에서 얘기했지만 조부는 내가 어릴 때 걸렸던 장티푸스에 걸려 라오라쯔 예주거우野猪溝에서 돌아 가셨고, 조부의 동지들이 라오라쯔 깊은 산속에 묻어 주었다고 한다. 일 본군이 찾아와 시신을 파헤칠까 걱정해서였다.

우리 집 가족사와 관련해서 나의 둘째 형 철수는 1951년 7월에 공산당 조직에 낸 자기소개서 〈자서전自傳〉에 이렇게 서술해 놓았다. 당시에 철수 형은 중국공산당 랴오닝성遼寧省위원회판공실 서기관을 지내고 있었다.

나의 아버지에게 들은 바에 따르면, 나의 집은 지금부터 38년 전 조선 의 초산을 떠나 여기 중국 동북에 이주해 와 살게 되었다. (그 이전에도) 중국 지안, 신빈(新賓), 환런 등지에 잠시 머물면서 황무지를 개간하여 생계를 유지하는 화전민(火田民) 생활을 했다. 일제가 조선을 점령한 뒤 조부 조택제는 집을 떠났으며 그때부터 반일민족운동을 해 왔다. 그는 둥볜다오(東邊道) 조선독립군의 지도자 가운데 한 사람이었다. 그러다가 '9·18사변'이 발생한 지 얼마 되지 않아 환런 지역에서 희생되었다. 당시 우리 집은 찢어지게 가난했다.

나는 1928년에 랴오둥성(遼東省) 환런현 베이덴쯔(北甸子)촌에서 태어났다. 두 살 때 ('9·18 사변' 전야) 우리 일가는 전란을 피해 다시 조선 강원도 금화군(金化郡) 원동면(遠東面) 장연리(長淵里)로 돌아갔다. 아홉 살 된 형은 홀로 환런현에 남아서 남의 집 소몰이꾼을 했는데, 몇 년 뒤 그도 데려왔다. 그때부터 1937년 '7·7사변'이 일어날 때까지 조선에서 살았으니 약 10년간 살았던 것이다. 처음에는 황무지를 개간해서 농사지으며 살았는데, 후에 일본인이 그곳에서 금광을 개발하게 되자 우리 집에서는 자그마한 매점을 운영하였다. 그런데 사변이 일어나자 광산이 망하면서 매점도 유지할 수 없게 되었다. 게다가 마침 이때 큰형이 일본인의 징병에 걸려, 우리 일가는 다시 중국에 와서 과이모쯔촌에 정착하게 되었다. 우리 집에서는 여섯 마지기 땅을 소작하고, 또 집에 있는 재산을 모두 팔아서 세 마지기 땅과 소 한 마리를 사서 농사를 짓게 되었다. 아버지와 어머니, 형수가 농사를 짓고 큰형은 마을의 정미소에서 장부를 봐 주었다. 이후 마을 산업회에 출근하면서부터는 돈을 벌어 와서 나와 동생을 학교에 보냈다……

이 〈자서전〉은 둘째 형이 공산당 조직에 낸 개인 이력서이다. 1994년 4월 3일 랴오닝성 교육위원회 인사처로부터 증명을 받은 뒤 복사한 것이다. 둘째 형 철수는 〈자서전〉에서 우리 집이 중국 동북으로 이주한 시기를 1939년이라고 했으니 나의 기억과 같다. 그런데 이미 작고하신 큰형이 학창시절에 친구들과 찍은 사진이 있는데, 사진 속에 적은 날짜는 1938년 10월이었다. 이 사진은 조선 강원도 금성면에서 찍은 것이니, 바로 우리 가족이 막 고향을 떠나려던 때였다. 실제로 이 두 시간은 크게 모순되지 않는다. 우리 가족이 조선을 떠나 중국에 입경하던 때가 바로 1938년 말 1939년 초가 되니 말이다. 철수 형은 우리가 '조선에서 10년을 살았다'고 했는데, 이것은 조부가 중국에 망명 올 때 함께 중국에 왔다가 다시 조선으로 옮겨가던 시기가 1929년이니 곧 10년인 셈이다.

조선독립운동의 계보

1910년 한일합방 이후 조선반도 내에서의 항일운동은 지하로 전환될 수밖에 없었다. 그리고 1920~1930년대 들어 일본의 통치가 심화됨에 따라 조선의 항일구국운동의 핵심은 점차 중국으로 옮겨갔다.

그 당시 중국에서의 항일독립운동은 몇 갈래로 나뉘어졌다. 우선, 조선의 독립운동가 김구金九(1876~1947) 선생을 중심으로 한 상하이 조직이 있었는데, 그들은 상하이에서 대한민국임시정부를 세웠다. 다음은 김일성金日成, 최용건崔庸健 등 공산주의자들이 만주에서 항일운동을 일으킨 갈래이다. 그 밖에 양서봉梁瑞鳳을 중심으로 하는 민족주의자들로 구성된 조선독립군 조직이 있었다. 나의 조부 조택제는 양서봉 계열에 속하는 독립운동조직의 일원이었다. 어머니가 생전에 하신 말씀에 따르면, 조부는 양서봉과 친밀한 벗으로 함께 항일운동을 벌였으며, 두 가족도 환런현 횡따오천橫道川과 베이뎬쯔 지역의 한 마을에 살면서 서로 아주 가깝게 지냈다 한다. 양서봉은 일찍이 조선혁명군 총사령을 역임한 바 있으며, 후에 항일투쟁과정에서 희생되었다고 한다. 조선전쟁이 끝난 뒤, 조선의 지도자 김일성이 사람을 파견해 양서봉 총사령의 유족을 찾아 조선으로 불러서 평양에서 살게 했다.

만주에서 이루어진 조선 인민의 항일투쟁은 시종 중국의 항일운동조직과 밀접한 관계를 맺고 서로 협력하며 투쟁을 이어 갔다. 한편으로 조선공산주의자들은 중국공산당에 가입하기도 했다. 또한 당시 소비에트혁명의 영향을 받아 러시아 시베리아까지 그 활동영역을 넓혔으며, 1925년에는 조선공산당을 창립하였다. 그러나 일본군의 탄압이 잔혹해지고 당내 파벌 싸움도 심각해지자 1928년 중국공산당조직은 조선공산당을 해산시켰다. 이후로는 개인적인 신분으로 중국공산당에 가입하였다.

중국공산당이 이끄는 항일조직에는 조선공산주의자가 적지 않았는데, 이들을 '옌안파延安派'라 했다. 그들은 중국 화베이華北 지역에서 중국의 항일무장투쟁에 가담한 조선인 혁명가들이다. 그들은 화베이에 위치한 타이항太行산 일대에서 조선독립동맹 및 조선의용군을 조직하여 일본군과 싸웠다. 그 주요 지도자는 무정武亭,[1] 김두봉金枓奉,[2] 박효삼朴孝三,[3] 박일우朴一禹,[4] 최창익崔昌益[5] 등이었다. 광복 후 그들은 조선의 북쪽으로 귀국해

---

[1] 무정(武亭, 1905~1951): 함경북도 태생. 무정은 1923년 중국에 망명하여 혁명군에 가입하고 대장정(萬里長征)에 참가했고, 중국 공농홍군(工農紅軍) 단장을 거쳐 홍군 제3군단 포병영(砲兵營) 영장, 팔로군(八路軍) 포병단 단장, 조선의용군 총사령 등 군사요직을 역임했다.

[2] 김두봉(金枓奉, 1889~?): 일명 김백연(金白淵), 조선 경상남도 태생. '3·1운동'이 실패하자 중국으로 망명하여 중국의 항일투쟁에 참여. 1940년 중국공산당 혁명의 근거지 옌안에 와서 조선군정학교 교장, 조선독립동맹 주석 등 요직을 역임했다.

[3] 박효삼(朴孝三, 1905~?): 함경남도 태생. 1925년에 중국으로 망명해서 황푸(黃浦)군관학교 제4기 보병학과에서 배우고, 1927년에 유명한 난창(南昌)봉기에 참여했다. 중국 국민혁명군 제25사(師) 149단(團) 제3영(營) 영장, 조선의용군 화베이지대 지대장, 조선의용군 부사령, 진지루위(晉冀魯豫) 변방지역 임시참의원 의원, 동북민주연합군 리훙광(李紅光)지대(원 조선의용군 제1지대) 부사령 등을 역임했다.

[4] 박일우(朴一禹, 1904~?): 평안도 태생. 왕웨이(王巍), 박일우(朴一宇) 등의 이름을 썼다. 일찍이 중국 동북에서 혁명에 참가해 적의 후방에 있는 항일근거지의 현위서기, 산간닝(陝甘寧) 변방지역 정부의 참의원 등을 역임했고, 1945년 중국공산당 제7차 전국대표대회 대표로 참가했다.

[5] 최창익(崔昌益, 1900~?): 함경북도 태생. 1919년 '3·1운동'에 참가했다. 1927년에 조선공산당 간부로 있다가 1936년 중국으로 망명, 옌안에 가서 중국공산당에 가입했다. 조선독립동맹 부주석을 역임했고, 중국공산당 제7차 전국대표대회에 방청인으로 출석했다.

조선신민당을 조직하고 1946년 8월에 조선공산당과 손잡고 조선노동당을 창건했다. 광복 초기에 나는 환런현 과이모쯔 마을에서 그들의 부대를 직접 본 적이 있다. 그때 조부 조택제와 양서봉 등 항일인사들은 조선독립군과 조선공산주의자들의 항일운동과 이념적으로 약간 차이를 보였지만 서로 협조하면서 항일에 있어서의 통일전선을 실현했다.

이상 중국에서 이루어졌던 조선인의 항일운동에 대하여 간략하게나마 소개했는데, 이는 조부 조택제의 항일 활동의 역사적 배경에 대하여 알리고자 함이다. 상기의 서술에서 알 수 있듯이 내가 조선반도에서 태어나게 된 것도 조부가 일찍(1913년) 망명생활을 하면서 항일운동에 참여했던 사실과 무관하지 않다.

이제부터 나의 인생 이야기는 조선반도로 돌아가서 1932년 3월 출생한 뒤의 이야기로 이어가겠다. 여기에는 또 나의 가족이 만주로 이주하게 된 배경이 있는 까닭이다. 나의 일생에 대하여 거꾸로 서술하는 방식을 취하고자 한다. 역사적 논리는 늘 시간의 선후관계에 따라 직선적으로 발전하기 때문이다.

1945년 해방 후 귀국했다.

2

유년시절,
한국 강원도로 피란

동아시아 삼국을 살아온 이야기

배천 조씨(趙氏)의 디아스포라

강원도에서 출생

1920년대 말, 일본 관동군은 중국 대륙에 대한 침략을 확장하기 위해 만주에서 활동하고 있는 항일조직들에 전례 없는 대규모 소탕작전을 벌였다. 이로 인해 독립군은 부득이 투쟁의 근거지로 활용했던 산간지역을 떠나 지하조직으로 옮겨 비밀활동을 벌였다. 독립군은 소분대로 나눠서 주변에 거주하고 있는 민중들을 동원하여 항일운동을 계속했다. 항일투쟁 환경이 열악하고 위험한 상황이었기 때문에 조부는 우리 가족의 안전을 염려하여 아버지에게 가족을 데리고 조선으로 피란하라고 했다. 하지만 당시에 우리는 원래 살던 고향 평안남도로 돌아갈 수 없어서 아버지는 가족을 데리고 강원도에서 아주 편벽한 산골인 김화군 원동면 장연리로 갔다. 그때가 1929년이었다. 마침 이 동네에는 이모님이 살고 있어서 우리가 안착하는 데 큰 도움을 주셨다. 이모부는 그곳에서 소 장사를 하셨고 집안 살림이 꽤 넉넉한 편이었다. 이모네는 두 아들을 두었는데 이름이 백남준白南俊과 백남득白南得이다. 남준은 나의 둘째 형과 나이가 같고 학교 동기였다. 나는 어렸을 때 어머니를 따라 이모네 집에서 며칠 묵은 적이 있는데 지금까지도 그때의 인상이 선하다. 금성金城은 1950년에 일어났던 한국전쟁, 즉 '6·25전쟁' 때 이름난 전역의 하나였던 상감령上甘嶺에서 멀지 않은 곳에 있다. 상감령은 조선전쟁에 참여했던 중국인민지원군이 미군과 수차례 전투를 벌여 물리쳤던 곳으로 이름나 많은 중국 사람들에게 기억되고 있는 지역이다.

조부 조택제는 우리 가족을 조선으로 피란 보내고 계속 만주에 남아서 항일무장투쟁을 이어갔다. 우리가 조부의 비보를 접했던 것은 몇 년 뒤의 일이다. 당시 만주에서 조선으로 건너올 때 나의 부모는 아홉 살

된 큰형 봉운을 한 중국인 지주地主집에 맡겨 놓고 왔다. 어머니 말씀에 따르면 큰형은 중국 애들과 마찬가지로 머리를 길러 땋는 변발辮子을 했고 또 어려서 중국 애들과 같이 놀아 중국어도 제법 잘 했다 한다. 큰형은 중국인 집의 마구간에서 자면서 그 집의 돼지와 소를 기르는 일을 했다. 부모는 큰형을 그렇게 두고 일본군경의 감시를 피해 환런현을 떠나, 약 한 달을 꼬박 걸어서 강원도 장연리에 도착했다고 한다.

조선으로 피란 온 지 2년 뒤인 1932년 3월(음력 2월 5일)에 나는 막내아들로 태어났다. 어머니는 나를 낳으신 뒤 산후병에 걸려 하혈을 심하게 하시곤 했다고 한다. 후에 한 한의원이 구리銅를 갈아서 물에 풀어 마시면 나을 것이라고 하니, 아버지와 둘째 형이 집에 있는 구리 도끼를 갈아 가루를 내어 어머니에게 복용하도록 해서 점차 나으셨다.

우리가 이주해 갔던 강원도 김화군 장연리는 금강산 삼일포와 멀지 않았다. 1988년 조선을 방문했을 때 한 자동차 운전사의 말로는 장연리는 삼일포와 7리 떨어져 있다. 나의 어릴 적 인상에 의하면 주변에 모두 아스라이 높은 산들이 둘러싸여 있었고, 평지나 논을 갈 수 있는 수전은 거의 찾아볼 수 없었던 것 같다. 생각해 보면 그 산골은 참으로 아름다웠다. 온 산에 푸르른 소나무가 울창했고 봄이 되면 고운 두견화가 암석 사이로 울긋불긋 피었고, 또 가을이 되면 산마다에 빨간 단풍이 져서 동화세계의 아름다운 동산을 연상케 했다. 얼마나 아름다운 고장이었던가! 물론 고산지대이기 때문에 겨울이 되면 늘 눈이 내렸고 설 무렵은 아주 추웠다. 내가 늘 춥다고 하면 어머니는 "만주에 비하면 여긴 춥지 않아"라고 하셨고, 그러면 나는 '이보다 더 추운 만주는 어떤 곳일까?' 하고 궁금했었는데, 아직도 그 기억이 난다.

장연리 부근의 산 속에 '장연사長淵寺'라는 불교사찰이 있었다. 사찰 주변에는 홍송紅松이 무성하게 자라 둘러싸고 있었다. 아버지는 가끔 나를 거기에 데리고 가서 잦을 주워 와서 먹었다. 사찰의 스님이 아버지와 잘 아는 사이였다. 그 스님은 불교 신자라고 하지만 아버지처럼 술을 좋아 하셨고, 또 가족도 있었고 우리 집에도 자주 와서 아버지와 술을 드셨다. 사찰의 뒷산에는 일본인이 경영하는 금광이 있었는데, 광부들은 출퇴근 때마다 우리 집 앞을 지나갔다. 이에 아버지는 집에다 자그마한 점포를 만들어 광부들을 대상으로 장사를 했다. 앞서 얘기한 대로 장연리는 깊은 산속에 있는 마을이어서 밭을 일구거나 농사를 지을 수 없었다. 마을 사람들은 대부분 광산에 출근하면서 금 캐는 일을 업으로 살고 있었으니 사실상 '광부의 마을'이라고 해도 과언이 아니다. 그래서 아버지가 고안해 낸 생계 수단이 곧 점포를 경영하는 것이었다. 퇴근해서 돌아갈 때 광부들은 지친 몸을 이끌고 우리 집 마당에 앉아 술을 마시고 노래하기가 일쑤였다. 그들이 즐겨 불렀던 노래는 〈노다지타령〉과 〈도라지〉인데, 나도 그때 배워서 지금까지 부를 줄 안다. '노다지'란 금이 풍부하게 매장되어 있는 '광맥' 또는 뜻밖의 '횡재' 등의 뜻이 담겨 있다. 노래의 대략은 다음과 같다.

노다지 노다지 금노다지 노다지 노다지 금노다지.
노다진지 도라진지 알 수 없구나. 나오라는 노다지는 안 나오고 도라지
만 나오니
성화 아니냐. 엥여라 차차차 엥여라 차차차 누깔면 노다지야
어디 묻혀 있길래 요다지 애태우냐 사람의 간장 엥여라 차차차 엥여
라차.

조선에 이주한 뒤, 아버지는 처음으로 만주 벌판에서 하시던 농사일

의 버거운 육체노동에서 벗어날 수 있었다. 그리고 장사를 하게 되니 집안 형편도 종전보다 나아졌다고 한다. 아버지는 우리 형제 앞에서 늘 이렇게 말씀하셨다. "농사를 해서 가족을 먹여 살릴 수 없다." 그 시대는 정말 그랬다. 하지만 큰형은 만주의 지주 집에서 일하면서 아버지가 찾아와 집으로 데려가기만 기다렸을 것이다. 다행스러운 것은 당시 만주와 조선은 자유로이 편지를 주고받을 수 있었다. 만주에 계신 셋째 삼촌 창서昌瑞에게서 온 편지에 큰형의 소식을 알 수 있었는데, 아닌 게 아니라 큰형은 매일같이 고된 일에 시달렸다고 한다. 한번은 병이 들어 운신이 힘들었는데도 지주는 큰형에게 빨리 나가 소 여물을 베어 오라고 했단다. 아홉 살 어린이가 한 번 나가면 종일토록 일을 해야 했으니 얼마나 힘들고 괴롭고 외로웠을까. 지금도 그때의 큰형 일을 생각하면 마음이 아프다. 편지를 읽은 아버지는 더는 참을 수 없어서 모은 돈을 셋째 삼촌에게 보내며 큰형을 조선으로 데려오라고 했다. 큰형은 1932년 가을쯤에 돌아왔다. 만주에서 외롭게 남의 집에 얹혀 산 지 3년이 지난 때였으니 그때 형의 나이는 열두 살이었다. 아버지는 큰형을 원동면에 있는 일본이 운영하는 '심상소학교尋常小學'에 보냈다. 심상소학교는 일본인이 만든 유일한 초등학교인데, 보통 초등학교와 달리 3년제였다. 초등학교 4학년이 되면 다시 금성면에 있는 공립소학교에 편입하여 계속 공부할 수 있었다. 큰형은 반에서 나이가 제일 많았고 공부도 잘했다. 또 일본어도 잘 해서 소학교를 졸업하자마자 마을의 변전소에 출근하게 되었다. 취직을 한 큰형은 '나이가 들어 공부해도 역시 좋은 점은 있어' 하고 흐뭇해하였다. 어머니는 우리 삼형제 가운데서도 큰형을 아주 끔찍이 대했다. 아마도 맏이여서 그런 것 같았다. 게다가 큰형은 고생도 제일 많이 했고 일찍 철들어 부모에 대한 효심도 극진했다. 이렇게 해서 큰형은 어려서부터 아버지와 함께 일하며 가족을 먹여 살렸다. 큰형은 나보다 열두 살이 많았으니, 나에게 큰형은 어른과 마찬가지였다.

일제 통치하의 조선 청년. 일식 학생복에 조선 전통의 허리띠를 착용하니 시대적 흔적이 역력하다. 1938년 3월.

1938년, 둘째 형 봉걸이 원동면 심상소학교를 졸업하고 금성면에 있는 공립소학교 4학년에 편입했다. 그때 나도 여섯 살이 되어서 원동면에 있는 심상소학교에 입학하게 되었다. 심상소학교는 집에서 아주 멀었다. 그래서 매일 아침 큰형이 나를 자전거에 태워서 학교 근처의 산기슭에까지 데려다 주고 나서 출근했다. 큰형수 김선야金善也는 가난한 집안 출신으로 집안 형편이 어려워 우리 집에 민며느리로 들어왔다. 이 일은 만주에 있을 때 일이다. 아버지는 김선야를 데려다 친척집에 두고 부양하도록 했고, 큰형을 만주에서 데려온 뒤 곧이어 김선야를 조선으로 데려와 그들을 결혼시켰다. 큰형보다 세 살 위인 형수는 집안일을 모두 맡아서 했다. 사실상 나도 형수의 손길 밑에서 자랐다. 큰형과 형수는 나에게 부모와 마찬가지로 길러준 은혜가 있다. 늘 잊을 수 없다.

백의민족의 기백

1995년 7월 27일자 랴오닝조선일보遼寧朝鮮日報 기자 김석봉金錫峰, 유흥준兪興俊이 둘째 형 철수(본명: 봉걸)를 인터뷰하고 쓴 장편의 〈인터뷰 회고록〉을 실었다. 회고록의 첫 부분에 다음과 같이 적혀 있다.

1927년, 이 문장의 주인공 조철수는 항일투사 양서봉 장군의 휘하에 총감으로 있던 조택제의 손자이다. 환런현에서 태어난 조철수는 나서부터 끊임없이 고난과 시련을 겪으며 자랐다. 조선독립군의 가속으로 그와 그의 가족은 일본군의 감시를 피해 깊은 산골에서 살아야만 했고, 인가가 별로 없는 편벽한 곳에 가서 황무지를 개간하며 생계를 유지해야 했다. 한번은 금방 이사한 곳에서 막 흙을 이기고 돌을 겹쳐 쌓아서 집을 짓고 나서 숨 돌릴 사이도 없이 밭을 일구기 시작했는데, 갑자기 영아의 자지러진 울음소리가 들리자 어머니는 급히 방으로 달려가 보고 기겁을 했다. 중국식 캉에 누워서 울고 있는 아이 곁에 한아름 되는 구렁이가 틀고 앉아 있는 것이었다. 황급히 구렁이를 쫓고 아이를 안고 보니 다행이도 상한 데 없었다. 어머니는 모두 12명의 자식을 낳으셨는데 낳으면 죽고 해서 결국 우리 3형제밖에 남지 않았다. 그 때 조선독립군 총사령 양봉서(梁鳳瑞)의 식솔들은 우리 이웃들과 한 집식구들처럼 지내며 어려운 시절을 지냈었다. 그런 연고로 해방 후에 김일성 주석이 사람을 보내 양봉서 부인을 모셔갈 때 서로 눈물을 뿌리며 작별하기 아쉬워했다. 전쟁과 일본군의 항일투사에 대하 토벌 등으로 조철수 일가는 조선의 강원도에 있는 편벽한 산골에 묵은 적이 있기도 했다. 일제식민지 통치하에 조선 사람으로 조선말을 할 수 없었고, 심지어는 백의민족으로 흰 옷을 입는 것조차 허락되지 않았었다. 그의 부친은 그의 조부마냥 줏대가 있는 분으로 그 때 일본어 배우기를 거절했고 집을 나설 때면 어김없이 흰 두루마기를 입었었다. 하루는 그가 파출소 앞을 지나는데, 조선인 경찰이 나와서 질책하자 "우리는 백의동포인데, 조상이 물려준 백의를 입는 것이 뭐가 잘 못 됐는가? 왜 못 입게 하는가?"라며 대들었다. 그러자 경찰은 따귀를 치면서 야단쳤고 부친은 결국 강제로 수감되었다. 그의 어머니가 헐레벌떡 찾아와 싹싹 빌어서야 겨우 풀려났고 그의 흰 도포는 벌써 빨강 잉크로 얼룩져 있었다.

1937년 7·7사변이 발발하자, 부친은 다시 가족들을 이끌고 만주에 돌아왔다.

당시에 조선 사람들은, 특히 연세 든 분들은 대체로 흰색 옷을 입었고, 머리에는 갓을 쓰고 다녔다. 이것이 우리 민족의 복장이었다. 갓은 옛날 조선시대 사대부들이 쓰던 모자인데, 관직에 있는 사람들이 쓰는 관직용 오사모烏紗帽와는 다르다. 보통 백성들도 1930년대까지 갓을 이용했다. 갓을 쓰는 것은 스스로 '양반兩班'임을 자랑하는 것이며 또한 조선의 옛 전통을 보존한다는 의미도 있었다. 하지만 둘째 형의 인터뷰 기록에서 보니 이러한 복장을 하고 다니는 분들은 대체로 반일민족주의자로 의심받았다. 결과적으로 봤을 때 이러한 차림은 조선인들에게 자기 민족의 운명을 반성케 하고 또 반일정서를 고조시켰다. 당시 학생들은 모두 일식 학생복을 입고 다녔다. 둘째 형도 나도 모두 그랬다. 큰형은 늘 백색 민족 복장을 입고 있었고 출장을 갈 때는 검은 색의 두루마기를 입었다.

아버지는 늘 신문을 보셨다. 경성에서 발간되는 〈조선일보〉를 정기적으로 받아보셨다. 지금의 서울이 곧 옛날 경성이다. 이 신문은 오랜 역사를 가지고 있으며 현재까지도 발행량 1위를 차지하는 신문으로 남아 있다. 아버지는 학교 문에 발을 들여놓은 적이 없지만, 조부로부터 천자문을 익혔고 한글은 스스로 터득했다. 신문을 보시니 세간 소식에 대하여 다른 사람보다 빨리 알게 되고 또 아는 것도 많으셨다. 마을에는 별도로 편지를 발송하고 수신하며 신문을 취급하는 곳이 있었는데, 그곳에 가서 신문을 찾아오는 일은 내가 맡아 했다. 나는 열흘에 한 번씩 그곳에 가서 신문을 가져왔다. 살고 있는 곳이 고산지역이다 보니 교통이 아주 불편했고 자동차와 같은 교통수단은 전혀 볼 수 없었다. 마을에서 신문을 주문하는 사람이 적어 매일 배달되지 않고 거의 열흘에 한 번씩 배달되는 것 같았다. 우리 점포에 진열된 담배도 국가에서 경영하는 전문회사가 김화군에서부터 마차를 이용해 운송해 왔다. 기억에 키가 큰 구릿빛 말의 등에 커다란 담배 상자를 양쪽에 매달아 날랐다. 마부는 매번 짐을 부리고 나서 마당에 앉아 술을 몇 사발 마시고 다시 떠났다. 마부는 말수가 적은 중년 사내였는데 한 달에 한 번씩 오는 것 같았고 올 때면 어김

없이 마당에 앉아서 술을 마셨다. 이 모습이 나에게는 하나의 그림처럼 기억되고 있다.

심상소학교 1학년

1930년대 초에 심상소학교 학생은 조선 사람뿐이었고, 교장과 선생님은 모두 일본 사람이었다. 교장, 교사 모두 합쳐서 3명밖에 안 되었는데 그중에 조선 사람이 있었는지는 나도 자세히 알 수 없다. 선생님들은 일본말만 했기 때문에 교육은 전부 일본어로 진행되었다. 당시 교장의 모습은 참으로 인상적이었다. 작은 키에 머리는 빡빡 깎은 대머리였고 수염을 기르고 있었다. 교장의 대머리 모습은 우리가 영화에서 자주 보았던 일본인 모습과 완전히 달라서 좀 무서운 인상을 주지만, 실제로 학생을 대할 때면 아주 상냥하게 말했다. 늘 친절하게 말하는 모습이 지금도 눈앞에 선하다. 입학할 때 나는 교장실에 가서 면접시험을 봤다. 그날 어머니와 둘째 형이 나를 데리고 갔다. 교장은 일본어 교과서를 펼치면서 일본말로 히라가나를 읽을 줄 아는지 물었다. 나는 둘째 형한테서 일본어를 배웠기에 교장 앞에서 큰 소리로 히라가나를 외웠다. 교장은 참 잘했다, 총명하구나 하고 나를 칭찬했다. 나의 일생에서 처음으로 일본 사람과 했던 대화였다.

높은 산 중턱에 자리 잡고 있는 학교는 주위가 산들로 둘러싸여 있어 사철 아름다운 경치를 만끽할 수 있었다. 검은 색 목조 건물로 되어 있었고 정문에서 들어오는 길에는 하얀 자갈을 깔아 놓아 멀리서 보면 사찰처럼 보였는데, 마치 한 폭의 그림같이 아름다웠다. 하얗게 깔려 있는 자갈은 아마도 동해 바닷가에서 주워 왔을 것이다. 동해는 학교에서 아주 가까웠다. 학교에 가면 매일 아침 조례를 했다. 선생과 학생 전체가 운동장에 집합해서 교장의 훈계를 듣고 나서 동쪽을 향해 90도로 허리 굽혀 경례를 했다. 소위 도성을 향해 참배한다는 뜻의 '궁성요배宮城遙拜'였다. '궁성'이란 곧 천황이 있는 궁궐을 가리키는 것이다. 궁성요배를 한 뒤에는 (천황을 칭송하는 내용의 일본 국가인) 〈기미가요君主代〉를 불렀다. 이 학교에서는 우리에게 학교 안에서 반드시 일본말을 해야 한다고 요구하지 않았고, 또 그때까지만 해도 '체벌體罰' 같은 엄격한 규칙은 없었다. 우리는 아직 일본말을 많이 배우지 못했기 때문에 학생들끼리는 조선말을 사용했다.

그 시절 우리 집 대청의 벽에는 넓이 30cm, 폭 80cm 정도 되는, (일본 건국의 신인) 천조대신天照大神과 메이지천황의 이름자를 쓴 감실神龕이 놓여 있었다. 물론 이것은 당시 일본 경찰의 요구에 따른 것이었다. 조선 사람에게 일본인의 조신祖神을 모시라는 뜻이었으나 우리 입장에서 보면 그것은 하나의 설치물에 지나지 않았다. 간혹 친일분자가 와서 제향祭享하는 것 같기도 했으나 그 밖에는 누가 와서 들여다보는 이도 없었다. 하지만 경찰이 불쑥불쑥 나타나 그것이 제대로 모셔져 있는지를 감시했기 때문에 사람들은 그것을 조심스레 대했다. 혹시라도 그것을 훼손시키거나 잃어버리면 경찰서에 끌려가 심한 고문까지 받아야 했다.

돌이켜 생각해 보면 나는 그때 아주 어렸고 철도 없었다. 상대적으로 안정된 생활환경에서 매일 학교에 다니고 마을의 어린이들과 함께 놀고 있었으니 그 땅에서 무슨 일이 발생했는지 알지 못했다. 또 우리를 가르치는 일본인 선생님들도 친절하게 대해 주니까 마냥 즐거운 마음이었다. 학교에서는 수신修身, 국어(일본어), 산수, 음악, 도화圖畵 등의 과목을 배웠다. 수신 시간에는 일본 천황가의 황족신화, 즉 천조대신天照大神, (초대 천황인) 신무대황神武大皇, 메이지천황明治天皇의 이야기를 배웠다. 교장은 늘 너희들은 천황폐하의 '황민皇民'이요 대일본제국의 '신민臣民'이라고 했다. 나는 그것이 무엇을 의미하는지 전혀 몰랐기 때문에 매일 조례朝禮 때마다 앵무새처럼 교장이 하는 말을 또박또박 따라 외웠다. 형들도 나에게 어찌된 영문인지를 말해 주지 않았다.

나는 음악 시간을 특히 좋아했다. 음악을 가르치는 선생님은 예쁘면서도 아주 친절했다. 어린 나의 마음에 그는 천사와 같았다. 지금도 음악 선생님을 생각하면, 풍금을 타는 그 모습이 떠오르면서 아름다운 선율이 귓전에 들리는 듯하다. 그는 우리에게 노래를 가르칠 때 부드러운 목소리로 존댓말을 사용했다. "다함께 불러 보세요." "여기서는 음을 주의하세요." "잘 불러 보세요." 그때 배운 동요 〈봄노래〉, 〈석양요〉, 〈모모타로桃太郎〉, 〈민들레꽃〉 등을 아직도 기억하고 있다. 가사는 잘 생각이 나지 않지만 말이다. 학교를 마치고 집으로 돌아갈 때면 친구들과 함께 길에서 목청껏 노래를 불렀다. 이렇게 세상물정 모르고 아무것도 모른 채 즐거운 소학시절을 보냈다.

빨간 털 강아지의 '오해'

내가 살던 장연리에는 미국인이 세운 기독교 교회가 있었다. 우리가 여기로 이사 오기 전부터 있었다. 어머니는 일찍부터 교회에 다니기 시작했고 아주 독실한 신자이셨다. 내 기억에 일요일만 되면 어머니를 따라 교회에 가서 예배를 봤던 것 같다. 나는 서너 살 때부터 교회에 따라다니면서 어른들과 같이 기도하고 노래 부르고 음식도 먹고 애들과 함께 뛰어놀았다. 교회에선 노래자랑 행사도 있었는데 거기서 우승하면 목사님이 연필과 노트를 상품으로 주었다. 목사님은 미국 여성으로, 나를 볼 때마다 총명하구나, 귀엽구나, 노래도 잘하는구나 하고 칭찬해 주었다. 교회에 다니는 사람 대부분이 여성이었다. 기도는 조선말로 했고, 목사님도 서툰 조선어 발음으로 말을 했다. 사람은 언제 어디서나 거짓말을 해선 안 된다, 성실한 사람이 되어야 한다고 설교했다. 어머니께서 평소 우리에게 말씀하시던 내용과 일치했다. 어머니는 이웃과 사이좋게 지내면서 교회도 함께 다녔다. 맛있는 음식이 생기면 꼭 나눠 먹었고 또 교회에 가지고 가기도 했다. 이처럼 미국인의 기독교 선교활동은 1930년대에 벌써 조선의 강원도 산간지역에까지 확산되어 있었다.

어머니는 미국인 목사님과 사이가 좋았던 것 같다. 하루는 목사님께서 어머니에게 강아지 한 마리를 선물했다. 털이 빨간색인 강아지는 미국 토종개였는데 영리했다. 목사님이 고향에서 데려온 것이다. 나는 그 개를 무척 좋아했다. 그때 큰형이 근무하던 변전소는 집에서 1km 남짓 떨어져 있어서 집에 와서 점심을 먹기는 곤란했는데, 큰형의 점심 도시락 전달을 이 강아지가 맡았다. 큰형수가 도시락을 만들어 놓으면 강아지는 그것을 입에 물고 큰형에게 날라다 주었다. 처음에는 형수가 배달하면서 강아지를 데리고 갔는데, 몇 번 하니까 금방 익숙해져서 점심이 되면 강아지가 먼저 주방으로 가서 형수가 도시락을 주기를 기다리고 있었다. 큰형도 도시락을 가져온 강아지가 너무 기특해 많이 예뻐해 주었다.

그러던 어느 날, 둘째 형이 집에 있다가 개가 도시락을 입에 물고 가는 것을 보고 비위생적이라며 도시락을 목에 걸어 보내려 했다. 그러자 강아지는 마구 짖고 버둥거리면서 목에 줄 매는 것을 완강하게 거부했다. 결국 입에 물고 보내는 수밖에 없었다. 아마도 강아지는 목에 줄을 매자 죽이려는 줄 알았던 모양이다. 문제가 또 생겼다. 강아지는 처음부터 둘째 형을 좋아하지 않았는데, 이젠 아예 피해서 멀리하고 밥도 먹지 않고 큰형에게 도시락 나르는 일도 하지 않았다. 도시락을 나르지 않는 것은 문제가 되지 않지만 밥을 먹지 않으니 큰일이었다. 나는 강아지가 죽을까 봐 매일 강아지를 옆에서 지켜보았다. 어머니는 둘째 형을 불러 놓고 회초리로 때렸다. 일부러 강아지 보는 앞에서 꾸지람을 하며 때렸지만 강아지는 본 척도 하지 않고 단식투쟁을 이어 갔다. 그처럼 강인한 강아지는 처음 보았다. 결국 어머니는 밤중에 나 몰래 강아지를 먼 친척에게 보냈다. 다음날 이 사실을 알게 된 나는 강아지 내놓으라고 조르며 서럽게 울었다. 지금 생각해도 가슴이 찡하다. 그 뒤 강아지의 운명이 어찌 되었는지 모른다. 동물도 사람과 마찬가지로 한번 오해가 생기면 풀기 쉽지 않은 모양이다. 나는 일본 학생들에게 이 이야기를 한 적이 있는데, 그들도 나와 같은 생각을 하고 공감한다고 했다. 그리고 나의 손녀에게도 이 이야기를 들려주었다. 오해란 생기면 풀기 어려운 것이요, 그것은 아예 서로 모르는 것보다 못하다. 오해가 없었더라면 강아지는 아마 나와 같이 만주에 갔을 것이다.

재차 만주로 피난

가까운 이웃이 먼 친척보다 낫다는 말이 있는데 조금도 틀리지 않는다. 우리가 조선에 있을 때 이웃과 참 사이좋게 지냈다. 나는 친척이 적지 않았지만 다들 멀리 만주에 살고 있었고 조선에 있을 때 친척이라곤 금성면에 살고 있는 이모네 집밖에 없었다. 조부는 나의 조모인 김씨가 돌아가신 뒤 재혼하여 두 번째 부인으로 전씨田氏를 맞았다. 전씨의 아버지는 조부와 독립운동을 같이 했던 동지였고 독립군 참사였다. 나의 조모는 슬하에 두 아들과 딸을 두었는데, 큰아들 창식趙昌植이 나의 아버지였고 둘째가 창환昌煥 삼촌이다. 계조모 슬하에는 셋째 삼촌 창서昌瑞와 두 딸이 있었다. 조부의 세 아들 가운데 창서 삼촌만 당시 독립군이 세운 학교에서 글을 익혔고, 중국 만주의 환런현 베이뎬쯔촌에 살고 있었다. 아버지 말씀에 따르면 독립군 군사학교에서 많은 항일 구국 용사들을 배출했다고 한다.

현재 조부의 자손들은 대부분 중국 동북지역의 환런현 현성을 비롯한 오녀산五女山 자락의 파오쯔옌泡子沿, 둥구청쯔東古城子에 흩어져 살고 있으며 지린성의 퉁화通化, 지안, 창춘長春, 쑹위안松源 등의 도시와 랴오닝성의 선양시에 흩어져 살고 있다. 조카와 조카딸 두 가족은 조선에 살고 있으며, 근래 한국에 시집간 두 조카딸이 있다. 나의 부모는 이미 작고하셨지만 후손 30여 가정, 80여 명이 중국에 살고 있다.

내가 일곱 살 되던 해에 일본은 '지원병제도'라는 것을 조선 전역에 실시했다. 지원병제도는 1938년 2월에 반포된 '육군특별지원병령'에 따라 그해 4월부터 실시되었다. 1937년 '7·7사변盧溝橋事變' 후 중일전쟁이 전격적으로 폭발하였고, 일본은 조선에서 지원병제도를 만들어 군대 확충의 수요를 충족시키려 했다. 이 때문에 적령기에 이른 남성은 반드시 일본군에 입대해야 했다. 사실상 강제징병이었다. 이때 둘째 형 봉운의 나이가 열일곱 살이었다. 아버지는 늘 신문을 읽었기 때문에 이러한 정세 변화에 상대적으로 민감하셨고 '지원병'에 관한 소식도 알게 되었다. 아버지는, "너희들이 일본군에 잡혀갈까 걱정돼서 만주를 떠나 왔는데 여기서 또 이런 일을 당하는구나" 하고 한탄하셨다. 그리고 다시 우리 형제들을 데리고 황급히 만주로 돌아오셨다. 그때까지만 해도 만주국에서는 지원병제도가 시행되지 않았기 때문이다.

다시 만주로 와야만 했을 때 아버지의 심정은 착잡하셨다. 조부 조택제는 독립운동을 위해 만주로 건너왔고 일본군과 싸우다가 이국 타향에서 생을 마감하셨다. 우리는 일본군의 진압을 피해 한 달도 더 걸어서 고국 조선으로 돌아갔다. 편벽한 산골에서 자식에게 공부 좀 시키면서 조용히 살고자 했지만 그것도 잠시였다. 조국이 일본제국주의의 식민지로 전락해 있는 상황에서는 심심산골에서도 발붙이고 살 수 없었다. 자기의 조국에서 자기 자식을 안전하게 보호할 수도 없을 뿐더러 다시 일본군의 병사로 잡혀가야 하는 처지에 이르렀다. 다시 가족을 이끌고 이국 타향으로 발길을 옮기는 아버지의 마음은 얼마나 서글펐을까. 얼마나 비분했을까. 나의 조국은 어디 있는가? 우리는 조국이 없는가? 조선 사람은 평생 풀지 못한 '한恨'이 있다. 망국의 한이다. 이는 조선 사람에게 있는 특별한 정서일 것이다. 뒤에 아버지와 어머니는 어려운 일에 부닥칠 때마다 '한스럽다'는 말을 자주 했다. 그도 그럴 것이, 식민지 통치하에 사는 자체가 놈들보다 열등한 존재이며, 수치스러운 것이며, 모욕적인 것이기 때문이다. 심지어 한복을 입고 (집을) 나서도 그들에게 뭇매를 맞았다. 일본인들은 스스로 자신들은 '구름 위에 사는 사람'으로 권세가 있는 존재고, 조선 사람은 '땅 위에 있는 사람'이라고 말했다. 나는 나이가 들면서 차츰 이 말이 무엇을 의미하는지 알게 되었다.

망국인의 비분

조선 근대사를 돌이켜보면, 1894년 갑오전쟁(갑오경장) 이후 일본은 먼저 조선반도에 눈독을 들이고 조선에 대한 '통감권統監權'(보호권)과 외교권을 앗아갔고, 1910년에는 '한일합방'을 단행해 조선을 완전히 그들의 식민지로 만들었다. 1931년 9·18사변(만주사변)이 있은 뒤, 일본은 조선반도를 중국과 아시아 침략의 발판으로 삼았다. 그리고 1940년대에 들어 태평양전쟁을 도발해서 수많은 조선 젊은이들을 전장으로 내몰아 총탄을 막는 방패로 이용했다. 나의 조부와 아버지가 바로 이러한 만행의 피해자일 뿐 아니라 만행의 역사를 증명하는 목격자이다. 그들은 일본 침략자가 조선 인민에게 안겨 준 굴욕을 온몸으로 체험했던 것이다.

조선에서 중국 동북으로 다시 돌아올 때는 1938년 12월 하순이었다. 강원도의 날씨는 가장 추운 때였고, 우리 가족이 떠나는 날 아침부터 큰 눈이 내렸다. 마을 사람들이 나와서 배웅해 주었다. 어머니와 가까이 지냈던 아주머니는 어머니를 부여잡고 소리 내어 울었다. 우리가 멀리 떠날 때까지도 그들은 길목에 서서 바라보고 있었다. 아주머니의 울음소리가 지금도 머릿속에 남아 있다. 이번의 만주행이 나에게 있어서는 평생 고향을 등지고 살아야 하는 걸음이었다. 6·25전쟁 이후 그곳은 남북을 갈라놓는 '비무장지역'이 되었기 때문이다. 내가 출생한 장연리는 이 군사분계선의 바로 북쪽인데, 지금도 이곳은 누구도 드나들 수 없는 군사관할지역(비무장지대)으로 변해 일반인의 출입이 금지되었다.

이사 준비를 할 때 아버지는 어머니와 한 차례 말다툼을 하셨다. 어머니가 집에서 쓰던 물건을 버리기 아까워 모두 짐에 꾸렸기 때문이다. 결국 아버지의 강요로 어머니는 단지 같은 것들을 버렸다. 그런데 아버지는 우리 집 벽에 올려놓았던 그놈의 '신주단지_{神龕}'는 버리지 않고 큰형한테 들라고 했다. 모두들 의아해 했고 나도 좀 이상하게 생각했지만 누구도 말을 꺼내지 못했다.

우리는 먼저 걸어서 김화군 시내에 왔다. 거기서 전동차를 타고 강원도 중부에 있는 철원시_{鐵原市}를 지나 조선의 수도 경성_{京城}으로 향했다. 당시 사람들은 서울을 경성 혹은 서울이라 했다. 사실상 이 시기 경성은 조선의 수도 서울이 아니라 일본총독부의 소재지였다. 전동차가 다니는 철길은 1920년대 말에 서울에서 금강산 가는 유람객을 위해 건설되었고, 그 당시로 말하면 아주 현대화한 것이다. 속도는 아주 빨랐지만 여객이 너무 많아서 밀리다시피 했고 몹시 시끄러웠다. 전동차는 김화역을 떠난 지 얼마 되지 않아 긴 터널 속을 달렸다. 이때 아버지는 큰형에게 뭐라 손짓을 하면서 속삭였고, 그러자 큰형은 보자기에 싼 '신주단지'를 꺼냈다. 아버지는 형한테서 그것을 받자마자 창밖으로 던졌다. 동작이 아주 민첩한데다 차 안은 등불이 없어 캄캄했기 때문에 누구도 아버지가 무엇을 던졌는지 알지 못했다. 큰형과 나만이 그것이 무엇인지 알고 있었다. 큰형은 약간 긴장된 표정이었다. 전동차에 있는 순경이 그것을 알아채면 우리 모두 무사할 리 없기 때문이다. 잡히면 적어도 옥살이를 면할 수는 없으니 말이다.

우리는 경성에서 3일간 묵었다. 큰형이 일본말을 좀 하니까 우리 가족을 이끌고 여기저기 구경을 시켰다. 그때 나에게 가장 깊은 인상을 남겼던 높은 건물이 있었는데, 화회신사和會信社라는 빌딩이다. 화회신사는 규모가 상당한 백화점으로 조선민족자본의 상징이기도 했다. 빌딩에서 서울시내 전경을 내려다볼 수 있었다. 십여 층으로 된 건물인데 제일 위층에 아이들 놀이방 비슷한 전동목마가 있었다. 큰형은 나를 목마에 앉혀 놀게 했다. 정말 신이 났고 태어나서 처음으로 다른 세상을 구경하는 것 같았다. 재미에 빠진 나는 그만 길을 잃어버리게 되었다. 결국 큰형이 경찰에 신고해서 경찰이 나를 찾아 다시 그 화회신사로 갔다. 형이 문 앞에서 기다리고 있었다. 그날 나는 아버지에 호된 꾸지람을 들었다.

경성에서 구경한 뒤 우리는 기차를 타고 평양으로 향했다. 기차는 전동차보다 더 빠른 것 같았다. 밤늦게 평양에 도착했다. 우리는 구들로 되어 있는 한 여관을 찾아 묵었는데 방 안이 너무 추웠다. 12월에 구들이 따뜻하지 않으면 얼마나 추운지 상상할 수 있을 것이다. 큰 형이 나가서 살펴보았다. 장작이 타고 있어야 할 곳에 촛불 몇 대 붙여서 불타는 것처럼 보일 뿐이었고 사실 장작도 석탄도 없었다. 속았다는 것을 알아챈 큰 형은 여관 주인과 언성을 높여 시비를 따졌다. 막 싸울 것 같았다. 결국 우리는 그곳을 나와 다른 여관을 찾아서 묵었다. 그날 저녁에 우리는 누구도 제대로 잠을 자지 못했다.

이튿날 우리는 또 북행 열차에 몸을 실었다. 열차가 달릴수록 날씨는 더 추워지는 것 같았다. 오후에 열차는 국경에 있는 작은 도시 만포진滿浦鎭에 이르렀다. 열차는 멈췄으나 누구도 올라오지 않았고 신분 검사를 하는 입국 절차도 없었다. 멈추어 선 지 몇 분 지나자 열차는 다시 출발하여 만주 방향으로 달렸다. 열차가 압록강 다리를 건너자 금방 만주의 국경도시인 지안集安에 도착했다. 그때는 지안集安을 지안輯安이라 표기했다. 우리는 출국이나 입국 심사도 그 어떤 서류도 없이 그대로 만주에 왔다. 일본이 중국과 조선의 국경을 없앴던 것이다. 하지만 나의 부모님의 마음속에는 '국경의식'이 늘 있었던 것 같다. 조국을 떠났고 또 이국 타향에서 살아야 했기 때문이다. 나는 창밖으로 보이는 은백색의 눈세계에서 시선을 거둘 수 없었다. 몇 시간이 지났을까. 열차는 만주 서남쪽에 위치한 도시 통화通化에 도착했다. 아직도 나의 기억 속에서 만주는 은백색의 눈이 뒤덮여 있는 눈세계였고 만주인은 검은 옷차림의 사람들이었다. 중국인들이 대체로 검은 옷을 입고 있었기 때문이다. 갑자기 털모자를 덮어쓴 만주 사람이 우리 집 창문을 닦아 주면서 알아들을 수 없는 말을 했다. 마치 다른 세상에 온 것 같았다. 전에 조선에서 살 때와는 다른 세상이었다. 어머니 말씀대로 하면, 여기는 조선보다 더 추워.

그 뒤 우리는 퉁화에서 환런현으로 가는 버스를 타고 압록강변을 따라 서남쪽으로 달렸다. 버스는 목탄을 때서 발동하는 낡은 차였기에 너무 느렸다. 나는 처음 이런 곳에 와서 어리둥절해 있었지만, 어른들은 우리가 가야 할 환런현에 대해 익히 알고 있었다. 나는 퉁화에 가서 위만중학교를 다닐 때에야 퉁화에서 환런현까지 거리가 300여 리 되고, 우리 가족이 살게 될 과이모쯔촌은 거기에서 약 200여 리 떨어진 곳에 있다는 것을 알게 되었다. 꼬불꼬불 산길로, 후미진 산골로 깊이 들어갔다. 그 사이 작은 마을이 있는 곳에서 몇 번 멈추고 쉬었다. 생각해 보면, 그때 사람들은 대대로 그 후미진 산골에서 살았고 평원지역이 있는지조차 모르고 있었다. 중국은 땅이 넓어 평원이며 큰 도시가 아주 많았지만 그 지역 사람들은 이런 사실을 알지도 못했다.

3

위僞만주국 시대와

일본의 식민지 교육

동아시아 삼국을 살아온 이야기

배천 조씨(趙氏)의 디아스포라

위만주국에 정착

버스는 압록강변을 따라 서남쪽으로 계속 달렸다. 버스의 목적지는 곧 조부 조택제가 일찍이 항일독립운동을 벌이던 지역, 즉 옛날 고구려의 도시였던 오녀산성五女山城 근처였다. 우리 가족은 바로 산성에서 20리 떨어진 과이모쯔촌에 정착했다. 이 마을에는 이미 둘째 삼촌 창환昶煥과 셋째 삼촌 창서昶瑞의 가족이 살고 있었다. 우리 가족은 이들을 의지하여 여기로 다시 피란 오게 된 것이다. 과이모쯔촌은 통화현의 관할구역인데, 통화에서 안동安東(현 丹東)시로 가는 중요한 길목이다. 마을에 모두 2천 여 가구가 살고 있고, 대부분은 만족 혹은 한족 사람들이었고 조선인 가구는 약 100가구 정도였다. 우리 가족은 10여 년 동안 이 마을에서 살았고, 여기서 일제의 투항과 함께 해방을 맞이했다.

과이모쯔촌에 이사 온 지 얼마 되지 않아 큰형은 안씨 성을 가진 아저씨의 소개로 마을의 정미소에서 일하게 되었다. 그 아저씨는 사실상 나의 넷째 삼촌이다. 어머니의 말씀에 따르면, 조모께서 병환을 앓고 계시는 동안 조부가 다른 유부녀를 좋아하게 되었는데 그때 생겨난 아들이 곧 이 삼촌이라고 한다. 본인은 그때까지 이 사실을 모르고 있었다고 한다. 그래서 우리는 그를 넷째 삼촌이라고 불렀다. 조부는 아저씨의 성을 갈지 못하게 했기에 그 부인의 남편 성을 따라 안 씨라 했다. 하지만 조부는 그를 셋째 삼촌 창서와 함께 독립군이 설립한 학교에서 2년 동안 공부시켰다. 그 뒤에 넷째 삼촌은 쌀을 찧는 기술을 배워서 지금은 마을 정미소에 출근하고 있다. 큰형이 금방 취직할 수 있었던 것은 조선에 있을 때 공부를 열심히 해서 일본어를 곧잘 했기 때문이다. 큰형은 정미소에서 2년간 일하다가 그만두고 다시 그 마을에 있는 일본 '만주철도滿鐵'-

남만南滿철도주식회사에 취직해 회계 일을 했다. '만주철도'는 철도회사 이름이다. 하지만 실제로는 1906년 11월 러일전쟁 후 일본이 만주에 만들어 놓은 특수한 기구였다. 겉으로 보면 철도를 운영하는 회사 같지만 사실은 당시(만주)의 정치, 군사, 정보 등에 손을 뻗치고 있었으며 간섭하지 않는 일이 없었다. 1905년 일본은 러시아로부터 둥칭東淸철도의 남만주南滿洲철도, 즉 창춘-다롄 구간의 경영권을 빼앗은 뒤, 이 전리품을 토대로 만주철도회사를 세웠다. 만주철도회사는 남만철도를 운영하는 일 외에 철도와 관련되는 석탄, 기타 광산, 항구, 교육사업 등을 모조리 관할하였고, 관할 구역에서 세금을 징수하는 행정 권한까지 행사하고 있었다. 일본이 투항한 그해에 큰형은 만주철도회사 산하 과이모쯔촌의 식량 창고를 관리하기도 했다. 형은 그때 스물네 살밖에 안 되었지만 둘째 형과 나의 학비까지 부담하고 있었다.

1939년 1월부터 1945년 8월 일본이 투항하기까지 나는 위만주국 시기를 7년 겪었다. 그때 우리 마을에 경찰서가 있었는데, 말이 경찰서지 실제로 조선인 경찰 한 사람과 일본인 경찰 두 사람, 모두 세 명이 근무하는 조그만 기관이었다. 게다가 일본인 경찰은 실제로 경찰서에 있는 시간이 별로 없었다. 아마도 다른 마을까지 관할해서 여기저기 이동 근무를 했던 모양이다. 그들은 마을에서 유일하게 무장하고 다니는 사람들이었기에 사람들은 모두 그들을 피해 다녔다. 경찰서의 관할하에 마을 사무소가 세워져 마을의 행정을 담당하였다. 촌장은 만주인이었다. 우리가 이 마을로 온 지 3년 되는 해에 아버지는 마을 부촌장을 맡았다. 부촌장의 직무는 촌장을 도와 조선인들을 관리하는 것이다.

그 시기에 몇몇 구호口號가 유행하였는데, 예를 들면 다섯 민족이 화합한다는 '5족협화五族協和', 왕도의 정치가 있는 살기 좋은 고장이라는 뜻의

1943년 아버지와 어머니가 과이모쯔촌에서 찍음. 이국 타향에 와서 살고 있지만 두 분의 복장이나 모습이 조선 사람의 기질을 보여주고 있다.

'왕도낙토王道樂土' 같은 것들이었다. 이는 일본이 위만주국을 세울 때 내세운 이념으로 자신들의 식민통치를 미화하려는 데 그 의도가 있었던 것이다. 여기에서 '5족'은 일본인, 만주인, 한인, 조선인, 몽골인 등 5개 민족을 말하는 것이다. 이 밖에 창춘이나 하얼빈에 일부 러시아인들이 살고 있었는데, 이들은 대체로 러일전쟁 때 남겨진 사람들로 주로 당시 소비에트연방공화국 정부의 탄압을 피해 도망 온 벨라루시아 사람들이다. 지금도 창춘에 있는 동북인민대학교에서 교수를 하고 있는 러시아 사람들이 있다.

조사에 따르면, 위만주국 시기에는 국적법國籍法이 만들어지지 않아서 그 '국민'에 대한 정확한 법률적 개념이 없었다. 때문에 '5족'이라고 해도 민족에 대한 어떤 법률적 근거가 마련되어 있는 것은 아니었다. 또한 주지하다시피 '왕도王道'라는 것은 유가적 개념이 틀림없다. 일본인들이 내세운 '왕도낙토'는 자기들의 식민통치에 유가적인 외피를 씌워 놓은 것이다. 당시 만주국의 매체들에서는 위만주국 황제 푸이溥儀가 '왕도주의王道主義'를 건국이념으로 내세웠음을 선전했는데, 이는 일본이 조선반도와 대만 지역에서 실행한 '황도주의皇道主義' 정치와는 성격을 달리한다. 내가 어릴 때 배운 교과서에는 '왕도낙토'라는 넉 자가 쓰여 있었는데, 그때는 그 의미를 잘 알지 못했다. 위만주국은 일본이 경영한 식민지제국에서 특별한 의미를 띠는 관리방식이라 할 수 있다. 그래서 일부 사람들은 위만주국은 일본의 '반식민지'(또는 괴뢰 국가)라고 인식하는 경우도 있다. 사실 만주나 조선이나 대만이나 똑같이 일본 식민지였으며, 그 형식에서 다소 차이를 보이더라도 식민지의 본질은 다를 바 없다.

위만주국에서의 신분 ─ "123얼구이쯔二鬼子"

위만주국 정부는 황제, 총리, 부장 등에 이르기까지 모두 만주인이 직위서열의 첫 번째를 차지하고 있었다. 겉으로 봐선 만주인이 최고 권력을 쥐고 있는 듯했지만, 모든 자리의 실권은 대체로 '차장次長'과 같은 그 다음 직급을 차지하고 있는 일본인이 거머쥐고 있었다. 내가 통화에서 학교 다닐 때의 일이다. 하루는 무엇을 기념하는 대회가 열렸는데, 전체 시민이 모두 참가했다. 회의는 만주인 시장이 사회를 보았지만 강연하는 자는 흰 말을 타고 오만하기 그지없는 자세로 있는 일본인 부시장이었다. 만주인들은 그가 뭘 말하는지 알아듣지 못했지만 울며 겨자 먹기로 공손하게 듣는 수밖에 없었다.

당시에 아주 유행했던 구호 가운데 하나는 '일선일체日鮮一體'이고, 다른 하나는 '만선일체滿鮮一體'이다. 마치 '한 집 식구'인 양, 조선 사람과 일본인이 평등하게 다름이 없는 것처럼. 만주국에 있는 사당에서 아마테라스天照大神을 제향하고 있었는데 이것 또한 '일만일체日滿一體'의 상징이 되었다.

만선일체滿鮮日一體란?

위만주국 시기 조선 사람은 만주인들과 신분상 약간 달랐다. 조선 사람은 위만주국의 '국민'이면서 동시에 일본 천황의 '신민臣民'이었다. 말하자면 이중의 식민통치를 받았다. 앞서 말한 '얼구이쯔二鬼子'라고 불리게 된 것도 이 때문이다. '얼구이쯔'가 곧 만주에서 살고 있는 조선 사람의 신분 지위였다. 그들의 조국 조선은 이미 일본의 식민지가 되어서 소위 일본과 조선이 동일체라는 '일선일체화日鮮一體化'가 되었기 때문이다. 그 시기의 지도를 보면 조선반도와 타이완臺灣, 일본 열도는 빨간 색으로 동일하게 표시되어 있다. 하나의 국가라는 의미다. 만주국은 옅은 황색으로 되어 있었는데, 이는 일본이 만주국과 조선을 구분하여 차별대우를 한다는 뜻이다. 소위 '만주국'은 독립된 '제국'이라는 것이다.

당시 '만선滿鮮관계', 즉 만주인과 조선인의 민족 관계는 아주 민감했다. 어쩌면 이러한 국면이 지금까지도 알게 모르게 중국인과 조선인 사이의 정상적인 관계에 영향을 주고 있는지도 모른다. 당시 일본 당국은 만주인과 조선인 사이를 이간질하기도 하고 화해를 시키기도 하면서 이중적인 수단으로 두 민족을 지배하려 했다. 당시 국내외를 경악케 한 '완바오산萬寶山사건'은 그 전형적인 사례다. 널리 알려진 것처럼 1931년 7월 2일에 발생한 이 사건은, 중국 지린성吉林省 창춘長春현의 완바오산 지역에서 일제의 술책으로 조선인 농민과 중국인 농민이 벌인 유혈사태를 말한다. 그런데 실제로 조선인 가운데 만주인을 업신여기는 경향이 없지 않았다. 만주인 또한 대놓고 말하지는 못해도 속으로 조선인을 업신여겼다.

어쩔 수 없는 것이, 조선 사람은 외래 민족으로 만주에 이주해 사는 이주민이기 때문이다. 본토의 만주족은 이 땅의 주인이었고 조선 사람은 자기의 조국을 잃어버리고 일제의 식민통치하에 만주 땅으로 도망해 온 외국인이었다. 조선 사람 가운데에는 청나라 말엽에 동북으로 이민 와서 중국 사람과 함께 동북지역을 개척하고 살았던 사람도 있다. 또한 '위만주국'이 세워진 뒤 일본 정부에서 시행한 '이민계획'에 따라 동북으로 이주해 온 사람도 있다. 이처럼 복잡한 이민 또는 이주 과정은 조선 사람이 동북에 와서 본토의 민족인 중국인과 마찰을 초래하는 역사적인 배경이 되고 있다.

하지만 나의 소싯적 체험을 돌이켜 보면, 당시 만주인과 조선인 사이의 '관계'는 그렇게까지 나쁘진 않았다. 그들 대다수는 조선인과 마찬가지로 가난한 사람들이었고 어려운 처지에서 오히려 서로 돕고 사는 경우가 많았다. 우리 집만 하더라도 만주인과 종래로 마찰이나 모순이 생겨 본 적이 없었던 것 같다. 과이모쯔촌에 살고 있을 때 이웃에 전병煎餅 장사를 하는 산둥山東인 가정이 살고 있었다. 나는 그 산둥 아저씨가 만든 전병을 아주 좋아했다. 학교 갈 때 그 집 앞을 지나다녔는데, 아주머니를 마주칠 때마다 그는 나를 불러서 전병을 쥐어 주었다. 하루는 어머니가 이 광경을 목격하고 나를 크게 나무라셨다. 그러자 그 아주머니는 좋지 않은 얼굴을 하였다. 애들이 음식을 먹는데 그게 무슨 별일이라고 그러냐는 눈치였다. 그 뒤로 어머니는 우리가 즐겨 먹는 김치와 찰떡을 그 집에 보냈다. 그 집 식구들은 어머니가 만든 배추김치를 아주 좋아했다.

하루는 일본 경찰이 그 집에 와서 순찰하다가 언어가 통하지 않아 싸우게 되었는데, 큰형이 가서 통역을 해 주어 일이 무사히 지나갔다. 아주머니는 큰형만 보면 훌륭하다고 칭찬했다. 이런 사연이 있은 뒤로 우리 두 집은 아주 가까워졌고 명절이 되면 서로 음식도 나누어 먹고 '새해 복 많이 받으세요' 또는 재복을 많이 받으라는 뜻의 '공시파차이恭喜發財' 등 인사를 나누기도 했다.

사실 그때 우리 집은 만주에 있는 일본인과도 사이가 좋았던 것 같다. 적어도 표면상으론 서로 존중했다. 하지만 뒤에 가서는 서로 '가오리高麗'요 '되놈'이요 '왜구'요 하면서 욕하기가 일쑤다. 이것이 그때 그 시절의 실제 상황이 아닌가 싶다.

위만주국의 사회관계는 다중적인 만큼 더없이 복잡했다. 국가 간의 국제관계, 민족 간의 민족관계, 사람 간의 인간관계가 서로 복잡하게 얽혀 있었다. 이 세 종류의 관계는 서로 연관되면서 또한 서로 구별되었다. 어머니는 늘, "어찌되었든 가장 중요하는 것은 이웃사촌이다"라고 말씀하셨고 아버지는, "너희들은 알아야 한다. 우리 주위에 사는 사람은 모두 만주인이다. 그들과 사이좋게 지내지 않으면 누구랑 잘 지내겠니?"라고 하셨다. 실제로 이러한 사례는 적지 않다. 어찌 보면 이러한 절충적인 사회관과 민족관은 아주 현실적인 것이기도 하다. 특히 민족적 업신여김이 극심했던 만주라는 특수한 지역과 환경 속에서는 말이다. 하나의 지구촌에서는 어느 나라 국민이든 모두 한 가족이다. 만주인과 조선 사람, 그리고 중국 인민과 조선 사람은 모두 한 가족이라고 말할 수 있다. 이처럼 민간 차원에서 만주인, 조선인, 중국인은 하나이다.

살다 보면 서로 간에 모순과 마찰이 없을 수 없다. 일제 식민통치가 바로 마찰과 모순의 원인이었겠지만, 한편으로 조선 사람과 만주인 사이에 낡은 관념이나 민족적 편견이 아주 심했던 것 역시 중요한 원인이다. 돌이켜 생각해 보면 그 시대에 민족 간 오해나 편견으로 서로 불신하거나 업신여기는 상황이 아주 심각했다. 서로 업신여기는 호칭만 보더라도 '가오리방즈', '되놈', '왜놈' 등은 모두 역사적인 연원과 사회적 토대를 가지고 있다. 때문에 낡은 사회의식 혹은 민족적 편견은 사회제도의 변천에 따라 금방 사라지지는 않는다. 오히려 더 긴 시간에 걸쳐 사람들의 의식 한 구석에 터를 잡고 오늘에 이르기까지 영향을 미치고 있다. 지금도 가끔가다 나를 조선족이라고 하지 않고 '꼬리'라고 부르는 소리를 듣는데 하물며 그 암흑의 일제 시대에 있어서야 더 말할 나위 있겠는가.

위만주국의 실상

1930년대에 들어서 일제는 중국 만주에 대한 침략을 대거 감행했다. 내가 어릴 적의 일이기에 그때는 실제 사정을 잘 알지 못했다. 역사 기록에 따르면, 당시 국제연맹은 '릿튼^{哈里頓}보고'에 따라 '만주국'을 승인하지 않았다. '9·18 만주사변' 이후 1932년 국제연맹은 만주사변의 진상을 밝히기 위해 릿튼을 단장으로 하는 조사단을 파견했다. 릿튼의 보고는 당시 서방 각국의 일본에 대한 견해로, 다시 말하면 일본이 만주를 독점하는 것을 반대하고, 이른바 '자위초치'라는 명분으로 침략을 감행하는 일본의 주장을 부정했다. 결국 만주국의 합법성을 승인하지 않았다. 그러자 일본은 1933년 3월에 국제연맹에서 탈퇴하는 것으로 항의하기도 했다. 이는 일제와 서방 자본주의 열강들 사이에서 벌어지고 있는 아시아 세력범위에 대한 각축에서 나타나는 모순과 투쟁을 말해 준다. 일본 학자가 나에게 이런 말을 한 적 있다. "만약 그때 국제연맹에서 '만주국'을 승인했다면 일본군은 '7·7사변'을 일으키지 않았을 수도 있으며, 또한 전쟁을 중국 전역으로 확장시키지 않았을지도 모른다"고 말이다. 이러한 가설은 어디까지나 본국을 위해 변호하는 것으로서 결코 성립될 수 없는 견해다. 일본 군국주의의 야심은 극도로 팽창되어 있어 그들이 하나의 '만주국'으로 욕구를 채울 수 없었으니 말이다. 역사는 가설을 허용하지 않는다. 일제는 두 차례의 전략적인 사변, 즉 '9·18 만주사변'과 '7·7사변'을 일으켜서 중국 침략을 감행했다. 이는 만주에 주둔하고 있는 일본 관동군 사령부가 저지른 침략일 뿐더러 나아가 쇼와昭和천황을 우두머리로 하는 일본 정부가 음모를 꾸미고 획책한 것이다. 한편 일본은 중국을 침략하는 과정에서 늘 조선을 시발점으로 하고, 조선을 발판으로 다시 중국으로 확장했다. 그러한 의미에서 1910년 '한일합방'은 일본이 아시아를 침략하는 역사적인 전기였다. 1920~1930년대에 조부 조택제와 수많은 애국지사들은 바로 이러한 역사적인 환경 속에서 조선과 만주에서 분투를 거듭하며 항일구국투쟁을 끊임없이 이어갔다.

어린 시절에 나는 이러한 사실을 하나도 모르고 있었다. 하지만 이러한 역사적 사실은 내가 만주에서 일본의 '황민화교육皇民化教育'을 받았을 때의 사실과 일치한다. 이제 다시 나의 이야기로 돌아와서 일제 시기 만주에서 보냈던 학창 시절을 살펴보겠다.

국어(일본어) 상용의 조선인 학생

1939년 1월, 부모님을 따라 중국 동북에 이주한 나는 '국민우급國民優級 학교' 2학년에 편입되었다. 국민우등학교는 6년제였으며 1학년부터 4학년까지는 초등학교, 5학년부터 6학년까지는 우급학교라고 했다. 나는

1944년에 이 학교를 졸업하고 통화시내에 있는 중학교, 즉 국민고등학교에 진학했다. 내가 편입된 반에는 모두 조선인만 있었다. 초등학교 선생님들은 모두 조선인이었는데, 중학교에 오니까 일본인 선생님뿐이었다.

조선의 심상소학교와 달리 과이모쯔 마을에서 다니던 학교에는 일본인 교사가 없었다. 당시 만주국에는 일본인 학교, 조선인 학교, 만주인 학교 등으로 구분되어 있었는데, 한족은 대체로 만주인 학교에 다녔다. 이 학교들은 교과서가 같지 않았고 내용도 좀 달랐던 것 같다. 둘째 형이 만주인 학교에 다녀서 알 수 있었다. 만주인이라 하더라도 학교에서 일본어 교육은 필수였다. 하지만 교정에서 중국말을 자유로이 사용할 수 있었다. 대부분 교재는 중국어로 만들어졌다. 그들이 배우는 어문 교과서는 중국어와 일본어로 각각 만들어져 있었다. 중국어 교재는 한문을 중심으로 엮어져 있어 조선인이 읽기는 쉽지 않았다. 하지만 조선인 학교에서는 교정에서 조선말을 쓰지 못하게 했으며, 교사들도 일본말만 했다. 고향 강원도에 있는 소학교보다 더 엄격했던 것 같다. 학생들에게도 일본말만 하도록 강요했으며 조선말을 쓰면 엄하게 처벌하곤 했다. 내가 다녔던 과이모쯔 마을의 소학교에서는 '국어상용國語常用'이라는 나무패쪽이 있었다. 국어는 일본어였다. 반주임 선생님께서 이것을 반장에게 주었다. 반장은 갖은 방법을 다해서 조선말을 하는 학생을 찾아다녔고, 일단 조선말을 하는 학생을 보면 얼른 나무패쪽을 넘겨주었다. 그때 내 나이 여덟 살이었는데, 이곳에 와서 아직 익숙하지 않아서 누구와 말하게 되면 얼떨결에 조선말이 툭툭 나왔다. 그러다 보니 그 나무패는 늘 나의 손에 들어왔다. 나 또한 나무패쪽을 넘겨주기 위해 무진 애를 썼다. 수업을 마칠 때 나무패를 가진 학생은 반주임 선생님한테 불려가 벌을 받았다. 벌로 교실 청소를 하든가 손을 들고 복도에 한 시간 서 있어야 했으며, 벌을 받은 뒤에도 조선말을 쓰지 않겠다는 각서를 써야만 집으로 갈 수 있었다. 매일 학교를 마칠 때면 우리는 늘 누가 남는가를 살폈다. 그리고 이튿날에는 그 학생을 가까이하지 않았다. 그 학생과 같이 놀다 보면 무의식적으로 조선말로 대꾸할 수 있기 때문이었다. 사실 나도 여러 번 나무패를 손에 들고 선생님한테 불려갔다. 어떤 경우에는 나무패쪽을 들고 있는 학생이 일부러 조선말로 욕하기도 했다. 화가 나서 대꾸하면 바로 나무패쪽을 넘겨주면서 일본말로 "미안해!" 하기도 했다.

재미있었던 것은 학생들이 학교 대문만 나서면 너나 할 것 없이 일부러 큰 소리로 조선말을 했다. 선생님이 들으란 듯이 일부러 욕하기도 했다. 물론 아이들의 천진함과 장난기였지만 학교 대문만 나서면 갇혀 있다 풀려난 것처럼 시원했다. 욕하는 대상도 선생님이 아니라 노예근성을 담고 있는 일본 교육이었다. 집에 가면 일본말을 하지 않고 조선말만 하니까 너무 좋았다. 아버지, 어머니, 형수 모두가 일본어를 못하기 때문에 일본말은 대체로 쓰지 않았다. 또한 일본어는 남들이 보는 앞에서만 하는 것이고 집에서 쓰는 것이 아니라고 알고 있었다. 민족의식이라면 민족의식이랄 수도 있는 이것이 어릴 때 나의 생각이었다. 형도 마찬가지 생각이었다.

만주에서 맞이하는 새해 명절

동북 만주에 들어간 이듬해, 우리는 과이모쯔 마을에서 새로운 한 해를 맞이했다. 조선에 있을 적에도 새해 명절을 보냈지만 별로 기억에 남아 있지 않다. 조선 사람은 세밀 명절을 쇠는데 그것은 음력으로 새해 첫날, 설날을 지낸다. 그때 나는 아홉 살, 소학교 3학년 학생이었다. 병마에서 막 살아난 나는 잊을 수 없는 설 명절을 보냈다.

설이 되면 우리는 한복을 입었다. 평소 젊은 남성들은 한복을 입지 않았고, 나도 학교에 다니므로 거의 학생복만 입었다. 학교에서 고학년 학생 가운데 늘 한복을 입고 학교에 다니는 이도 있었다. 한복은 흰색으로 되어 있고 그 위에 입는 조끼는 색깔이 있는데, 당시 사람들은 대개 검은색 조끼를 입었다. 한복 바지의 특징은 발목에 끈을 묶는 것이며, 이것은 겨울에 추위를 막는 방한작용도 했다. 어머니가 기워 주신 솜 양말을 신고 그 위에 아버지가 만들어 주신 짚신까지 신고 있으면 아주 따뜻했다. 우리 집 식구들 모두 한복을 입었는데 형수의 한복은 우리 집에서 가장 예뻤다. 형수는 이 날만 새 한복을 입는다. 나의 한복도, 형님과 아버지의 한복도 모두 형수가 한 땀 한 땀 기워서 만들어 주었다. 어머니는 솜씨가 형수만 못하셨는지 자신의 한복만 만들어 입으셨다.

설날이 되면 나는 새로 지은 한복을 입고 마을 어른들을 찾아다니며 새해인사를 올렸다. '세배' 올리는 임무는 아버지께서 내리신 것이기도 하지만, 나 역시 세배 다니는 것을 아주 좋아했다. 세배 다니면 맛있는 음식도 먹고 칭찬도 받고 재미있었다. 아버지는 설날이 되기 전에 미리 마을에 계시는 어른들의 댁을 한 집 한 집 알려 주셨다. 나는 아버지가 정해 주신 노선에 따라 마을의 북쪽에서부터 남쪽으로 한 집도 거르지 않고 찾아가 어른들께 세배를 올렸다. 세배는 어르신들을 찾아가 절을 하고 '새해 복 많이 받으십시오'라는 인사를 올리는 것이다. 마을의 어른들도 이날이 되면 세배하러 오는 아이들을 맞을 준비를 하고 계셨다. 작은 소반에 옥수수로 만든 엿, 다과 이런 것들을 가득 차려 놓고 우리를 반겨 주었다. 그러고는 '아버님 잘 계시냐?', '잊지 말고 부모님께도 인사 올려라', '올해도 공부 열심히 해라' 하는 말씀을 해 주신다. 우리 어머니도 늘 엿이랑 찰떡이랑 명절음식을 많이 장만해서 집 뒤뜰에 있는 창고에 얼려 놓고 수시로 꺼내와 손님을 맞이하느라 분주하셨다.

설날에 세배 드리러 찾아갔던 집은 20여 가구나 되는데 평소 우리 집과 가까이 지내던 조선 사람들이었고 개중에는 만주 사람도 있었다. 사실 그때 당시에 만주 사람과 조선 사람이 서로 세배를 다니는 경우가 극히 드물었다. 서로 알고 있다고 해도 길에서 만나면 인사하는 정도였다. 세배하러 다니면서 나는 만주 사람들이 새해인사를 하는 모습을 봤는데, 대체로 그들은 모두 검은 색 솜옷을 입고 서로 "새해 돈 많이 버세요"라고 덕담 한 마디 할 뿐이었다. 하지만 평소 우리 집과 자주 내왕했던 만주인들은 설이 되면 서로 먹을 것을 보내는 것이 관례가 되다시피 했다. 만주인들은 대체로 '교자'를 한 접시 보내 왔고, 우리는 답례로 찰떡 한 접시를 보내 준다. 찰떡을 갖다 주는 일은 거의 내가 맡아서 했다. 어떤 경우에는 찰떡 한 접시 들고 가서 만주인 집에서 바로 교자를 받아 오기도 했다. 고기소를 넣고 만든 교자는 아주 고소하고 맛있었다. 내가 가장 좋아한 설음식이었다. 지금도 설 명절을 쇠는 것은 참 좋은 관습이란 생각이 든다.

조 씨네 가문의 명절

앞서 얘기한 바처럼 우리 집은 일가친척이 아주 많았다. 친척들 대부분이 남쪽으로 오녀산이 바라보이는 마을에 모여 살았다. 과이모쯔 마을에도 적지 않았다. 둘째, 셋째, 넷째 아저씨, 그리고 고모 세 분도 모두 여기에 살고 계셨다. 일가친척 20여 가구가 이곳에 들어와 살았던 것 같다. 설이 되면 우리 아이들은 너나 할 것 없이 새로 지은 옷을 입고 세배 다니며 맛있는 음식을 먹었는데, 아마 일 년 중에서 이때가 가장 행복한 시기이지 싶다. 우리 어머니는 친척들이 오면 정성스레 만든 엿과 가을에 얼려 둔 배를 내놓았다. 그리고 형수가 볶은 땅콩도 내놓았다. 형수가 볶은 땅콩은 어찌나 고소한지 지금도 그 맛이 잊히지 않는다. 환런현은 땅콩이 특산물이다. 명절이 되면 큰형은 시내에서 땅콩 한 마대를 사 와서 형제들에게 나누어 주었다. 세배 절차를 마친 어린이들이 돌아가면, 이제 사촌형 봉덕鳳德, 외사촌 김문호金文浩 등 어른들과 어울려서 명절 윷놀이를 했다. 밤늦게까지 놀다가 다시 새참을 먹고 헤어졌다. 새참은 형수가 만든 신김치 볶음밥이었는데 돼지고기를 좀 썰어 넣고 볶아서 정말 맛있었다.

설이 되면 아버지, 어머니는 언제나 흡족한 미소를 짓고 계셨고, 형수는 일을 제일 많이 했지만 누구한테나 웃는 표정을 지어 보였다. 형수는 조 씨 일가의 맏며느리로서 늘 책임감과 영예감을 안고 열심히 가사노동을 하셨다. 이국 타향에 와서 명절을 보내는 만큼 더욱 정성들여 음식을 만들었고, 열정적으로 손님을 대했고, 얼굴에 힘든 내색은 절대 보이지 않았다. 형수의 노력으로 조씨 가족의 혈연관계는 더욱 끈끈해졌다. 우리 가족은 여자애가 적고 남자애들이 많았다. 그래서 남자애들이 모이는 곳에 여자애들은 얼씬도 못했다. 오면 남자애들이 놀려서 울기 일쑤였다. 그래도 나는 가끔 우리 집에서 가까운 거리에 있는 친척 여자애를 찾아가 함께 놀기도 했다.

지금 돌이켜 보면 그때는 친척들이 서로 사이좋게 지냈고 마을 사람들의 인심도 정말 후했다. 그래서 잊을 수 없고 살아가면서 늘 그때를 떠올린다. 광복 후에 봉덕 형은 환런현성에 가서 소학교 교장을 지냈고, 문호 형도 통화 동광銅礦 광산에서 기술원으로 일했다.

동창 김형계를 생각하다

이름은 잘 생각나지 않지만 지금도 나는 소학교 친구의 얼굴을 기억하고 있다. 우리 학급의 학생들은 나이 차도 많았고 또 키도 크고 작고 다양했다. 아침 조례朝禮를 할 때 키대로 줄 지어 섰는데 맨 뒤에 선 학생은 선생과 키가 비슷했다. 그중 한 친구는 학교에 다니면서 결혼까지 해서 친구들의 놀림감이 되기도 했다. 나는 어리고 키도 작았다. 그래서 키 큰 친구들은 내 말을 들어 주지 않았다. 나도 그들과 좋은 얼굴로 대하지 않았기에 길에서 만나도 본 척도 안 했다.

동학 중에 지금도 기억이 생생한 친구의 이름은 김형계金亨界다. 그의 집은 우리 집에서 약 200미터 떨어진 곳에 있었고 우리는 늘 함께 학교에 갔다. 형계는 특히 일본말을 잘했는데, 아마도 여기로 오기 전부터 어디서 일본말을 배웠던 것 같았다. 그의 아버지는 구두를 수선하는 사람이었다. 그래서인지 형계는 늘 구두를 신고 학교에 와서 우리 모두의 부러움을 자아냈다. 듣기로는 그 집은 여기 과이모쯔 마을에 오기 전에 시내에서 살았다고 한다. 여름이 되면 나는 사촌 형 봉덕이 만들어 준 나무로 만든 일식 나막신을 신고 다녔다. 아버지는 내가 형계가 신고 있는 구두를 부러워하는 것을 알고는 돼지가죽을 들고 형계 아버지를 찾아가 내 구두를 주문했다. 구두가 만들어지자 나는 그 구두를 신고 신나게 학교로 갔다. 이 세상에서 내가 가장 멋있는 것 같았다.

1949년 중국이 해방된 뒤, 나는 형계네 일가가 조선으로 갔을 것이라고 생각하고 오랫동안 연락을 하지 않았다. 그렇지만 나의 '구두'와 함께 형계의 이름은 늘 기억하고 있었다. 1960년대 후반 들어 중국은 희대의 '문화대혁명' 동란을 겪었다. 그때 나는 길림대학교吉林大學 교수였는데, 공인ㄷㅅ과 해방군들이 학교를 점령하고 '계급대오를 정리하는 공작'을 벌이고 있었다. 나는 '조선특무혐의분자'로 적발되어 한창 심사를 받고 있었다. 이때 갑자기 형계가 내 앞에 나타났다. 그것도 창바이^{長白}조선족자치현의 무장부 부장으로 말이다. 나는 끌려 다니면서 홍위병들에게 공개 비판을 받는 죄인이었고, 그는 창바이 현의 민병을 지휘하는 군관이었다. 정말 뜻밖이었다. 나는 그를 한눈에 알아봤다. 학교 다닐 때 모습과 많이 달랐고 군복을 입으니 의젓해 보이기도 했지만, 어릴 때부터 보인 활달하고 잘 웃는 성격은 별로 변하지 않았다. 그는 나에게 창바이 현에서 발생한 일들을 말했다. 조선과 접경지대에 위치한 창바이 현은 당시 조선 측과 마찰이 자주 발생했다. 중국 측에서 '조선의 수정주의^{修正主義}를 비판하자'라는 대자보^{大字報}를 써서 조선의 지도자를 비판한 것이 발단이었으며, 중조관계는 초긴장 상태에 놓였다. 형계는 한숨을 쉬면서 한탄했다. 우리는 조선과 동일 민족인데 무엇 때문에, 언제부터 이토록 서로를 적대시하고 툭하면 돌멩이 던지고 몽둥이 들고 서로 싸우게 되었는지 알 수 없다고 말이다. 또한 그는 '총기 사용은 절대 금지'라는 상급의 지시에 따라 총은 절대 사용하지 않으며, 서로 맞서서 욕하고 돌멩이 던지고 부상을 입히는 정도라고 했다.

형계가 나에게, "너는 괜찮니? 공개 비판을 받지 않았어?" 하고 묻기에 나는, "지금 조선특무라고 심사받고 있는 중이다"고 대답했다. 그는 내 말에 대꾸하지 않았다. 이튿날 그는 직접 길림대학 경제학과에 찾아가 나의 사정을 알아보았다. 형계는 군관 신분이어서 어딜 가나 통했던 것 같다. 다시 나를 찾아와 물었다. "너에 관한 대자보를 보았는데 어찌 된 거니?" 나는 뭐라 대답할 말을 찾지 못했다. "지금 난 조직에서 나에 대한 결론을 내리기만 기다리고 있어. 농촌에 내려가 호구를 마련하면 별일

없겠지. 난 이미 각오하고 있어." 이것이 당시에 나의 심경이었다. 가까운 친구 사이였지만 더 말하고 싶지 않았다. 정치적 운동이 휘몰아치고 있는 비상시기인 만큼 자칫 한 마디 잘못 말하면 더 큰 죄를 뒤집어쓸 수도 있기 때문이다.

형계는 나의 집에서 사나흘 묵고 돌아갔다. 우리는 만주 시절 어릴 때 이야기를 주로 했다. 그때 우리의 우정은 진실로 순수했다. 형계는, "해방 후 너희 집 식구들은 어디로 떠났니?" 하고 물었다. 그러면서 자기 이야기를 했다. 해방 직후 부모는 조선으로 갔고, 누나는 과이모쯔 마을에서 시집갔는데 몇 년 전에 이미 세상을 떠났다고 했다. 그는 "그때 나는 조선으로 따라가지 않고 해방군에 입대했다. 지금 보면 나도 고아나 마찬가지지. 혈육이라곤 아내와 자식밖에 없으니"라고 슬퍼했다. 난 그에게 우리 가족에 대한 인상을 물었다. 그러자 그는 "너의 아버지, 어머니는 참 좋은 분이었어. 이웃과도 잘 지냈고. 너는 책 보는 거 좋아했고 성적도 좋았지. 남방에서 일본군이 승리한 소식을 들었을 때 너는 매우 좋아하면서 '만세'를 외쳤지" 하고 말했다. 또 "이 사정을 조직에 알린다면 너에게 좋을까?" 묻기도 했다. 형계가 말하는 '조직'은 공인들과 해방군 공작대를 가리키는 것이다. 그는 "그때 너는 어렸으니 아무것도 모른 거잖아. 내가 비밀에 부쳐 줄 테니 걱정하지 마라"고 덧붙여 말했다. 사실상 이러한 사실이 나에겐 아주 요긴한 것이었다. 어릴 적에 함께 놀던 친구야말로 그때의 진실과 나의 진심을 알 수 있는 존재이기 때문이다.

형계와 함께 놀던 때 내 나이는 열두 살이었다. 1944년 초, 그가 말한 것 모두가 사실이었다. 만주 시기에 우리 집에는 라디오가 없었고 조선어로 된 신문도 없었다. 오로지 〈만주일보滿洲日報〉와 같은 중국어나 일본어로 된 신문만 있었는데, 그것도 만주철도공사나 학교에서 빌려 와야 볼 수 있었다. 하지만 학교에서 매일 하는 아침 조회에서 교장의 말을 통해 소식을 접할 수는 있었다. 교장은 '대본부(일본 관동군 대본부) 뉴스'를 중심으로 일본군이 미얀마, 인도네시아 등 남방전선에서 승리한 소식과 일본 육군 대신 도조 히데키東條英機가 만주 신징新京에 들어와 위만주국 황제 푸이傳儀를 만났다는 등의 소식을 전했다. 교장의 훈계를 열심히 듣다가 일본이 미국을 전패시켰다는 대목에 와서 나는 일본국의 승리가 정말 우리에게 좋은 것을 가져다주는 줄 알고 그것을 희소식으로 받아들였다. 그래서 만세까지 외쳤다. 아마 어지러운 그 시대 일반인들의 마음은 대체로 나와 같았지 않았을까. 사람의 심리는 아주 복잡하고 다변적이며 사회적 분위기의 영향을 받는다. 이렇게 생각했다 저렇게 생각했다 하는 모순된 마음도 역시 자연적이며, 이러한 굴곡의 과정을 겪으면서 성장하는 것이지 않을까.

이 원고를 수정할 때 다시 형계의 소식을 알 수 있었다. 소식을 알려 준 이는 통화조선족고중을 다닐 때 동창이었던 김정림金正林이었다. 정림은 지린성 창바이 현長白縣 조선족중학교 교사를 지내고 있었다. 그녀의 말에 따르면 형계는 원래 창바이 현 무장부 부장으로 있다가 퇴임하고 집에서 병 치료를 하고 있다고 했다. 그리고 형계 딸의 전화번호를 가르쳐 주었다. 나는 형계의 딸과 연락했다. "아버지는 퇴임하시고 집에서 쉬고 계셨습니다. 몇 해 전에 어머께서 돌아가신 뒤 병이 악화되어 말하는 것조차 불편해서 저의 집에 모셔와 병 치료를 하고 있습니다." 형계의 딸은 병상에 계시는 아버지가 직접 전화를 받을 수 없으니 문의할 내용을 알려 주면 대신 말씀드리겠다고 했다. 그래서 나는 예전에 부대에 있을 때 일을 물어보았다. 좀 있다가 그녀는 말했다. "아버지께서 제가 전화 받는 소리를 들으시고 선생님이신 줄 짐작하고 머리를 끄덕였습니다. 미소도 지으셨습니다." 그러고는 아버지가 병환이 중해서 직접 말씀은 하실 수 없으니 자기 동생에게 연락하면 좀 더 자세히 알 수 있을 것이라고 전화번호를 알려 주었다.

그래서 다시 동생에게 연락했다. 형계의 둘째 딸 김영란金英蘭이 전화를 받았다. 영란은 창바이 현성의 한 보험회사에 근무하고 있었다. 나는 그녀와 주말에 다시 통화하기로 했다. 그녀는 전화로, "아버지는 거동이 불편하여 표정 관리도 안 되지만 선생님의 소식을 들으시고 많이 기뻐하셨습니다. 선생님께서 문의하신 일에 대하여 간신히 대답해 주셨습니다"하고 말을 시작했다. 그녀의 말에 따르면, 해방을 맞으며 조선인이 대부분 북한으로 떠날 때 부모님도 아들에게 함께 조선으로 가자고 했으나 형계는 듣지 않고 중국인민군에 입대했다. 그리고 이듬해인 1951년에 항미원조전쟁(한국전쟁)에 참가했고 한 차례 전투에서 중상을 입었고 그 공적이 인정되어 군공훈장도 수여받았다. 이런 소식을 전하면서 영란은, "아버지께서 눈물을 흘리시며 선생님이 찾아서 연락 주신 것에 감사하다고 전하라 했습니다"라고 했다. 전화 통화는 이것으로 끝났다. 사실 나는 형계가 군 복무를 마친 뒤에 무엇을 하고 있었는지, 부모님이 조선에 귀국하신 뒤에 어떻게 살고 계시는지에 대하여 더 알고 싶었다. 하지만 그에 대해서는 끝내 알 수 없었다. 형계와 다시 대화할 수 없었기 때문이다. 형계는 그 뒤에 창바이 현에서 계속 살았던 것 같고, 현의 간부로 사회주의 건설에 공헌했기에 퇴임할 때 몸은 공직을 떠나 휴식하지만 대우는 원래대로 받는 형태의 이휴離休라는 특혜를 받았다.

동창이 말하는 항일抗日 이야기

소학교 때 있었던 동기를 환갑이 지난 지금에도 잊을 수 없다. 내가 그를 기억하는 것은 그의 심상치 않은 이야기 때문이다. 그의 이름은 정확히 기억나지 않지만 소학교 6학년 동기이고 성이 박씨라는 것은 틀림없다. 나보다 몇 살 위인 그는 키도, 눈도 크고 잘생겼다. 평소 늘 검소하게 입고 다녔고 말이 적었다. 학급에서 성적이 별로 좋지 않았기 때문에 잘 눈에 띄지는 않았다. 대대로 지주 집 소작농을 살아왔던 아버지마저 몸져 누워계시니 그의 집은 아주 가난했다. 내가 그 집에 한 번 가 본 일이 있는데, 집 안이 텅 비어 있어 사람 사는 집 같지 않았다. 만일 해방 후 토지개혁의 정책에 따른다면, 그의 집은 빈농貧農 또는 고농雇農에 귀속되었을 것이다.

1844년 여름이지 싶다. 방과 후 집으로 돌아가는 길에서 우연히 그와 마주쳤다. 마침 큰 비가 내려 비를 피하기 위해 만주인 집 처마 밑으로 뛰어갔는데 그가 거기에 있었다. 우리는 서로 딱 붙어 서있었다. 이때 박은 작은 소리로 나에게 말했다.

"너 들었어? 백두산에서 조선인들이 반일군대를 모집했는데 김일성金日成이라는 사람이 사령관이래. 너 이 사람 들어봤어? 김일성 군대는 전문 일본군과 싸우는데 아주 무섭다고 해. 축지법縮地法을 쓸 줄 아는데, 백두산에서 여기저기로 날아다닌다던가, 일본놈鬼子들은 모조리 죽인대." 나는 놀라 눈이 휘둥그레졌다. 그의 말 한 마디 한 마디가 나에게는 신화처럼 들렸다. 가만히 자세히 듣기만 했다. 그는 계속 말했다. "그 분이 어느 날 여기도 날아 올 거야…… 이 말 절대 다른 사람에게 하면 안 돼." 그가 말한 '일본놈만 보면 모조리 죽이'는 사람은 김일성이었다. 나는 소리를 죽여 물었다. "어디서 들었어? 진짜 사실이래? 조선독립군에 관한 일은 나도 아버지한테 좀 들었는데…… 지금 말한 김일성이란 이름은 듣지 못했는데요." 그는 더 말하지 않았다. 아마 어디서 주워들은 소문일 거라고 생각했다.

일본이 패전한 뒤 그는 종적을 감추었다. 나중에 들은 이야기지만, 그는 김형계의 부모가 조선으로 갈 때 함께 귀국했고, 다시 조선인민군에 입대했다고 한다. 이 사실은 형계가 문화대혁명 기간에 나를 찾아왔을 때 들려준 이야기다. 전쟁이 끝나고 얼마 지나지 않을 무렵에 형계는 평양에 간 적이 있는데 그때 박 씨 동창을 만나 얘기를 나눴다고 한다. 형계는 "뜻밖에 그 친구의 견장肩章에 별이 네 개나 붙어 있었어. 정말 빨리 승진했더라" 하며 놀라워했다. 별이 네 개면 인민군 대장 계급이다. 형계와 그는 조선전쟁에 참가한 전우였고 이들 둘과 나는 또 과이모쯔 마을의 위만僞滿소학교 동창이다. 그런데 형계만이 그의 소식을 알고 있다. 형계는 또 말했다. "사실 그는 해방될 당시에 벌써 관내關內에서 내려온 조선의용군에 참가했다고 해. 그리고 부대를 따라 직접 조선으로 갔는데, 그때 집식구도 모두 조선으로 들어갔다고 하더라고." 나는 "그 친구 참 대단하구나!"라고 말했다. 형계는 나와 해방될 당시의 얘기를 하고 박 동창은 나에게 김일성의 항일 이야기를 해 준 셈이다.

일제시기에 김일성의 항일 이야기와 같은 신이한 전설들이 많이 유행되어 소학생조차도 그러한 이야기를 듣고 전해서 얘기하곤 했다. 이런 현상은 일제가 곧 망할 것이라는 징조이기도 했다. 해방 후 항일역사에 관련된 문헌에 따르면 김일성 등이 만주에서 조선인항일부대를 조직했던 것은 사실이다. 과장된 항일전설이지만 당시 환런현 일대 사람들 사이에 퍼져 나가면서 그들의 항일의식을 불러일으키는 데 큰 역할을 했다.

중국과 한국이 처음 수교했을 때의 일이 생각난다. 한국 모 대학교에서 북한을 연구하는 모 교수가 창춘長春에서 열리는 국제학술대회에 참석했는데, 휴식시간에 특별히 나를 찾아왔다. 나에게 "조선 지도자 김일성이 만주에서 반일투쟁을 했다는 이야기는 광복 후에 조작된 것이 아니냐?"고 질문했다. 특히 '축지법'과 같은 이야기가 진짜냐고 물었다. 나는 사실대로 이야기해 주었다. "나는 광복 전에 이미 김일성의 축지법에 대하여 이야기를 들었습니다. 축지법은 누가 지어낸 것임에 틀림없지만, 그 과장된 이야기가 해방 이전에 조선인 사회에서 널리 전해진 것은 사실입니다." 그러자 그 교수는, "선생님께서는 언제 들었습니까? 진짜 그런 일이 있었습니까?"라고 물었고, "저는 1944년에 들은 적이 있습니다. 틀림없습니다"라고 대답했다.

성을 '배천白川'으로 바꾸다

우리는 중국 동북지역으로 넘어오면서 성을 일본식으로 '배천白川'이라 했다. 우리가 중국으로 오기 전에 이미 일본식 성으로 바꾼 사람들이 있었지만, 우리 집에서는 아버지가 성을 가는 것은 조상을 배반하는 짓이라고 완강히 반대하여 바꾸지 않았다. 하지만 중국으로 온 이후 바꾸지 않을 수 없었기에 아버지는 크게 상심하셨다. 동북에 들어온 지 얼마 안 되어 과이모쯔 마을 부촌장 직을 맡음으로써 솔선하여 성을 갈아야 하는 상황이었으니 더욱 착잡해 하셨다. 당시 위만주국 정부는 1939년 11월 말에 〈조선민사령수정법朝鮮民事令修訂法〉을 반포해서 조선인들에게 성을 갈고 이름을 고치라고 강요했다. 이 법령은 일제 식민지에서 이른바 '황민화皇民化'정책의 일환으로 만들어졌는데(창씨개명), 특히 조선인 통제를 강화하는 대책이었다. 조선인은 반드시 일본식 성과 이름으로 바꿔야 했다. 성명을 고치지 않는 조선인은 아예 호구를 취소해 버렸다.

조선인 가운데 김씨 성을 가진 사람은 일본식 표기로 '모모 가네코金子'

혹은 '모모 가네무라金村'로 바꾸는 등 자신의 성씨를 고치는 데 어떤 규칙이나 근거도 없었다. 마음대로 바꾸면 되었다. 그들이 내놓은 유일한 규칙은 일본인의 성과 같은 형식이면 된다는 것이었다. 내 아내의 이름은 '원도선元道善'이며, 만주에서 유치원 다닐 때 이름을 '원촌도자元村道子'로 고쳐 놓았다. 또한 림林, 남南, 진秦 등의 성씨는 일본인의 성씨 가운데에도 있으므로 고칠 필요 없이 그대로 쓰면 되기도 했다. 하지만 읽을 때만은 일본식으로 읽어야 했다. 조선인의 일본 성은 대체로 두 글자로 고쳤기 때문에 이름과 합치면 네 글자가 된다. 네 글자가 되지 않으면 일본 경찰이 찾아와 귀찮게 굴었다. 귀찮아서 바꾸는 경우가 대부분이었다.

우리 집의 경우는 좀 달랐다. 앞서 언급한 것처럼 선조의 본이 '배천白川'이다. 아버지와 형님이 상의한 결과 우리는 성을 '배천'으로 바꾸기로 했다. 이와 같이 우리는 형식에서만 일본식 두 글자에 맞추고 실제로는 우리 조상의 본을 가져와 사용했다. 아버지의 민족의식은 뚜렷했고 변한 적이 없었다. 이것은 우리 자식들에게도 깊은 영향을 주었다. 하지만 이때 성을 고친 일로, 봉걸 형님이 훗날 '문화대혁명' 때 호되게 비판 받는 화근이 될 줄이야 꿈에도 상상하지 못했다.

일제의 '황민화'정책은 파렴치한 민족동화정책이었다. 성씨를 바꾸는 것 이외에도 신사참배神社參拜, 궁성요배宮城遙拜, 신민서사臣民誓詞, 국기(일장기) 게양國旗揭揚, 일본어교육, 징병제 등에서 추악한 모습을 적나라하게 드러냈다. 그러나 만주인들에게는 '왕도건국王道建國'이라는 비교적 은폐된 민족융화정책을 실시했다. 일제는 오로지 조선인들에게만 성씨를 고치라고 요구했으며, 만주인들에게는 '창씨개명創氏改名'을 요구하지 않았다. 뿐만 아니라 조선인에게 강제로 실시했던 일본어교육도 만주인들에게는 강요하지 않았다. 일제의 두 민족에 대한 정책은 같지 않았다. 만주에 대한 정책에는 '일만친선日滿親善'이나 '일만일체日滿一體' 등을 내걸고 저들의 식민통치를 교묘하게 감추었다.

봉걸 형님이 만주소학교를 다니다

아버지의 민족의식은 아주 현실적이면서 독특했다. 그는 자식들이 학교에서 일본어를 배우는 것이 나쁘지 않다고 생각하셨으며 더 나아가 중국어도 배워야 한다고 하셨다. 둘째 형님을 불러 놓고, "이제 중국에서 살려면 일본어만 잘해서는 안 될 것이다. 중국어가 더 필요할 것이니 반드시 배워야 한다"고 하셨다. 둘째 형님은 이미 환런현성의 소학교를 졸업한 뒤였다. 큰형님이 그를 평양에 보내어 중학교 시험을 보게 했는데 낙방하고 돌아왔다. 그 때문에 1년 동안 집에 머물게 되었다. 이를 지켜보고 계시던 아버지가 둘째 형님을 설득해서 만주소학교에 보낼 때 하신 말씀이다. 만주소학교를 이듬해까지 마친 다음에 통화 시내에 있는 국고國高를 보내려고 했다. 하지만 봉걸 형님은 만주소학교를 다니려 하지 않았다. 이미 소학교를 졸업했는데 또 다니려니 싫었던 것 같다. 이에 몹시 화가 난 아버지는 몽둥이를 가져와 형님을 때렸다. 나는 아버지가 그렇게 화내는 모습을 처음 본 것 같다. 봉걸 형님은 맞고 울면서도 '집에서 공부하다가 내년에 중학교 시험을 보겠다'고 했다. 아버지는 더욱 노하여 '지금 안 갈 거면, 좋다, 그럼 내년 중학교 시험은 꿈도 꾸지 마라!'라고 을러멨다. 결국 봉걸 형님은 아버지의 명에 따라 가기 싫은 만주소학교를 다녔다. 봉걸 형님은 만주인들과 함께 공부하는 것과 자기보다 어린 아이들과 함께 배운다는 것이 싫었던 것 같다. 특히 만주인들이 싫었던 것 같다. 실제로 당시 조선인들은 일본인들에는 멸시를 받았지만, 만주인들 앞에서는 그들을 무시하며 눈길을 주지 않았다. 이러한 사회 분위기를 알면서 둘째 형을 만주소학교에 보내려고 한 아버지도 결심이 쉽지 않았을 것이다. 아버지는 아들들을 엄하게 키우셨다. 중국에 사는 조선인으로서 중국말을 배워야 하며 더 나아가 만주인들과 사이좋게 지내는 요령을 알아야 한다고 생각하셨다. 이러한 생각은 중국으로 이주해 와 살던 당시 조선인 가운데에서 흔하지 않았다. 아버지는 자신의 굳은 의지를 실현하고자 몽둥이를 드셨던 것이다.

위만 시기 만주인 교육과 조선인 교육은 교재 내용에서부터 현저한 차이를 보였다. 만주인 학교의 교재는 한문을 위주로 하였고, 조선인 학교의 교재는 철저하게 일본어를 사용했다. 나는 봉걸 형님의 교과서를 보았는데, 『논어』로부터 시작해 대부분 중국 고전문헌의 내용으로 구성되어 있었다. 이러한 '만선滿鮮' 교육의 차이에서부터 조선인 교육이 '식민지교육'임이 드러난다. 하지만 이것도 한마디로 판단하기에는 아직 이르다. 국제와 국내의 강압적 요구에 못 이겨 일제는 늘 '반식민지', 즉 독립적인 국가형식이라는 타이틀을 내걸고 자기들의 만주지역에 대한 통치를 합리화시키려 했고, 이 때문에 만주지역에 대한 일본의 통치 방식이 조선반도의 그것과 구별되는 점이 있었다. 우리는 이러한 특징을 전제하고 이해해야 할 것이다. 일제의 교육기관에서도 일찍이 만주에서의 기초교육은 일종의 '실험성'을 띤 교육이라고 한 바 있다.

하여튼 아버지의 예리한 판단과 통찰력으로 봉걸 형님은 만주시대의 중국어 교육을 받을 수 있게 되었다. 비록 대학교를 나오지 못했지만 형님의 중국 문화에 대한 지식은 대학교 교수로 있던 나보다 훨씬 풍부했다. 또한 붓글씨 솜씨도 대단했는데, 만주인 학교에서 엄격한 서예수업을 받았기 때문이다. 세월이 많이 흘러간 지금에 와서도 그 재능은 빛을

발하여 랴오닝성遼寧省 노인간부협회에서 이름난 서예가로 알려졌다. 그리고 전국 규모의 각종 서예경연에서 10여 차례 수상한 경력이 있다. 중국 허난성河南省 카이펑開封에 세워져 있는 서예 비림碑林에 지금도 봉걸 형님의 수상작품이 돌에 새겨져 있다. 봉걸 형님은 1946년 8월에 퉁화에서 중국공산당 조직에 가입하고 중국혁명에 참가한 이래 주로 당내 업무를 맡아 왔으며, 랴오닝성위원회 비서처장, 랴오닝성판공청 부주임 겸 황오우뚱黃歐東 서기의 비서, 랴오닝성교육청 부청장 등을 역임했다. 그 밖에 랴오닝성 당위원회에서 간행하는 《당의 생활黨的生活》이란 잡지의 주필을 담당하기도 했다. 일찍이 그가 성위원회를 위해 제출한 보고는 마오쩌둥 주석이 친필로 비답批答을 내려 전 당에서 관철된 바 있다. 해방 직후 그는 일선을 떠나 공부한 적은 없지만 혁명운동의 세례를 받으면서도 배움을 게을리 하지 않았다. 그리하여 그는 상당한 수준의 지식소양과 문필 실력을 갖추었을 뿐 아니라 사상적 깨달음도 깊었다. 이는 내가 둘째 형님을 존경하는 이유 중 하나이다. 1941년 여름, 과이모쯔촌에 살 때 아버지께 매 맞던 일은, 형님도 잊을 수 없다고 한다. 아버지께 감사하는 마음으로 말이다. 그는 나에게, "그때 내가 만주소학교에서 반 년 동안 배웠던 지식은 대학교에서 일 년을 배운 것보다 낫다"고 말했다. 내가 웃으며, "아버지께서 때리던 생각은 안 나고요?" 하니 형님도 웃으면서, "그것도 잊을 수 없는 일이지"라고 했다.

나는 1950년에 들어서 중국어를 배웠다. 위만주국 시대에 우리는 집에서는 조선말을 쓰고 학교에서는 일본어만 썼다. 대부분의 조선인은 만주인들과 내왕하지 않았다. 그리고 조선인은 쌀밥을 주식으로 하는 식생활 때문에 조선족 마을은 한족과 떨어져 수전水田 농사를 짓는 것이 보통이었다. 그러다 보니 만주의 한족과 함께 사는 경우가 극히 드물었다.

조선인은 이국 타향에 왔기에 늘 함께 모여서 마을을 이루고 살았으며 민족 고래의 언어와 생활문화를 그대로 계승하고 있었다. 조선인은 예로부터 민족의식이 강했다고 볼 수 있는데, 이는 이국 타향에 살지만 자기의 것을 고스란히 보존하며, 타문화에 잘 동화되지 않는 점에서 알 수 있다. 어떤 이는 조선 민족의 문화에 대해 논하면서 하천河川과 촌락村落에 근원을 두고 있다고 하는데 일리 있는 말이다.

하지만 사물은 늘 한 측면이 있으면 다른 측면도 공존하는 것처럼, 조선 민족이 늘 자기의 것만 지킨다면 타민족과 그 문화 사이에 틈이 벌어지고 이에 따른 이런저런 모순이 생길 수 있다. 결과적으로 서로 내왕하고 배우면서 자기의 문화를 풍부하게 할 수 있는 기회가 적어질 수밖에 없다. 특히 중국에서의 조선족 교육 사업에 있어서 이러한 소극적인 상황을 개선할 필요가 있다. 아버지께서 말한 듯이, 중국에 살고 있다면 반드시 중국문화를 깊이 이해하고 사람들과 함께 살아가는 방법을 배워야 할 것이다. 조선 민족의 우수한 전통을 계승하는 동시에 중화 민족의 고유하고 우수한 문화전통을 익혀 장점을 살리고 단점을 극복하면서 중국 조선족으로서의 역사적 사명을 완성해 나가야 할 것이다. 이는 결코 쉬운 일은 아니다. 반드시 민족적 사명감을 가지고 노력해야 할 것이다. 봉걸 형님은 이를 위해 노력했던 수많은 사람들 가운데 한 사람이다. 이것이 나의 '식민지교육'에 대한 소소한 견해이다.

신민훈新民訓과 국민훈國民訓

만주의 조선인 학교에서는 매일 오전수업을 시작하기 전에 꼭 '조례'를 했다. 전교생이 당직선생님의 구령에 따라 일본 도쿄의 황궁皇宮을 향해

90도 경례를 한 뒤에 일본 국가를 불렀다. 먼저 일본 국가 〈기미가요君之代〉를 부르고 다시 〈만주국가滿洲國歌〉를 불렀는데, 반드시 일본어로 불러야 했다. 중국어로 된 만주 국가를 일본말로 번역해서 불렀다. 그리고 다시 두 가지 맹세문誓詞을 읽었다. 하나는 '신민훈臣民訓'이고 다른 하나는 '국민훈國民訓'이었다. '신민훈'은 "우리는 대일본제국의 신민이다"라는 구절로 시작했고, '국민훈'은 "우리는 만주제국의 국민이다"라는 구절로 시작했는데, 가사가 둘 다 아주 길었지만 매일 읽다 보니 금방 좔좔 외웠다.

일본은 조선인에게 두 가지 국가와 맹세문을 모두 일본어로 부르게 하여, 조선인이 대일본제국의 국민임을 확인했다. 또한 일본어만 쓰는 것으로 조선인과 만주인을 구별하였다. 도대체 '신민'과 '국민'이 어떤 차이가 있는 것일까? 그때 나는 알 수 없었다. 하지만 내가 '만주제국滿洲帝國'의 국민인 동시에 일본국 천황의 신민이라는 점은 분명했다. 말하자면 이중의 피통치자의 신분을 가지고 있다는 것을 정확히 알고 있었다. 만주인 학교에 다니는 학생들은 일본어를 쓰지 않았다. 그들은 '국민훈'만 낭송하면 되었는데 그것도 중국어로 읽으면 되었다.

소학교에서 배웠던 과목은 국어, 수신修身, 산수, 지리, 회화, 음악, 체육 등이다. 그중 국어와 수신 과목의 수업은 매일 있었다. 국어는 일본어를 가르쳤고, 수신은 주로 일본 천황 가족의 이야기와 전설을 들었다. 이 밖에 일본의 역사와 문화를 가르치기도 했는데, 모두 '황도주의皇道主義'를 거듭해서 강조하는 내용이었다. 특히 일본천황의 이야기는 잘 알 수도 없는 고대 신화를 가져와 읽었던 것 같다. 일본어로 된 독서물 가운데 손오공孫悟空 이야기를 내용으로 하는 그림책이 있었다. 이 책을 가르치던 선생님이 '난다, 난다, 손오공이 난다'고 감정을 실어 읽어 주던 모습이 아직도 기억난다. 중국의 고전 작품을 일본어로 번역해서 가르쳤으며 매우 재미있었다. 지리를 가르치는 선생님은 조선인이었는데, 그는 매일 우리에게 일본 지도를 그리라고 했다. 당시의 일본 지도에는 일본열도 외에 대만, 조선이 들어 있었고, 심지어 북쪽의 사할린樺太, 庫頁島마저 포함되어 있었다. 일제가 갑오전쟁甲午戰爭(청일전쟁), 러일전쟁日俄戰爭을 거쳐 조선, 중국과 러시아로부터 일본열도 외의 지역을 강탈하여 식민지로 전락시킨 사실을 그 후에 알게 되었다. 선생님은 "일본의 영토는 세 개의 궁형弓形을 나란히 세워 놓은 것과 같은데……"라고 말하면서 대만, 오키나와, 조선, 규슈, 시고구四國, 혼슈, 쿠릴열도千島列島, 사할린 등의 지역으로 구성되어 있다고 했다. 거기에 만주국은 포함되지 않았다. 일부에서는 일본의 식민지 운영에서 '위만주국'은 특수한 형식의 식민지라고 했다.

동북에 갓 들어왔을 때 우리 집에서는 '신감神龕'을 설치하지 않았다. 만주인들은 종래로 이런 것들을 설치도 참배도 하지 않았다. 일제가 그들에게 이런 요구는 하지 않았기 때문이다. 하지만 조선인은 달랐다. 조선에 있을 때처럼 신감을 돈 주고 사서 참배하도록 요구했다. 그래도 만주에 사는 조선인들에게는 그렇게 심하게 강요하지 않아서 신감을 사지 않은 사람들이 많았다. 하지만 우리 집의 경우에는 아버지께서 마을의 부촌장 직을 맡게 되면서 신감을 받들도록 강요받기 때문에 할 수 없이 또 하나 사서 집에 두었다. 새로 구입한 신감은 조선에서 보던 것과 같았는데, 그 안에 천조대신과 메이지천황의 이름을 적은 나무패를 세워 놓았다.

나의 기억에 당시 위만주국의 황제 푸이傳儀는 비록 괴뢰국가의 황제이기는 했으나 내심 진정한 황제가 되어서 선정을 펼치고자 했던 것 같다. 제2차 세계대전 직후 '동경심판東京審判' 때 그가 진술했던 말들 가운데 일부는 사실이 아니다. 일본인이 톈진天津에서 자신을 핍박해 만주에 가서 집정執政하도록 해서 부득이하게 허락했다고 했는데, 사실은 그렇지 않다. 푸이는 일본 관동군의 동북 통치에 어느 정도 환상을 품고 있었다. 이 점은 그가 만주의 황제 노릇을 할 때 보여 주었던 자신만만한 언행에서 짐작할 수 있다. 따라서 부득이하게 허락한 것이 아니라 어느 정도는 자신이 원해서 괴뢰국 황제에 응한 것도 틀림없었다. 일제도 푸이도 서로 이용하려는 속셈으로 게임을 시작한 것뿐이었다. 푸이는 직접 일본에 가서 아마테라스 오미가미天照大神의 신령神靈을 맞이해 왔고, 심지어 이 신령을 만주국의 선조로 받들어 모셨다. 아이러니하게도 만주인들은 누구도 신감을 구매하지 않았다.

현재 창춘에 있는 위황궁偽皇宮 박물관에는 그때의 유물들이 모두 진열되어 있다. '건국신묘建國神廟'라는 이름으로 진열되어 있는 이것들은 푸이가 일본에 가서 쇼와昭和천황으로부터 직접 받아 온 것들이다. 이른바 인정을 베푸는 즐거운 나라라는 뜻의 '왕도낙토王道樂土'라 부르짖던 일제 식민지통치의 기만적인 본질을 이 물건들이 잘 대변해 준다. 더욱이 신묘에서 일본은 아마테라스 오미가미를 중국과 일본의 공통된 선조로 참배하기를 요구했기 때문이다.

4

통화제3국립고중 시기와

만주에서의 일본인과 조선인

동아시아 삼국을 살아온 이야기

배천 조씨(趙氏)의 디아스포라

만철 직원을 회상하다

우리가 중국 동북으로 이주한 후에 만났던 일본인은 과이모쯔마을의 일본인 경찰과 만주철도주식회사 지사의 일본인 직원뿐이다. 일본인 경찰은 조선에 살 때 보았던 경찰과 다를 바 없었다. 한 번은 마쓰모토^{松本}라는 일본인 경찰이 통역을 앞세우고 우리 집에 찾아왔다. 이 마을에서 누가 '신감'을 강물에 던지는 것을 본 사람이 있는데 누가 그랬는지 조사하러 왔다는 것이다. 경찰은 조선인이 그랬다고 생각하는 것 같았다. 그들은 늘 갑자기 찾아와서 오만무례하게 굴 뿐 아니라 '빠가야로우(바보 쌔끼)!'라는 일본식 욕설도 서슴지 않았다. 부촌장이었던 아버지에게 조금은 예의를 지켰지만 아버지가 일본말을 모르니까 아예 존댓말은 쓰지 않았고 아이들을 훈계하는 식으로 말했다. 나는 일본어를 배웠으므로 아버지를 존중하지 않는다는 것을 바로 알아차렸다. 아버지를 대하는 조선인 경찰의 태도는 좀 달랐다. 그들은 일본인 앞에서는 일본말만 하고 그들과 같은 태도를 취했지만 그들이 없는 장소에서는 조선말을 쓰기도 했다. 조선인들은 이들을 제일 미워했고 뒤에서 '왜놈'이라고 욕을 했다.

큰형은 만주철도회사에서 일하게 되면서 일본 사람과 자주 만났다. 주말이나 공휴일이 되면 회사 직원들은 일본인의 집에서 마작을 했다. 모여서 노는 사람들은 대체로 20, 30대 젊은이들이었다. 큰형이 가장 어렸던 것 같다. 어떨 땐 우리 집에 와서 놀기도 했는데, 방이 좁아서 자주 오지는 않았다. 어느 날 저녁에 큰형이 퇴근하고 돌아오는 길에 마작 친구들이 함께 찾아와 놀았다. 밤이 늦어지자 큰형은 나에게 심부름을 시켰다. "저 선생께서 늦게 들어갈 것이니 저 댁에 가서 부인께 먼저 쉬시라고 말씀드리고 오너라." '선생'은 가운데에 있던 가장 나이 든 사람이었다. 큰형은 '선생'께 깍듯이 존댓말을 쓰면서 예의를 지켰다. '선생'네 집은 우리 집에서 좀 먼 곳에 있는 만주철도회사의 기숙사이다. 나는 그 집에 도착해 가볍게 문을 두드렸다. 부인이 곧 나와 "안녕? 어찌 왔니?"라고 물었다. 나는 일본말로 큰형이 일러 준 말을 전했다. 부인은 나를 집 안에 들어와 앉았다 가라고 했다. "아닙니다, 가겠습니다" 하고 사양했지만 부인은 나의 옷깃을 잡으며 들어오라고 했다. 그리고 나에게 사탕을 꺼내 주었다. 부인은 촛불을 켜고 '선생'을 기다리고 있었다. 큰형이 늦은 밤에 나를 보내 '선생' 소식을 전하라 한 이유를 알 수 있었다. 마을에서는 이미 전등을 사용하고 있었는데 부인은 그냥 촛불을 켜 놓은 채 남편이 돌아오기를 기다렸고, 그들에게는 아직 아이가 없었다.

이 일이 있은 뒤로 나는 자주 만주철도회사 기숙사에 갔다. 기숙사에 사는 사람은 보통 서너 명 정도였지만 장기적으로 살고 있는 사람은 한 사람뿐이다. 바로 내가 만났던 부인의 남편이다. 다른 사람들은 대개 잠깐 근무하고 돌아갔다. 그들은 마치 만주라는 큰 바다 한가운데에 있는 '외로운 섬'에 사는 사람들 같았다. 들리는 말에 의하면 그들은 총도 가지고 있다고 했다. 하지만 평소에는 가지고 다니지 않았다. 큰형은 회사의 직원들 모두가 중학교 이상, 대학교 교육까지 받은 사람들이라 했다. 그들은 업무에 능하고 또 책임감 있게 열심히 일하는 사람들이라고 했다. 일본의 교육은 그때도 상당한 수준이었음을 알 수 있었다. 회사에 근무하는 일본인들은 관청에서 일하는 일본 사람들과 달랐다. 예절이 바르고 겸손했다. 일본 사람들은 예의가 발랐는데 만주에 들어온 뒤부터 오만무례하고 거칠어졌다고 한다.

항일 전쟁이 끝난 직후에 일본인들은 무엇에 쫓기듯이 황급히 마을을 떠났다. 만주인들이 자신들을 해칠까 두려워서 그랬던 것 같다. 비상사태였던 그때에도 그 '선생'과 부인은 우리 집에 찾아와 큰형과 작별인사를 했다. "언제 다시 만날지 모르지만 잘 있어요. 그동안 신세 많이 졌습니다. 감사합니다!" 이로써 그들은 믿음과 예의를 표했다. 큰형은 트럭을 빌려 그들을 통화 시내까지 바래다주었다.

만주철도는 일본인 주식회사였지만 비상시에 회사는 일제 식민지통치의 도구가 되었다. 그럼에도 만주철도회사 내에서 이루어지고 있는 경영방식, 인재육성방침, 회사구조 등은 지금도 우리가 배워야 할 점이 많다. 예를 들면 이렇다. 만주철도 조사부에 많은 인재들을 기용하고 있었는데 그중에는 고등교육을 받은 마르크스주의를 신봉하는 사람도 있었다. 그를 '만철마르크스주의'라고 불렀다. 일본의 역사에서 보면 '강좌파講座派'라고 일컫는 마르크스주의 학파가 있어 전쟁 이전에 학계에서 큰 영향력을 행사했다. 이른바 '만철마르크스주의'라는 것은 만주철도 조사부에 근무하면서 1930년대의 만주 사회를 연구하는 지식분자들을 가리킨다. 그들은 연구 방법론상 마르크스주의를 끌어와 만주지역의 경제사회 구조를 연구했으며, 일제의 침략을 위한 기초 데이터를 제공하였다. 그들의 조사자료와 연구 성과는 《만철경제연보滿鐵經濟年報》에 발표되었다. 이 잡지는 현재 중국 지린성도서관吉林省圖書館에 보존되어 있다.

통화제3국고通化第三國高에 입학하다

1944년 겨울, 나는 과이모쯔마을에서 국민우급학교國民優級學校를 졸업한 후 시험을 치고 통화제3국고에 입학했다. 그해 일본인중학교 외 만주인과 조선인들의 중학교를 부를 때 '국고國高'라는 줄임말을 썼는데, '국고'란 국민고등학교를 말한다. 그때 나는 12살이었다. 통화시에 많은 일본인들이 거주했는데, 그들은 주로 '동변도東邊道'라는 곳에 집거했고 그들의 중학교도 여기에 있었다. 내가 다닌 학교는 중학교와 고등학교를 통합해 만든 4년제 중학교로 제3국고라 불렀다. 제1국고는 주로 만주인 학생들이 다녔고, 조선인은 대체로 제3국고에서 공부했다. 두 학교의 학생 신상과 교육내용도 같지 않다. 제2국고는 공업학교로서 학생 대부분이 만주인이고 기타 민족도 일부 섞여있다. 이 밖에 여자국민고등학교가 있었다. 그때 나는 남녀공학인 중학교를 보지 못했다. 이 점에서 국고는 초등학교와 다르다.

내가 제3국고를 다닐 때는 제2차 세계대전이 거의 끝날 무렵이었다. 이때 겪었던 일이 있는데 아직도 기억에 생생하다. 당시 제3국고에 입학하기는 아주 어려웠다. 중학교가 적어 경쟁이 치열했기에 10대 1의 경쟁률을 뚫어야 하고, 중학교에 다니자면 경제적 부담이 막중했기 때문이다. 학생들이 모두 집을 떠나 학교기숙사에 들어가야 했기에 생활비가 통학할 때보다 훨씬 많이 들었다. 큰형이 늘 입버릇처럼 "나는 초등학교만 졸업했기에 동생들을 꼭 중학교에 보내겠다"고 해서, 나와 둘째 형은 함께 제3국고에 다닐 수 있었다. 내가 국고에 입학했을 때 둘째 형은 이미 3학년이었다. 둘째 형은 나보다 5살 위지만 만주인 초등학교를 다시 다녔으므로 국고에서 그는 나와 3년의 학년 차이밖에 나지 않았다.

제3국고의 입학시험은 필기시험 말고 면접시험도 있었다. 둘째 형은 일찍부터 면접시험방법에 대해서 알려주었다. 시험의 수준이 높을 뿐 아니라 시험장에 들어선 후 걷는 품위조차 따진다는 것이다. 면접시험관은 교장과 또 한 명의 선생님이 맡았는데, 모두 일본인이었다. 뚱뚱하고 심한 근시안을 가지고 있는 면접 선생님은 평소 둘째 형과 사이가 좋았던 것 같았다. 면접이 시작되자 그 선생님은 교장을 향해 "이 학생은 배천 봉걸의 동생입니다"라고 나를 소개했다. 나는 자신감이 생겨 면접을 잘 볼 수 있었고 필기시험도 괜찮았다. 얼마 후 둘째 형이 돌아와 내가 합격했다고 알려주었다. 그때 합격생 명단은 흰 종이에 써 학교의 게시판에 붙여 공지했다.

당시 통화제3국고의 입학경쟁이 치열했던 또 하나의 원인은 조선의 북부지역에 있는 초등학교 졸업생들도 만주 통화에까지 와서 입학시험에 참가했기 때문이기도 하다. 그때 일학년에는 조선의 함경도와 평안도에서 온 학생도 있었다. 사실 당시에 만주에서 살고 있는 조선인 학생도 조선 각지에 가서 중학입학시험에 응시했다. 당시 조선인학생들에 대한 교육제도와 수업내용은 조선이나 만주나 크게 구분이 없었다.

학생의 군대생활

학생 기숙사를 일본말로 학생료學寮라 했는데 한 방에 여섯 명씩 묵었다. 학료에 기숙하는 학생들의 생활은 아예 군대생활과 같았다. 아침 5시 반에 기상하고 옷도 채 입기 전에 먼저 룸메이트 친구들에게 "안녕하세요?" 하고 예를 갖춰야 했다. 저학년 학생은 아침인사를 더 많이 해야 해서 시간도 많이 걸렸다. 아침인사를 하지 않으면 금방 무식하고 무례한 인간으로 취급했다. 평소 선배를 만나면 꼭 군인처럼 똑바로 서서 오른손을 들고 깍듯이 거수경례를 했다. 매일 적어도 몇 십 차례 손을 들어야 했다. 한 번은 큰길에서 선배를 만났을 때, 그를 보지 못해 거수경례를 하지 않았다. 고의로 안 한 것도 아닌데 나를 마구 때렸다. 게다가 의도적으로 기숙사의 동료들 앞에서 본때를 보인다는 심사도 있었다. 후에 누군가 나에게 가만히 알려 주었는데, 그 선배는 나의 둘째 형과 알력이 있었다고 한다. 나를 심하게 때린 것도 그런 이유도 있었을 것이다.

아침에 선배들에게 거수경례를 마치고 난 뒤, 또 긴 각대 같은 것으로 종아리를 가지런히 묶어야 했다. 많이 연습해야 가지런하게 맬 수 있는 데다가 요구가 까다로워 쉽지 않았다. 아침 6시가 되면 운동장에 집합해서 군대식 훈련을 받았다. 먼저 뛰기 연습을 하고, 나무로 만든 창을 들고 '창검술' 훈련을 했다. 두 줄로 마주 보고 서로 찌르는 연습을 한다. 만주 벌판의 겨울 추위는 혹독했다. 영하 30도까지 내려가는 추위에서 군사훈련은 더욱 힘겨웠다.

학교에 교관이 있었는데, 듣자 하니 관동군 중위라고 했다. 가족을 데리고 있는 정규군인 듯했는데, 학교의 교사 숙소에 살고 있었다. 아직 아이는 없었다. 하루는 교관이 우리를 불러 기숙사 청소를 하라고 시켰다. 그때 교관 부인을 처음 봤는데 그는 나에게 조선말로 "너의 집은 어디니?"라고 물었다. 나는 깜짝 놀랐다. 학교에서 조선말을 사용하니 일본어로 대답해야 할지 조선말로 해야 할지 몰라서 쩔쩔맸다. 집에 가서 둘째 형에게 이 일을 얘기하니까 형의 말이 교관은 '조선지원병' 출신의 군관으로 일본인이 없는 곳에선 늘 조선말을 한다고 했다. 문득 조선에서 살고 있을 때 큰형이 '지원병'으로 가겠다고 했던 일이 생각났다. 그때 아버지는 형을 못 가게 말리셨다. 만약 그때 큰형이 지원병으로 갔다면 이런 식으로 다시 만나지 않았을까 상상했다. 아니면 벌써 전쟁에 나가 죽었을 수도 있을 것이다. 어느 날 아침 군사훈련을 하고 있을 때 교관은 눈물을 흘리면서 소식을 전했다. 그의 전우들이 남방의 전장에서 전사했다는 소식이 왔다는 것이다. 느낌상 교관이 우리를 대하는 태도는 좀 달랐다. 일본인과 다른 한 민족이어서 그런 것이리라.

함咸선생님의 통화제3국고國高 회상

통화조선족중학교 함진호咸鎭鎬 선생의『위만삼고간사僞滿三高簡史』에 우리가 모르고 있던 일부 사실이 기록되어 있다. 함 선생님은 우리에게 어문을 가르쳤고, 후에 통화조선족중학교 교장까지 지냈다. 그의 회고록을 읽으면서 기억 속에 묻혀 있던 일들을 하나하나 되살려 낼 수 있었다. 그 가운데 일부는 내 기억과 차이가 나는 부분도 있다. 어쩔 수 없는 일이기도 하다고 생각하며 일부를 여기에 옮겨 본다.

통화제3국고의 전신은 1940년의 통화제1국고이다. 처음 설립할 때 만주인과 조선인들이 섞여 있는 농업중학교였다. 뒤에 조선인 학생이 급격히 많아지면서 학교 내에서 '조선인 계열의 학급'을 편성했다. 그 뒤에 조선인 학생이 점점 더 불어나게 되자 1943년 3월 1일에 제1국고의 '조선인 계열의 학급'을 토대로 조선인 중학교를 설립했다. 그리고 학교 명칭을 '제3국고'라 했다. 학제는 4년이다. 학생 수는 대체로 학급마다 50명으로 전 학년 다 합하면 200명 정도였다. 그 시기 통화 시내와 그 주변의 농촌에 조선인이 대량 거주하고 있었다. 1940년대에 통화시에 남강조선인국민우급학교(南江朝鮮人國民優級學校)가 있었는데 학생 수가 약 700명이나 되었고 교사도 40여 명이 있었다. 국민우급학교를 졸업한 학생은 대체로 통화시제3국고에 진학 시험을 보았다. 시험에 응시하는 학생은 통화 시내의 조선인 학생 이외에도 안뚱성(安東省)의 신빈현(新賓縣)과 환런현 지역의 학생들이 있었고, 또 북한의 혜산, 자성(慈城), 만포, 강계, 초산 등지의 학생들도 찾아와 응시했다. 그 시절, 북한에 살고 있는 조선인들의 생활은 아주 어려웠다. 하지만 자녀교육에 대한 열정은 누구도 막을 수 없었다. 입시의 합격률은 10% 수준으로 아주 경쟁이 심했다고 할 수 있다.

제3국고의 교사는 모두 20여 명으로 일본인이 많았지만 조선인 교사도 8명 정도 있었다. 일본인 교사의 학력은 대학 졸업이 반밖에 안 되었지만 조선인 교사의 학력은 모두 대학교를 졸업한 유능한 인재들이었다. 교과목은 국어(일본어), 수학, 물리, 화학, 역사, 지리, 동물, 식물, 농업지식, 국민도덕, 영어 등이다. 영어 과목은 나중에 취소되었다. 제3국고의 학생들은 졸업 후 대개 소학교 교사나 회사의 직원으로 취직했고 경찰이 된 학생도 일부 있었다. 대학교에 진학한 학생은 극소수였다. 50명 가운데 2~3명이 대학에 입학하는 정도다. 교장인 후지와라(藤原)의 권리는 상당했다. 학교의 인사권은 모두 교장 한 사람의 손에 쥐어져 있었다. 암본(嚴本, 嚴씨 성)이라는 조선인 교사가 있었는데, 국어 과목을 담당하면서 일본 문학을 가르치지 않고 조선 문학을 가르쳤다. 후지와라 교장이 이 일을 알고 즉석에서 그를 해고했다.

우리는 그때 함 선생이 소개한 바처럼 많은 과목을 배웠다. 다만 내가 다닐 때는 영어 과목이 없었다. 선배들이 영어를 자습하는 모습은 보았지만 우리는 영어를 배우지 않았다.

나는 제3국고에서 반 년간 공부했다. 선생님의 강의가 더는 재미있지 않았다. 매일 배우는 과목은 많은데 복습시간은 별로 없었기 때문이다. 오후에는 '근로봉사勤勞奉仕'라고 불리는 의무노동을 했다. 의무노동은 일제 때부터 있었다. 조선과 만주 지역에서 학생들에게 강제로 노동을 시키고는 '근로봉사'라 했다. 중학생이 되면 이미 노동력이 있으니 끌려 다니기가 일쑤였다. 여기서 말하는 의무노동은 요즘 말하는 자원봉사와 전혀 다른 것으로 강제로 하는 육체노동이었다. 우리는 그때 농사일을 했는데, 주로 홍당무를 심고 수확하여 관동군으로 보냈다. 관동군의 말들이 먹을 사료였다. 말이 홍당무를 잘 먹는다는 것을 나는 그때 알았다.

매일 반나절 일하고 나면 저녁에는 거의 녹초가 되었다. 너무 힘들어 책을 읽을 수 없었다.

그 시절에는 물자가 부족하여 사람들의 생활이 더욱 어려워졌다. 상점이 있었지만 자금난으로 운동화조차 들여오지 못했다. 우리 집도 운동화 한 켤레 살 형편이 못 되었다. 그래서 나는 짚신을 신고 근로봉사에 나갔다. 식량에 대한 규제가 심해 일률로 배급제를 시행했다. 상황이 이러해도 학교의 수업만은 늦추지 않았다. 공부 부담이 점점 커져 밤늦게까지 하지 않으면 숙제를 완성하지도 못했다. 졸음이 몰려오면 세면실에 가서 찬물을 머리에 끼얹었다. 부지런히 애써 공부하는 것은 우리 선조 때부터 내려온 전통임에 틀림없다. 전쟁이 끊이지 않았던 시절에도 이러한 전통만은 잃어버린 적이 없었다. 나의 룸메이트는 삼원포三源浦에서 온 같은 반 학생이었다. 경상도 사투리가 심한 그는 일본어 발음이 좋지 않았지만 매번 시험을 보면 모두 우수를 맞았다. 그는 매일 아침 일찍 일어나 신문이나 편지를 전달하는 일을 했다. 시간에 맞춰 기숙사에 돌아와서는 선배에게 인사하고 아침훈련에 참가했다. 내 기억으로 그 당시 선배들은 하나같이 책을 좋아했고 열심히 공부했다. 한 선배는 매일 머리에 알루미늄으로 만든 모자를 쓰고 깊은 밤까지 공부했다. 묵직한 모자를 덮어쓰고 있으면 머리가 맑아져 계속 공부할 수 있다고 했다. 그는 열심히 공부해서 성공하자는 의미의 '고학성공苦學成功'이란 글자가 쓰여 있는 천을 모자에 두르고 공부했다. 의지가 분명했다.

조선인들은 허리띠 졸라매면서 공부시키고 배를 곯으며 공부하는 것이 보통이다. 배가 고프면 더 열심히 공부하며, 훗날 좋은 직장을 찾아 사회와 가정에 쓸모 있는 인재가 되어 부모의 길러 준 은혜에 보답한다. 이것이 그 시절 제3국고에 입학한 학생들의 취학 목표였다. 여기에는 개인의 인생 목표도 모두 포함되어 있었으므로 별도로 개인의 꿈은 있을 수 없었다. 1944년 말, 일제는 제3국고의 고중 3, 4학년 학생 가운데에서 '학도병學徒兵'을 뽑아서 강제로 헤이룽쟝성黑龍江省에 보내 집중훈련을 시켰다. 구소련의 기습공격에 대비해 병사를 모집한다는 것이다. 이듬해에 둘째 형도 학도병에 뽑혀 북쪽의 국경 근처까지 갔다. 하지만 얼마 안 되어 돌아왔다. 구소련의 기습에 일제가 투항을 선언했기 때문이다.

조·일 학생 간의 마찰

일제와 식민지라는 사회 환경 속에서 조선인과 일본인 학생들 간에는 마찰과 분쟁이 없을 수 없으며 실제로 자주 발생했다. 앞서 언급했던 완바오산萬寶山사건 이후 일본인은 또 이상한 여론을 조성했다. "만주에 살고 있는 일본인 동포가 극도의 위태로움에 처해 있으며 조석으로 위협을 받고 있다"는 것이다. 이로 인해 북한지역에서조차 만주인을 배척하는 폭동이 일어나 수많은 만주인과 조선인이 죽거나 피를 흘렸다. 이 사건은 일제가 만주에 실시한 '이민정책移民政策'과 고의적인 선동으로 야기된 것이다.

내가 중학교에 다닐 때 벌어진 사건이다. 1945년 봄, 퉁화시 동쪽 교외의 일본인이 집거하고 있는 동변도東邊道에서 제3국고의 조선인 학생들과 일본인 학생들 사이에 패싸움이 발생했다. 그날 조선인 학생들은 금속붙이 등 쓰레기를 수거하는 근로봉사를 하러 동변도에 갔다. 활동은 일본인 중학생들과 함께 진행하게 되었다. 점심을 먹은 뒤 물을 긷기 위해 다들 수도 앞에서 줄지어 기다렸다. 이때 한 일본인 학생이 새치기를 해서 물을 먼저 길었다. 줄서서 기다리던 조선인 학생이 참지 못하고 언쟁을 벌이다가 몸싸움으로 이어졌다. 그러자 조선인과 일본인으로 무리가 나뉘면서 패싸움으로 번지고 말았다. 군사훈련 때 쓰던 권투용 도구를 들고 맞붙어 싸웠다. 사태가 위급해지자 일본군 기병대가 출동해 진압함으로써 싸움은 일단 저지되었다. 양측 모두에서 머리가 터지고 피를 흘리는 부상자가 나왔다. 일본군의 도움으로 일본인이 '승리'한 셈이다. 제3국고의 학생들은 일본인 학생들에게 진 것을 받아들이지 못하고 격분했다. 당시는 전쟁이 끊이지 않았던 비상시기여서 늘 방공훈련이 있었다. 토요일 밤, 조선인 학생들은 방공훈련을 틈타 일본인 학생 기숙사를 습격했다. 기숙사의 전등을 관리하는 방공대원으로 가장하고 들어가 창문을 부수고 일본인 학생을 때려 주었다. 그 뒤로도 이와 같은 민족적 마찰이 끊이지 않았다.

당시 미군의 대형폭격기 B-29는 밤낮을 가리지 않고 폭격해댔다. 이에 일본의 전투기 '신풍호神風號'가 대적했고 지면에서 고사포로 저격했다. 고사포의 저격을 피해 미군의 B-29는 아주 높이 날았다. 어떤 땐 하늘 저 멀리서 보일 듯 말 듯, 한 줄기 연기를 날리며 폭격을 하거나 공중전투를 했다. 조선인 학생들은 늘 미군이 폭격할 때를 이용해서 일본인에 대한 원한을 발산했던 것 같다.

평소에 조선인과 일본인은 서로 내왕도 하고 평화롭게 지냈다. 일부 조선인 학생은 일본인 학생과 자주 내왕하다가 친구가 되기도 했다. 하지만 이유가 무엇이든 일단 두 민족 간에 마찰이나 충돌이 일어나면 유혈사건으로 이어지는 것이 특징이었다. 그 원인은 일제의 식민지통치와 민족을 멸시하는 정책에 있었다. 우리는 하루에 쌀밥을 한 끼만 먹고 나머지는 옥수수쌀이나 고량미를 먹어야 했지만 일본인 학생들은 세 끼 모두 쌀밥만 먹었다. 전쟁이 끝날 무렵에는 더욱 심각해져 조선인 학생들에게 일주일에 한 끼밖에 주지 않았다. 매달 마지막 주말이 되면 꼭 생일축하 행사가 있었고, 모두들 이달에 생일을 맞는 학생을 축하해 주는 자리였다. 몇 십 명이 참석하는 그날은 우리는 쌀밥을 먹어 볼 수 있었다. 그날은 명절이나 다름없었다. 그때 만주인의 주식은 고량미였던 것 같다. 일본인을 제외한 기타 민족이 쌀밥을 먹으면 '경제범經濟犯'으로 간주되어 처벌을 받았다. 심지어 쌀농사를 업으로 하는 조선인 농민들조차 자기가 생산한 입쌀을 마음대로 먹지 못했다. 이러한 민족 멸시 정책은 농민 부모를 둔 조선인 학생들의 불만을 키울 수밖에 없었고 그것은 반일 정서로 확장되었다. 시대를 불문하고 민족 간 모순은 민족에 대한 멸시에서 야기되는 것이 보통이다.

앞서 말했다시피 일제시기 만주지역의 사회관계는 세 가지로 볼 수 있으며 그것은 국가관계, 민족관계, 인간관계이다. 이 가운데 국가관계, 민족관계에 있어서 조선인, 만주인과 일본인 사이의 마찰은 불가피했다. 일본이 아시아 각국을 침략해서 식민지로 만들어 지배하고자 했기 때문이다. 하지만 인간관계에서는 사정이 달랐다. 서로 다른 민족이라 할지라도 '개인관계'는 늘 대립되는 것이 아니라 때와 사정에 따라 사이좋은 이웃이 될 수도 있었다.

일본인 교사를 그리다

통화시 제3국고의 교사 중 다수는 일본인이다. 윤 선생님처럼 조선인 교사도 있지만 수적으로 일본인보다 적었다. 들리는 바에 따르면 체육 선생은 일본 홋카이도北海道 출신이라 한다. 그는 겨울 운동을 즐겨 했는데 그중에서도 스키를 유독 좋아했다. 도약대에서 떨어져 부상을 입기도 했지만. 통화에는 그때부터 시설이 괜찮은 스키장이 있었다. 스키장 남쪽에는 도약대까지 만들어 놓았다. 해마다 겨울이 되면 여기서 만주국 스키경기대회를 개최했다. 나도 어릴 때 스키를 좋아해서 늘 형을 따라 스키장에 가서 놀았다.

앞서 얘기했던 미술 선생님은 아주 심한 근시여서 두꺼운 안경을 끼고 있었다. 하지만 그의 스케치와 수채화는 아주 멋졌다. 실제로 일본에서도 유명한 화가라고 했다. 그는 늘 화구를 메고 야외에 사생하러 다녔고, 학생들과 관계도 좋았다. 그때 학교에는 이상한 풍속이 있었다. 선배에게 거수경계를 하지 않으면 욕을 먹거나 맞기까지 했지만, 선생님에게는 어떤 학생도 욕을 먹거나 매 맞은 적이 없다는 것이다. 조선인 학생들이 후배를 욕하거나 때리는 것은 보통이다. 선배는 후배 앞에서 위엄을 부리며 존경받기를 원했다. 아마도 그들이 후배였을 때 선배로부터 똑같은 대우를 받아서 그 악습을 이어 갔던 것 같다. 봉걸이 형은 일본인 미술 교사에 대한 인상이 아주 좋았다. 늘 그 선생님이 좋다고 말했다. 심지어 그는 미술대학에 진학하려고 준비하고 있었다. 나도 형의 영향을 받아 어려서부터 그림 그리기를 좋아했다.

제3국고에는 훌륭한 선생님이 참 많았다. 그중에 경성제국대학을 졸업하고 우리에게 역사를 가르치는 선생님이 있었는데, 그가 나에게 준 인상은 평생 잊을 수 없다. 그분의 이름은 기억나지 않지만, 30대 독신으로 늘 콧물을 흘리고 다녀서 우리는 '콧물선생'이라 불렀다. 통화의 겨울은 아주 추웠다. 겨울이 왔다 하면 그는 늘 감기를 달고 살면서 코를 훌쩍거렸다. 수업할 때도 마찬가지였다. 그래서 얻은 별명이 '콧물선생'이다. 역사 선생님은 거의 주말마다 우리를 집에 불러 재미있는 얘기를 하면서 놀았다. 나는 매번 봉걸이 형과 함께 갔다. 겨울에는 우리는 커다란 화로에 둘러앉아 일본차를 후후 불어 마시며 선생님의 이야기를 들었다.

집 안은 책장으로 빙 둘러싸여 있었다. 그렇게 많은 책을 나는 처음 보았다. 실제로 그는 책 더미 속에 살았다. 선생님은 책 읽는 것도, 또 서책을 수집하는 것도 좋아하신다고 했다. 그는 늘 문학, 역사와 관련된 이야기를 해 주었다. 그 내용들을 나는 잘 이해할 수 없었다. 아니, 알아듣지 못했다고 하겠다. 하지만 선생님이 학식이 있고 참 대단해 보였다. 그는 정치에 관심이 별로 없었던 것 같다. 한 번은 내가 일본의 야마모토 이소로쿠山本五十六 제독이 솔로몬군도에서 타고 가던 비행기가 추락해 죽은 사실을 말했다. 그리고 선생님에게 미군이 어떻게 야마모토 이소로쿠가 그 비행기에 있었다는 것을 알았을까 하는 질문을 드렸다. 그러자 선생님은 불쾌한 표정으로, "난 그런 일 몰라" 하고 잘라 말했다.

어느 때보다 혼란스러웠던 일제 시기에는 각양각색의 사람들이 있었다. 관동군과 헌병처럼 오만무례한 일본인이 있는가 하면, 통화제3국고 교장처럼 일본 군국주의에 충성을 다하면서 일제의 침략에 희생당하는 일본인도 있었다. 하지만 '콧물선생'이나 미술 선생, 그리고 만철회사의 직원과 같이 정직하고 재능 있는 일본인도 적지 않았다. 그 밖에 윤 선생처럼 민족주의 정신이 투철한 조선인도 부지기수였다. 실제로 만주국에는 식민통치를 하며 판치고 다니는 일제의 허수아비들뿐 아니라 여러 분야에서 말없이 본업에 종사하는 수천만의 일반인도 공존하고 있었다.

요리옥料理屋의 여성

일본 여성의 얘기를 또 해야겠다. 통화에 일본인이 경영하는 요리옥料理屋이라는 곳이 있었는데, 성격으로 봐서 위장한 기생집이었다. 요리옥에서 접대하는 손님은 대개 일본 관동군 장교들과 정계 요인들이었다. 일부 돈 많은 회사의 사장이나 친일파 한간漢奸들이 끼어 있기도 했다. 당시 통화 시내에는 일본인의 요리옥 말고 만주인과 조선인이 경영하는 기생집도 있었지만 일본인 거물들은 일본인이 경영하는 요리옥을 즐겨 이용했다. 자세히는 알 수 없지만 여기의 접대부는 종군위안부와는 달랐다. 접대부의 접대는 매춘 행위였고, 이는 접대부가 업으로 하는 일이었다. 또한 당시의 법에 따르면 매춘업은 합법적인 경영이었다. 학교에 등교 또는 하교 할 때나 홍당무를 나르는 근로봉사를 할 때면 우리는 늘 요리옥 앞을 지나다녔다. 바로 제3국고에서 멀지 않은 난관구南關區에 있었기 때문에, 아침에 학교 갈 때면 거기서 나오는 관동군 고급 장교복 차림의 군인과 그를 배웅하는 화려하게 차려입은 접대부의 모습을 자주 보았다. 뿐만 아니라 일본인 접대부가 옥상에서 일렬로 서서 햇볕을 쬐는 모습도 볼 수 있었다. 우리의 눈에 그녀들은 마치 진열장에 진열해 놓은 인형 같았다. 봉걸이 형의 친구 아버지가 의사였는데 두 달에 한 번씩 그녀들의 신체검진을 담당했다. 검진의 주된 임무는 성병이 있는지 없는지를 확인하는 것이라 했다. 의사의 검진에 통과하지 못한 여성들은 매춘 자격이 박탈되었다. 일단 성병으로 진단되면 실직하기 때문에 그녀들은 검진을 통과하기 위해 의사에게 애걸하기도 한다고 했다. 그녀들은 검진하러 갈 때 우리 학교의 학료를 지나갔는데 그때마다 선배들이 창문을 열고 그녀들을 놀렸다. 심지어 아주 듣기 거북한 말조차 꺼리지 않고 내뱉었다. 그녀들은 참다못해 맞대고 욕질을 하기도 하고 학교의 교관을 찾아가 일러바치기도 했다. 한번은 나보다 더 어린 기녀를 보았는데, 그녀가 먼저 조선말로 학생들을 욕했고 또 일본말로 큰 소리를 지르며 난리를 쳤다. 만만치 않았다. 보기엔 조선인 기녀인 듯했다. 묵묵히 지켜보던 교관도 이럴 땐 어쩔 수 없이 사과의 말을 했다.

그곳의 접대부들은 대개 일본의 농촌 여성이었고, 팔려서 여기까지 왔다고 했다. 관동군의 성적 욕구를 채워 주기 위해 '요리옥'과 같은 기생집이 필요했다. 그래서 일본의 상인들은 본국의 후진 농촌에서 헐값으로 젊은 여자를 사와서 기생집을 운영하고 있었다. 아이러니하게도 일제의 통치자는 자신도 모르는 사이에 아무런 양심의 가책도 없이 자기 동포를 유린하고 있었다. 접대부들은 조국에 배반당한 불쌍한 일본인들이다.

퉁화시의 조선인

지금 생각해 보면 퉁화시는 당시에 일본의 생활문화에 젖어 있었다. 일본과 만주와 조선은 국경이 없었기에 자유롭게 내왕할 수 있었고, 거리의 풍경이라든가 풍속 습관까지 거의 비슷했다. 말하자면 일본의 문화적 풍습이 만주와 조선의 전통문화와 섞이고 얽혀서 하나의 '일만선日滿鮮' 민족문화의 혼합체 같았다. 이것은 만주식이요 저것은 조선식이요 또 어떤 것은 일본식으로 되어 서로 어울려서 하나의 기이한 풍경을 이루고 있었다. 식민사회의 특이한 문화적 산물이랄 수도 있다.

일본인이 동변도 일대에서 집거해 살았고 조선인은 난관 일대에 모여 살았으며, 그 밖의 지역에는 만주인이 살았다. 조선인이 모여 사는 동네는 '조선가朝鮮街'라 불렀는데 말하자면 지금 해외의 코리아타운과 같다. 조선가에는 상점, 여관, 음식점, 술집, 정미소, 인쇄소, 서점, 학교 등이 있었다. 내가 아팠을 때 퉁화에 가서 여관에 묵은 적이 있었는데 그 여관의 주인도 조선인이었다. 앞서 언급한 것처럼 이곳 국민우급학교는 학생 수만 700여 명, 교사는 40여 명이었다. 이미 퉁화시에는 상당한 규모의 조선인 사회가 형성되어 있었다. 아쉬운 것은 내가 자주 다녔던 서점에 조선말로 된 책이 없었다. 죄다 일본책이었다. 만주인 서점에 가면 대다수가 중국어 서적인데, 오로지 만주인 주거지에만 있었다. 그리고 보면 통화 시내에는 일본인 서점과 만주인 서점밖에 없었다. 조선인의 전문서점은 없었으며 조선인 서점이라 해도 조선어로 된 책이 없었다. 조선어 사용을 금지했을 뿐 아니라 조선어 서적조차 판매금지가 되었던 것이다. 나는 그때 일본의 고대 무사소설을 즐겨보았다. 빌려 보기도 하고 서점에 가서 사 보기도 했다. 서점에서 파는 책들은 모두 일제 당국의 심사를 거쳐야 했고 출간된 책도 검열을 통해 일부 삭제된 부분이 있기도 했는데 그런 곳에는 '☒☒☒' 이런 식으로 표시를 해 놓았다.

만주 땅의 배우와 노래

만주로 온 일본인은 대체로 일제의 침략전쟁에 말려들어 온 것임에 틀림없다. 하지만 이것만이 아니다. 일본말로 '에이가映畵'라고 하는 영화도 마찬가지다. 실제로 일본 영화는 재미있는 것도 있었다. 그 당시 유명했던 '만영滿映'회사, '동보東寶'회사 등 영화사에서는 전쟁을 선동하는 내용의 영화를 적지 않게 찍었다. 먼저 '만영' 이야기를 해 보겠다. '만영'은 만주영화제작주식회사로 오늘날 창춘영화제작사長春電映制片廠의 전신이다. 그때 '만영'에서 가장 인기가 높았던 여배우가 이향란李香蘭이다. 그녀는 일본인이고 본래 이름은 야마구찌 요시코山口淑子이다. 그녀는 늘 만주인 복장을 하고 다녔으며 영화에서 맡은 배역도 주로 만주인이어서 사람들은 그녀를 만주인으로 착각하고 있었다. 그녀가 일본인이라 알려진 것은 전쟁이 끝난 뒤의 일이다. 들리는 바에 따르면 그녀는 전쟁 후 귀국해서 국회의원(참의원 의원)까지 지냈다고 한다.

다음 '동보'영화사의 영화이다. 여기서 가장 이름난 배우는 타카미네 히데코高峰秀子이다. 나는 이 여배우를 기억하고 있다. 사랑스럽고 귀여운 여고생 역을 많이 했다. 학생들은 그녀가 나오는 영화를 즐겨봤다. 기숙사 선배들은 그녀의 사진을 오려서 책상 유리 밑에 끼워 놓았다. 동보영화사가 제작한 영화 〈노예선奴隷船〉은 미국의 인신매매집단이 아프리카 흑인 노예들을 배로 밀입국시키는 내용을 각색한 것이다.

그 시절에 군인들의 노래인 군가가 많이 유행되었다. 학교에서 가르쳐 주었던 노래도 모두 군가 일색이었다. 가사의 내용은 침략전쟁을 칭송하는 것이었다. 제일 유행했던 노래는 〈출정 후出征之後〉인데 어린 아이부터 노인까지 모르는 사람이 없었다. 〈전우戰友〉라는 제목의 노래도 아주 많이 불렸다. "고국에서 수 천리 떨어져 있는 이국 타향, 죽어 간 전우의 선혈은 붉은 석양에 비치는구나. 어제까지도 적진으로 돌진하던 용사여 여기서 깊이 잠드는구나……." 가사는 침략전쟁에 가담한 전사들이 고국과 고향을 그리는 마음을 노래하며 슬픔과 비장함을 자아냈다. 그 밖에 "아리따운 꽃 아홉 잎이 있지만 나는 오로지 하나만 원한다네……"라는 내용의 유행가도 있었는데, 이 노래는 군의 사기를 떨어뜨린다고 해서 당국에서 못 부르게 했다. 하지만 사람들은 이 노래를 가장 즐겨 불렀던 것 같다.

개척단開拓團의 일본인

이른바 일본인 개척단은 일본인이 조직한 만주농지개발집단滿洲農地開發集團을 말한다. 일본 정부가 1932년 8월부터 실시한 일본과 조선에서 사람들을 만주에 이주시켜 농지를 개간하도록 한 정책인데 그때는 이를

'무장개척단武裝開拓團'이라 했다. 1939년에 와서는 강제로 이주시키기도 했다. 주로 헤이룽쟝성 일대를 중심으로 동북지역에 입주했다. 관동군의 비호를 받으며 개척단이 만주에서 점령했던 토지는 일본 전 국토 면적의 절반 이상이었다. 이는 일본의 침략과 약탈의 유력한 증거이기도 하다. 근래 중국의 학자는 이를 비판하여 '이민침략移民侵略'이라 했다.

전쟁이 끝난 무렵에 조선반도로 통하는 철도교통이 중단되었다. 수만 명에 달하는 개척단은 고국에 돌아가고 싶어도 갈 수 없었다. 헤이룽쟝성 무단쟝牧丹江 일대에 거주했던 개척단은 후에 통화시로 이주해 거기서 정착했다. 그때 일본 관동군 역시 패전의 기미를 알아차리고 황급히 부대를 통화에 집결시켰으며 모든 교통을 통제하였다. 이 때문에 개척단은 통화까지 그 먼 길을 걸어서 오기도 했다. 이들은 끈으로 종아리를 질끈 동여맨 노동복 차림의 일본 부녀들이 다수였다. 100만을 자랑하던 일본 관동군은 이제 전투력이 없는 본국의 국민들조차 버리고 달아났다. 일부 군관이나 관료들은 군용 비행기를 타고 내뺐으나 대부분 일본인은 통화에서 일 년여를 더 머물다가 다시 랴오닝성의 다롄大連, 잉커우營口, 후루도葫蘆島 등의 지역으로 이주했다. 그리고 1946년경에 중국 정부의 도움을 받아 바닷길로 귀국했다.

일본과의 전쟁이 끝날 무렵 소련(러시아) 부대가 만주를 점령하기 시작했다. 1945년 2월, 소련의 크림반도 얄타에서 미국, 영국, 구소련 3국의 정상이 비밀리에 회담을 가졌고, 장차 독일이 투항한 2개월 후에 소련은 일본에 선전포고를 하고 참전한다는 내용의 밀약密約을 맺었다. 그 조건으로 소련은 옛날 '러일전쟁俄日戰爭' 때 빼앗겼던 사할린남부南樺太(즉 庫頁島 남부)지역을 되찾아 가는 동시에 출병의 대가로 일본 북방의 4개 섬을 점령했다. 더욱이 소련은 구소련 시기에 만주지역에서 확보했던 '권익權益'

을 다시 회복한다는 무리한 요구까지 했다. 비밀협약에 따라 두 달 뒤인 8월 9일에 소련은 만주에 주둔하고 있는 관동군을 향해 전쟁을 선포하고 신속히 만주 전 지역을 점령했다. 8월 19일 관동군 총참모장과 소련의 원동군遠東軍 사령관 와실리예프스키Александр Михайлович Василевский 원수가 만나서 정전협정을 맺었고, 그 협정에 따라 관동군이 모든 전선에서 투항하고 무장을 해제했으며, 나흘 뒤인 8월 23일에 소련국방위원회의 지시에 따라 포로가 된 몇 십만의 관동군을 시베리아로 이송했다. 일본군을 이송시키는 일은 그해 가을까지 계속되었다.

소련과 일본의 교전 결과 일본이 투항하였으며 그에 따라 일본인 '전쟁고아'가 생겼다. 패전을 맞아 일본인들은 황급히 떠나면서 데려갈 수 없는 자식들을 중국인들에게 맡겨 두었다. 이렇게 남겨진 일본인 전쟁고아는 대체로 동북과 화북지역으로 흩어졌다. 13세 미만은 전쟁고아라 하여 중국인 양부모가 계속 양육했고, 13세 이상은 '잔류殘留 일본인'이라 했다. 중화인민공화국이 성립된 뒤 일본과 수교가 이루어지지 않았기 때문에 이들은 모두 정상적으로 귀국할 수 없었다. 1972년 중일국교가 정상화된 뒤에야 이들은 양국 정부의 협의에 따라 고향 길에 오를 수 있었다. 일본 정부의 통계에 따르면 이때 귀국한 일본인은 약 2만 명 정도다.

내 기억으로 개척단 사람들 중에는 중년 부녀자가 많았던 것 같다. 남자는 모두 전장에 나가게 되자, 여자와 일부 노인들까지 동원되어 만주에 들어와 땅을 개척했다. 전쟁에서 남겨진 아이들은 대부분이 개척단과 군인의 가족이다. 부득이하게 아이를 중국인에게 맡기고 떠난 사람이 너무 많았다. 그렇게 해서라도 아이의 목숨을 살리려 했던 것이다. 이들 전쟁고아의 삶을 그려 낸 『대지의 아들大地之子』이라는 작품은 중국인들에게 널리 읽혀졌다. 저자 야마사키 도요코山崎豊子는 작품을 완성하기 위해 창춘에 온 적이 있다. 그녀는 길림대학교 외국어학과 신태해甲泰海 교수를 방문해 전쟁고아와 관련된 적지 않은 자료를 수집해 갔다. 신태해 교수는 나의 집과 이웃해 살고 있었는데, 나에게 이런 말을 했다. "야마사키山崎는 중국의 총서기 후야오방胡耀邦 선생의 지원을 받아 여기에 와서 자료를 조사했다. 그는 중국 정부의 지원에 무척 감사하는 마음이었다."

당시 일본인 가운데에는 자살하는 사람이 많았다. 전쟁에서 패하자 배를 갈라 자결하거나 혹은 집단으로 자살하는 일이 수없이 발생했다. 지린성 룽징시龍井市의 경찰서장으로 있던 사람은 자기 아내와 아이 셋을 총으로 쏴 죽이고 집을 불사르고 나서 자살했다. 집단자살은 너무나 끔찍했다. 한 곳에 모인 그들 중 두목이란 놈이 총으로 한 사람 한 사람을 죽였고, 마지막에는 스스로 총알을 먹고 자살했다. 죽은 사람 모두가 자살은 아니었다. 죽기 싫은 사람도 있었을 것이다. 그렇다면 그들은 타살된 것이다. 일본 사람만이 스스로 자기 동포를 무참히 죽일 수 있을 것이다. 이것이 곧 일본군국주의의 잔인한 본성이 아닌가 싶다.

조선의용군과 조광朝光중학교

1945년 광복 후, 통화시 조선인들은 통화시 제3국고 자리에 다시 조광중학교朝光中學를 세웠다. 조광중학교는 현재 통화조선족고중通化朝鮮族高中의 전신이다. 봉걸 형님은 계속 공부하기 위해 조광중학교에 입학했고 학생회 회장을 맡았다. 조선인으로 조직된 혁명조직인 조선독립연맹에도 가입했다. 형수 설화영薛花英은 형과 함께 조광중학교 선후배 사이다. 나도 통화조선고중을 졸업했다. 통화시는 나와 인연이 아주 깊은 고장이다. 어릴 때 큰 병으로 일본인 병원에 입원했던 때부터 시작해 중학 시절을 여기서 보냈고 또 광복을 맞은 뒤에 다시 여기서 고등학교를 마쳤다.

봉걸 형님은 〈랴오닝조선문보〉 기자와의 인터뷰에서 제2차 세계대전 직후의 일을 회고한 바 있다.

1945년 일본제국이 망하고 우리는 마침내 8·15해방을 맞이했다. 이 꿈 같은 현실이 조철수(趙撤秀)에게 무한한 기쁨과 희망을 가져다주었다. 그해 10월의 어느 날, 군복 차림의 조홍석(趙洪錫)이란 청년이 조철수의 집을 찾아왔다. 홍석의 부친은 조철수의 조부와 함께했던 독립군 시절의 전우였고 또한 서로 친척이었다. 홍석은 화북지역에서 팔로군에 참가했으며, 조선의용군 제1분대를 따라 환런현에 도착했다. 퉁화로 가는 도중에 먼저 조철수의 집을 찾은 것이다. 그날 밤 마을의 조선인들은 모두 조철수의 집에 모여서 홍석의 이야기를 들었다. 팔로군과 의용군이 관내에서 항일전쟁을 하는 가운데 발생한 신기한 이야기들이었다. 바로 그해 연말에 조철수는 집을 떠나 퉁화 조광중학교에 입학했고 조선말로 수업을 받았다. 하루는 퉁화 시내에서 의용군과 시민들이 함께 경축하는 성대한 모임을 가졌는데, 이를 군민환영회(軍民聯歡會)라 했다. 의용군 전사들이 조선말로 노래했다. 중국공산당의 근거지인 옌안(延安) 시절에 창작된 〈호미의 노래〉, 〈조선의용군행진곡(朝鮮義勇軍進行曲)〉 등 이전에 들어본 적이 없는 노래들이었다. 시민들은 새로운 노래를 배우지 못했으니 〈도라지〉, 〈아리랑〉 등 전통 민요를 불렀다. 가락이 끊이지 않고 사람마다 싱글벙글했다. 이때 한 사람이 자진해서 노래를 불렀는데, 그는 목청을 높여 위만 시절의 유행가를 불렀다. 그러자 분위기가 갑자기 이상해졌다. 노래를 마치자 의용군 정치부 주임 주란(朱然)은 앞쪽 좌석에서 일어나 사람들을 향해 말했다. '동지들, 동포 여러분! 일본 제국주의는 우리에게 타도되었습니다. 하지만 우리는 잊지 말아야 합니다. 우리는 위만 시기의 타락된 문화를 숙청해야 합니다. 방금 부른 노래는 조선인이 불러야 할 노래가 아닙니다. 우리에게는 치욕이기 때문입니다.' 말을 마치자 우레와 같은 박수소리가 퍼졌다. 그 뒤 조철수는 조광중학교 학생회장 신분으로 의용군 정치부를 자주 드나들었다. 형세의 변화에 따라 정치적 각오도 한층 높아졌다. 통화에 잔재해 있던 일본세력이 일으킨 '2·3폭동'이 발생하기 전날, 조철수는 주연의 소개로 조선독립동맹에 가입했고, 정치부 위원 리웨이민(李維民)의 지도하에 학생공작을 진행했다.

그 뒤로 봉걸 형님은 환런현에 가서 민주연맹을 조직하는 일을 맡아서 진행했다. 동시에 거기서 중국공산당에 가입했다. 형님은 가끔 나를 보면 조선의용군과 조선독립연맹이 자신에게 준 깊은 영향을 말하기도 했다. 이들 조직은 형님이 사회주의 사상을 받아들이고 중국공산당에 가입하게 된 계몽 선생님이었다. 한편 조광중학교는 형님이 식민지교육을 받던 데서 조선민족의 교육을 받게 된 전환점이 되었으며, 더욱이 세상을 새롭게 인식하게 되는 출발점이기도 했다. 그래서 형님은 인터뷰에서 '지금도 기억이 생생하다'고 말했다.

봉걸 형님의 사회주의 사상

1945년 가을부터 이듬해 봄 사이에 봉걸 형님은 우리가 살았던 과이모쯔촌에 돌아간 적이 있다. 그때 그는 조광중학교 학생회 회장이었다. 그는 '담화록'에서 했던 이야기를 나에게도 했다. 특히 조광중학교와 의용군에 대한 이야기는 가장 기억에 남는다. 그는 몇몇 간부의 이름을 거론했는데 박일우朴一禹, 방호산方虎山, 주연, 그리고 왕씨 성을 가진 군사 간부도 있었다. 형님은 그를 '왕사령王司令'이라 불렀다(조선의용군 제1지대 후임

지대장 왕자인王子仁을 가리킨다). 형님은 '왕사령'이 조선 사람이라 했다. 내가 물었다. "조선 사람도 왕씨 성이 있나요?" 그들은 통화에 머무는 동안 조광중학교에서 강연을 하기도 했다. 방호산이 언변이 좋고 강연도 잘했기에 학생들에게 가장 호평을 받았다. 얼마 안 있어 그들은 조선으로 건너갔다.

형님은 집에 올 때 철필로 써서 등사騰寫한 교재 두 권을 가져다주었다. 『사회발전사社會發展史』와 마오쩌둥毛澤東의 『신민주주의론新民主主義論』인데 조선말로 번역한 것이었다. 조선말로 된 책을 보니 너무 반가웠고 마음이 다 훈훈해지는 느낌이었다. 사실 그때까지 나는 책에서 말하는 의미를 완전히 이해하지는 못했다. 형님이 몇 가지 문제를 설명해 주었다. 가령, '사람은 어디에서 왔는가?' 이 문제는 아주 재미있는 문제로 형님의 설명도 나에게 깊은 인상을 주었다. 또 '중국은 어디로 가고 있는가?' 하는 문제도 얘기했는데, 이 질문은 마오쩌둥이 『신민주주의론』에서 거론한 첫 구절이다. 나는 이때 처음으로 중국의 지도자 마오쩌둥의 저작을 접했다. 그것도 조선어로 번역된 교재로 말이다.

생각해 보면 봉걸 형님은 통화시 조광중학교 시절에 벌써 마르크스주의의 기본 이론에 대한 계몽교육을 받았다. 이러한 교육을 받았기에 그는 일찍 중국혁명에 참가하게 되었다. 이러한 사실들은 조선의용군의 도움으로 조광중학교가 세워졌으며, 사회주의에 관한 계몽교육을 초기부터 실시해서 장차 동북지역 조선인의 혁명투쟁에 막대한 영향을 주었음을 말해 주고 있다.

문득 한 사람이 생각난다. 내가 일본에서 교수로 있을 때, 한국의 한 퇴역한 고위급 군인이라고 하는 분의 전화를 받았다. 그는 나에게 '백천봉걸白川鳳傑'의 주소를 물었다. 자신은 전에 중국을 방문한 적이 있는데,

그때 《장백산長白山》이라는 조선어 잡지사의 편집자 이수경李秀景 선생에게 내가 봉걸의 동생이자 퉁화제3국고 교우이고 현재 일본의 모 대학에서 교수로 있다는 소식을 들었다는 것이다. 한국에서 퇴역한 뒤 미국에서 살고 있는 그는 일찍 퉁화제3국고를 다녔고 봉걸 형님과 같은 학급이라 했다. 그의 말에 따르면 퉁화제3국고를 다닌 친구가 서울에도 몇 명 살고 있으며 그중에는 고급 장교를 지냈던 동창도 2명 있다고 했다. 그러면서 봉걸 형님과 연락해서 만나보고 싶다고 했다.

이처럼 퉁화제3국고 졸업생 중에는 형님과 다른 인생을 보낸 사람도 있다. 광복 후에 퉁화에서 조광중학교에 다시 진학하지 않은 친구들은 대체로 한국 아니면 북한으로 돌아갔다. 말하자면 1945년 8월 이후 그들은 서로 다른 길을 갔다고 할 수 있다. 나는 봉걸 형님의 중국혁명 참가 이후의 경력과 지금의 형편을 자세히 편지에 적어 보냈다. 그분이 내 편지를 읽고 형님의 굴곡이 많은 인생에 대하여 어떤 생각과 평가를 내리실지 궁금했다. 진심으로 이들이 만나서 서로의 회포를 풀 수 있기를 기대했다. 유감스럽게도 지금까지 회신을 받지 못했다.

5

위만주국의 붕괴와
난세 속의 동북 조선인

동아시아 삼국을 살아온 이야기

배천 조씨(趙氏)의 디아스포라

역사의 전환점

1945년 8월, 일본의 항복으로 제2차 세계대전이 종말을 고했다. 위만주국도 일본의 항복과 함께 붕괴되었다. 위만 황제 푸이溥儀는 통화에서 멀지 않은 다리쯔大栗子로 피신해서 잠시 있다가 일본으로 도망하려고 펑톈奉天(현재의 선양)공항까지 갔다가 소련군에 붙잡혔다. 곧이어 소련군에 의해 시베리아 감옥으로 옮겨졌다. 이로써 10여 년의 위만 황제 역사는 막을 내렸다.

일본의 항복으로 2차 세계대전이 끝났지만, 소련군은 동북지역에 들어온 뒤 동북을 완전히 장악하지 못한 상태에서 일본과의 전쟁을 계속했다. 일본 관동군은 중국 국민당이 동북으로 들어오기 전에 미리 사령부를 신징新京에서 통화 시내로 옮겼다. 그래서 통화는 동북에서 일본 관동군의 최후 거점이 되었고 관동군 잔여 부대에 속하는 사병이 시내에 우글거렸다. 이와 동시에 중국의 화북지역에서 동북으로 진군한 공산당 팔로군八路軍 부대를 비롯해 일찍이 동북에서 지속적으로 항일전쟁을 이어 왔던 저우바오중周保中 등 항일연합군抗日聯軍, 그리고 조선인 이홍광李紅光이 이끄는 항일지대抗日支隊, 관내의 타이항산太行山으로부터 진격해 온 조선독립동맹과 조선의용군 등의 부대도 함께 통화 지역으로 모여들었다. 곧이어 중국공산당은 천윈陳雲, 린뱌오林彪, 류샤오치劉少奇, 펑전彭眞 등 중요한 지도자를 동북에 파견하여 일본이 점령하고 있던 동북 각지를 접수하였으며 동북 해방전쟁을 지도했다. 이리하여 동북지역은 마오쩌둥毛澤東이 이끄는 공산당과 장쩨스蔣介石가 이끄는 국민당 간 세력투쟁의 전략적 요지로 되었다.

이와 같은 역사적 전환기에서 정세 변화에 가장 민감하게 반응하고 관심을 가지는 사람은 아무래도 동북지역에 살고 있는 주민들이었다. 특히 중국과 조선의 국경지대에 살고 있는 200만 동북 조선인들일 것이다. 동북지역의 조선인들은 조선반도로 돌아가는 이도 많았지만 선뜻 돌아갈 결단을 내리지 못하고 정세만 살피는 이들도 있었고, 또한 경제적인 여건이 따르지 못해 귀국할 수 없는 이들도 적지 않았다. 실제로 조선반도로 돌아간 사람보다 돌아갈 결단을 내리지 못하거나 여건이 안 되어 돌아가지 못하는 이들이 더 많았던 것 같다. 이들은 대체로 빈곤한 농민이거나 기타 노동에 종사하는 사람들이었다. 그리고 동북에 거주하면서 시국의 변화에 희망과 기대를 걸고 조국 해방의 서광을 보고 적극적으로 혁명조직에 참가하는 조선인 청년들도 있었다. 특히 조선의용군이 통화 지역에 왔다는 소식은 그들에게 고무적인 일로 큰 영향을 미쳤다. 조선인 청년들은 태어나서 처음으로 조선인 부대를 보았을 뿐 아니라 조선인 부대는 중국공산당의 지도하에 항일전쟁을 진행해 온 혁명부대로서 중·조 변경에 인접한 조선인 집거지역을 거쳐 동북으로 진격해 왔기 때문이다. 이들 조선인 부대는 가는 곳마다 동북 조선인들의 열렬한 환영과 접대를 받았다. 민족정신과 혁명의 열정으로 사람들의 마음을 들끓게 하는 장면은 나도 난생 처음 보았다.

조선의용군 부대의 지휘부는 통화 시내에 설치되어 있다. 둘째 형은 동북이 해방되자 처음으로 조선독립동맹조직에 가입했고 조선의용군 부대에 가담했다. 나는 과이모쯔 마을에서 조선의용군의 부대원들이 〈조선의용군 행진곡〉, 〈적기가赤旗歌〉 등을 우렁차게 부르는 장면을 보았다. 곧 마을 사람들을 따라 큰길까지 달려 나가 '조선해방 만세!' '조선의용군 만세!' 등의 구호를 외치며 의용군 부대를 환영했다. 마을 사람들은 나아가 3·8식 보총을 어깨에 메고 지나가는 부대원들의 손을 뜨겁게 잡거나 아예 부둥켜안으며 조선말로 '어디서 왔냐?' '나이는 얼마냐?' 하며 두서없이 질문을 했다. 1945년, 나는 조선의용군의 군가 소리와 함께 새로운 역사 시대를 맞이하였다.

조선인은 어디로 가야 할까?

새로운 시대를 맞이하여 조선인 가운데 일부 뜻있는 지사志士들은 민족의 운명과 미래를 걱정하며 민족학교를 세우기 위해 적극적인 움직임을 보였다. 그들은 아직 동북지역을 떠나지 않는 조선인 동포들을 동원해서 민족학교의 설립기금을 마련하였다. 여기에는 동북에서 점차 확고한 지위를 확보하고 있는 중국공산당과 조선의용군의 지도와 후원이 있었지만, 그 주된 힘은 조선인 민중들의 열정적인 참여와 아낌없는 후원이었다. 이러한 기대와 후원으로 통화 조광중학교, 신빈新賓의 신광중학교, 안동安東의 북광중학교, 콴뎬寬甸의 홍광중학교 등 민족중학교가 연이어 설립되었으며, 이들 학교는 훗날 민족 간부 육성에 획기적 공헌을 하였다. 나는 신빈에 있는 신광중학교에서 해방 후 처음 민족교육을 받았다.

둘째 형의 말에 따르면, 내가 다녔던 제3국고의 대부분 교사는 그냥 남아서 조광중학교의 교사가 되었다. 통화의 조광중학교 교장은 제3국고에서 교무부장을 지낸 차씨 성을 가진 분이다. 예전에 제3국고에서 공부할 때 그 분을 만났던 것 같다. 이 지역에 사는 주민 대부분이 조선인이었기 때문에 교육열이 아주 높았다. 민족교육의 보전을 위해 우선 현존하는 중, 소학교는 조선인 교사를 남겨 가르치도록 했다. 앞서 이야기한 바와 같이, 최초로 조광중학교에서 교편을 잡고 있던 교사들 가운데에는 의용군 간부도 있었다. 조광중학교 출신 가운데 중국 공산당 또는 국민당 군대에 입대하여 전투에 참여한 학생이 있었고 또 조선에 건너가 국가 건설에 참여한 학생도 있었다. 그중 일부는 한국으로 건너가기도 했다. 조광중학교는 동북지역에서 우수한 혁명 전통을 간직한 중학교 가운데 하나이다.

그 당시 중국의 역사적 환경에서 조선 민족은 본인들이 지니고 있는 특수한 신분 때문에 국적문제에 대한 고민이 아주 컸다. 조선인도 아니고 중국인도 아닌 애매모호한 처지였다. 그것은 일본 위만주국이 붕괴되었으나 아직 새로운 정권이 세워지지 않았기 때문이었다. 일제 식민지시대가 끝나자 중국은 자기의 주권을 회복하였고 동북지역도 일본의 손아귀에서 벗어났다. 하지만 이때까지 '중국'이라 함은 중화민국中華民國을 가리키는 것이었다. 그러니 조선인은 당연히 중화민국의 공민이 아닌 것은 의심할 바도 없었다. 한편, 조선인들에게는 소위 말하는 '정통의식正統觀念'이라는 것이 없었다. 조선인은 본래 이 땅의 사람이 아니고 외래 이주민들이기 때문이며, 더욱이 국민당이 정권을 잡은 중화민국은 동북지역에 집거하고 있는 조선족을 중국의 소수민족으로 인정한 적이 한 번도 없었기 때문이다. 또한 그때는 공산당이 지도하는 중국혁명이 완전한 승리를 거둔 것이 아니었기에 공산당과 손잡고 일제와 싸워 온 조선 민족은 더더욱 신분의 정통의식을 가질 수 없었다. 이러한 역사적 전환기에 동북의 조선인들은 중국에 대한 귀화의식이 전혀 없었다. 그들은 여전히 스스로를 조선인이라고 했다. 즉, 자기의 선조들이 사는 국가 조선에서 중국 동북으로 이주한 조선인이라는 것이다. 당시 조선인 다수가 이렇게 생각했다. 우리는 언젠가는 꼭 고향 땅 조국으로 돌아가리라는 것을.

하지만 일본이 항복한 뒤 조선반도는 미국과 구소련, 이 두 군사 대국의 군사적 간섭으로 통일된 정권을 세우지 못했다. 뿐만 아니라 일제가 망한 뒤 3년도 채 되지 않은 1948년에 남과 북으로 나뉘어 분열국가가 되었다. 조선민주주의인민공화국과 대한민국 두 개의 정권이 생겼다. 이로 인해 1945년에서 1948년 사이 중국에서 귀국 바람이 일었을 때 문제가 생겼다. 동북의 조선인은 남과 북 중에서 어디로 돌아가야 하는가? 고향을 그리는 마음으로 본다면, 남쪽에서 왔으면 남쪽으로, 북쪽에서 왔으면 북쪽으로 돌아가는 것이 맞다. 그러나 문제가 있다. 당시 보통 사람들의 정치의식으로 말하면, 그들의 마음속에 조선 민족을 대표하는 국가는 당연히 조선민주주의인민공화국이었다. 그때 표현으로 하자면 '민주조선'이었다. 즉, 그때는 북한의 매력이 남한보다 훨씬 강렬했다. 따라서 동북 조선인의 귀국 열풍에서 주류는 북한으로 가는 것이었다. 중국에 남겨진 조선인들에게 '조국에 대한 의식(감정)'은 아주 추상적이었으며 그냥 조상이 있는 고국故國일 뿐, 조선반도에 현존하는 남, 북한의 체제의식과는 무관했다. '고국'과 '조국'이라는 두 단어에 본질적으로 어떤 차이가 있는지 모르겠지만 중국에 남은 동북 조선인의 마음속에서는 늘 하나였다.

당시 동북 조선인들이 상상하는 고국과 현실 속의 고국 사이에는 차이가 있었다. 정세와 정치적 변화에 민감한 일부 사람들은 이미 이러한 차이점을 감지하고 있었다. 비록 마음속에 간직하고 있는 고국의 '삼천리강산'은 변함이 없었겠지만, 국제 정세의 변화를 수반하는 반도의 변화는 상상 속의 고국과 현실에서의 고국에 대한 거리를 점점 더 키워만 갔다. 그리고 이러한 변화에 따라 동북 조선인들의 귀속의식과 국가의식은 상당한 유동성을 띠고 있었다. 실제로 그 당시 자신이 어디로 귀속되어야 할 것인지, 즉 국적 문제는 동북 조선인들에게 그다지 중요한 사항으로 인식되지 않았고 '어디든 상관없다'라는 태도를 보였다. 이보다 더 그들의 관심을 끌었던 부분은 구체제의 붕괴와 함께 새롭게 세워질 체제는 과연 안정된 사회를 확보할 수 있을까, 새로운 체제하에서 외국인들의 목숨과 생활은 얼마만큼 보장될 수 있을까 하는 것들이다. 이러한 현실적 거취문제가 당시 동북 조선인들에게 있어서 초미의 관심사였다.

흩어져 사는 조선인과 집거하는 조선인

통계에 따르면 당시 동북에 살고 있던 조선인은 약 216만 명에 달했는데, 1945년 8월 일본이 항복하자 반년 동안 서둘러 조선반도로 귀국한 인구가 80만 정도 되었다. 나머지 140만도 대체로 돌아가려고 준비하고 있었다. 이들 중 80여만 명의 사람들이 조국으로 돌아가기 위해 조선반도와 인접해 있는 지린성吉林省 동쪽 지역이나 옌볜延邊 등지로 옮겨가 살면서 기회를 보아 귀국하고자 했다. 이 지역은 훗날 조선족이 집거하는 지역이 되었다. 그 밖에 약 60여만 조선인은 다른 지역에 흩어져 살았다. 그렇지만 대체로 지린성, 랴오닝성, 헤이룽장성 등 조선반도와 멀리 떨어지지 않은 곳을 선택하여 살았다. 이 부류는 산거散居, 즉 흩어져 사는 조선인으로 분류할 수 있는데, 나의 가족은 바로 이 부류에 속했다.

그런데 연변지역의 조선족과 산거하는 조선족은 서로 다른 점이 있었다. 첫째, 일제가 항복한 후 옌볜 지역은 줄곧 중국공산당과 팔로군의 관할지역에 속해 있었기 때문에 다른 지역보다 일찍 해방되었을 뿐더러 국민당이 들어온 적이 없었기에 그 피해도 없었다. 둘째, 옌볜 지역에서는 토지개혁이 다른 곳보다 일찍 시행되었다. 이는 국민당이 들어오지 않았기 때문에 가능했다. 셋째, 중국공산당의 민족정책이 일찌감치 실시된 지역이어서 1952년에 이미 옌볜조선민족자치구가 성립되었다.

1946년 12월, 당시 지린성 주석主席을 지내고 있던 저우바오중周保中은 소수민족으로서 중국 거주 조선인들의 지위에 대하여 거론한 바 있다. 그 뒤 1948년 중국공산당 옌볜지구위원회延邊地區委員會에서 다음과 같이 규정했다. "무릇 다년간 중국 옌볜 지역에서 거주하고 중국의 호적을 갖고 있는 조선 민족은 모두 중국의 공민으로 인정한다."[6] 그렇지만 토지개혁 이전에 중국에 건너온 조선인들이라 할지라도 옌볜 지역에 정착하지 않았던 유동성을 가진 조선인과 여러 조건에 맞지 않는 조선인들은 중국 공민이 되지 못했으며 조선교민朝鮮僑民으로 살았다. 신중국 성립 초기에 중국공산당 지도자와 지방의 권력기관은 동북 조선인들의 국가귀속 문제에 대하여 중요한 지시와 그에 따른 규정을 마련하였다. 중국공산당은 상대적으로 동북의 조선인들에 대하여 관심 어린 태도를 보였고 그에 상응하는 민족정책을 실시한 것이다. 하지만 국가귀속이라는 것은 법률적 범주에 속하는 문제이므로 상당히 신중해야 한다. 동북 조선인들의 국가귀속 문제는 국가적 차원의 법적 절차를 거쳐야 결과를 확정할 수 있다. 즉, 중화인민공화국의 건립과 전국인민대표대회에서 결의안으로 통과되어야 한다. 그 사이 조선인들이 가장 많이 집거하고 있는 옌볜 지역에서 1952년에 가장 먼저 조선민족자치구를 수립하였다.

1945년 8월 일제가 항복한 뒤에 중국공산당은 옌볜 지역에서 인민정권을 세웠고 같은 해 11월에 다시 옌볜행정독찰전원공서延邊行政督察專員公署라 개명하였다. 1948년 3월에 다시 옌볜전원공서를 세웠고, 1952년 9월 3일에 '지린성옌볜조선민족자치구吉林延邊朝鮮民族自治區'를 수립하고 민족 구역을 스스로 다스린다는 자치 정책을 실행했다. 그리고 옌볜전원공서를 폐지했

---

6 "凡是多年居住在延邊地區并持有中國戶籍的朝鮮民族均爲中國公民."

다. 옌볜조선족자치주는 중국 전역의 소수민족 집거지역 가운데 세 번째로 자치 정책을 실시한 지역이다. 1955년 12월에는 옌볜조선민족자치구에서 옌볜조선족자치주延邊朝鮮族自治州로 바뀌었고 그 행정 중심을 옌지시延吉市에 두었다. 현재 시행되고 있는 '조선족朝鮮族'이란 용어는 이때부터 시작되었다. 이리하여 '오랫동안 동북에 거주하고 있던 조선인'들은 법적으로 중국 국적을 가지게 되었으며 중화인민공화국의 공민으로 인정되었다.

그 밖에 지린성 동부의 중국과 북한의 변경지역, 즉 투먼장圖們江 양측의 변경지역은 일정 기간 동안 봉쇄되어 있었다. 전염병 등의 원인으로 임시 봉쇄되기는 했지만 해방 후 북한 지역에서 임시정부가 집정하던 시기에 적지 않은 조선인들이 북한으로 건너갔다. 그러자 임시정부는 중국에서 건너오는 조선인들을 막기 위한 강경대책을 세웠고, 고향으로 돌아가려던 동북 조선인들은 귀향길이 막히게 되었다. 그렇지만 랴오닝성遼寧省 동부지역의 단둥丹東 등에서는 상대적으로 조선반도와의 왕래가 자유로웠다. 나의 아버지도 그때 북한에 다녀왔는데, 다녀와서 하시는 말씀이 몰래 강을 건너 국경선을 지나도 저지하는 사람이 없었다고 했다. 이렇게 볼 때 흩어져 살고 있는 산거 조선인들의 민족의식은 당시 옌볜조선족자치주의 영향을 받지 않았다고는 할 수 없지만, 상대적으로 불확실하고 유동적인 성향을 보였다.

퉁화 지역의 폭동과 그 진상

1945년 8월 15일 일제가 항복했을 때 우리는 너무 기뻐 목이 터지도록 환호했다. 하지만 아직 일본으로 돌아가지 못한 일본인들에게는 이날이 극도로 불안한 날이었다. 위만주국僞滿洲國은 붕괴되었으나 정전 후 동북은 어디로 나아가는가? 이 문제는 동북 조선족의 관심사였을 뿐 아니라 중국 사람들의 초미의 관심사이기도 했다. 이 시기 중국 정세를 보면, 두 개의 정치세력이 서로 동북지역을 접수하기 위해 치열한 전쟁을 벌이기 시작했던 때이다. 동북지역에서 국민당과 공산당의 쟁탈전이 공공연해졌으며, 항일전쟁에서 국내전쟁으로 바뀌었다.

이처럼 지겨운 전쟁이 끝나자 또 다른 전쟁의 소용돌이에 휘말리고 있을 무렵, 퉁화시에서 예기치 못한 폭동이 일어나 세간을 놀라게 했다. 1946년 2월 3일(음력 12월 그믐날) 깊은 밤에 일본인들이 공산당 팔로군을 기습했다. 그들의 공격은 계획적이고 조직적인 무장반란이었다.

일본 지궁상회池宮商會에서 출간한 《구만주舊滿洲》라는 잡지에서 이 사건과 관련하여 자세한 기록을 남겼다. 그것에 따르면, 제2차 세계대전 종료 직후 퉁화시에 잔류해 있던 일본인들의 반란사건은 일본인들의 기억 속에 전쟁이 끝난 뒤에 발생한 비극으로 남겨졌다고 한다. 이 사건으로 죽은 일본인이 천여 명이나 된다. 이 폭동은 송환을 대기하고 있던 일본 관동군의 잔류 군인과 중국국민당의 비밀반공조직秘密反共組織이 결탁하여 당시 퉁화시에 주둔하고 있던 팔로군을 습격한 것이다. 국민당의 동북 점령을 맞이하기 위한 폭동이었다. 하지만 이 사건은 사전에 공산당에게 발각되어 실패로 돌아갔고 폭동에 직접 참여한 100여 명은 그 자리에서 총살당했다. 그 밖에도 연루된 사람이 모두 천여 명이나 되었다.

일본인들의 기록은 대체로 사실과 가까웠다. 둘째 형은 이 사건을 직접 보았으며 우리 사이에서는 이 사건을 '2·3사건'이라고 불렀다. 실제로 이 사건은 귀국하지 못하고 퉁화 지역에 남겨진 관동군 사병과 국민당 지하조직이 공동으로 꾸며 낸 반공 반란이다. 당시 일본으로 돌아가기 위해 퉁화 지역에 모여든 일본인은 관동군 잔류 사병을 포함해서 도합

6만여 명이나 되었다. 당시에 공산당 팔로군 동북민주연합군은 이미 통화에 주둔하여 일본군의 무장을 해제하고 있었지만 통화 지역을 완전히 장악하지는 못한 상황이었기 때문에 어떤 측면에서 보면 일시적이긴 하나 무정부 상태였다. 겨울이 다가오면서 식량과 의복 등 생필품의 부족으로 사람들의 생활은 아주 어려웠다. 국민당은 이러한 난국을 틈타 일본인들의 팔로군에 대한 불만을 부채질하여 반공 사건을 획책했다.

국민당은 비밀리에 정보요원을 통화 지역에 파견하여 공산당이 이 지역을 접수하는 것을 저지하고자 했다. 왕도서원王道書院의 원장은 국민당 당원으로 국민당 중앙군의 지령을 받고 관동군 제125사단 참모장 후지타藤田 대좌大佐와 밀모하여 '2·3사건'을 지휘했다. 이때까지 일본 사병들은 총과 탄약, 군도와 수류탄 등 각종 무기를 반납하지 않고 있었다. 뿐만 아니라 일본인이 관리하고 있는 공장들에서도 비밀리에 무기를 생산하고 있었다. 따라서 이번 사건은 치밀하게 계획된 무장폭동이라 볼 수 있다. 이 사건으로 인해 일시적으로 통화시 공안국이 반란군에 의해 점령당했고 통화 공항은 일본 공군에 제압당해 일본 군용기가 이착륙하는 사태가 벌어졌다. 긴박했던 이 상황을 조선의용군이 먼저 알게 되어 팔로군에 보고하였고, 팔로군은 즉각 계엄령을 내리고 군사적 조치를 취했다. 사건이 터지고 10일 동안 사람들은 거리를 다니지 못하였으며, 마음대로 다니는 자는 사살도 불사하였다.

이 사건의 사망자 대부분이 일본 군인이었다. 후지타 대좌는 통화 지역에 주둔했던 전 관동군의 총참모장이다. 나는 1945년 봄에 통화시의 명승지인 옥황산玉皇山에서 그를 본 적이 있다. 옥황산에서 일본인들의 스모 경기가 있어서 구경하러 갔을 때였다. 스모 경기가 시작되기 전에 후지타 대좌의 연설이 있었는데, 그는 군복에 일본 군도를 착용하고 있었다. 키는 작고 긴 수염을 길렀으며 중국말도 할 줄 알았다. '2·3사건'이 발생했을 때 그는 수염을 깎고 중국 복장을 하고 중국인 행세를 하였다. 그래서 그를 찾아내는 데 어려움을 겪었다. 마침 일본어를 할 줄 아는 조선의용군이 관동군 사병으로 변장하고 후지타 대좌가 있는 곳에 잠복하고 있다가 어느 민가의 다락방에서 그를 잡았다. 들리는 바에 따르면 그는 반란이 실패하자 자살했다고 한다. 이와 같이 일본이 무조건 투항을 한 지 1년이 지났지만 통화 지역에서는 중·일 전쟁이 여전히 계속되고 있었다.

이 사건의 배후에는 국민당과 공산당 중 누가 만주를 장악하는가 하는 심각한 문제가 걸려있었다. 1945년 가을부터 이듬해 봄까지 비록 공산당과 국민당의 내전이 아직 정식으로 시작되지 않았지만 동북지역을 차지하기 위한 전쟁은 이미 시작되었다. 일본이 망한 뒤 중국 내에서는 중·일 양국 간의 대결이 국·공 양당 간의 대결로 자연스럽게 전이되었다. 그리고 새로운 전쟁의 국면에서 희생자들은 대체로 일본인이었다.

만주에 잔류한 일본인과 전쟁 책임

일본인들은 일본으로 돌아가기 위해 통화 지역에 모여들었다. 통화 지역이 조선과 가장 가까운 곳이기 때문이다. 하지만 그 무렵 조선반도로 통하는 육로가 완전히 차단되자 그들은 다시 해로로 귀국하는 길을 택하였다. '콧물선생'과 일부 일본인 교사는 '2·3사건' 때 간신히 목숨을 건진 뒤 줄곧 제3국고 선배의 보호를 받으며 숨어서 지냈다. 들리는 바에 따르면, 조선반도와 인접해 있는 단둥丹東 출신의 학생이 '콧물선생' 등에게 중국 옷을 입혀서 중국인처럼 꾸미고 후루다오葫蘆島 항구를 통해 일본으로 돌아가게 했다고 한다. 일본인들이 중국 정부에 의해 귀국할 수 있게 된 시기는 대체로 1946년 5월부터였다. 일본 측의 통계에 따르면 2년여 동안 270만 인구가 본국으로 돌아갔다고 한다. 새 중국이 세워진 뒤 1952년 초에 중국 정부와 일본 적십자사赤十字社 등 민간단체 사이의 교섭으로 같은 해에 3만여 명의 일본인이 귀국하게 되었고 그 후로 끊임없이 귀국하였는데, 귀국 행렬은 대체로 1958년 7월까지 이어졌다. 하지만 그때까지도 남아 있는 일본인들이 있었는데, 이들은 전쟁고아 아니면 중국인과 결혼한 부녀자들이었고 그 밖에 다른 일 때문에 중국에 좀 더 체류하는 사람들이었다. 이들 중 단둥 후루다오를 거쳐서 일본으로 귀국한 사람이 제일 많았다.

앞서 언급한 바 있는 제3국고 후지와라藤原 교장은 '2·3사건' 때 반란군과 함께 공산당 팔로군에 대항하여 싸우다가 총에 맞아 죽었다 한다. 위만주국이 세워질 무렵 총 인구가 약 3천만 명이었는데 그중 일본인이 약 25만 명이었다. 그랬던 것이 1940년경 들어 일본인이 급증하여 관동군 군인을 제외한 민간인들만 약 100만 명으로 불어났다. 그 가운데 위만주국에서 진정한 '주인공'이 된 일본인은 극소수의 집정자와 전쟁으로 부자가 된 상인들뿐이었다. 그렇다면 만주를 통치했던 일본인들은 과연 행복하였을까? 그렇지 않았다. '요리옥'에 드나드는 장교들은 일본인이었고, 일본의 농촌을 떠나 이국땅에 와서 몸을 팔며 생계를 유지하는 여성들도 일본인이었으며, 남편이 전장에서 죽고 아이를 만주에 버리고 혼자 돌아가야 하는 여성들 역시 일본인이었다. 그리고 만주철도회사의 직원이자 또 나의 스승이기도 한 '콧물선생' 역시 일본인이었다. 전쟁과 죽음을 겪으며 비참한 삶을 살아야 했던 그 시대, 이러한 시대적 재앙을 초래한 장본인은 바로 전쟁을 일으킨 일본 통치자들이다.

마르크스는 타민족을 강압하는 민족은 절대로 자유로울 수 없다고 했다.[7] 지당한 말이다. 지금까지도 일본의 일부 정계 요인들은 최고통치자의 전쟁 책임을 회피하기 위해 백방으로 애쓰고 있지만 어디 그렇게 되겠는가? 쇼와昭和 천황이라고 해서 어찌 전쟁 책임이 없을 수 있겠는가? 전쟁의 최후 결정은 천황이 하기 때문이다. 제2차 세계대전 이후의 '상징 천황'과는 그 성격이 완전히 다르다. 일본의 일부 우파 정치가들이 쇼와 천황의 책임회피를 위해 거짓을 꾸미는 것은 믿을 수 없다. 스스로를 속이고 남을 기만하는 것일 뿐이다. 일본 정치인들이 전쟁의 책임을 회피하려는 것은 당시 미국 점령군이 쇼와천황에게 책임을 추궁하지 않은 것과 무관하지 않다. 다른 측면에서 볼 때 전쟁을 발발시킨 당시의 사회적 배경 또한 무시할 수 없다. 당시의 일본 사회는 불경기로 인한 경제적 불안, 농작물의 부족, 자본 부족 등으로 위기의식이 팽배했다. 위기를 극복하기 위해 조선과 중국 만주를 침략해서 만주에 '식민지국가'를 세우고자 했던 것이다. 침략을 자국의 경제적 위기를 벗어나는 '출구'로 삼고 다시 만몽滿蒙, 즉 만주와 몽고 지역을 자국에 필요한 물자를 공급하는 '생명선'으로 삼고자 했다. 이 주장은 당시 대부분 일본인과 사회여론의 지지를 받았다. 언제인가 일본 영화에서 본 적이 있다. 쇼와정권 초기에 '2·26사건'(1936)을 주도한 장교와 반란자들이 "일본 국민을 살리자!"고 외쳐대고 있을 때 태평양전쟁에서 승리소식이 전해지자 모든 국민이 밤에 거리로 나와 승리를 경축하는 열광적인 장면이 지금도 잊히지 않는다. 일본의 조선, 만주, 중국에 대한 침략은 단순히 '관동군의 독단적인 행동'이 아니다. 결국 불행한 전쟁은 불행했던 시대가 낳은 것이다.

---

7 『마르크스·엥겔스 전집』 권4, 60쪽.

6

동북지역의 광복과
귀국의 열풍이 일다

동아시아 삼국을 살아온 이야기

배천 조씨(趙氏)의 디아스포라

고중을 중퇴하다

1945년 6월, 나는 퉁화시 제3국고를 중퇴하고 가족이 있는 환런현 과이모쯔 마을로 내려갔다. 계속해서 공부할 수 없었기 때문이다.

며칠 전에 나는 고학년 학생들에게 맞고 기숙사에 들어박혀 있었다. 그러던 일요일 날이었다. 둘째 형 봉결이 문득 나를 찾아와 "우리 시내로 나가볼까" 하고 말하며 내 손을 잡아끌었다. 내 딴에는 형이 선배들에게 당한 일 때문에 나를 위로해 주려는 줄로만 알았다. 그런데 형은 그 일에 대하여는 모르는 체하고 "우리 어디 가서 전병煎餅, 부꾸미이나 먹자. 아주 맛있는 집 아는데, 넌 아직 가보지 않았을 거야"라고 했다. 사실 나는 점심을 먹었지만, 형이 맛있다고 하니 솔깃했다. 형은 내가 전병을 제일 좋아하는 줄 알고 있다. 우리는 시내에 있는 전병을 만들어 파는 자그마한 점포에 들어갔다. 형은 전병을 먹으려다 말고 말했다. "지금 정세는 참말 좋지 않아. 학교에서도 매일 근로봉사勤勞奉仕 할 것을 요구하니 공부할 시간이 없어, 배울 것도 없고." 형은 집에서 한국말만 했지만 '근로봉사'란 단어는 일본말로 했다. 형은 나보다 일본말을 잘 했다, 그가 일본말을 하면 다들 일본사람 같다고 했다. 하지만 그는 우리끼리 있을 때 우리말만 했다. 둘째 형은 또 말했다. "큰형도 편지에서 너 사정을 물었는데, 아마 큰형도 우리 학비를 마련하자니 부담이 큰가 봐. 그리고 학교에 다녀봤자 배울 것도 없고 재미도 없다." 그때 내 나이는 13살이었다. 모든 것은 큰형님 말만 들었다. 그래서 나는 "좋아요, 난 돌아갈게요"라고 대답했다. "형, 왜 먹지 않아요?" 형은 내가 먹는 것만 보고 자기는 별로 먹지 않았다. 걱정스러운 기색으로 아무 대꾸도 하지 않았다. 그 이튿날 나는 버스를 타고 과이모쯔 마을로 돌아갔다. 중퇴 서류 절차는 둘째 형이 대신 밟아 주었다. 이 일이 있은 뒤로 나는 둘째 형을 거의 못 만났다. 내가 집으로 돌아간 뒤 형은 학도병으로 중국과 러시아 변경지역으로 갔었다. 얼마 안 되서 일본군이 투항하자, 형은 집에 들려 필요 없는 짐을 두고 며칠만 묵고 다시 떠났다. 그때 통화로 가서 혁명에 참가했던 것이다.

나는 과이모쯔 마을에 돌아온 후에 할 일 없이 지냈다. 조선서 온 친구들을 찾아다니며 놀았다. 금방 해방되었을 때 이 마을의 분위기는 아주 조용했었다. 사람들이 사는 것도 예전과 같이 변화가 없었다. 화이런현 일대는 기원전 37년 고대 고구려가 도읍을 정한 곳이기도 하다. 가장 오래된 고구려산성, 즉 오녀산성五女山城이 바로 현성의 동쪽에 있다. 오녀산성의 동쪽은 통화지역이고, 서쪽은 안뚱과 연결되어 있다. 남쪽으로는 압록강유역과 조선반도와 이어져 있다. 예로부터 여러 민족이 공동으로 생존했던 곳이기도 하다. 우리가 살고 있을 때는 전체 인구의 약 90%가 한족인이었으며, 조선과 인접해 있기 때문에 조선인이 점차 많아졌다.

1946년 봄

위만주국이 망한 후, 여기서 사는 조선인은 위만주국 시기의 "2등국민"에서 사실상 일본인의 통치를 받지 않는 "자유인"으로 회복되었다. 말하자면 "외국인"의 신분이 되었다. 여기서 내가 말하는 "외국인" 신분은 역사적으로 조선반도에서 중국에 온 외국인의 신분을 말하며, 주변의 중국인들도 그렇게 우리를 보고 있었다.

정말 불가사의하다. 1946년의 봄, 나는 과이머쯔촌에서 비교적 평온한 시간을 보냈다. 사람들은 전쟁 후 뜻밖에 맞이한 평화에 대해 기쁨과 함께 더없이 소중하게 여겼다. 충분히 이해할 만한 일이다. 외국인의 통치에서 해방된 기쁨은 그 어떤 것에도 비할 수 없다. 당시 마을사람들 모두 아주 흥분했었다. 기나긴 겨울을 지나 봄날을 맞이한 기분이었다. 곳곳에 이씨조선 말기에 이용한 국기, 즉 태극기가 휘날리고 있었다. 1948년, 대한민국이 그것을 국기로 승계했다. 그때 나는 처음으로 태극기를 보았다. 그전엔 국기가 있다고만 들었을 뿐이다. 당시 마을의 이곳 저곳에서 일본 서적과 신문을 불사르는 것을 볼 수 있다. 특히 조선인들은 대부분 집집마다 일본책이 있었다. 책을 불사른다는 것은 일본 식민지시대와 결별하려는 마음을 드러낸 것이다. 나와 형님도 집에 있던 일본 교과서와 참고서들을 활활 타오르는 불더미 속으로 던졌다. 그때 나는 이제 조선이 독립되면 일본책은 읽을 필요가 없다 생각했다. 그렇다 하더라도 〈한일사전韓日辭典〉과 〈광사림廣詞林〉과 같은 사전들은 버리지 않았다. "일본어가 이후에 쓸모 있을 것이다"고 하는 형님의 말을 기억하고 있었기 때문이다. 아마 그것은 형님의 예감일 것이다. 일 년 후, 즉 1946년에 형님은 위궤양으로 27세의 젊은 나이에 우리 곁을 영원히 떠났다. 위만시절 그 혹독한 겨울 형님은 양식창고를 관리하면서 언제나 엄혹한 추위 속에 밖에 오래 서 있은 탓으로 만성위염에 걸렸다. 제때에 치료를 받지 못해 병세가 가중해진 결과이다. 형님은 우리 집의 기둥이었다. 형님은 아들 하나와 딸 하나를 남겼다. 조카딸은 한 살 남짓하고 조카는 조카딸보다 두 살 위다. 아주머니는 후에 재가하지 않고 줄곧 우리와 같이 생활하면서 부모님과 나를 돌봤다. 당시 나는 형님의 죽음이 우리 집 운명에 어떤 영향을 줄지 예측할 수 없었다.

그때 마을에 여러 가지 소문이 많이 나돌았다. 비록 그 곳은 뭇 산에 둘러싸인 작은 마을이었으나 전선에 참전했거나 강제노역에 참가한 사람들이 속속 돌아오면서 외부 세계의 많은 정보가 들어왔다. 물론 그들의 말이 제각기여서 누구의 말이 진짜인지 믿을 수 없었다. 어떤 사람은 오래지 않아 장개석이 이끄는 국민당의 부대, 즉 중앙군이 동북을 접수하여 세운 새 정부가 우리 마을에 들어설 것이라 했고, 어떤 사람은 중앙군이 심양에 도착한 것을 직접 봤다고 했다. 그때 조선인들은 "중앙군" 또는 국민당에 대해 잘 몰랐다. 동시에 중국공산당의 팔로군八路軍도 최근에 통화시에 진입했는데, 머지않아 우리 마을에 들어온다는 소문도 있었다. 소문을 듣고 신기하게 여기다보니 소문 또한 금방 퍼졌다.

그때 전쟁 속에 화베이華北 등지에 갔거나 일본군을 징집되어 출정해 살아 돌아온 젊은이들도 적지 않았고 전쟁터에 죽었거나 실종되어 돌아오지 못한 사람도 있었다. 매일 아들이 돌아오기를 바라는 부모들의 비참한 모습이 지금도 기억 속에 남아있다. 통화 제3국민고등학교에 다닐 때 근처에 둘째 형의 윗반 선배가 살았는데, 그의 집은 매우 가난했다. 그가 제3국민고등학교를 다닐 때 연필 한 대를 쓰다 다 달아서 끝자락이 2, 3센티 남을 때까지 쓰고도 버리기 아까워, 연필심을 원통으로 된 호스에 꽂아서 쓰는 것을 봤다. 그는 학교 다니던 4년 내내 아르바이트를 하면서 공부했다. 아침 일찍 신문을 나르면서 열심히 공부해서 끝내 제3국민고등학교의 모든 과목을 마쳤다. 그런데 졸업 전에 "학도병"으로 출정해 동북 북부의 구소련 군과 싸웠다. 그는 결혼한 지 여러 해 되었는데, 그의 부인과 부모는 매일같이 소식을 기다렸으나 끝끝내 어디에서 전사했는지조차 알 수 없었다. 부인은 젊고 고왔다. 그 뒤, 태후마을에 건달같이 생긴 중년이 그녀를 유혹해 데려갔지만 어디로 갔는지는 모른다. 그의 동생은 나와 같이 마을에서 초등학교를 다녔으며, 후에 온 집 식솔이 조선으로 갔다.

귀국의 물결 속에

중국 동북지역의 조선인은 전후 초기 대부분 조선반도에 있는 고향으로 돌아갔다. 이른바 귀국이란 조선반도에 돌아가는 것이다. 그때 확실히 조선에 돌아가는 물결이 일었다. 많은 사람들이 자기의 원래 고향에 돌아가기를 바랐다. 그런데 당시에 귀국하는 사람들 가운데 진짜 귀국하는 사람은 대부분 조선반도에 친척이 있는 사람들이었다. 아울러 대부분 경제조건이 비교적 좋은 도시인이었다. 농촌에서 중국인 지주의 땅을 소작해 겨우 연명해나가는 소작농이거나 노동력이 없는 농민들 가운데 일부분 사람들이 귀국했으나 많은 농민들에게 귀국 또는 귀향은 그저 꿈에 지나지 않았다. 그 시대 지주의 땅을 소작하면 반드시 총 수확의 40%를 땅세로 바쳐야 했다. 조선인 농민의 생활은 확실히 곤란했다. 그들의 조상은 대부분 원래 가난하여 동북으로 이주해 온 것이다. 조국의 해방은 그들에게 매우 큰 희망과 기대를 주었다. 여러 해 떠난 고향을, 세세대대 생활해 온 조국을 그들은 얼마나 가보고 싶었겠는가. 위만주국이 망한 뒤에 고향생각이 더욱 강렬해진 것은 사실이다. 그러나 돌아가고 싶어도 여건이 되지 못하여 돌아가지 못하는 사람도 상당수였다. 대부분은 19세기 중엽부터 동북에 이사하기 시작해 동북 각지에 살고 있는 빈고농민과 그들의 자손들이었다. 그들은 지금 중국에 거주한 200만 조선족겨레들의 사회적 기반을 이루어 놓았다.

역사 자료에 의하면 조선민족이 중국 동북부에 이주하기 시작한 것은 이씨왕조시대 후기인 19세기 말엽부터다. 이전에는 청조가 변강지구에 봉금封禁정책을 실시했는데, 1881년에 들어 두만강북부의 봉금령을 취소했다. 이리하여 이 일대로 이주해서 수전을 개발하는 조선인들이 늘어나

기 시작했다. 하지만 조선인들이 대량으로 이주한 것은 조선이 일본식민
지로 전락한 20세기 초의 일이다. 1910년 한일합방으로 나라가 망하게
된 것이 그들이 고향을 떠나고 조국을 떠난 근본 원인이다. 일본 측의
통계에 의하면 이른바 "한일합방" 후 1912년에 들어 동북에 거주하는 조
선인들이 약 28만여 명이었다 한다. 그런데 "9·18사변" 이후인 1932년에
들어 조선인의 수자가 64만에 달했다 한다. 1934년, 일본정부는 〈조선인
이주대책〉을 제정하고 조직적으로 동북이민정책을 추진하여 동북조선
인 총수는 216만에 달했다. 2차 대전이 끝난 후 많은 조선인들이 속속
귀국하기 시작했는데, 대략 총인구의 40%가 귀국, 귀향했다.

과이모쯔 마을에서 귀국한 사람들의 신분을 보면, 우선 위만주국 권
력기관에서 근무한 경찰과 관리이고 일본만철滿洲鐵道과 위만주국 협화회
協和會에서 일한 사람들이다. 이른바 협화회란 1932년에 설립된 위만주국
관청사업단체의 하나이다. 동북에 종래로 의회議會와 같은 권력기관이 없
다. 때문에 협화회는 왕도낙토王道樂土, 5족협화五族協和의 위만주국협의기관
을 표방하는 것이다.

급급히 귀국한 사람들 가운데는 동북에서 돈을 많이 벌어 부자가 된
사람도 있다. 또 공산당이 와서 사유재산을 공산화共産化할까 겁을 집어먹
은 사람과 공산주의를 반대하는 중산계급층등의 사람도 있다. 그때 조선
인 가운데 많은 사람들이 혁명과 공산당 쪽에 쏠렸지만, 어떤 사람은 공
산당을 무서워했다.

우리 마을에 문시영文時英이란 조선인 중년의사가 있었다. 그가 자기의
이름처럼 '문명시대의 영웅'이라고 허풍떨고 다녔기 때문에, 나는 지금도
그의 이름을 기억한다. 그는 아내의 여동생을 첩으로 맞이해 아이까지
낳았다. 그는 돈이 아주 많았는데 전쟁이 끝나자 조선으로 귀국했다. 또

다른 사람은 마을에서 유일하게 자기의 밭이 있던 조선인 부농으로, 중국인 지주에 비하면 부농富農의 축에 들었다. 그는 머슴을 고용해도 황소처럼 일하면서 자기의 노동으로 가산을 일구었기에 다른 지주와 달랐다. 그는 나이가 자기의 딸 같은 젊은 첩을 두었다. 그 시절에는 첩을 두는 것이 부유의 상징이었다. 후에 그 여인은 마을의 어느 지식청년과 눈이 맞아 간통까지 했다. 위만주국이 망하자 그도 쫓기듯 조선반도로 돌아갔다.

이런 사람들이 왜 급급히 모두 달아났을까? 그들은 마치 무서운 소식을 들은 것 같았다. 1946년은 중국 동북사회의 큰 변화와 큰 동요의 한 해였다.

결과 없는 귀향 염원

우리 집은 일찍이 조선에 돌아갈 준비를 했다. 1946년 초, 짐도 다 꾸리고 큰형의 건강회복을 기다렸다. 그런데 큰형이 위병으로 드러눕자 귀향을 실현할 수 없었다. 동시에 둘째형 봉걸이 통화에서 혁명에 참가해, 아버지는 조국에 돌아가려는 오랜 소원을 포기할 수밖에 없었다. 나는 큰형이 병상에서 아버지와 조선에 돌아간 후의 타산을 토론하고 또 짐을 어떻게 꾸리고 귀국노선과 귀국도중에 주의할 점을 말한 것이 기억난다. 앞서 언급했듯이 큰형은 해마다 농민들이 '출하出荷' 즉 '공량供粮'을 바치는 겨울이 되면 영하 30도의 추운 날씨에 아침 일찍부터 저녁 늦게까지 밖에서 장부를 기록했다. 집에 돌아와 몸을 녹일 시간도 없으니 어찌 병에 걸리지 않겠는가! 금방 해방된 후 농촌에서는 마땅히 병을 치료받을 곳이 없어 위장 수술을 하지 못해 병이 악화되어 1946년 가을에 세상을 떴다.

그때 둘째형은 통화조광중학을 다니면서 화북에서 온 "옌안파延安派", 즉 공산당의 대표 주란의 소개로 공산당조직을 알게 되었다. 그는 조선 의용대를 따라 조선에 갈 생각이었다. 어느 날, 둘째형은 군인들과 함께 지프차를 타고 왔다. 팔로군 군복을 입고 있었다. 주란의 파견으로 이곳에 왔다고 했다. 둘째형은 조선에 갈 생각을 부모에게 말했다. 어머니는 함께 온 군인한테 울면서 말했다. "큰 아들이 며칠 전에 갔어요. 막내가 이자 열 몇 살인데 둘째가 또 당신들 따라가면 우리는 어떻게 살라고요!" 어머니는 둘째형이 조선에 가는 것을 허락하지 않았다. 아들을 죽음으로 내모는 것이라 여겼기 때문이다. 둘째형은 하는 수 없이 다시 지프차에 올라 환런현으로 돌아가 당적黨籍을 현성에 있는 조선민주연맹에 옮기고 얼마 뒤 중국공산당에 가입했다. 후에 현 정부의 농회農會 간부로 당선되고, 잇달아 조선중학교 당서기 등 직무를 역임했다. 이처럼 둘째형은 중국에서 혁명에 참가했기에 집을 돌볼 새 없었다. 헌데 조선에 갈 것인지, 중국에 남아 혁명에 참가할 것인지는 그에게도 정치적 비전과 관련되는 큰일이었다. 그는 후에 나에게 이렇게 말했다. "그때 조선에 가도 옌안파 노릇이나 했을 것이다." 이 일은 우리 집의 운명이 중국과 고난을 같이 하게 된 주요 원인이다. 다시 말하면, 1946년은 중국의 정치 국세에 큰 변화가 일어난 한 해이고 우리 집도 귀국의 소용돌이 속에서 중대한 선택을 했던 한 해이다. 하지만 아버지는 세상 뜨시기 전까지 여전히 후회의 한숨을 지으셨다. 이러한 아버지의 향수, 그리고 민족의식과 조국관념이 당시에 중국에 남은 조선인들의 주류의식임을 느꼈다.

기억 속에 아버지의 귀향의식은 이렇다. 그와 어머니는 할아버지 할머니를 따라 1913년 처음 중국에 들어온 후 약 30여 년을 살았다. 늘 향수에 젖어 있었고, 광복이 되자 고향 생각은 더욱 강렬했다. 게다가 아버지가 제일 믿고 의지하는 큰형이 세상을 뜨고 둘째아들마저 중국혁명 사업에 참가해 나가돌게 되자, 비록 막내아들인 내가 옆에 있었지만 아직 너무 어려서 집의 기둥이 없다는 느낌이었을 것이다. 아버지는 고향인 조선 평안북도 정주로 돌아가려는 생각뿐이었다. 거기서 땅 몇 마지기와 소 한 마리를 사서 마누라와 같이 조용히 만년을 보내려는 것이 꿈이었다. 큰며느리와 손주들을 고향에 데려가 잘 안착시켜야 하는데 그렇게 할 수 없음도 늘 마음에 걸려 하셨다. 고향으로 돌아갈 수 없게 되면서 아버지는 나에게 모든 희망을 기탁하셨는데, 충분히 이해할 만하다.

아버지가 돌아가려고 했던 평안북도는 나에게 완전히 생소한 곳이다. 나는 둘째 형의 생각과 행동에 어느 정도 마음이 동했다. 형의 생각을 이해했고, 마음속으로 공산당을 따라 혁명하는 형을 지지했다. 물론 당시 내 나이 15살, 혁명이 무엇을 의미하는지 아직 잘 몰랐다. 어느 날 나는 어머니와 나의 생각을 말했다. "제4야전군第四野戰軍의 팔로군 지도원이 나더러 그들의 부대에 참가하라네요. 신청만 하면 참군할 수 있대요. 나보고 경호원이 되래요." 경호원이 되면 총을 휴대할 수 있다는 것을 나는 알고 있었다. 권총 소지는 나에게 아주 큰 유혹이었다. 어머니가 말했다. "넌 아직 어려. 싸움에 나갈 수 없어. 잠자코 집에 있어." 어머니는 이렇게 말하면서도 그 지도원이 어디 있냐고 물었다. 나는 "초등학교 근처에 있어요. 인차 간대요. 그분은 나의 대답을 기다리고 있을 거예요"라고 말했다. 어머니가 대답했다. "그분한테 알려라. 네가 참군하는 것을 어머니가 동의하지 않는다고." 그때 마을 젊은이들이 너도나도 참군하는 것을 보고 더욱 마음이 동했던 건 사실이다.

지금 돌이켜 생각해보니 그때 나는 부모의 마음을 이해하지 못했고 후에도 부모의 염원을 만족시키지 못했다.

아버지의 집착과 난세의 재앙

당시 우리 집은 과이모쯔 마을에 있었고 환갑에 이른 부모와 큰 형수, 그리고 나와 조카, 조카딸 이렇게 여섯 식솔이 함께 살았다. 큰형이 죽은 지 얼마 안 돼 한 친척이 조선에서 찾아 왔다. 어머니 친동생으로서 나에게는 작은 외삼촌이다. 그는 그때 30여 세인데 신체가 좋아 농사일을 잘했다. 아직 미혼이어서 어머니는 그더러 중국에서 가정을 꾸리고 같이 살자고 했다. 그 뒤로 외삼촌은 우리 집에서 많은 일을 돌봐주었다. 늘 나를 데리고 산에 가 산나물을 뜯고, 땔나무를 해 왔다. 또 나에게 야채 심는 법을 가르쳤다. 생각해보니 그때 외삼촌은 우리 집에서 유일한 노동력이었다. 외삼촌 때문에 우리 집은 희망이 보였다. 1946년 가을, 아버지는 조선 평안북도로 이사 갈 곳을 보려고 외삼촌과 함께 조선변경으로 갔다. 아버지는 돈과 귀중품을 외삼촌에게 건사하라 했다. 광복 초에 재물이라 함은 금덩이나 일본은행에서 발행한 금폐金幣이다. 기타 화폐는 낡은 정권이 무너짐에 따라 폐지되었다. 그런데 압록강을 건너 조선의 한 마을에 이르자 외삼촌은 아버지를 버리고 혼자 달아났다. 귀중품을 몽땅 가지고 달아나서 돌아올 여비도 없었다. 아버지는 어쩔 수 없이 마음씨 좋은 조선인들에게 구걸하면서 겨우 집까지 찾아왔다. 돌아온 후 이틀이나 지나도 어머니에게 사실을 말하지 못하셨다. 어머니가 너무 상심할까 두려워서 말이다. 며칠 후 아버지는 나까지 불러다 놓고 어머니한테 여행 경과를 말씀했다. 아버지의 뜻은 나더러 이 일을 기억하라는 것이었다. 어머니는 너무 큰 충격으로 몸져누워 침대에서 일어나지 못하셨다. 어머니는 아버지에게 말했다. "그놈의 새끼가 당신을 안 죽인 게 다행이에요!" 그리곤 줄곧 보관했던 외삼촌 일가, 즉 본가집의 사진들을 찢어 버렸다. 이렇게 되어 우리 집은 여전히 중국에 남게 되었다. 돌이켜 생각하면 만약 그런 불행한 일이 일어나지 않았다면 둘째형 혼자 중국에 두고서라도 조선에 돌아갔을 것이다.

부모님께서는 그 일로 확실히 큰 타격을 받았지만 외삼촌의 일탈이 꼭 나쁜 일이라고 말할 수도 없다. 내 마누라 도선이 말하기를 장인 집에서도 해방초기 비슷한 일을 겪었다 한다. 그의 삼촌이 그들을 고향에 안착시키겠다고 약속하고 나서 집에 있는 돈을 싹 모아가지고 조선에 간 뒤 종무소식이었다 한다. 마누라는 "당신의 처남과 나의 삼촌이 좋은 일을 한 것 같아요"라고 말했다.

아버지는 부득불 어린 나를 의지해 살림을 꾸려 나갔다. 해방 직후 몇 년 동안 열댓 살밖에 안 되는 나는 신빈중학교에 다니기 전까지 우리 집에서 주 일꾼으로 살았다. 그 어려운 시기에 생계를 유지하기 위해 밭일이나 땔나무를 하거나 마을의 집단노동에 참가하거나 등 닥치는 대로 다 했다. 나는 과이모쯔 마을에서, 후에 횡도우천으로 이사 가서도 명실상부한 소년 농꾼으로 일하며 성장하였다. 소중한 인생체험이다.

정권 공백기空白期의 공포

광복초기, 위만주국 정권기관이 무너졌다. 일본인 경찰관과 공무원은 모두 철수하고 촌공서의 관리일꾼과 경찰 등은 해산되었다. 어떤 이는 쫓겨 달아났다. 촌공서의 일부 일꾼들이 반년 남짓 더 일했지만 그것은 일시적이고 각 부처의 권력기관이 기능을 행사하지 못했다. 국민당과 공산당이 아직 마을에 들어오지 않았기에 마을은 한동안 무정부상태에 처했다. 후에 팔로군이나 국민당 중앙군이 마을에 들어온다 해도 모두 싸우기 위해서였다. 이들은 줄다리기 식으로 쟁탈전을 벌였기 때문이다.

과이모쯔 마을 주변 산골짝에는 보안 상황이 낙후한 변방 지역이라 예로부터 무장 비적인 토구土寇과 마적馬賊들이 출몰했다. 1945~1946년 사이의 보안상황은 더욱 악화되었다. 이밖에 위만주국시대의 크고 작은 관리들은 국민당 정부가 권력을 잡기를 기대했다. 그래서 이미 잃은 권세를 되찾기를 원했다. 다시 말하면, 낡은 정치세력이 아직 완전히 물러나지 않아 그들이 반동세력과 결탁해 사회질서를 파괴하는 악행을 저지를지 모르는 상황이다. 그래서 여기에 살고 있는 중국인들과 조선인들 모두 공포와 불안에 떨고 있었다. 특히 조선인들의 안전은 보장되지 못했다. 민족 간에 갈등도 일촉즉발의 위기에 처해있었다. 조선인은 만주국에서 왜놈의 앞잡이, 즉 '얼구이쯔二鬼子'라는 각인이 깊이 박혀 있었다. 일본인이 철거한 뒤에도 중국인들의 조선인에 대한 인식이 바뀌지 않아 민족분쟁이 빈번히 일어났다.

이밖에 난세를 빌어 도둑질하는 여러 형사 안건도 많이 일어났다. 조선에 돌아간 사람 중에는 해방초기의 공포 심리와 민족 마찰 및 보안상 원인으로 귀국한 이도 적지 않다.

큰형 봉운鳳運의 무덤을 옮기다

1946년 말, 과이모쯔 마을에 이런 일이 일어났다. 큰형 봉운이 세상 뜬 후, 우리는 큰 형을 마을 뒤의 산비탈에 있는 중국인 공동묘지에 묻었다. 나의 사촌형님 봉덕의 도움으로 촌 공소에서 필요한 서류 절차를 밟았다. 봉덕은 위만주국이 망하기 전부터 촌 공소에서 일했는데, 그때 알고 지내는 중국인이 적지 않았고 또 공동묘지의 서류를 어떻게 하는지도 알고 있어서 큰 형의 묘지를 그 쪽으로 구할 수 있었다. 그러나 묘지를 쓴 지 몇 달 안 돼서 사건이 터졌다. 마을에 있는 중국인들이 묘지를 옮기라고 요구했다. 그들은 "고려인의 뼈를 여기에 묻어선 안 된다. 빨리 묘를 옮겨라. 그렇지 않으면 강제로 파내겠다"고 위협했다. 어떤 사람은 또 "공동묘지에 고려인 묻힌 뒤 매일 저녁 귀신이 나타나 잠을 잘 수 없다, 인근에 있는 양계장의 닭도 전염병에 걸려 모두 죽게 되어 묘지 근처에 사는 중국인들이 조용히 살 수 없다"라는 유언비어를 퍼뜨리기도 했다. 심지어 "고려인이 묘를 옮겨가지 않으면 장차 중국인들이 무슨 천재지변을 화를 당할지 모른다"고 위협했다. 이에 봉덕 형은 그들을 찾아가 상황을 설명하고 설득하고자 했으나 문제는 해결되지 않았다. 뿐만 아니라 어떤 이는 고의로 묘지 주위에 물건을 던지고 '밤에 귀신이 들었다'고 날조했다. 나도 그곳에 가보았는데, 고의로 한 흔적이 역력했다. 그때 우리는 이주민으로서의 외로움과 공포감을 많이 느꼈다. 나도 아버지께서 말씀하신 중국에서 사는 이상 중국인과 공존하는 언어와 수완을 배워야 한다는 것을 생각했다.

처음에 마을 사람들은 우리를 동정해서 "사전에 말해서 그 사람들 다 동의했으니, 옮길 필요가 없을 것이요"라 했고, 또 어떤 이는 "몇 명 안 되는 중국인들이 조씨네와 등을 진다오"라고 말했다. 그러나 우리는 후에 더 큰 시끄러움과 마찰이 생길까 다른 곳으로 이장하고자 했다. 결국 주변에 살고 있는 조선인들의 도움으로 묘지를 태평구 산골의 길 옆으로 총망히 옮겨 묻었다. 이 일이 발생한 뒤, 마을의 조선인들은 또 다른 예측하지 못할 일이 생길까 우려하는 마음으로 안절부절 못했다. 이듬해인 1947년 여름에 공산당 팔로군이 마을을 점령해 촌 인민정부를 세웠다. 이로써 두려움에 떨던 정권의 '공백기'를 마쳤다. 얼마 후 국공양당의 군사투쟁이 치열해짐에 따라 그 일대는 유격전쟁터로 변했다. 그때 우리 집은 좀 떨어져 있는 다른 마을인 횡도우천으로 이사 갔다.

국공양당이 정권쟁탈이 치열했던 내전시기에 조선인들은 동북 땅에서 반세기 남짓 거주했으나 아직 합법적인 거주권리가 없었다. 말하자면 '국적도 없는 외국인' 신세였다. 그 어지러웠던 시대에 어떤 나라도 정치적으로 조선인을 보호할 수 없음을 의미한다. 그런데 후에 공산당이 이끄는 동북해방전쟁이 승리를 거듭함에 따라 료우둥遼東지역의 형세가 좋아지기 시작했고 농촌에도 임시 정권이 들어섰다. 중국 인민해방군의 군사적 승리에 의해 조선인의 생명과 안전이 보장 받을 수 있는지 없는지가 결정되었다고 봐도 무리가 아니다. 이와 동시에 중국사회의 관용과 중국인들의 어진 마음과 태도에 따라 좌우되기도 했다.

7

만주평야에서의 격전,

국공내전 체험

동아시아 삼국을 살아온 이야기

배천 조씨(趙氏)의 디아스포라

소련군의 동북지역 공격

1945년, 소련군의 동북지역 진격은 분명 일본 관동군을 신속히 패배시켰다. 이로 인해 중일전쟁이 종결되었고, 일본이 물러나면서 중국에서는 새로운 국내전쟁이 시작되었다. 국민당과 공산당 사이에 전쟁이 일어났기 때문이다. 중국 동북과 동남 지역에서는 먼저 소련군이 빠른 속도로 일본 관동군이 통제했던 하얼빈_{哈爾濱}, 장춘_{長春} 및 선양_{瀋陽} 등 주요 도시를 점령하고 주변 농촌 지역까지 진군했다. 소련군의 중국 북방 점령은 당시의 국내 정세에 지대한 영향을 끼쳤다. 일부 소련군은 규칙을 잘 지키지 않았고, 도처에서 재물을 약탈하고 여자를 겁탈하는 등 만행을 저질러 동북 인민들의 마음에 깊은 상처를 남겼다. 북쪽에서 건너온 소련 군대가 과이모쯔촌에서 하룻밤을 지낼 때, 나는 그들의 행위를 지켜봤다. 서로 다른 생김새부터 시작해 시골 사람들의 호기심을 자아내 몰려다니며 구경하였다. 눈을 마주치면 두려워 도망가면서도 말이다.

소련군은 동북지역의 중요한 공업시설과 관동군 포로를 빼앗아갔다. 물론 만주_{滿洲}를 점령하는 전리품으로 가져갔지만 말이다. 소련군의 동북지역 대규모 진격은 관동군을 내쫓는 역할을 했지만 그 이면에는 또 다른 전략적 의도가 있었다. 전쟁 후 동북아시아의 정세를 고려하여 여기서 미국 등의 서방 진영을 몰아내고 패권을 차지하려는 숨은 의도를 가지고 있었던 것이다.

일본에서는 1945년 8월 15일을 종전의 날로 보았다. 조선반도에서는 1945년을 해방이나 광복의 해로 삼았다. 그런데 중국에서는 완전히 달랐다. 그것은 종전도 아니고 진정한 해방도 아니었다. 중국과 일본 간에 벌어졌던 14년간의 전쟁은 이해 9월 3일 일본군이 남경정부_{南京政府}에 항복서를 제출하는 것으로 마무리되었어도 중국 사람들은 참된 해방을 맞지 못했다. 그 뒤 1957년 반우파운동反右派運動을 벌인 사람들 중에는 소련군이 동북을 점령할 때의 만행을 지적했다가 '소련반대蘇聯反對' 언론이라 지목되어 우파분자右派分子로 몰리기도 했다. 이들은 훗날 개혁개방改革開放 때 들어서 명예가 회복되었다.

동북에서 국공양당의 쟁탈전을 이해하기 위해서는 광복 당시 소련과 국민당의 관계를 밝혀둘 필요가 있다. 1945년 8월 14일, 즉 제2차 세계대전이 끝나기 하루 전에 소련은 중국 국민당과 '중소우호동맹조약中蘇友好同盟條約'을 체결했다. 조약에는 소련의 대중국 원조는 국민당 중화민국中華民國을 통해 진행한다, 동시에 중장철도中長鐵道 즉 만철滿鐵은 소련이 중국과 협력하여 공동 경영하며 그 기간은 30년이다, 다롄항大連港에서 소련의 모든 수출 품목은 관세를 면제한다, 뤼순항旅順港 해군기지는 공동 사용한다는 등의 규정이 있다. 일본이 항복한 후 소련이 국민당 군대를 눈감아주고 동북을 점령한다는 책략을 취했다. 그 결과 국민당은 미국이 보낸 군사원조와 소련이 감싸주는 형국에서 육해공 삼군의 주력을 파견하여 동북에 진군했다. 결과 1946년 말쯤 동북의 주요 철도 연선의 대도시가 국민당에게 점령되었다.

전쟁의 초점

국민당과 공산당이 동북에서 치른 '전쟁 후의 전쟁'을 나는 직접 목격했다. 중국 역사상 유례가 없는 대규모의 전쟁이었고, 그만큼 전투가 치열했을 뿐 아니라 미친 영향도 막대했다. 내게 있어서도 난생 처음으로 겪었던 전쟁의 참혹한 현장이었다. 전쟁의 서막은 바로 국민당과 공산당의 동북 쟁탈전이었다. 1945년 8월부터 1946년 6월까지, 1년도 안 되는 이 기간을 가리켜 '단기휴전'이라 한다. 이 시기는 국민당과 공산당이 동북을 수복하기 위해 대규모 전쟁 준비를 하는 시기이기도 했다. 당시 나는 일본의 퇴출이 평화와 해방을 뜻한다고 너무 쉽게 생각했었다.

동북지역은 총면적이 130만 제곱킬로미터이고 러허성熱河省, 내몽골內蒙古 동부를 제외하고 총인구가 3천400만 명이었는데, 이곳은 국공양당의 전투에서 중요한 전략적 요충지였다. 특히 일본이 패배한 뒤 소련군의 동북 공격은, 화북지역을 중심으로 전쟁을 펼치는 팔로군八路軍에게 전략적으로 절호의 기회를 제공해 주었다. 따라서 공산당 지도하의 팔로군이 재빠르게 동북 대부분의 농촌지역을 통제하고 이를 거점으로 국민당 중앙군과 맞섰다. 국민당 중앙군은 미국의 막강한 지원을 받으며 동북의 주요 도시를 대대적으로 공격하였다. 이러한 국면에서 공산당은 도시에서 물러나 랴오둥반도遼東半島에서부터 헤이룽장黑龍江에 이르는 넓은 농촌지역을 재빠르게 점령했다. 결국 1946년 6월부터 1947년 여름까지 국민당과 공산당은 누구도 동북에서 완전한 통제권을 확립하지 못했다. 그리하여 넓은 만주의 농촌지역은 양군 쟁탈전의 초점으로 전쟁의 주 무대가 되었다. 중국공산당 팔로군이 동북의 대부분 지역을 통제하게 된 것은 1947년 말 이후였다.

내가 살고 있는 동북 남쪽지역이 바로 이런 상황이었다. 팔로군이라는 명칭은 국공내전國共內戰에 이르러서 동북에서는 동북민주연군東北民主聯軍이라고 명칭을 바꿨다. 하지만 사람들이 여전히 그들을 '팔로'라고 했다. 이 부대의 주력은 화베이華北지역의 부대인데, 이쪽 동북으로 진군하면서 농촌에서 역량을 한층 더 강화시켰다. 우리는 산둥山東 사투리를 쓰고 녹색 군복 차림을 한 이 부대가 일본군에게 얻은 38구경 소총을 메고 씩씩하게 과이모쯔촌을 경과하는 모습을 보았다. 그들을 보고 신기해하면서 또 기뻐했다. 하지만 토지를 다량 소유하고 있는 대지주들은 팔로군에게 토지개혁土地改革을 당할까 두려워하며 진작 시골을 떠났는데, 어디로 갔는지는 모른다.

국공내전과 조선인

1945년 가을에 동북지역으로 온 무리 중 국민당과 공산당뿐 아니라 조선해방과 독립을 목표로 하는 조선인들도 있었다. 우선 소련군이 대대적으로 동북을 공격했을 때 소련 극동지역에 남아 있다가 동북 항일연군 부대抗日聯軍部隊를 따라 동북에 들어온 조선인 부대, 즉 항련교도려抗聯教導旅(소련원동홍기군제88독립보병려遠東紅旗軍第88獨立步兵旅라고도 한다) 가운데 소규모의 조선인 부대였다. 조사에 따르면 항련교도려 부대에서 조선인 수는 그 반을 넘긴다고 한다. 여단장이 중국 항일 명장인 주보중周保中이었다. 이 밖에 김일성과 최용건崔庸健, 최석천(崔石泉) 등 유명한 조선인 지휘관들이 부대를 이끌고 소련군의 공격 전략에 따라 직접 조선반도의 북쪽으로 들어갔다.

그 당시 시골에서는 김일성에 관련된 소문이 삽시간에 퍼졌다. 시골 초등학교에 김광세金光世라는 청년이 그린 김일성의 화상이 걸려 있었다. 머잖아 조선에서 김일성을 수상으로 하는 새 정부가 탄생한다는 소식도 있었다. 비록 시골 마을이었지만 조선반도에 관련되는 소식이나 소문은 수시로 전해왔다. 소문 중에는 김구 선생과 이승만 등 여러 인물들에 관한 내용도 있었다. 항일전쟁과 혁명투쟁을 겪으면서 우리 민족에게도 그렇게 많은 영웅이 나타났구나 하는 생각이 들었다. 아직 어린 나에게 있어서 이런 이야기들은 마냥 신기하기만 했다. 나로서는 이들이 얼마나 대단한 인물인지 잘 알지 못했지만, 아무튼 일제를 반대하는 조선인이라면 다 훌륭한 사람이라고 생각했다.

그런데 앞에서 언급한 바와 같이 동북지역에 가장 큰 영향을 끼쳤던 조선인 부대는 타이항산太行山 지역에서 동북으로 진군한 조선의용군이다. 앞서 언급한 씩씩하게 마을을 지나가던 부대가 그들이었다. 그들은 과이모쯔촌에서 혁명을 널리 알리며 군대를 모집했다. 봉걸 형이 말한 바 있다. 우리 친척인 조홍석趙洪錫도 조선의용군의 한 지도자였다. 조홍석은 민중회의에서 조선독립동맹과 조선의용군이 관내에서 벌이고 있는 활동에 대해 소개해 주었다. 그의 말에 따르면 조선의용군이 중국 산시성陝西省 옌안延安 근처에 있는 타이항산 산맥에서 팔로군과 협동으로 일본군과 싸웠는데, 그때 무정武亭 장군과 김두봉金枓鳳 등이 지도자였다고 한다. 무정은 2만 5천 리 장정을 거친 노홍군老紅軍 간부로서 팔로군의 포병사령 직무를 맡은 바 있다. 당시 조선의용군의 무장과 군복은 모두 일본군에게서 노획했고 일본어도 능숙하게 할 줄 알았기에 이 부대를 일본 관동군으로 착각한 사람도 많았다.

조홍석은 팔로군이 '혁명부대'라고 누차 강조했다. 당시 나는 혁명이 어떤 의미인지 이해하지 못해서 둘째 형에게 혁명이 무어냐고 물어보았다. 둘째 형은 손바닥을 내밀어 이렇게 대답했다. "가난한 사람에게 손바닥을 뒤집듯이 몸을 돌리게 하는 거야." 몸을 돌리는 것이 바로 혁명인가? 나는 알 듯 말 듯했다. 당시 온 마을의 조선인들이 조선해방을 경축하기 위해 초등학교 운동장에 모여 잔치를 벌이기도 했다. 현장에 수채화로 그려진 김일성의 초상도 걸려 있었다. 그때의 김일성은 아주 젊어 보였고 호리호리했고 뒷날 만났을 때처럼 뚱뚱하지는 않았다. 시골 젊은이들이 간단한 연극도 제작해 공연했는데 나도 참여했다. 나는 일본 사람에게 억압을 당한 늙은 농부 역할을 했다. 둘째 형이 보고는 내 연기가 좀 어색하다고 했다. 그래도 이 공연은 태어나서 처음으로 내가 조선어로 연극을 공연한 것으로 아직도 그 기억이 생생하다. 그 당시 남북 조선이 통일되지 않았다. 1948년 남북한이 갈리는 38선이 생겨났으며, 각각 조선민주주의인민공화국과 대한민국이 성립되었다는 것을 나는 후에 알게 되었다.

조선인이 조선어를 공부

조선의용군이 떠난 후, 시골에서 곧 조선 노래를 따라 부르고 조선어를 배우는 바람이 일었다. 나는 어렸을 때부터 조선어를 할 줄 알았기에 별로 문제가 되지 않았다. 그런데 말을 할 줄 안다 해서 글자도 쓸 줄 아는 것은 아니다. 나는 조선어 글자를 배울 기회가 없었고 초등학교에 입학하자마자 가타카나와 히라가나를 배웠다. 게다가 당시에 학교에서 조선어는 금지였다. 하지만 그리 어렵지 않아 책만 보면 금방 터득할 수 있었다. 초등학교에서는 조선어를 가르치는 강좌도 열었다. 일단 자모 24개를 배웠는데 일본어와 어순은 비슷하지만 발음은 달랐다. 조선어를 배우면서 조선 노래도 배웠다. 그때 조선 노래책이 유행이었고 대부분 등사된 것이었다. 물론 해방 전의 옛 노래 책도 있었다. 조선에서 출판된 각종 소책자도 있고 소설을 비롯한 문학작품도 있었는데 서로 주고받고 했다.

해방 전에 나는 연애소설을 읽어본 적도 있었는데 정말 아름다웠다. 제목은 정확히 기억하지 못하지만 소설의 줄거리가 감동적이었는데 주인공은 불행한 사람이었고, 젊은 남녀가 같이 강에 뛰어들어 자살하는 결말의 내용이었다. 사랑으로 죽는다는 것이 무엇인지 조금 알게 되었다. 이 책은 큰형이 문시영文時英이라는 의사에게서 빌려온 것인데 의사가 조선에 갔다 왔을 때 병상에 누워 있던 큰형에게 선물로 주었다. 아버지는 내게 이런 소설을 읽는 것을 금하였다. 나는 아버지 모르게 몰래몰래 다 읽었다. 지금 보니까 해방된 지 겨우 1년이 지났는데 조선 문화가 중국 동북 농촌에서 이렇게 신속하게 퍼지는 것이 정말 기적이라고 생각했다. 나는 중국에서 산 지 여러 해가 되었는데도 중국말을 할 줄 몰랐다. 그냥 조금 알아들을 정도였다. 당시 중국에 살고 있는 조선인으로 비록 오랫동안 일본 식민지 통치와 식민지교육을 받았어도 여전히 민족문화 소양과 민족의식은 가지고 있었다.

조선인 입대 붐

중국에 살고 있는 많은 조선인들은 자신의 고유문화와 전통의식을 유지하면서도, 중국의 새로운 정세하에 정치적 의식도 중국인에 비해 뒤지지 않았다. 어찌 보면 시골의 중국인보다 더욱 민감하게 정세 변화에 대응했던 것 같다. 과이모쯔촌의 적지 않은 조선 젊은이들이 조선의용군에 가입하여 퉁화通化나 조선에 가기도 했고 일부 조선인들은 팔로군에 가입하기도 했다. 1945년 가을부터 1947년 초까지 조선인들이 군대에 가입하는 경우는 두 가지였다. 혹은 동북민주연합군東北民主聯軍에 가입하거나 혹은 조선인들이 편성한 부대에 가입하는 것이었다. 어느 부대에 갈 것인지는 스스로 결정한 일이었지만 중국공산당에 속하는 동북민주연군에 가입한 젊은이가 더 많았다. 왜냐하면 조선 부대는 작은 부대로서 그냥 과이모쯔촌을 지나갔을 뿐이기 때문이다. 그 뒤에 온 대부분은 중국인 부대였다. 그때 부대에 가입하는 것을 '입대'라고 했다. 그들은 입대가 바로 국민당과 싸우는 것을 뜻하고 심지어 죽을 수 있다는 것도 다 알고 있었다.

중국 부대 내에 리홍광[8]지대李紅光支隊라는 조선인으로 구성된 부대가 있었다. 리홍광은 1930년대 동북항일연군東北抗日聯軍의 유명한 장수로서 중국 공산당 당원이었는데, 1935년 일본군과의 전투에서 전사하였다. 조선의 용군의 첫 지대가 '2·3폭동二·三暴動'을 평정한 후에 동북민주연군으로 편성되어 리홍광이라는 이름을 붙였는데 대부분 조선인으로 구성되었다. 리홍광지대에는 여군도 있었는데 우리 둘째 형수가 바로 그 여군의 한 사람이었다. 들기로는 그 후에 이 지대는 중국인민해방군中國人民解放軍 제4 야전군 166사第4野戰軍166師로 편입되었다고 한다.

동북에서 중국공산당은 매우 큰 영향력을 가졌다. 그 당시 조선인들이 공산당을 받아들이는 것은 동북 조선인들의 계급적 기반과 뗄 수 없는 관련이 있었다. 그들은 주로 조선반도에서 옮겨 온 가난한 농민과 그의 후손들이었으며, 그중 많은 사람들이 일본 식민통치를 반대하는 전투에 참여했다. 그리고 조선인들은 장기간 일본의 식민통치 아래 살아 왔기 때문에 국민당의 '정통관념正統觀念'에 비교적 약했다. 당시 나는 '정통관념'이 무엇인지도 몰랐지만 국민당 중앙군이 '정통'이라고 생각하지도 않았다. 게다가 전쟁 후 공산당을 반대하는 사람이 거의 다 조선반도 남쪽으로 가버렸다. 따라서 국공 양군 쟁탈전 가운데에서 중국 내 조선인들의 마음은 벌써부터 중국공산당 쪽으로 기울었다. 한국의 한 학자가 말한 바와 같이, 해방 초에 중국 내 조선인들에게는 '적화赤化'의 길이 더 쉬

---

8 리홍광(1910~1935)은 조선족 항일 영웅. 1930년 혁명에 참가 및 중국공산당 가입. 동북 인민혁명군 제1참모장, 제1사 사단장 역임.

웠다. 사실 2차 세계대전 후에는 조선반도 남쪽의 많은 사람들, 특히 지식인들도 좌익 사회주의 사상을 더욱 지지했다.

이것이 바로 중국 동북 조선인들의 혁명 전통이었다. 우리 둘째 형이 그 대표 중 한 명이었다. 그때 젊은이들은 희망과 이상에 부풀어서 자신의 운명을 중국혁명에 걸었다. 자기 자신의 꿈을 이룰 수 있는 방법은 바로 입대였다. 만주滿洲 시기의 초등학교 친구인 김형계 등도 이때 해방군에 가입했다. 1950년 남북한전쟁이 터진 후에는 더 많은 조선 젊은이들이 고향을 지키기 위해 중국인민지원군中國人民志願軍에 가입하여 전쟁터에 뛰어들었다. 이는 널리 알려졌고, 내 중학교 친구 몇 명도 조선전쟁에 참전했다가 목숨을 잃었다.

1946년부터 1950년대 초까지 중국 동북 조선 젊은이들이 혁명에 참가하는 방법은 두 가지밖에 없었다. 하나는 처음부터 중국혁명을 위해 목숨을 바칠 각오로 중국인민해방군에 가입하는 것이었고, 다른 하나는 사회주의에 대한 열정을 품고 중국에서든 조선에서든 가난한 사람의 해방을 위해 혁명의 부대에 가입하는 것이었다. 그중 대다수가 여전히 조선반도, 특히 반도의 북쪽이 자신의 조국이라고 생각했다. 비록 정치적으로는 중국혁명을 선호하고 자신의 현재 삶의 터전인 중국을 깊이 사랑하지만, 의식의 내면으로는 조선인의 신분으로 중국혁명에 참가했다. 여기서 '조국'이란 조선반도 내 어느 나라나 정권을 말하는 것이 아니다. 조국에 대한 의식은 타향에서 고향을 그리는 향수이다.

그렇다면 해방 초 환련현 조선민주연맹에 참가하는 열혈 청년들은 도대체 중국혁명을 위해서인가, 조선혁명을 위해서인가? 그들에게 이 두 가지는 동일했다. 단 하나의 혁명 목표를 위해 동시에 추진할 수 있는 일이었기 때문이다. 그들은 이런 질문 자체가 무의미하다고 보았다.

유격전遊擊戰의 전쟁터

앞에서 제2차 세계대전이 끝난 후의 동북지역에서 한동안 '정권 공백기'라는 말을 했는데, 사실상 이 시기는 '정치공백기'가 아니라 국공 양대 진영이 정치와 군사 분야에서 정권을 빼앗기 위해 치열한 전투를 벌이는 역사적 시기였다. 만주철도연선 대도시와 교통 중심지를 점거한 국민당은 더 넓은 농촌지역을 쟁탈하기 위해 미국의 장비로 무장한 백만여 명 부대를 동원하였다. 하지만 국민당과 공산당 사이에 벌인 쟁탈전은 겨우 3년 만에 승부가 갈렸다. 공산당은 농촌지역에서 언제나 유리한 위치를 차지하였기 때문에 농촌에서 벌인 전쟁은 1~2년 정도면 판가름 났다. 전쟁은 주로 유격전이었다. 한쪽이 점령했다가 또다시 다른 한쪽이 빼앗는 식으로 점령과 탈환이 반복되는 일진일퇴一進一退식 전쟁이었는데 끝까지 유난히 치열한 양상을 띠었다.

전국적인 내전은 1946년 6월부터 시작되었다. 그때 동북민주연군 제4 야전군에는 70만여 명의 주력부대가 있었고, 각 성省이나 현縣에도 지방부대가 있었다. 또한 농촌에서 군중 정치업무를 중심으로 주력부대에 맞추어 정치활동을 펼치는 지방 '정치공작대政工部隊'도 있었다. 둘째 형이 바로 이런 지방부대에 속해 있었다. 말하자면 군사전투와 정치업무를 밀접하게 결합시킨 특수부대였다. 이때 봉걸 형은 자신을 숨기기 위해 이름을 철수로 고쳤다. 형의 말로는 조선민주연맹이 스스로 해체를 발표한 다음, 일부 동맹원들은 중국공산당에 속하는 인민무장부人民武裝隊에 가입했다. 환런현 일대에서는 둘째 형을 비롯한 조선민주연맹의 구성원들이 대부분 황문黃文이 거느린 '황문부대黃文部隊'를 따라서 지방 정치공작대로 들어갔다. 그들은 까만 군복을 입고 권총을 휴대하였으며 소분대로 나누어 행동했다. 정규 주력부대와 지방부대는 녹색 군복을 입기 때문에 사람들이 이들을 통틀어 '팔로'라고 불렀다. 정치공작대는 농민을 조직하여 군대를 확대하고 전선을 지원하고, 토지개혁을 하는 데 중점을 두었다. 또한 지방정권을 수립하는 것도 이들의 임무였다.

유격전과 운동전의 가장 큰 특징은 부대를 신속히 움직이면서 상대방의 허점과 약점을 찾아내 적을 소멸하는 것이었다. 농촌에 살면서 나는 마오쩌둥毛澤東의 유격전 전술이 보여주는 특징을 알게 되었다. 우세한 역량을 집중하여 섬멸전을 펼치는 것이었다. 이렇게 해야만 대량의 무기와 탄약을 빼앗고 다시 그 무기와 탄약을 이용해서 적을 섬멸할 수 있다. 유격전이 빈번했던 환런현 지역은 국공 양군이 '일진일퇴'전을 벌이는 격전지가 되어버렸다. 마을에 낮에는 국민당, 밤에는 팔로군이 늘 있었다. 후에 국민당이 후퇴한 뒤 얼마 안 되어 공산당이 진주하여 동북지역에서 이런 유격전은 1947년 말까지 지속되었다.

내전이 펼쳐진 몇 년 동안 사람들의 생활은 더욱 힘들어졌다. 가장 견딜 수 없는 일은 강제로 국민당에게 잡혀가 힘든 일을 하는 것이었다. 아버지와 나는 항상 국민당에 끌려가 방어공사를 했다. 아주 끔찍했다. 아마 이것은 공산당을 가까이하는 조선인에 대한 민족차별일 것이다. 나는 중국어를 잘하지 못했기 때문에 국민당 부대는 내가 '고려'에서 왔다는 것을 바로 알아낼 수 있었다.

격전에서 쓰러진 전사

국공내전 시기, 어느 깊은 밤에 일어났던 사건이다. 12시를 넘은 한밤중에 팔로군 유격대 한 명이 국민당 지방군에게 살해당했다. 시골의 지주가 팔로군이 들어온다는 소식을 국민당에게 전했기 때문이다. 그래서 팔로군이 심야에 이 지주를 잡아 처벌했다. 죽은 팔로군 유격대 전사는 조선인으로 둘째 형의 전우였다. 그 다음 날 나도 이 전사가 쓰러진 곳을 보러 갔다. 시체가 흰 천으로 덮여 있어 얼굴은 못 봤지만 이 일은 내 마음에 지울 수 없는 낙인을 찍어 놓았다.

동북민주연군의 '정치공작대'는 모두 검은색 군복 차림을 하였기에 그들이 권총을 휴대하지 않았다면 그냥 중국 청년이라고 착각할 수 있었다. 그들은 주로 대부대大部隊의 진군에 맞추어 대중을 설득하는 일을 했는데, 사람들이 그들을 '팔로'라고 했다. 특히 대부대가 마을을 떠난 뒤에 그들이 새 해방구의 정권건설과 농촌 토지개혁을 지도했다. 그들은 전투부대가 대체할 수 없는 역할을 했다. 그날 살해당한 그 조선인 전사가 바로 이 부대에 속했다. '황문黃文'이라는 간부가 이 부대를 지휘했기 때문에 사람들은 이 부대를 '황문부대'나 '환런현부대'라고 불렀다. 그중에 전투부대도 있고 정치공작대도 있었다.

나는 공산당 지방군과 국민당 부대와 싸우는 장면을 본 적도 있다. 1947년 어느 봄날, 팔로군 몇 명이 시골에 일하러 왔는데 공교롭게도 국민당 군대를 만났다. 그들은 팔로군을 잡기 위해 몰래 마을에 들어왔다던 것이다. 우리 집은 시골 변두리에 있어서 국민당 군대가 왔을 때 소총을 멘 팔로군 세 명이 논밭으로 도망가는 장면을 뚜렷이 보았다. 그곳은 꽤 넓은 땅이었다. 팔로군 뒤에서 총소리가 났다. 그때 나는 마당에서 일을 하고 있었는데, 국민당 병사 한 명이 소총을 울타리 위에 얹어 놓고 논밭으로 달려가는 팔로군을 향해 연달아 쐈다. 한 명이 쓰러지고 나머지 두 명은 산속으로 금방 사라졌다. 뒤에 또 온 국민당 병사 두 명이 똑같이 팔로군을 향해 총을 쐈다. 하지만 팔로군은 이미 깊은 산속으로 들어갔다. 국민당군의 군복은 파란색이어서 한눈에 알아볼 수 있었다. 총살당한 팔로군의 시체는 국민당 부대가 떠난 뒤에 촌민들이 찾아와 묻어 주었다. 며칠 후에 팔로군이 다시 마을에 들어왔을 때 희생된 이 전사 묘지에 생화가 놓였다.

국민당 군이 왜 대패했나?

국민당 군대는 장비가 훌륭하였고 지프차와 군용 트럭 말고 장갑차裝甲車도 있었다. 시골을 지나갈 때 내는 소리가 시끄럽기 짝이 없었다. 가끔씩 하늘에서 비행기가 날아와 가세하기도 했다. 그에 비해 팔로군의 무장은 마오쩌둥毛澤東의 말대로 '좁쌀에 소총'이었다. 그래서 이길 수 없다고 판단될 때에는 교전을 피해야 했다. 다시 말해 36계에서 도망치는 것이 상책이라는 전략이었다. 따라서 국민당 부대는 재빨리 움직이지 않으면 교전 기회를 놓칠 수도 있고 심지어 포위되어 섬멸을 당할 가능성도 있었다. 전국적으로 보면 팔로군이 열세에 놓여 있었지만 특정한 지역이나 전투에서 팔로군에게 이로운 상황이 심심찮게 나타났다. 그래서 적을 이기고 좋은 전환점을 찾기 위해 유격전 또는 운동전을 쓸 수밖에 없었다. 마오쩌둥은 "손가락 열 개를 다치기보다는 한 개만 부러뜨리는 것이 더 낫다"는 전술을 썼다. 이렇게 해서 전쟁터에서의 장비 부족이라는 문제를 해결할 수 있었다.

동북지역은 팔로군의 '큰 경기장'이 되었다. 국민당은 누구보다도 마오쩌둥의 전술을 잘 알고 있었고, 그래서 기동부대机動部隊로 신속하게 이동했다. 농촌에서는 이런 상황을 쉽게 볼 수 있었다. 한번은 내가 땔감을 찾으러 산에 올라갔는데 원래 우거져 있던 낙엽송 수풀이 하룻밤 사이에 없어졌고 온 산머리가 지저분하게 되었다. 대규모의 국민당 주력부대가 간밤에 행군했던 흔적이었다. 그들은 팔로군의 갑작스런 포위를 피하기 위해 낙엽송 수풀에서 달렸다. 하지만 팔로군이 더 빠르게 달렸고, 얼마 안 되어 팔로군이 태평구 일대에서 승리를 거두었다는 소식을 전해 들었다. 시골 사람들이 무척 기뻐했다.

국공 양군의 차이점은 군의 기강에서도 드러났다. 국민당 부대가 실패한 원인 중 하나가 바로 어지러운 군율이었다. 그들이 백성을 대하는 태도도 무지막지했다. 우리 집에도 국민당 병사가 와서 묵었었다. 어느 날은 한밤중에 집 주변에 병사 열 명 정도가 와서 보초를 섰다. 아침에 일어나 보니 우리 집 개가 없어졌다. 아무리 찾아도 없었다. 이 개는 우리 집을 지킬 뿐만 아니라 내 친한 친구이기도 했다. 산에 땔감을 하러 갈 때는 항상 나랑 같이 갔었다. 그런데 다음 날 마당 한쪽에서 개뼈다귀와 털가죽을 보게 되었다. 나는 너무 놀랐다. 알고 보니 병사들이 간밤에 개를 잡아먹은 것이었다. 하지만 아무 설명도 없고 사과도 없었다. 아무 일도 없었던 듯이 그냥 가버렸다. 그들은 마음대로 백성의 물건을 훔치고 앗아가도, 노인과 아이밖에 없는 고려인 집에서 아무 말도 못할 것을 알았을 것이다. 하지만 이들은 가장 소중한 무기라 할 수 있는 민심을 잃었다. 백성들은 어느 군대가 나쁘고 어느 군대가 좋은지를 누구보다 잘 알고 있었다. 또 한 번은 모 부대의 장교와 병사 몇 명이 우리 집에서 무기를 풀어놓고 도박을 했다. 언뜻 보면 재미로 하는 게임 같아 보이지만 사실은 돈을 걸고 도박을 하는 것이었다. 어떤 사람 말로는 시골에서 매춘부를 구한 군관도 있다고 했다. 이런 것들이 바로 내가 봤던 국민당 '중앙군中央軍'이었다.

이와 반대로 팔로군의 군기는 아주 엄하고 분명했다. 그들은 일반적으로 백성의 창고나 정원에 거처했다. 오자마자 마당 청소를 하고 물을 길었으며 말투도 부드러웠고 '삼대기율三大紀律, 팔항주의八項注意[9]'를 엄격하게 지켰다. 이것이 바로 팔로군 '정치사업'의 근본이다. 승부는 장비의 좋고 나쁨에 달려 있지 않고 결국 민심으로 결정되는 것이라는 것이 그들의 한결같은 신조였다. 군기를 확립하고 토지를 개혁하고 토호열신土豪劣紳[10]을 무너뜨림으로써 백성을 만족시킨 것이 농촌을 비롯한 동북지역에서 중국공산당이 승리를 거두게 된 가장 중요한 요인이었다. 인민해방군에게서 받은 이런 교육은 나에게도 감명 깊게 다가왔다. 이는 또한 중국공산당의 전통적인 교육이었기에 나는 평생 잊지 못할 것이다. 내가 본 동북내전은 토지를 빼앗는 무력의 전쟁만이 아니라 군중의 마음을 얻는 민심전쟁이기도 했다.

1947년 가을에 이르러 나는 동북 형세의 격변을 느끼게 되었다. 농촌지역은 이미 팔로군에게 통제되었다. 대도시권은 비록 국민당에게 통제되어 있었지만 군사력으로는 이미 역전이 나타났는데 1948년 11월에 동북 인민해방군에게 전부 점유되었다. 이것이 바로 55만 명 국민당 주력부대를 섬멸하는 유명한 요심전역遼瀋戰役의 과정이었다. 과이모쯔촌에서 팔로군 이화군무가 그린 만화 '문을 닫고 개를 때리기'를 붙인 것을 볼 수 있었다. 훌륭한 그림으로 요심전역 전 과정을 그렸는데 나에게 아주 깊은 인상을 남겼다. 그 후에 내전의 주요 전장이 화동華東, 화북 지역으

---

9 삼대기율: 일체는 공산당의 지휘를 받는다, 백성의 물건은 실 한 오리도 가지지 않는다, 일체 노획물은 공가에 바친다는 3가지의 기율.
　팔항주의: 친절하게 말하기, 공평하게 거래하기, 빌린 물건은 돌려주기, 기물파손은 배상하기, 사람을 때리거나 욕하지 않기, 농작물을 파손하지 말기, 부녀를 희롱하지 않기, 포로를 학대하지 않기 등 8항의 주의 사항을 말함.
10 토호열신: 중국에서 관료나 군벌과 결탁하여 농민을 착취하던 지주·자본가들을 낮추어 부르는 말.

로 변경되었다. 회해淮海와 평진전역平津戰役, 이 두 개 결전을 통하여 드디어 1949년에 새 정권이 확립되었다. 중국공산당이 동북에서 거둔 승리가 중국 인민이 전국의 승리를 이룩하는 데 결정적인 역할을 했다.

8

토지혁명의 열풍과
'장기체류 조선인'들의 지위

동아시아 삼국을 살아온 이야기

배천 조씨(趙氏)의 디아스포라

토지개혁土地改革의 폭풍

군사력 면에서 절대적인 열세에 놓여 있었던 중국공산당이 농촌에서 국민당을 이길 수 있었던 이유는 '경작하는 자가 토지를 소유한다'는 구호 아래에서 무조건 봉건주의를 반대하는 토지개혁을 실행했기 때문이다. 중국공산당이 앞세운 반봉건주의反封建主義란 주로 지주의 토지소유제土地所有製를 폐지하여 토지를 무상으로 가난한 농민들에게 나누어주는 것이었다. 지주의 토지소유제는 수천 년 중국 봉건통치의 주된 경제토대일 뿐만 아니라 국민당 반동反動 통치의 가장 두터운 사회기반이기도 했다. 따라서 1947년 여름부터 마을에서의 토지개혁을 전개했다. 토지개혁을 당하게 된 상대는 바로 앞에서 언급했던 그 중국인 대지주 및 그의 형제들이었다. 그때 우리 마을에는 조선인 지주가 없었다.

그런데 토지개혁 운동은 처음부터 '좌파左傾' 성향이 나타났다. 그래서 어떤 사람이 평소에 원망하던 사람을 개혁의 대상으로 확대해 결국 지주가 아닌 사람도 피해를 입는 현상이 나타났다. 개혁 대상이 아님에도 불구하고 죽는 사람들이 발생했다. 나는 큰형이 있었던 창고에서 관리자로 일하는 중년 아저씨가 개혁으로 죽임을 당하는 장면을 봤다. 초등학교 운동장에 수천 명이 모였다. 회의 도중 빈고농단貧雇農團(빈농, 고농)에 속해 있었던 사람이라면 누구라도 다른 사람의 이름을 부를 수 있었다. 지명을 받은 사람은 곧바로 앞으로 나와야 됐다. 처음에는 대여섯 명이 나왔는데 그 후 지명하는 사람이 많아짐에 따라 불려나오는 사람도 점점 늘어났다. 내가 아는 한 40대 남자는 몸이 건장한데 지명을 받아 앞으로 나왔다. 그러자 한 사람이 몽둥이를 들고 그의 앞에 걸어가서 큰 소리를 지르면서 몇 번이나 그를 때렸다. 그는 곧 쓰러지더니 다시는 일어나지 못했다. 사람이 그렇게 쉽게 죽는다는 것을 미처 몰랐다. 그때 또 한 남자가 다른 사람의 이름을 불렀는데 바로 곡물창고 회계였다. 키가 작고 빈약한 몸집을 가진 그는 "배천白川이 나보고 하라고 한 일이야. 난 그냥 그의 뜻을 따랐을 뿐이야"라고 큰 소리로 외쳤다. 이렇게 소리를 지르면서 왔다 갔다 하더니 도망하여 운 좋게 살아남았다. 그는 일본어를 할 줄 모르기 때문에 계속 중국어로 큰형의 이름을 불렀다.

큰형이 세상을 떠난 지 이미 반년이 되었는데 그가 큰형에게 누명을 씌우려고 했다. 비판대회鬪爭會를 열 때 나는 큰형뿐 아니라 아버지까지 말려들까 봐 걱정을 많이 했지만 다행히 연루되지 않아 이 일은 무사히 지나갔다. 며칠 후 한밤에 그 회계가 몰래 우리 집에 와서 아버지에게 사과를 했다. "그땐 정말 그렇게 할 수밖에 없었어요. 배천 선생이 생전에 나를 많이 배려해 주었는데 이렇게까지 해서 너무 미안해요"라고 했다. 아버지는 어떻게 대답해야 할지 몰라서 아무 말도 안 했다. 큰형이 일하던 시골의 곡물창고에는 직원이 세 명밖에 없었다. 큰형이 일본어를 할 줄 알았기 때문에 주임을 맡았다. 큰형 아래에 회계와 현장에서 곡물의 품질을 검사하는 관리자가 있었다. 두 명 다 중국 사람이었고, 맞아 죽었던 남자가 바로 이 관리자였다. 농민의 심정을 나는 아주 잘 이해한다. 일 년 동안 힘들여 거둔 곡물의 반을 일본 사람에게 빼앗겼기 때문에 그 불만은 극에 달해 있었고 이 기회에 발산시킨 것이다. 토지개혁은 이번 운동을 통하여 농민의 소원을 이루어주는 데 목표를 두었다. 하지만 그들은 그저 곡물창고를 관리하는 사람일 뿐이므로 투쟁을 받지 말았어야 했다. 그들은 평소에 그냥 어떤 사람의 눈총을 받았을 뿐이었다.

그해 우리 마을에 남아있던 70~80여 가구의 조선인 농민들은 모두 빈농貧農이나 중농中農이었다. 실제로 중농도 얼마 안 되었고 주로 빈농과 고농雇農이었다. 부농富農도 있었는데 그들은 조선으로 돌아갔다. 그래서 토지개혁을 할 때 조선인들은 땅과 농기구를 분여 받아 진정한 해방을 얻었다. 둘째 형이 했던 '혁명이란 바로 신세를 고치는 것이다'는 말을 이제야 이해하기 시작했다.

우리 집의 계급성분에 대해서는 그때까지도 정해지지 않았다. 내 생각에는 우리 집이 위만농촌직원僞滿農村職員에 속하는 것 같았는데, 위만농촌직원이 도대체 어떤 계급에 속하는지는 명확히 규정되어 있지 않았다. 그리고 아버지가 한때 우리 시골 부촌장을 맡았기 때문에 일부 사람들이 우리 아버지가 토지개혁의 상대인지 아닌지를 토론도 했다.

얼마 안 되어 우리는 과이모쯔촌을 떠나 할아버지가 조선독립운동을 했던 횡도우천橫道川 시골로 이사를 갔다.

할아버지의 전쟁터에 다시 가보다

아버지가 횡도우천으로 이사 가겠다고 결심을 내린 직접적인 원인은 바로 토지개혁이었다. 비판대회에서 살인사건이 발생한 후에 둘째 형의 전우인 이일민李一民이 우리 집에 찾아왔다. 그는 지방 정치공작간부였다. "철수 아버지, 잘 생각해 보세요. 아무래도 이곳을 떠나는 게 낫다고 생각해요. 소달구지 두 개를 준비해 둘 테니까 철수 아버지만 허락하신다면 며칠 후에 이사 갈 수 있을 거예요"라고 아버지에게 말했다. 그는 이번 토지개혁이 더 깊이 전개될 경우 아버지가 연루될지도 모른다고 했다. 둘째 형의 친구로서 우리 가족의 안전을 걱정해 준 것이었다. "철수 씨의 말로는 정책적으로는 아버지가 투쟁을 당할 상대가 아니라지만 토지개혁이 워낙 민중들이 벌인 운동이라서 앞으로 어떻게 될 것인지 누구도 모르니까 일찍 떠나는 게 더 나아요"라고 그가 계속 말을 했다. 아버지는 착잡한 마음을 숨기지 않았다. 아버지는 자신이 항일전쟁에 나서 헌신하셨고, 차남도 중국혁명에 가입하여 지금 총을 들고 국민당 군대와 싸우고 있지만 일찍 부촌장직을 맡은 바 있고, 또 죽은 장남이 만주정부의 직원이었던 것으로 인해 투쟁 대상이 될 수도 있었다. 아버지는 여러 고민을 거친 후 온 식구를 데리고 압록강 근처의 횡도우천으로 이사 가기로 결정했다.

우리가 이사 간 다음 과이모쯔촌의 빈고농단이 우리 집 얘기를 꺼낸 적이 있었는데 횡도우천 근처에 사람을 보내서 우리 집을 청산하려고 했다. 청산이란 땅과 재산을 몰수하는 것을 말한다. 그런데 시골의 다른 사람이 다른 견해를 제기했다. "큰아들이 이미 죽었고 둘째 아들이 입대했고 땅도 재산도 없는데, 이런 늙은이를 투쟁해 봤자 뭐 얻을 게 있냐"라는 것이다. 결국 그들은 집으로 찾아오지 않고 그냥 돌아갔다.

횡도우천은 할아버지가 만주로 도망 와서 항일독립운동을 했던 전쟁터 가운데 하나이기도 하고 조선독립군 총감總監으로 당선된 곳이기도 했다. 횡도우천은 오녀산성五女山城에서 40여 리 떨어져 있고 사방이 높은 산으로 둘러싸인 산골짜기인데, 장바이산맥長白山脈에서 발원된 훈짱渾江 물이 이곳을 흘러나 사덴쯔沙甸子 근처에서 압록강 물과 합류하는 지형을 이룬다. 아버지는 바로 이곳에서 젊은 시절을 보냈다. 할아버지와 할머니의 무덤도 마을 근처, 훈짱 서쪽의 언덕에 있었다. 아버지가 30대 때 여기서 피난하러 조선반도로 건너갔었다. 하지만 이제 가족과 같이 다시 산골마을 횡도우천으로 되돌아왔다. 만주와 조선 사이에서 한 바퀴 돌아 제자리에 돌아온 것이다. 운명이란 참 놀라운 힘을 가지고 사람을 좌우하는 것 같다. 횡도우천에서 나는 3년 동안 농사일을 했다.

토지개혁 아동단兒童團에 가입

　우리가 횡도우천 시골에 이사 온 1947년 가을은 이곳의 토지개혁이 막 끝날 무렵이었다. 우리 집이 토지개혁 도중에 이사 왔기 때문에 일단 어느 계급에 속하는지를 정해야 했다. 그런데 우리 집에는 땅도 재산도 없는데다가 농사를 지은 농민도 아니었다. 우리가 한창 고민하고 있을 때, 놀랍게도 우리 집을 빈농으로 정했다. 철수 형이 군인이기 때문에 우리는 군인 가족이고, 또한 당시 집 형편이 진짜 어려웠기 때문이다. 그러나 후에 형은 이 상황을 알고 일부러 시골에 내려와 빈고농단에 찾아가 우리 집을 빈농으로 정하지 말아야 한다고 말했다. 형의 요구에 따라 빈고농단은 다시 철저히 따져본 뒤에 우리 집을 중농으로 정했다. 공산당의 정책에 어긋나기를 원하지 않겠다는 것이다. 지금까지도 내 이력서에 계급을 중농으로 기입했다. 당시 정책을 보면 농촌에서 고농은 무산자無産者, 빈농은 소생산자小生産者, 중농은 소자산자小資産者, 부농은 자본가資本家에 해당된다. 그 기간은 지주만 투쟁을 당해야 하는 대상이었다. 즉 중농은 자작농이나 자신의 힘으로 생계를 꾸릴 수 있는 계급을 가리켰다. 우리 집에는 땅도 없고 일손도 없었는데 농촌에서 드문 특별한 중농인 셈이었다.

　그때 나는 시골 빈농과 고농의 자녀들로 구성된 아동단兒童團에 가입하여 부단장까지 했다. 하지만 중농으로 정해짐에 따라 일반 아동단원으로 강등되었다. 내가 가입했던 아동단은 조선인 아동 10여 명으로 구성되었다. 이 시골에 조선인이 많기 때문이었다. 허나 빈고농단은 민족을 가리지 않고 조직됐다. 아동단의 임무는 빈고농단의 지도 아래 지주를 비롯한 토지개혁의 대상을 감독하고 그들의 동향을 보고하는 것이었다. 이로 인해 아이들은 항상 한밤중에 활동했다. 아동단이 큰 역할을 했다. 당시 사람들은 우리를 보고 조선인, 또는 '선족인鮮族人'이라고도 했다. 통일된 호칭은 없었다.

무상으로 받은 논밭 6마지기

토지개혁이 거의 끝난 후, 농촌에서는 보편적으로 '빈고농단'이 바뀌어 '농회農會'라는 권력구조가 성립되었다. 지도자가 농회 주임主任인데 촌장 같은 직위였다. 빈고농단 조선인 대표가 농회 부주임을 맡았다. 우리집 계급은 그와 중국인 주임이 의논한 끝에 정한 것이었다. 농회 주임과 부주임은 모두 빈농이나 고농 신분 가운데 토지개혁을 실행하는 열성분자로서 빈고농단에서 민주선거를 통해서 선출되었다. 그때는 민중이 직접 민주적으로 선거하는 제도를 실시하였다. 중국공산당 농회작업팀의 지도를 받지만 농회의 권력은 완전히 빈곤한 농민들에게 있었기 때문에 그들의 권력은 절대적이었고 정권을 대표하는 역할을 했다. 땅 분배와 농업생산 등은 농회의 직접적인 운영으로 이루어졌다.

당시 둘째 형을 제외한 우리 식구는 모두 여섯 명이었다. 횡도우천에는 사람 수에 비해 땅이 적기 때문에 한 사람이 한 마지기씩 받을 수 있었다. 그래서 우리 집은 무상으로 논밭 6마지기를 분배받았다. 이로 인해 나도 땅을 가진 개체 농민이 되었다. 전례가 없는 일이다. 중국에 이사 왔던 조선인들도 무상으로 논밭을 분배받는 것은 이전에 상상도 못했던 일이었다. 우리 집에서 농사일을 할 능력을 가진 사람이라고는 나밖에 없었다. 예전에는 야채를 심고 땔나무를 베는 것 정도만 할 줄 알았는데 논을 가진 후부터 1949년 봄에 중학교에 입학할 때까지 내 소유의

이 논에서 진정한 농민답게 농사일을 했다. 이때의 생산노동은 내 인생에서 중요한 의미를 가진다는 것을 후에 알게 되었다.

당시에 내가 가족 모두를 보살펴야 했다. 전쟁이 끝난 지 얼마 안 된 이 비상시기에 나는 공부를 제대로 하지 못했다. 환런현에는 조선인 학교가 없었다. 조선인으로서 반드시 조선인 학교에 다녀야 한다는 생각을 가지고 있었기 때문에 중국인 학교는 갈 생각을 하지 않았다. 또한 이미 배워 둔 것을 봐도 내가 그때 다닐 수 있는 학교는 조선인 중학교밖에 없었다. 어렸을 때부터 가져온 이런 관념은 쉽게 변하지 않았다.

거민증居民證 발급

내가 몸소 겪었던 동북해방전쟁과 농촌토지개혁은 동북에 사는 조선인들에게 정치적으로나 경제적으로나 중요한 변화를 가져왔다. 경제적으로 보면 토지개혁 후에 밭을 가질 수 있었기 때문에 조선인 농민이 중국인 농민과 별다른 차이가 없게 되었다. 정치적으로 보면 빈곤한 조선인 농민들도 중국인처럼 빈고농단에 입선되기도 하고 농민정권에 참여하는 것을 의미하는 선거권과 피선거권도 지니게 되었다. 이런 의미에서 조선인은 이미 외국인이 아니었다. 상식적으로 볼 때 외국인에게 무상으로 토지를 분배하는 나라는 어디에도 없을 것이다.

전국적으로는 중국에서 아직 새로운 정권이 확립되지 않았다. 1948년 말쯤 동북지역이 해방되고 1949년 가을에 중화인민공화국이 성립되었다. 전국의 혁명 형세가 신속하게 발전하면서 중국에서는 새로운 시대가 시작되었다. 이런 좋은 환경 아래에서 장기간 중국 동북에 사는 조선인의 지위문제는 중국 정부의 의사일정에 놓이게 되었다. 이 문제는 소수민족에 대한 정책에 관련되었다. 내가 실제로 체험해 본 건데, 조선인이 중국에 사는 법률적 문제에 대해 중국 신정부新政府의 인식은 차츰 발전해 가야 한다.

신중국 성립 초기에 내가 봤던 정식 증명서류는 지방공안기관에서 발급한 조선인 주민증이었다. 즉 중국 동북에 사는 조선인의 신분증이었다. 거기에는 조선인에게 다른 외국 사람과 다른 특별한 지위, 즉 '장기간 동북에 거주하는 조선인'의 지위를 부여해 준다고 명확히 규정되어 있었다. 당시에 사용되는 번체繁體 한자와 조선어로 '거민증'이라고 쓰여 있었다. 주민증 발급시간은 대체로 1950년부터 1953년까지, 곧 조선전쟁 3년간이었다. 그리고 특히 동북에 사는 조선인을 가리키는 것이었다. 이 주민증을 발급한 것은 토지개혁 전에 중국 동북으로 건너온 '장기간 동북에 거주하는 조선인'과 토지개혁 후에 중국으로 들어온 조선인, 특히 조선전쟁 때 무작정 중국으로 도망 온 조선인을 구별하는 데에 목적을 두었다.

장기간 동북에 거주하는 조선인과 조선교민을 구별하고 중국 생활에 지장이 없도록 중앙 외교부의 지시에 따라 조선인 거주민에게 주민증을

장춘시 인민정부 경찰국에서 1952년에 발급, 1954년에 검증된 조선족 신분증. 표지에 중국어와 조선어로 '거민증'이라는 글자가 찍혀 있었다.

발급해 주고 조선교민에게는 신분 증명을 하도록 '임시거류증臨時居留證'을 발급한다. '장기간 동북에 거주하는 조선인'이라고 불리는 까닭은 신중국에서 민족감별 작업이 전개되지 못하였기에 민족의 명칭이 민족학적인 의미로서든지 민족작업에 대한 실천과 경험에서든지 규범을 갖추지 못했다. 하지만 거주민과 교민에 대한 국적과 법률 개념은 아주 뚜렷했다.

'조선독립연맹'과 조선인

위에서 말한 중국 동북에 거주한 조선인들의 경제적·정치적인 지위가 많은 변화를 겪은 원인을 따져 보면, 조선 민족이 한때 중국 각 민족들과 함께 동북의 대지를 개척하기도 하고 외국의 침략에 저항하기도 하고 국민당 통치를 반대하는 혁명전쟁에도 같이 참여했으며 신중국을 건립하는 데 함께 참여했기 때문이다. 마오쩌둥 주석이 언급한 것처럼 중화인민공화국의 오성홍기五星紅旗에는 조선 혁명열사의 피도 물들어 있다.[11] 이것이 바로 중국에 거주한 조선인들의 혁명투쟁에 대한 공정한 평가였다. 토지개혁의 성과가 바로 이렇게 같이 투쟁을 하여 얻은 열매 가운데 하나였다. 우리 할아버지와 둘째 형이 바로 장기간 동북에 거주한 조선인의 영광스러운 증인일 뿐더러 우리 가문의 혁명 전통의 대표이기도 했다. 그중 전형적인 사례는 해방 초기 조선독립동맹이 중국 동북지역에서 활동을 한 것이었다. 저우언라이周恩來 총리가 이런 말씀을 하셨다. "조선의용대朝鮮義勇队는 각 전선과 전장에서 피땀 흘리며 일제와 싸웠다. 북방 평원에서 많은 동지同志들이 희생됐다. 이들은 모두 영광스러운 황푸사관학교黃埔軍校 출신이다. 조선 열사들의 뜨거운 피는 중국 땅에 뿌려졌

---

11 "史海鉤沉：先鋒利刃金沙朝鮮男兒魂依黃河." 〈北京靑年報〉, 2002年 8月 10日.

다."[12] 여기서 마오와 저우가 언급한 '조선동지'나 '조선열사'들은 중국혁명에 참여한 조선인 혁명가를 가리킨다.

철수 형은 1946년에 조선의용군 정치부 주임인 주연朱然의 소개로 조선독립동맹에 가입하고 나서 환런현으로 파견되어 조선독립동맹 작업위원회 조직위원을 담당했다. 이와 동시에 중국공산당에 가입했다. 조선독립동맹은 활동한 시간이 길지 않지만 조선인 혁명조직으로서 동북의 해방전쟁을 위해 상당한 기여를 했다. 더욱이 해방 초기 동북 조선인에게 끼친 정치적인 영향은 대단했다. 당시 많은 조선 젊은이들이 그들의 영향을 받아 중국혁명에 참여했다. 조선독립동맹과 민주연맹의 존재와 발전은 동북 조선인의 지위와 형편에 맞물려 있다. 조선민주연맹은 중국공산당의 지도 아래 장기간 중국 동북에 거주한 조선인을 대표하는 혁명조직으로서 중국해방전쟁의 전면적인 승리와 함께 그 역사적인 사명을 마쳤다.

철수 형과 조선민주연맹

여기서 다시 한 번 둘째 형의 『인터뷰회고록訪談回想錄』에 나와 있는 부분을 옮겨 본다. 1996년 국경절에 길지 않은 회고록을 나에게도 주었는데, 책의 서두에 이런 말이 적혀 있었다. "번역하고 나서 다시 정리했을 때 내용을 좀 보충하고 바로잡았는데 주로 항미원조抗美援朝, 한국전쟁 및 중국공산당 루산회의廬山會議 중에서 삭제된 부분을 도로 복원했다. 이 글은 내 회고록의 요점인 셈이다." 다음은 1946년 이후 이 부분의 초록이다.

1946년 4월 그(철수)가 주란(朱然)의 지시에 따라 조선독립동맹 환런

---

12 〈新華日報〉, 1942年 11月 11日.

현공작위원회의 조직위원으로 파견되어 당시 공작위원회 주임인 박운파(朴雲波, 항일연군 간부)를 도와 사무를 보도록 했다. 우선 민족계몽교육에 착수했고 먼저 교과서를 편찬했다. 당시 환런현의 조선족 야간학교와 초등학교에서 쓰인 교과서는 그와 동료들이 손으로 직접 필사해서 배포한 것이다. 이와 동시에 민주개혁을 비롯해 비적을 소멸하고 전쟁 물자를 조달하고 병사를 징집해 군대를 확충하는 등 중대한 사업에 참여했다.

1946년 11월 2일에 환런현은 국민당 군에 점령되었다. 당시 형과 박운파가 전투를 지원하러 신빈현에 다녀오는 길에서 현성에서 탈출한 민주연맹(民盟) 간부를 만나 같이 압록강 오리몐쯔(五里甸子)에 가서 민주연맹 긴급회의를 가졌다. 회의 결의로 박운파에게는 가족들을 조선 초산(楚山)에 안치하도록 하고, 조철수에게는 젊은이 5명을 유격대로 조직시켜 적진의 후방을 치도록 했다. 후에 이 유격대의 대원이 거의 30명까지 늘어났다.

1947년 봄이 다가오는 어느 날, 그들은 콴뎬현(寬甸縣) 유격대와 함께 사몐쯔 부근의 지세가 험한 곳에서 밤을 지냈다. 다음 날 훈장(渾江)을 따라 이동하다가 적의 주력부대와 마주쳤다. 적군은 많고 아군은 적은데다가 적군들은 산꼭대기에, 아군은 새하얀 눈으로 덮인 훈장 협곡에 있었다. 적들의 대포와 중기관총의 습격을 받아 전사 2명이 희생되었다. 환런현 조선민주연맹 구성원인 정계순(鄭桂順)이 중상을 입어 그날 밤에 가오타이쯔(高台子)에서 죽었다. 슬픔에 빠진 전우들 중 누군가 조선혁명가를 부르기 시작했다.

산속에서 나는 까마귀여,
시체를 보면 울지 말라,
몸은 비록 죽어갔지만.
......

이때 윙윙거리는 눈보라가 전우들의 비통한 마음을 헤아리듯이 점점

가라앉아 비장한 추모 노래만 밤하늘에 울려 퍼졌다.

그 전투에서 또 한 가지 일이 일어났다. 전사 두 명이 적에게 쫓겨 어쩔 수 없이 깊은 골짜기로 들어가 어떤 한족(漢族) 농민 어빙의(於丙義)의 집에 숨었다. 쫓아온 적들은 이 집 사람에게 팔로군 두 명의 행적을 말하라고 핍박하면서 이 집 아들을 강제로 적군의 주둔지인 사젠쯔(沙尖子)까지 잡아갔다. 그래도 이 집 사람들은 끝까지 유격대 전사를 고발하지 않았다. 환런현 현장 왕징졘(王靜堅)이 후에 이 일을 알고 나서 이 집에 가서 농민 어빙의와 그 가족들에게 감사의 뜻을 전하고 표창도 했다.

같은 해 4월 환런현이 수복된 후 민주연맹의 지시에 따라 조철수는 횡도우천에서 첫 조선족 중학교를 세우기 위해 준비공작을 했고 뒤에 환런현 한족 중학교 당서기 및 청년위원회(靑年委員會) 서기도 역임했다. 그동안 현위원회 서기 황원(黃文), 조직부장 정위(曾宇)의 배려와 지도하에 훌륭한 혁명가로 성장하였다.

이상은 신중국이 성립되기 전에 철수 형의 경력과 사적이다. 그러고 보면 조선민주연맹 구성원 중에서 조선으로 돌아가지 않고 계속 중국에 남아 있는 사람들은 본인이 지원하고 조건에 부합되면 중국공산당에도 가입할 수 있었다. 형이 보기에는 중국공산당의 지도 아래 자신의 혁명 사업을 잘하는 것이 바로 동북 조선민족을 위한 봉사였다. 이 두 가지는 서로 일치하였다. 위에서 말한 조선민주연맹이 바로 조선독립동맹의 전신인데, 명칭의 변화는 이 조직이 하는 역할도 변하고 있다는 뜻이다.

여기까지는 동북 광복 후부터 1947년 말까지의 상황이었다.

중국 조선족의 '탄생'

일본이 항복하고 만주가 와해된 후 조선인들은 식민지 통치에서 해방을 얻었고, 중국에 있는 조선인은 더 이상 일본의 '신민臣民'과 위만의 '앞잡이狗腿子'가 아니었다. 이런 지위는 중국 조선인들이 중국인과 함께 일본 식민통치와 국민당 반동통치를 반대하여 얻은 것이다. 그러므로 이런 지위 변화는 동북에 거주한 조선인들이 중국 조선족으로 바뀌는 첫 단계라고 볼 수 있다. 이후 특히 토지개혁이 끝난 후부터 1949년 신중국 건립 초까지 약 4년 동안 동북에 있는 조선인은 경제적으로 중국인과 똑같은 지위를 얻기 시작했다. 우리 집도 그랬다. 외국인으로서의 조선인이 중국의 조선족으로 바뀌는 두 번째 단계라고 할 수 있다. 중국 신정권이 그들에게 '장기간 동북에 거주한 조선인'이란 합법적인 지위를 부여한 것이 징표이다.

동북에 거주한 조선인의 지위가 바뀐 세 번째 단계는 1954년에 개최된 중국인민공화국 제1차 전국인민대표대회를 계기로 보아야 한다. 선거로 선출된 조선족 대표, 이를테면 주더하이朱德海 등은 중국 국민으로서의 합법적인 권리를 행사하고 새로 수립된 중화인민공화국 전국적인 입법기관에 참여하여 중국 첫 헌법 표결의 전 과정에 참석했다. 이로써 조선족은 다수 민족으로 구성된 중화인민공화국의 일원이 되었다. 이 일은 1952년 옌벤조선민족자치구延邊朝鮮族自治區가 건립된 데 이어서 발생한 역사적 의미를 가진 일인 동시에 중국 조선족의 정치생활에 있어 큰일이기도 했다.

하지만 '조선족朝鮮族'이라는 명칭이 중국에서 널리 알려진 것은 1950년대 후반쯤이었다. 내가 중학교를 다니던 1950년대 초에 학교 이름은 조선학교라 하였다. 나의 아내도 1957년 7월에 선양시瀋陽市 조선중학교를 졸업했다. 이 학교는 아내가 졸업한 이듬해에 선양시조선족중학교로 바뀌었다. 그때까지 중국 사람들은 우리를 조선인이라고 하지, 조선족이라는 부르는 경우는 드물었다. 그러던 중 1957년 여름이 지나서 펼쳐진 반우파反右派 투쟁과 편협한 민족주의를 반대하는 것을 계기로 '민족정풍民族整風' 운동이 일어났다.

중화인민공화국 수립 후, 중국 소수민족의 하나로서 조선족이 신중국의 국적을 얻은 것은 국적을 변경한 것이 아니라 국적을 취득한 것이다. 이전에는 무국적 외국인이었기 때문이다. 현재 중국 조선족의 총인구는 약 200만 명에 달하는데 그중 40퍼센트가 지린성 옌볜조선족자치주에 거주하고 있다.

신 중국의 구심력과

새 조국에 대한 기대감

동아시아 삼국을 살아온 이야기

배천 조씨(趙氏)의 디아스포라

자작농으로부터 중학생

1948년 초는 동북지역에서 펼쳐진 해방전쟁이 거의 끝난 상태였다. 결전 장소가 이미 톈진天津, 베이징北京을 중심으로 하는 화북지역과 쉬저우徐州, 화이허淮河를 중심으로 하는 화동지역으로 옮겨졌다. 이렇게 중국 땅에는 전국이 해방되고 평화를 이룰 희망이 나타났다. 그 시대 토지개혁 덕분에 나는 밭을 얻어 온 가족들의 생계를 유지하느라 하루 종일 힘껏 농사일을 했다. 이른 봄에 소를 몰아 밭을 갈고 단오절 전에 모내기를 하고 여름에 논을 관리하고 가을에 농작물을 거두고 겨울에 부업으로 땔감을 벴다. 일 년 중 쉴 날이 거의 없었다. 어쨌든 가을에 자기 힘으로 곡식을 거두는 기쁨을 즐길 수 있어서 다행이었다. 하지만 열여섯 살 어린 나이였던 나는 언제나 학교에 다닐 생각을 하고 있었다. 위만 시기에 배운 것들이야 별로 쓸데없었다. 해방 후 새로 지어진 중학교에 다시 다니면서 계속 공부할 수 있기를 간절히 기다리고 있었다. 정말이지 나는 당시에 그대로 농촌에서 평생을 보낼 수 없다고 생각했다. 하지만 가족 6명이 어떻게 살아가야 할지 마음이 안 놓였다. 그들은 나의 힘에 의탁해 겨우 살림을 사는 것이었다. 이것이 내 눈앞에 놓인 현실이었다.

1년이 지난 1948년 말, 농사일이 거의 끝난 어느 겨울날이었다. 동네 젊은이들이 겨울 필수품을 장만하러 환런현 정부소재지인 환런진桓仁鎭에 가려고 했다. 나도 소 먹이는 콩깻묵을 사러 따라갔다. 콩깻묵을 식량과 섞어 먹이면 부족한 곡물을 보충해 주기도 했다. 안 그러면 그해의 식량난을 넘길 수 없었다. 소 썰매로 운송하는데, 그날 마침 눈이 와서 오히려 더 편리해졌다. 모처럼 시간을 내어 35킬로미터 넘는 산길을 걸으며 그들을 따라나선 것은 당시 현 정부 농회農會에서 일하는 형을 만나고 싶은 이유도 있었다. 그때 랴오둥성遼東省(원래는 안둥성安東省) 북쪽에 있는 신빈현新賓縣에서 조선인 '신광중학교新光中學校'가 세워졌다는 소문도 확인하고 싶었다. 물론 아직 학교에 다닐 생각은 감히 하지 못했다.

점심 후 사료를 사고 나서 곧바로 형에게 가보니 마침 많은 군인들과 간부들이 모여서 무엇을 토론하고 있었다. 내가 들어가자 그들은 '철수 동생'이라며 반가워했다. 잠시 후 형에게 물어봤다. "형, 신빈조선중학교가 성립된 것을 알고 있어요?" 형은, "성립된 지 얼마 안 돼. 학생 모집 중이라 들었어"라고 대답했다. 내가 미처 학교에 다니겠다는 말을 꺼내기도 전에 "학교에 다니려고? 그럼 농사일을 누가 하나? 일단 생각부터 해보자"라고 형이 먼저 말했다. 형은 잠시 생각하더니 이렇게 말했다. "공부하고 싶으면 이참에 해도 괜찮아. 면접이 있다던데 일찌감치 준비해야 돼. 집안일이야 농촌회農村會 간부에게 부탁할 수 있어. 군인 가족에게는 '대경代耕제도'가 있으니 아마 가능할 거야. 집안일에 너무 신경을 쓰면 학교에 다닐 수 없어." 이른바 '대경제도'란 노동 능력을 갖추지 못한 군인 가족에게 동네 다른 농민들이 대신 경작을 해주는 제도였다. 당시 공산당 간부에게 월급을 주지 않고 '공급제供給制'를 채용하므로 형이 가정을 돌봐 주지 못했다. 형이 소 썰매를 쳐다보고 "소 먹이를 산거야?"라고 물어보기에 나는 "식량에도 보탬이 될까 해서"라고 말했다. 형은 고개를 끄덕일 뿐 아무 말도 안 했다.

현성에서 돌아오는 길에 무거워서 소 썰매가 느릿느릿 움직였다. 같이 온 동네 사람들은 기쁘면서도 무거운 내 기분을 눈치 채지 못한 모양이었다. 집에 와서 부모님에게 내 생각과 형이 한 말을 전했다. 큰형수도 옆에서 듣고 있었다. 처음에 식구들은 아무 말 안 했는데 좀 이따 아버지가 먼저 입을 열어 "시험은 언제?"라고 물었고, 나는 "조만간이요. 신빈중학교 선생님이 우리 횡도우천에 와서 시험 본다고 해요"라고 대답했다. 아버지는 "일단 시험을 보자"라고 했다. 어머니는 내내 아무 말 없이 나와 아버지의 대화를 듣기만 했다.

며칠 후 시험 날짜를 누군가에게 들었다. 그날 아침에 어머니가 소를 끌고 나에게 오늘 산에 안 올라 가냐고 물었다. 어머니는 시험날인 줄은 전혀 모르고 평소처럼 내가 산에 올라가서 땔감을 나를 줄 알았던 것이다. 내가 말씀을 드리자 어머니가 "네 형이 허락한 바에야 잘 치지 뭐"라고 하실 때의 표정이 아직 생생하다. 마음속으로 내가 불효자라는 말을 몇 번이나 중얼거렸을 것이다. 욕이라도 하시면 내 마음이 편해질 것을. 그때의 상황을 생각해 보면 내가 얼마나 철없었는지 느낄 수 있었다. 장년이 되고서도 가끔 후회를 했다.

나는 아무런 시험 준비도 하지 못하였고 사실 참고할 만한 교과서도 없었다. 평소에 초등학교에서 빌려 읽었던 조선어 신문으로 국내 뉴스를 조금 알았을 뿐이었다. 시험장에 온 학생은 20명을 넘지 않았으며, 나이 차이도 많고 여러 현에서 왔다. 그중에는 내가 아는 얼굴도 있었다. 이정걸李正傑, 전기복全奇福 등등. 그들은 원래 동네 초등학교에서 글을 가르치던 선생님이었다. 그 시험에서 과목이 몇 개였는지 지금은 생각나지 않지만 내 기억에 남아 있는 것은 지리시험이었다. 이런 문제였다. "조선팔도의 명칭이 무엇입니까? 바다에 인접하지 않는 도는 어느 것입니까?" 뒤 문제의 답안이 생각이 안 나서 그랬는지 지금도 기억이 난다. 모든 시험문제는 조선반도에 관련되어 있었다. 그날 오후였던 것으로 기억하는데, 박이권朴理權이라는 선생님이 나를 따로 면접했다. 그는 우선 이런 질문을 했다. "마오쩌둥 주석님의 〈목전 정세와 우리의 임무〉라는 글을 읽어 봤어요?" 나는 횡도우천 조선초등학교에서 조선어로 번역된 이 글을 읽어

본 적이 있었다. 그때 중국어를 잘하지 못해 조선어로 된 것만 읽을 수 있었다. 이 글에서 목전의 정세에 관해 '몇 가지 역사적인 전환점'이라는 부분이 나에게 깊은 인상을 남겨 필기도 했다. 그래서 간단하게 내 느낌을 말했다. 그 선생님은 우리 집 상황을 알아봤다. 또 우리 형과 아는 사이어서 집에 가서 상의를 잘하라고 했다. 다른 것은 묻지도 않았고 합격여부도 알려주지 않았다. 시험은 그냥 이렇게 끝났다.

신빈 신광중학교의 추억

얼마 안 지나 중학교로부터 입학통지서를 받았다. 그런데 이 학교는 우리 동네에서 150여 킬로미터나 멀리 떨어진 신빈현에 있었다. 나는 어머니가 챙겨 주신 큰 짐을 등에 진 채 꼬박 이틀 동안 걸어서 현성에 도착했고 신광중학교에 입학하게 되었다. 별 심사를 받지 않고 바로 2학년에 편입되어 공부하게 되었다. 해방 전 중학교에서 일 년 동안 다닌 경력이 있기 때문이라고 했다. 당시 랴오둥과 통화성에 이런 중학교가 두 개 세워져 있었다. 하나는 위에서 언급한 통화 조광중학교, 다른 하나는 안동에 위치한 북광중학교인데 보통 '조선중학교'라는 이름을 붙였다. 학교 이름을 봐도 조선인이 다니는 학교란 걸 알 수 있다. 학생들이 모두 먼데서 왔기 때문에 모두 학교기숙사에서 기숙했다. 말이 학교기숙사라고 하지만 실은 예전 교회건물을 개조한 온돌방이었다. 누워서 잘 때면 마치 통나무를 나란히 놓은 것처럼 사람들이 딱 붙어서 잤다. 한 방에 온돌이 두 개씩 있고 중간에 복도도 있어 합치면 40여 명이 묵을 수 있었다. 이런 방이 총 8개나 있었다. 한 방을 몇 십 명이 같이 써서 잘 때면 서로 부딪치게 마련이었고 항상 잠을 잘 잘 수 없었다. 목욕탕이 없어서 한 달에 한 번씩 나가서 목욕을 했다. 또한 기숙사에는 책상도 전등도 없었기 때문에 밤에 콩기름을 태우는 불 주위에 둘러앉아 여러 사람이 같이 공부를 했다. 다들 등잔 밑이 어둡다고 했는데 우리는 오히려 등잔 밑이 밝다고 해서 모두 기름불 쪽으로 가까이했다. 당시에는 전기 보급이 안 되어 농촌에서는 주로 콩기름으로 불을 밝혔다. 식사는 옥수수를 위주로 하고 가끔씩 수수쌀도 먹었다. 당시 중국사람(한족)들은 수수쌀을 많이 먹었는데 우리는 옥수수를 주로 먹었다. 한 달에 두부와 돼지고기를 두 번 먹을 수 있고 쌀밥은 한 달에 한 번 먹을 수 있었다. 그것도 매월 생일 축하 때 다 같이 먹는 것이었다. 생일이 같은 달에 들어 있는 학생들이 한 날에 같이 쇠었다.

나무를 때거나 난방을 하는 문제 등도 자신의 힘으로 해결하였다. 토요일마다 모두 학교에서 10km 떨어져 있는 백기촌白旗村에 가서 땔감을 베고 등짐으로 날랐다. 특히 겨울에 온돌에 불을 때야 하니 대량의 땔감이 필요했다. 가끔 길에서 너무나 피곤하고 목이 마를 때는 조선인이 살고 있는 집에 들어가서 좀 쉬다가 다시 가곤 했다. 한번은 최윤식崔潤植과 내가 서로 얼굴 모르는 조선인의 집에 쉬러 들어갔는데 그 아줌마가 떡을 꺼내 우리에게 주었다. "자, 먹어. 먹으면 배고프지 않을 거야." 친아들처럼 배려해 주었던 아줌마가 지금까지도 잊히지 않는다.

하지만 우리는 이미 가난한 농촌생활에 익숙해져 있어서 어렵게 생긴 배움의 기회에 마음이 매우 흡족했다. 다들 이런 생활을 행복하게 여겼다. 매일 불을 끄는 시간이 엄하게 정해져 있는 게 유일한 불만이었다. 9시 반에 반드시 불을 꺼야 했다. 공부하는 시간이 너무나 부족했다. 사람이 왜 잠을 자야 하는지를 항상 고민할 정도로 시간이 모자랐다. 일분 일초를 다투던 시절이었다. 지금 되돌아보니 그때는 어디서 그런 기운이

솟았는지 모르겠다. 또 나가서 하숙을 하는 친구도 있었다. 나는 그들을 부러워했다. 하숙집에서는 불을 끄는 시간에 구애받지 않았으니까. 한번은 환런현에서 온 김병호金炳浩랑 그 친구들이 하숙을 하는 집에 가서 공부를 하고 다음날 새벽녘에야 돌아왔다. 그때 고향 친구들의 다정함을 깊이 느끼게 되었다.

어느 겨울날에는 친구 김상헌金尙憲학우의 초대를 받아 야채를 저장하는 움막에 숨어 몰래 촛불을 켜놓고 밤새도록 공부했다. 움막 안은 추운 데다가 김치 냄새까지 코를 찔렀다. 며칠 뒤 나도 초를 두 개 사와서 9시 반 소등 후에 남몰래 상헌학우와 함께 기말시험 준비를 하러 움막에 들어갔다. 그런데 이번에는 새벽에 출근한 관리원한테 들켜서 다시는 못 가게 되었다. 밤을 새고 난 다음 날은 너무 피곤해서 수업시간에 집중을

1951년 2월에 신빈 조선중학교에서 졸업했음. 앞쪽 두 번째 줄 오른쪽 첫 사람이 작자임.

못했다. 이처럼 어렵고 힘들게 공부했지만 신광중학교에서 보내던 날들이 항상 뇌리에 떠올라 열심히 공부하도록 나의 의욕을 북돋아 주었다.

김상헌 학우는 1953년에 동북인민대학(현 吉林大學) 물리학과에 입학했고 3학년 때는 우수한 성적으로 베이징대학교 원자물리학과에 전학해 공부했다. 졸업 후 중국과학기술대학교 대학원 교수로서 원자물리학 분야의 최첨단 학자로 성장했다. 그는 나보다 세 살 아래이다. 지금은 미국의 모 연구소에서 연구에 종사하고 있으며 자주 연락을 주고받는다.

정부의 장학지원

신광중학교는 3년제 중학교다. 나는 열일곱 살에 입학해서 2, 3학년만 다니고 열여덟 살 때 졸업했다. 나처럼 내전(內戰) 때문에 입학을 미루는 학생이 많았다. 주로 1949년 말부터 1951년 초 사이에 일어난 일이었다. 다행히 지방정부가 가정형편이 어려운 학생들에게 장학제도를 실시하여 나에게 커다란 뒷받침이 되어주었다. 그때 학생마다 식량을 학비로 계산하여 학교에 냈는데, 매년 몇 백 근이나 되는 식량을 학비로 내야 했다. 말하자면 실물학비였던 셈이다. 하지만 나를 비롯하여 정성학(鄭聖學), 한용삼(韓龍三), 우철희(禹哲熙) 등 일부 학생은 식량이 면제되었다. 우리는 군인 가족이나 간부 자제였기 때문이다. 당시 군인과 간부에게는 월급을 주지 않았기 때문에 이런 학생들의 기숙사비는 안 받았다. 가족이 전쟁 때 사망했거나 노동력을 갖추지 않은 학생들은 매년 옷 두 벌씩 받을 수 있었는데 나는 환절기인 봄에 여름옷을 한 벌 받은 적이 있었다. 정성학학우의 아버지는 해방군에 가입했고 어머니는 국민당 군에게 살해당했다. 그의 어머니는 부대에 있는 아버지를 보러 가는 길에 소리를 지르는 국민당 군을 마주쳤고, 중국어를 못 알아들어 대답을 안 했더니 바로 죽임을 당하고 말았다. 정성학은 매년 군복을 받아서 평소에 해방군 차림을 했다. 공부를 잘해서 나와 항상 일등을 다투었다. 내 성적이 그보다 앞선 적은 몇 번 안 되었다. 2년 동안 우리 둘의 성적은 늘 95점 이상이었다.

선생님은 모두 몇 십 명 되었는데, 중국어 선생님을 제외하고는 모두 조선인이었다. 학교장은 신빈현 현감 이일민李一民이 겸임했다. 그는 우리 집이 횡도우천으로 이사 올 때에도 도움을 주었다. 부교장을 비롯한 세 명은 모두 팔로군으로 활동하다 제대한 공산당 당원이었다. 김재형金載亨이라는 수학 선생님은 일본군소년특공대日本軍少年特攻隊에 참가한 적이 있었는데 일본의 패배로 전쟁에 나갈 수 없었다. 그는 학교에서 나와 같은 시간에 중국공산당에 가입했다. 뒤에 한족 고등학교 교장을 했다는 말을 들었다. 김맹순金孟順이라는 선생님은 위만주국 통화삼국고등학교通化三國高等學校를 졸업했으며 철수형의 선배 겸 교우인데 후에 이 학교의 교장 및 교육국장을 맡았다. 신철辛哲 선생님은 한국에서 온 이과 선생님으로서 수업이 아주 재미있어 학생들 사이에서 인기가 높았다. 다른 선생님의 말에 따르면 신철 선생님은 한국의 어떤 조직에서 파견되어 온 정보원이어서 후에 징역을 받게 되었다고 한다. 학교에서 그를 비판하는 회의를 개최한 적도 있었다. 그 당시 한국전쟁이 한창이었고 이를 틈타 한국에서 동북으로 정보 수집을 하러 파견되었다고 한다. 기타 선생님들은 대부분 해방 전부터 교직을 담당했다. 선생님들은 지식 폭이 넓은데다가 사람 됨됨이도 훌륭하고 수업도 열심히 진행하여서 학생들의 사랑과 존경을 많이 받았다. 나는 신광중학교에서 공부하면서 이젠 새로운 세상이 열렸다는 것을 실감했다. 사람들은 모두 생기발랄하고 의욕이 넘쳐 미래에 대한 희망을 품고 있었다. 이런 환경에서 공부를 하면서 낡은 사회에서 살아오던 지식인도 새로운 세상의 주인이 된 듯했다.

민족교육의 세례洗禮

학교 수업은 모두 조선어로 진행되었고 중국어 수업은 따로 있었다. 그때는 '중문과'라는 개념이 없어 중국어와 한어漢語를 잘 구분하지 않았다. 당시의 교과서 편집자나 교육행정 부문에서도 중국인과 한족漢族을 엄밀히 구분하지 않아, 중국인이라고 하면 한족으로 잘못 생각하는 경우가 많았다. 내 기억에는 당시의 교과서는 조선민주주의공화국 교과서로부터 큰 영향을 받았다. 언어와 문자뿐 아니라 교과서 내용에서도 그런 현상을 볼 수 있다. 가령 물리, 화학, 수학을 비롯한 이과理科 교과서와 문학, 생물 교과서에서 대부분 조선의 교과서를 바탕으로 편집되었고 심지어 원판도 있었다. 조선민주주의인민공화국의 건국이 중국보다 1년이나 앞섰고 초중학교에서 쓰이는 각종 교과서가 이미 출판되었다. 역사, 지리, 정치 등 사회과학 과목에 있어서는 중국인(한족) 중학교에서 사용되던 내용이 바로 조선어로 번역되어 쓰였다. 교과서의 내용이 아주 충실했는데, 그 덕에 많은 지식을 습득했다. 그 밖에 양이 많지 않지만 참고할 만한 각종 사회과학 서적도 많이 나왔는데 그중에 소설 등 문학작품도 포함되어 있었다. 그렇지만 대부분이 조선에서 출판된 것이었다.

하지만 그때 나는 중국에서 출판된 여러 가지 사회과학 서적도 접했다. 제일 먼저 읽었던 것이 중국 경제학자인 왕스화王思華가 옌안에서 편찬하고 출판한 『정치경제학입문政治經濟學入門』인데 조선어로도 번역되어 있었다. 1950년 여름방학 동안 이 책을 다 읽었다. 처음에는 읽기가 상당히 어려웠지만 읽을수록 재미가 들었다. 정치경제학은 논리성이 아주 강하고 개념규정이 매우 정확한데다가 체계적이기도 하고 설득력이 있기도 하였다. 내가 정치학에 관심이 생긴 것도 이때부터였다. 이 책은 내가 정치경제학을 전공으로 선택하는 데 큰 영향을 끼쳤다. 그때 중국의 유명한 철학가인 아이쓰치艾思奇 선생의 『대중철학大众哲学』도 이미 조선어로 번역되었다. 나는 그때부터 세계관, 물질과 정신, 인식과 실천, 변증법과 모순론 등의 철학용어를 알게 되었다. 이런 것들은 모두 마르크스주의 기본 개념이었다. 치밀한 논리성과 과학성이 나를 이끌었고 이후 내 세계관을 형성하는 데 아주 중요한 영향을 끼쳤다. 이 두 권의 책은 나에게 있어서 학문 연구의 계몽서 역할을 했다.

일부 학생들은 조선에서 전해 온 홍명희, 임화, 이기영, 한설야를 비롯한 작자들이 창작한 문학작품과 러시아 문학작품도 읽었다. 지금 생각해 보니까 그때의 문학과 예술, 기타 문화 분야에서 중국 조선족에게 끼쳤던 조선의 영향은 중국의 전통과 지식보다 훨씬 비중 있었다. 중국 국가國歌와 조선의 국가를 같이 부르고 〈동방홍東方紅〉과 〈김일성의 노래〉를 같이 부르기도 하며 심지어 조선과 중국을 둘 다 조국이라는 이름으로 불렀다. 이를테면 많은 사람들이 여기의 '조선인'이 중국인의 구성원, 즉 소수민족이었던 것을 명확히 하지 못했다. 그래서 비록 신중국이라는 정권이 새롭게 태어났지만 조선족들에게는 중국에 귀속된다는 의식이 좀 약했던 것 같다. 일부에서는 여전히 조선을 자기의 '조국'이라고 생각했고, 또 일부에서는 중국을 '정치조국'으로 조선을 '민족조국'으로 생각했다. 이런 애매하고 올바르지 못한 조국관은 바로 신중국 건립 초 동북 조선인 민족교육과 민족의식의 실상이었다.

중국공산당에 가입

신광중학교는 혁명전쟁 시대 우리 공산당의 배려와 조선인 학부모들의 열정적 지원 아래서 건립된 훌륭한 학교다. 신중국 건립초기 동북지역에서 조선민족 교육의 요람지 가운데 하나이기도 했다. 이곳은 해방도 다른 데보다 앞섰기 때문에 학교에 공산당지부가 벌써부터 세워져 있었다. 학생 조직 가운데에도 신민주주의청년단新民主主義靑年團과 학생회가 있었다. 정성학은 학생회장, 여성학우인 전기복全奇福은 부회장, 나는 학습부장, 이정걸李正傑은 선전부장을 맡았다. 곽응삼郭應三은 체육부장을 담당했는데, 후에 한국전쟁에 참전해 희생되었다. 나는 열일곱 살 때 청년단에 가입했고, 이듬해 1950년 4월 30일에 김병호, 정성학, 이정걸, 전기복 등 학우와 김재형 선생님과 함께 공산당에 가입했다. 그렇지만 당시 나의 사상적 각오로 봤을 때 아직 진정한 공산당의 수준에 미치지 못한다는 것을 알고 있었다. 전역군인 서상필徐相弼과 최거봉崔擧峰 선생님의 소개로 몇 차례 공산당의 사상 교육을 받은 뒤 나는 당 조직에 입당지원서를 제출했다. 내가 작성한 지원서에는 이런 말이 있었다. "저는 중국공산당에 가입하겠습니다. 중국 신민주주의 사회를 건설하는 데 저의 모든 것을 바치겠습니다." 현정부 조직부에서 심사할 때, 이런 문구는 신민주주의청년단에 가입하는 기준이지 공산당에 가입하는 기준은 아니라고 하면서 다시 작성하라고 했다. 이 때문에 나를 소개해 준 서 선생님도 비판을 받았다.

우리를 가르치던 선생님들 중에도 팔로군에서 제대한 당원이 몇 명 있는데다가 학생도 받아들이게 되어서 당의 기층조직인 당 지부가 구성되었다. 초중등학교에서 이만큼 많은 당원을 받아들인 것은 전국에서 흔하지 않다. 신중국 성립 초기의 특별한 경우인 듯하다. 그때 당 조직이 큰 역할을 했는데 단원과 당원이 모범적 행동을 통해 학교 질서를 유지하고 당과 정부의 방침과 정책을 실행하는데 역할을 했다. 특히 공산당원은 학생들 가운데 위망이 있었다. 그 후 신중국 성립 초기 신민주주의 청년단을 공산주의청년단으로 이름을 바꿨다.

나는 지금까지도 모교와 연락을 유지하고 있다. 수년 전에 학교에서 개교축제를 개최했을 때 내가 보낸 후원금으로 학교 안에 높고 큰 교훈을 새긴 비석을 세웠고, 또 컴퓨터 한 대와 테이블 하나를 맞추어 마련했다.

조선전쟁과 전쟁 참가

1950년 여름, 조선반도에서 전쟁의 불길이 타오를 때 나는 중학교 3학년이었다. 1950년 6월 25일부터 1953년 7월 27일 휴전까지, 이 3년에 걸친 전쟁은 제2차 세계대전 후 규모가 가장 큰 국부적인 전쟁이었다. 이 전쟁은 우선 온 조선 민족에게 전대미문의 피해를 초래했다. 국내전쟁이 막 끝난 중국 인민이 1950년 10월에 '중국인민지원군'을 조선으로 파견하여 미국을 비롯한 '연합국聯合國'군과 싸우면서 큰 희생을 냈다. 1949년부터 1950년 4월까지 중국인민해방군 소속 3개 조선족 사단이 조선으로 돌아가 조선인민군으로 재편성되어 직접 한국전쟁에 나갔다. 중국인민지원군에 가입했던 조선족들이 통역과 가이드 역할을 했다. 동시에 중국인민지원군의 주력부대에도 조선족 병사가 있었다.

1950년 가을에 중국 랴오둥성 정부에서 우리 학교에 긴급지령이 내려졌다. 지령의 내용은 일주일 안에 중국인민지원군에 파견할 통역 열 명을 뽑아 지린성 하이룽현海龍縣에 보내 대기시키라는 것이었다. 당 지부의 호소에 따라 3학년 학생들 대부분이 지원서를 냈으며 뽑힌 사람은 곽응삼, 이창겸李昌謙, 방문관方文官, 정도훈鄭道勳, 김원호金元浩 등 열 명이었다. 물론 나와 이정걸도 이 중에 포함되었다. 현감 이일민李一民을 따라 통화 근처에 있는 하이롱현에 와서 엄격한 신체검사를 받았다. 그 결과 나는 어렸을 때 위병에 걸려 뜸치료를 받았던 상처가 문제시되었고, 이정걸은 근시안으로 인해 불합격을 당했다. 합격한 8명 학우는 즉시 중국인민지원군 어느 부대에 파견되어 전투에 참가했다. 후에 곽응삼 등 3명의 학우가 전사했다는 소식을 접했다. 모두 열여덟 즈음의 훌륭한 청년인데 그 전쟁으로 귀중한 목숨을 잃었다. 최선주崔善柱, 김창만金昌滿 등 학우도 졸업 후에 전쟁터에 나갔다. 전쟁에 참가한 학우가 적지 않았는데 그들을 다 기억하지 못해 정말 미안하다.

이처럼 조선족 청년이 참전한 행위는 중국 측으로 보면 자기 나라의 국민인 소수민족이 이웃 나라에 가서 도움을 주는 국제주의 행위이고, 조선 측으로 보면 '해외동포'가 자기 나라를 지키고 조선을 통일시키기 위해 하는 애국 행위로 볼 수 있다. 그럼 직접 전쟁에 나간 조선족들은 어떻게 생각했을까? 그들은 왜 이 전쟁에 나가는가? 여기서 동북 조선족의 참전의식 문제가 거론된다. 나에게 있어서 이 전쟁은 외국 침략자와의 싸움이기에 중국 조선족으로서 중국의 신정권을 지키기 위한 행위이다. 동시에 사회주의 형제국인 조선을 지키기 위해 전쟁에 참전했다. 참전한 학우들과 조선족의 계급의식이 민족의식을 추월했다고 할 수 있다.

조선전쟁과 중국 조선족

그렇지만 나는 가끔씩 이런 생각을 한다. 1950년은 신중국이 성립된 지 1년밖에 되지 않았고 어떤 지역에서는 국내전쟁이 아직 끝나지 않은 상태인데다가 대만해협臺灣海峽의 정세가 상당히 급박한 상황에서 중국이 주동으로 참전할 동기도 조건도 없는 게 확실했다. 중국은 조선전쟁에 어쩔 수 없이 나간 것이었다. 물론 결과로 보면 중국의 '항미원조'가 나라를 지킨다는 목적을 이루기는 했지만, 그때 중국의 무력으로 조선을 통일시키고자 하는 이 잔혹하기 짝이 없는 전쟁에 나갈 이유가 없었다. 그럼 이 전쟁을 시작한 나라가 미국을 비롯한 서방 국가인가? 당시 국제적인 형세를 보면 단언을 내리기가 어려웠다. 어떤 의미에서 보면 전쟁으로 인해 소중한 목숨을 바친 학우들 몇은 반도 내부 집권자가 계획하고 일으킨 동족상잔의 희생자가 되고 말았다는 생각이 들 때도 있다. 살아 있는 우리가 죽은 자의 영령 앞에서 이 모든 것을 어떻게 설명할까?

그때 일부 사람들은 중국 조선족이 항미원조에 나간 것은 조국의 통일을 위해서이기도 하고 조선(북한)이 남한 동포를 해방시키는 것을 지원하기 위해서라고 했다. 이런 인식 자체가 실제로 조선민주주의인민공화국을 자기 나라로 생각한다는 것이었다. 이런 상황으로 그들에게 중국 의식이 아직 명확히 확립되지 못한 것을 엿볼 수 있다. 또한 그들에게는 중국 사람으로서의 중국인 의식과 이주민으로서의 조선인 의식 사이에서 뛰어넘을 수 없는 갭이 있는 것을 나타내기도 했다. 그때 어떤 친구가 조선에 돌아간 이들에게 '항미원조朝인가, 항미원조祖인가?'라고 장난을 쳤었다. 조선朝鮮의 '조'와 조국祖國의 '조'가 발음이 같기 때문이다. 그의 생각에는 전자가 국제주의 행위이고 후자는 애국주의 행위에 속했다.

1988년 내가 조선을 방문했을 때 평양에서 전쟁에서 살아남은 한 학우를 만났다. 당시 그는 어떤 명승고적을 관리하는 담당자로 일하고 있었는데, 내가 묵고 있던 보통강호텔에 찾아왔었다. 나는 그에게 전쟁에 관한 것을 물었는데, 그는 전쟁이야기를 꺼내기가 좀 그렇다고 해서 더 말하지 않았다. 그때 조선에서는 이런 대화가 허락되지 않았다. 더 얘기 했다간 폐를 끼칠 것 같아, 우리의 만남은 휴대하고 간 카메라에 기념사진 한 장 담고는 아쉽게 헤어졌다. 떠나기 전에 나는 그에게 이렇게 말했다. "넌 운이 참 좋다." 그에게는 당시 전쟁에 나간 것이 완전히 자기 나라의 통일을 위해서였다. 이런 까닭으로 전쟁이 끝나고 나서도 조국에 계속 남아 전후 복원작업에 참가했다.

통화고등학교부터 랴오둥당교遼東黨校까지

1951년 3월에 나는 신빈신광중학교를 졸업하고 칭위안현淸原縣 조선고등학교에 가서 2년 동안 공부했다. 랴오둥성 정부발전교육계획에 따라 칭위안현에서는 이미 조선고등학교가 설립된 상태였다. 랴오둥성 내에서는 창바이 현에 조선고등학교가 처음 생겼고, 그 뒤를 이어 칭위안현에 두 번째 고등학교가 생겼다. 그리고 이듬해 봄에, 칭위안고등학교와 장바이고등학교가 통합되어 통화시에 소재를 둔 조선고등학교朝鮮高等學校가 설립되었다. 이 학교가 첫 번째 생긴 고등학교이다. 따라서 나는 다시 통화시로 돌아왔다. 뜻밖에 조선고등학교의 위치는 바로 만주시기 제3 국고의 옛터였고 주변 환경도 별로 달라진 것이 없었다.

1952년 10월에 나는 대학교 입학 준비를 하느라 애를 많이 썼다. 그때 하얼빈 공업대학哈爾濱工業大學의 건축공정학과를 지원하고 싶었다. 그것은 이제 혁명의 시대가 지나가고 신중국을 건설하는 시기가 곧 올 것으로, 자기가 공부한 공학기술로 커다랗고 멋진 빌딩을 지을 수 있으면 얼마나 좋을까하는 생각이 들었기 때문이다. 그런데 계속 공부하려던 것은 곧 물거품이 되어 버렸다.

어느 날 학교 당 지부 조직위원이 나를 불러놓고 이런 말을 했다. "성위원회의 지시에 따라 졸업생 몇 명을 랴오둥성 당교(黨校: 공산당간부학교)에 파견해야 된다"며 또 "우리당 지부에서는 너를 포함한 학생 7명을 선정했으니 당장 입장을 밝혀라"는 것이다. 나는 거기 가서 무엇을 하냐고 질문했고, "끝나면 중학교에 파견되어 정치 선생님을 맡게 될 것이다"라는 답을 들었다. 사실상 이런 공부는 일하기 전에 단기적으로 받는 정치교육이라 시간이 1년밖에 안 되었다. 나는 즉시 내 마음을 보여 주었다. "선생님이 되고 싶은 사람이 있으면 대신 가주면 안 되나요? 다시 고려해 주세요"라고 부탁을 했다. 그런데 끝내 "당 지부의 결정이다. 당원이면 어떻게 뭘 해야 할지 잘 알 것이다"라며 단박에 거절했다. 그리하여 나는 대학교 진학을 포기할 수밖에 없었다. 결국 나는 미리 고등학교 졸업장을 받고 조선 신의주에 인접해 있는 단동에 가서 바로 혁명작업에 참가했다.

중국공산당 랴오둥성 위원회 당교 교장은 성 위원회 제일서기인 짱우원톈張聞天 선생이 겸임했다. 일반적으로 보면 당교는 현직 간부를 상대로 하는 것인데, 간부 말고는 이 학교에서 공부할 수 없다는 말이었다. 하지만 이번에 중학교 정치 과목 선생님이 많이 부족한 상황을 고려하여 성내 고등학교 금년 졸업생 50명을 뽑아서 집중훈련을 시킨 것인데 물론 대부분이 당원이었다. 그중에 조선족 학생이 7명 있었는데 민족교육을 강화할 목적으로 선발되었다. 거기서 주로 사회발전사, 중국공산당사, 마오쩌둥 저작 및 역사유물론歷史唯物論 등 사회과학에 관련된 기초지식을 공부했다. 강사는 성 위원회 간부나 오래된 당원 또는 당시 유명한 학자가 담당했다. 교수법도 보통 고등학교와 많이 달라 강의 후에 토론이나 자습을 하는 시간이 더 많았다.

당교에서 교육을 받은 성과

이 학교에서는 완전히 중국어로 수업을 받았다. 이 1년 동안 체계적으로 사회과학에 관련된 기초지식을 습득했을 뿐 아니라 중국어 수준도 많이 향상되었다. 이것은 나한테 더할 나위 없는 수확이었다. 또한 이 기간 동안 나는 조선족 청년으로서 중국 역사와 문화를 잘 익혀야 한다는 것을 깨달았다. 선생님으로서 이런 분야에서 더욱 교양을 강화시킬 필요가 있는데, 중학교 때에는 중국어 언어문화 교육을 제대로 받을 기회가 없었다. 그리고 이번 교육은 내가 대학교에 입학하여 정치경제학을 공부하는 데 있어서 사상적으로나 이론적으로 기초를 단단히 다지는 기회가 되었다. 이것이 바로 대학교 4년 동안 내가 다른 친구들보다 공부를 잘하게 된 중요한 원인이었다.

한족 친구들과 같이 당교에서 공부하면서 내가 중국에 속한다는 사상의식이 많이 강화되었다. 당시 여러 가지 원인으로 조선족이라는 호칭을 사용하는 사람이 많지 않았다. 조선족과 조선인은 완전히 다른 개념이고, 중국인과 한족도 같은 말이 아니라는 것이다. 하나는 조선족과 한족 간의 민족관계이고, 하나는 조선인과 중국인 간의 국제관계였다. 조선족과 조선인이 본래 같은 민족에 속해도 양자를 혼동하면 안 된다. 그렇지만 그때 많은 한족 친구들에게도 이런 애매한 인식이 있었다. 민족 호칭에 관련된 문제가 제대로 해결된 것은 아마 1957년 반우파투쟁反右派鬪爭 이후일 것이다. 1958년부터 '조선족'이라는 말을 널리 사용하고 중학교도 '조선족중학교'로 개명하였다. 그때 이것은 단순히 민족의 호칭문제만이 아니라 우리의 민족귀속의식 문제였다. 이렇게 보면 내가 당교에서 1년 동안 배운 것은 이후 대학교에서 1년 동안 배운 것보다 더 낫다고 해도 과언이 아닐 것이다.

당교에서 공부하는 조선족 친구 중에 이홍광지대의 여전사이고 후에 내 형수가 된 설화영薛花英, 또한 같은 반 친구 김승환金承煥이 있었다. 우리 세 사람이 통화 조선고등학교 졸업생 중에서 선발되었다. 당교 공부가 끝난 후 잇따라 조선족 중학교에 가서 정치이론 수업을 강의하게 되었 고 정치사업 간부도 겸임했다.

조선전쟁은 여전히 현재진행형

여기서 다시 우리 형 철수 얘기를 좀 해야겠다.

1950년 늦가을에 전쟁의 상처를 입은 조선에서 전무후무한 위기가 닥 치게 되었다. 10월 18일 저녁에 펑더화이(彭德懷) 사령관이 먼저 압록강 을 건너게 되었고 신의주를 거쳐 평안북도 삭주군 대유동(大楡洞)에 도착 했다. 대유동은 제1차, 제2차 전역 때 지원군 사령부의 소재지이다. 10월 19일에 평양이 함락되었다. 중국인민지원군 부대가 재차 압록강을 건너 조선에 진군하면서 가족과 나라를 지킨다는 명목으로 한국전쟁의 서막을 열었다. 10월 20일에 랴오둥성 위원회 정책연구실 비서인 조철수가 명령 에 따라 동북군(東北軍) 서기 짱수산(張秀山)과 같이 압록강을 건너가 팽덕회 사령관이 떠난 길을 따라 삭주수봉(朔州水峯)발전소에 가서 조선 대표 및 조선 국가산업상[13]과 회담을 하면서 지원군에게 탄약을 운송하는 일을 상의했다.

11월 7일 저녁에 조철수가 특명을 받고 신의주에 갔다. 랴오둥성 위원 회 서기 짱치롱(張啓龍)이 '조선중앙통신사가 모월모일에 보낸 전보(朝鮮

---

13 '相'은 조선 정부의 행정장관을 가리키는 말로 정부 장관에 해당됨.

中央通訊社某某日電)'로 시작하는 중국어 전보문을 건네주면서 당장 조선 지도자를 찾아가 이 전보문을 조선어로 번역해서 방송하고 다음 날 신문에도 게재하라고 명했다. 상황이 긴급하다보니 특별통행증을 지니고 운전사가 막힘없이 차를 달려 압록강대교를 지나 신의주 시내에 들어가 재빨리 평안북도 위원장인 이유민(李維民)의 주소를 찾아냈다. 이유민은 1934년 상하이 퉁찌대학(同濟大學)에서 공산당에 가입했던 일 세대 혁명가였다. 항일전쟁이 시작된 후 옌안으로 들어가 129사단 사령부에서 대적공작(對敵工作)을 담당했고 1942년에 우팅(武亭) 등과 타이항산(太行山)에서 조선독립동맹을 조직하여 조직부장으로 지냈다. 항전 승리 후 조선의용군 제1지대를 따라 퉁화에 진주하여 독립동맹 난완공업위원회(南蠻工委) 책임자로 있었다. 1946년 초 우팅을 비롯한 옌안으로부터 온 지도자들과 같이 조선 건국과 정당 건설을 돕느라 조선으로 들어갔다. 이유민은 조철수가 퉁화에 있었을 때의 지도자 중 한 명이었다. 짱수산을 동반하여 신의주를 지나갔을 때 조철수는 이유민과 만난 적이 있었다.

이유민은 전보문에서 중국인민지원군이 조선의 운산(雲山)지역에서 큰 승리를 거둔 소식을 읽고 흥분을 감추지 못했다. 마음을 좀 진정시키고 바로 전보문 번역을 시작했다. 미국을 저항하고 조선을 지원하며 나의 가족과 조국을 지킨다는 의미의 '항미원조(抗美援朝), 보가위국(保家衛國)'이라는 말을 번역할 때 신경을 좀 썼다. 우리는 음역할지 의역할지 고민했었다. 음역을 하면 문구가 짧은 것이 좋지만 이해하기가 어렵고, 의역을 하면 이해하기는 쉽지만 문구가 좀 길다. 한참 토론을 건친 뒤, 우리는 이 문구가 역사적인 의미를 지닌 새 어휘이므로 의역보다는 음역이 마땅하다고 결정했다. 물론 처음 이 문구를 들었을 때 잘 이해하기 어렵겠지만 널리 읽혀지면서 그 뜻은 쉽게 전달될 것이라 생각했다. 당시 연세가 든 사람들은 중국어를 좀 할 줄 알기에 신문에 게재할 때 괄호 안에 중국어를 표시해 넣으면 된다고 생각했다. 지금에 와서 볼 때 음역이 옳았다. 번역이 끝난 후 같이 저녁식사를 하고 운산 전역의 승리도 경축할

겸 술잔을 나누었다. 그리고 조철수는 다시 안동으로 돌아갔다.

그날 밤 11시(조선 시간)에 신의주 방송국에서 처음 조선어로 전 세계에 이렇게 선고했다. 중국인민지원군은 '항미원조, 보가위국'을 목적으로 압록강을 건너 조선에 와서 운산 지역에서 처음으로 미군과 대결하여 기병대대 한 개 연대(聯隊)와 괴뢰군을 포함하여 총 2천여 명을 섬멸하는 큰 승전을 펼치었다. 이 소식은 세계적으로 커다란 반향을 불러일으켰다. 다음 날, 즉 11월 8일에 미군이 B-29 중형폭격기 100여 대를 출동시켜 신의주를 무차별 폭격했고, 이로 인해 압록강대교가 단절되었다. 12월 초 조철수는 또 중국인민지원군 두 번째 전역에 관한 전보문, 즉 청천강(淸泉江) 포위섬멸전에 관한 문서를 번역했다. 이때 신의주 방송국은 폭격을 맞아 복원중이라 방송하지 못하고 신문에 이 소식을 탑재했다. 당시 신의주에는 방송국과 신문사가 각 하나밖에 없었는데, 신문 인쇄소는 지하에 있었기에 폭격을 피할 수 있었다. 청천강전역의 승리로 인해 조선전쟁의 국면이 바뀌게 되었다. 이로부터 적군이 허둥지둥 38선 남쪽으로 퇴각했다.

얼마 뒤 조철수는 랴오둥성에서 주최한 조선에 파견된 위문단(慰問團)에 참가하여 세 번째로 신의주에 갔으며, 온통 잿더미로 된 시내를 목격했다. 그날의 신의주는 5제곱미터 간격에 폭탄 한 발씩 집중 폭격되어 약 10만여 명의 백성이 죽거나 부상을 입었다. 끔찍하고 참혹한 전쟁의 흔적이었다. 한 달이 지났는데도 도시의 복구 작업은 시작되지 못했으며, 살아남은 거주민 대부분이 지하 대피소에서 살고 있었다. 게다가 수시로 미군의 폭격과 소사(掃射)를 당했다.

이것은 철수 형이 한국전쟁 전기에 쓴 기록의 한 부분이다. 조철수가 '항미원조, 보가위국'이라는 구호를 조선어로 번역했다.

그때 조선반도에서 전쟁은 여전히 치열하게 진행되고 있었다. 우리는 미국 폭격기를 피하기 위해 헤이룽장 무단장牡丹江 단산집체농장團山集體農場을 찾아가 견학한 적이 있었다. 비록 전쟁 중이었지만 우리는 훈련과 공부를 끊지 않았다. 당교에서 연수하는 사람은 모두 간부 출신이라서 매달 생활비를 받는다. 많은 돈은 아니지만 그래도 나의 생활형편이 많이 나아졌다. 일주일에 두 번씩 구소련 영화도 볼 수 있고 번역된 문학작품도 읽을 수 있었다. 당시 중소中蘇관계는 이른바 '허니문시대'여서 중국은 외교적으로 구소련의 사회주의 정책 일변도였다. 1950년대의 연극과 영화는 거의 구소련에서 만들어진 것인데 작품의 수준이 높고 재미있었다. 실제로 구소련시기의 문학작품이 중국 조선족에게 끼친 영향은 적지 않다. 그때『철류鐵流』,『강철은 어떻게 단련되었는가?』등과 같은 무산계급의 성격을 띠는 작품뿐 아니라 러시아시기 고전작품도 흔히 볼 수 있었다. 당교에 있는 동안 자유시간이 과거보다 많아서 진보적인 성향의 소설도 읽었다.

10

동북인민대학 시절과

조선족 대학생들의 '조국논쟁'

동아시아 삼국을 살아온 이야기

배천 조씨(趙氏)의 디아스포라

민족사범대학교 선생으로

1953년, 이 해를 신중국이 건설되는 원년으로 볼 수 있다. 중국공산당과 국민당 사이의 내전이 1927년에 시작되었고 그때부터 10년 내전, 8년 항일전쟁, 4년 국내해방전쟁, 신중국 수립 후의 3년 한국전쟁을 더하면 중국은 총 25년의 전쟁을 겪었다. 1953년에 전쟁이 드디어 막을 내렸고 평화로운 사회주의 건설 시기에 접어들었다. 그런 점에서 1953년은 중국 역사상 중요한 전환점이 된 것은 확실하다.

1953년 말 나는 당교에서의 공부를 끝내고 막 건립된 랴오둥성 조선족한어전문대朝鮮族漢語專門大로 파견되어 정치과 선생을 담당했다. 이 학교는 중국에서 자란 조선족중학교 졸업생을 상대로 중국어를 할 줄 아는 민족간부로 육성시키는 것을 목적으로 세운 중등전문학교였다. 이것은 신중국이 들어선 후 처음 시행된 조선족 민족교육의 시범이다. 이러한 장치를 통해 조선족 젊은이들로 하여금 중국어를 잘 배워서 한족 젊은이들과 함께 새로운 국가를 건설하는 데 역할을 할 수 있었다. 이들은 졸업 후 조선민족 간부로서 각 지방기관에 배치받기도 하고 계속 공부하기 위해 대학교 입시준비도 할 수 있었다. 하지만 각 민족학교 안에 한어교육이 강화되면서부터 특화된 한어전문학교를 세울 필요성이 없게 되었다. 그래서 조선족한어전문대는 1954년 8월에 칭위안현에 자리를 잡은 랴오둥성 조선족사범학교와 통합하게 되었다. 통합 후 랴오둥 조선족사범학교는 주로 초중등학교 선생님을 육성하는 사범전문학교로 자리매김 하였다. 나는 거기서 정치와 수학을 가르쳤고, 난생 처음으로 학교당지부의 선전위원이라는 보직을 겸했다. 매일 밤낮없이 일에만 열중했지만 힘들다는 느낌을 받지 못할 정도로 에너지가 넘쳤다. 그때 받

중공 랴오둥성위원회 학교에서 수업을(1953년 12월) 마친 다음 해 랴오둥성 조선족 한어전문학교에 취직하였다. 둘째 줄 오른쪽 첫 번째가 저자.

는 월급은 56원이고, 내 나이 스물두 살이었다.

그때 나는 장기간 민족교육 사업에 종사할 각오를 다졌다. 그래서 환런현 둥구청쯔東古城子마을에 살고 있는 가족 모두를 칭위안현으로 이사하도록 했다. 나는 학기 중이라 떠날 수 없는 상황이어서 학교 총무처에서 사람을 보내 우차로 총 사흘 동안 이사했던 것 같다. 1949년 집을 떠난 후 처음으로 온 가족이 모인 것이다. 힘없는 가장으로 할 도리를 한 것 같아 기쁘고 안도할 수 있었다.

과거 환런현 횡도우천의 농민의 자제로, 신빈 신광중학교 학생 신분으로, 청위안 조선고등학교를 거쳐 통화 조선고등학교 졸업하고, 다시 랴오둥성 당교 교육을 받고 조선족한어전문대를 교사를 거쳐, 청위안 조선족사범학교 교사로 부임하기까지, 이 5년 동안 마치 인생 역전의 한 바퀴를 돈 것 같았다. 나의 신분에도 큰 변화를 겪었다. 나는 여기서 자리를 잡고 민족사범학교의 교단에 서서 온 마음으로 민족교육에 평생을 바치고 그 소득으로 온 가족을 먹여 살려야 했다. 이쯤하면 더 바랄 게 없다고 생각할 수도 있었다.

1954년 여름에 중국 첫 소수민족 대학교 연변대학을 1기로 졸업한 학생 4명이 조선족사범학교에 배치 받아 이곳 청위안으로 왔다. 그들이 신중국 성립 후 민족대학교를 졸업한 최초의 대학생인 셈이었다. 만주국시기에 길림사도대학吉林師道大學에서 사각모자를 쓴 대학생을 본 적이 있었는데, 해방 후에 다시 대학생을 본 것은 이번이 처음이었다. 이들을 보면서 나는 대학교 진학을 다시 꿈꾸게 되었다. 하지만 내 학력을 보면 연변대학교를 정규 졸업한 학생과 비교할 때마다 '중년이 되어 출가한半路出家' 느낌과 함께 무엇이 모자란다는 생각이 들었다.

더 이상 이런 생활에 만족하면 안 되겠다는 생각이 들면서 대학교에 대한 열정이 싹트기 시작했다. 사범학교에서 평생을 보내고 싶지 않았고, 가능한 대학에 진학해 꿈을 이루고 싶었다. 솔직히 말하면 연변대학교를 졸업한 젊은 선생이 대학교에서 심리학, 교육학, 외국어 등 수업 듣던 얘기를 할 때 그들이 부러웠다. 나는 거듭하여 고민한 끝에 김용金龍 교장에게 사직 신청을 했지만, 그는 좀 더 기다려 보자며 내 요구를 허락하지 않았다. 학교가 개교한 지 얼마 안 되니 나보고 계속 학교에 남아 봉사해야 한다는 것이다. 그 당시 전쟁을 마치고 경제건설의 새로운 역사시기에 접어들었기에 중국 정부에서는 정규 대학교육을 강화하는 정책을 펼치던 때였다. 하지만 그 해 고등학교 졸업생이 너무 부족해 젊은 간부들을 동원하여 대학교에 보내야 했다. 심지어 정부가 현직간부에게

'간부보조금干部補助金'이라는 장려정책까지 내렸었다. 이런 형세하에 교장은 어쩔 수 없이 내 신청을 들어주었고 대학교 입학시험에 참가하도록 했다. 다만 한 가지 조건을 제시했다. 대학공부를 마치면 반드시 여기로 다시 돌아와야 한다는 것이다. 서면계약서 같은 것은 없었지만 내가 받아들일 수 있는 조건이었다. 학생 가르치는 직을 좋아하지 않는 편도 아니기에 문제는 없었다. 그래서 나는 "이해해 주셔서 정말 감사합니다. 그런데 저는 자신은 없어요. 떨어지면 대학교 입학을 포기하겠습니다"고 대답했다. 떠날 때 교장선생님이 특별히 내 숙소에 와서 작별인사를 했다. "솔직히 나는 자네를 지지하네. 젊은이라면 마땅히 야망을 가져야지. 준비할 시간도 별로 없을 텐데 잘해 봐"라는 말을 했다.

시험이 열흘밖에 남지 않았는데 읽어야 할 고등학교 교과서를 못 구했다. 선양에 있는 철수 형 집에 가 벼락치기 공부를 할 수밖에 없었다. 철수 형은 1954년 랴오둥성과 랴오시遼西성이 합병된 후 단둥시에서 선양시로 이사를 왔다. 당시 형은 랴오닝성위원회 사무실 비서처장을 맡고 있었다. 내 동창 설화영이 당교에서 공부를 마친 후 정부에서 민족교육과장을 하던 김광세金光世의 소개로 철수 형과 결혼하여 내 형수가 되었다. 김광세는 일찍 과이모쯔촌에서 김일성 화상을 그린 그 화가였다. 형수는 선양 조선족중학교에서 정치과목을 담당한 선생님으로 일을 했다. 내게 대학교 입학이 간절한 것을 알고 식구들은 칭위안에서 선양으로 이사 와 살 수밖에 없었다. 그러다보니 형의 어깨에 짐이 더 무거워지게 되었다. 그 밖에 정부의 간부보조금을 받으려면 연달아 3년 이상 일을 해야 했다. 하지만 나는 3년에서 두 달이 모자라 비록 대학에 붙는다 하더라도 보조금을 받을 수 없었다. 이 정책을 대학교에 입학한 후 알게 되었다. 일이 이렇게 되어 내 근심이 많아질 수밖에 없었다. 부모님과 형은 아무 말 없이 내 진학에 지원하였다.

1949년에 나는 어려운 선택을 하였는데, 1955년 여름에도 똑같이 어려운 선택에 직면해야 했다. 나의 대학 진학이 왜 이렇게 어려울까. 형수 말대로 대학교에 가면 한 달에 버는 그 56원도 없어진다. 형수 말은 그 돈도 아쉽다는 뜻인데, 이는 온 가족의 생각일 것이다. 1947년 겨울에 환런현에 있을 때 둘째 형이 "공부하려면 다른 근심은 그만두어라"고 했던 말이 생각났었다. 나에게는 이것이 대학교에 갈 유일한 기회이며 이를 놓치면 다시는 기회가 오지 않을 것 같아서 대학교 입학시험에 응시하기로 했다.

동북인민대학교에 입학

1955년 7월 선양에서 공부를 좀 했고 문과 기초도 있어서, 특히 당교에서 1년 동안 한어를 배운 덕분에 나는 선양에서 치른 전국입학시험에 무사히 통과했다. 내 소원대로 창춘시 동북인민대학교 경제학과에 입학하여 정치경제를 전공하게 되었다.

동북공학원 시험장에서 우연히 중학교 친구인 정성학鄭聖學을 만났다. 나와 같이 신빈 신광중학교를 졸업했는데 폐병을 앓아 3년 동안 학교에 다니지 못했다. 나 역시 일 때문에 3년 미룬 것이기는 했지만, 그와 같이 시험을 치르리라고는 생각지 못했다. 시험 결과 그는 베이징대학교 법학과에 합격해 자신의 제1지망을 실현했다. 당시 그는 나에게 이런 말을 했다. "베이징대학교 외국어과 일본어 전공을 지원하면 지금도 입학허가를 받을 수 있어. 베이징대학교에서는 너처럼 일본어를 공부했던 사람이 일본어과에 지원하기를 원해." 하지만 나는 그의 말에도 흔들리지 않고 나의 꿈은 정치경제학을 공부하는 것이라고 대답했다. 내가 일본어과를 선택하지 않은 이유는 단순한데, 전에 일본어를 공부한 적이 있어 이제 다른 지식을 배우고 싶었기 때문이다. 고등학교 졸업 전에는 공과 계열을 공부하고 싶었다. 성위원회 당교에서 사회과학을 공부한 것도 있고 해서 공과를 배우고 싶었는데, 시험 준비시간이 너무 빠듯하여 공과 지원을 포기했다. 물론 김용 교장선생님이 나에게 품었던 기대도 생각이 나서 더욱 그랬다. 하지만 선양 시험장에 가서는 지원서를 이렇게 채웠다. 제1지원은 베이징대학교 철학과였는데, 신광중학교 때부터 몽골족 철학자 아시쓰치艾思奇철학에 아주 흥미를 느꼈기 때문이다. 제2지원은 동북인민대학교 경제과 정치경제학과, 제3지원은 동북사범대학교 교육과를 지원했다. 결국 동북인민대학교 경제과에 합격했고, 당시 심정으로는 꼭 제1지원에 붙은 느낌이었다. 나는 이 학과가 좋았다.

일본에서 일할 때 마누라한테 이런 질문을 한 적이 있었다. "그때 만일 내가 일본어과를 선택했다면 어땠을까?" 그러자 마누라가 "그랬다면 아마 문화대혁명 때 구치소로 갔을걸요"라고 했다. "혹시 누가 알아? 외교관이 됐을지." 입으로는 이렇게 말했지만 속으로는 마누라의 말에 동의했다. 갑자기 문화대혁명 때 외국간첩으로 의심받았던 일이 생각났다.

정치경제학을 배우다

대학교 생활은 1955년 8월 말부터 시작되었고 1959년 8월에 졸업하였다. 즉 스물세 살부터 스물일곱 살까지 동북인민대학교에 다녔다. 이 4년 동안 중국에서는 격변激變이 일어났다. 농촌의 집단화農村集體化, 민족공상업의 사회주의적 개조民族工商業社會主義改造, 우파를 반대하는 투쟁反右派鬪爭,

대약진운동大躍進運動 및 인민공사화운동人民公社化運動 등 혁명운동과 건설 사업이 잇따라 펼쳐졌다. 바로 이런 치열한 운동이 연달아 일어나는 격변기에 대학생활을 보냈다.

나는 선생에서 다시 학생이 되었다. 입학하기 전에 사범학교에서 한 달에 월급 56원을 받았으나 이제 한 푼도 없다. 따라서 내 눈앞에 닥친 문제는 생활비 미련이었다. 학교에서 등록금과 숙박비를 받지 않았지만 생활비로 10여 원은 필요했다. 나는 재직교사 가운데서 뽑힌 간부신분에서 학생으로 변했지만 근무연수가 2개월 모자라 간부에게 해당되는 보조금은 못 받았다. 나중에 학교에서는 내 상황을 고려하여 한 달에 보조금 15원을 지원해 주었다. 그 당시 한 달 식비가 13원쯤이었고 형이 어려운 가정형편에서도 매월 5원쯤 보태주어서 신빈 신광중학교 시기보다 더 넉넉한 생활을 할 수 있었다. 나라의 보조금이 없었더라면 나는 대학교에 못 다녔을 것이다.

대학교에 입학한 후 4년의 강의계획과 강좌시간표를 봤더니 관심이 가는 과목 많았다. 그중에 근대경제학설사近代經濟學說史, 철학원리, 정치경제학, 자본론선독資本論選讀, 연공당사聯共黨史, 그리고 공업, 농업, 계획, 무역, 통계, 회계 등 경제학 관련 과목도 있었고, 특히 고등수학과 러시아어가 있었다. 유감스럽게도 영어과목이 없었다. 이 학교에서는 자연과학의 학과들에만 영어 과목을 설치했다. 동북지역에 있는 대학교의 강좌는 대체로 이렇다고 했다. 이는 당시 교육당국의 실수로 생각되었다.

대학교 입학하는 데 몹시 힘들었기 때문에 어떤 과목에서도 남에게 뒤지지 않으려고 노력했다. 당시 대학교 교육은 구소련의 교과과정을 참고했기 때문에 수학과 러시아어 이외의 나머지 과목은 모두 면접방식을 취했으며 전체 5등급을 매겼다. 즉 '5점제五分制'였다. 대학교 다니는 동안 나의 성적은 한 과목만 4점이었고 나머지는 모두 5점이었다. 그리하여 최우수졸업생으로서 전교대회에서 표창을 받고 또 지린성 교육국의 장려와 상장도 받았다.

우리 학년에는 총 60여 명이 학생으로 갑과 을, 2개 반으로 나누어졌는데 나는 갑반에 있었다. 물론 반 이상의 학생이 재직간부였고 그중에는 고위층 간부도 있었는데 나이가 30여 세쯤이었다. 그래서 우리 반을 '간부조정반'이라고 불렸다. 학급에 당원이 많기에 반 당 지부支部를 설치했는데 내가 2학년 때 당지부 서기를 맡기도 하고 전교 학생회 학습부 제2부장도 맡았다. 3학년 때 또 학과 청년단 총지서기總支書記와 당총지위원黨總支委員을 겸했다. 대학교 2학년 때 학교를 그만두려는 생각을 종종 했다. 형의 사업이 막중한데다가 형수의 병세도 악화되었기 때문에 원래 내가 상상했던 것보다 가정형편이 더 빠듯했다. 하지만 자퇴는 내게 있어 공든 탑이 완전히 무너지는 꼴이라서 결코 바람직한 결정이 아니었다. 솔직히 말해 대학교 4년 동안 생활이든 마음이든 개운한 날은 단 하루도 없었다. 나한테 공부의 길은 순탄한 때가 없었다.

소위 '조국논쟁'

1953년부터 1956년까지 중국에서는 농촌과 도시를 포함한 사회주의적 개조가 거의 완성되는 상태였다. 1957년까지 소련식 경제 패턴이 대체적으로 형성되었다. 동시에 농공상업 건설과 문화교육사업도 발전하였고 인민의 생활도 점차 달라졌다. 전체적으로 볼 때 정치적으로나 경제적으로 안정되어서 국내정세는 신중국 성립 이후 그 어느 때보다 좋았다.

1957년 봄에 중국의 정치와 사상 분야에서 '백화제방百花齊放, 백가쟁명百

家爭鳴'이라는 캠페인을 벌였는데, 당내 기강을 바로 잡는다는 정풍整風을 시작으로 전국에까지 확산되었다. 엘리트가 집중되어 있는 대학교는 정풍 운동의 중요한 대상이었다. 이 캠페인은 1957년 2월에 열렸던 최고국무회의에서 마오쩌둥이 "인민 내부의 모순을 올바르게 처리하자"라는 주제의 연설문을 기본원칙으로 삼았다. 우리도 마오쩌둥 주석의 연설에 관한 공식적인 전달을 받았었다. 이 연설은 국내의 모순을 지나치게 강조하고 인민 내부의 모순을 적대적인 모순으로 치부하는 좌경左傾의 편향을 비판한다는 의미에서 '백화쟁명, 백화제방'이라는 정책을 제기했다. 이 정책은 지식인들에게서 유난히 적극적인 반향을 일으켰다. 특히 현재 국내에서 생기는 모순은 대체로 인민 내부의 문제이므로 이견異見이 있어도 서로 논쟁하며 민주적인 방법을 취해야 한다, 모순을 확대하지 말아야 한다는 생각을 갖게 했다.

마오쩌둥이 제기한 문화예술 분야의 '백가쟁명, 백화제방'이란 방침은 당연히 당의 지도와 사회주의 원칙을 견지하는 것을 전제로 한다. 하지만 처음에는 일부 사람들이 이에 대해 충분히 이해하지 못해서 그다지 중요시하지 않았다. 따라서 1957년에 조선족 대학생들 사이에서 '조국논쟁祖國論爭' 바람이 불기도 했다. 당시 창춘시에 있는 10여 개 대학교에서 공부하고 있는 조선족 대학생을 합치면 2천여 명에 달했다. 조선족 학생들의 진학률이 아주 높았고 대부분 농민 출신이었다. 장기간 동북에 사는 조선족에게 귀속의식이 조금 향상되었지만 일부 사람들은 여전히 애매한 상태였다. 지식인 가운데에도 의식의 혼란을 겪는 이가 없지 않았다. 이 캠페인을 통해 다양한 생각들이 자연스럽게 드러났다.

그해 봄의 어느 일요일, 천여 명 조선족 대학생들이 동북인민대학교 명방궁鳴放宮이라는 강당에 모였다. 명방궁은 만주국 때 신사神社 겸 무도

관武道館으로서 전쟁 후에 대학교 공공시설로 이용되었다. 이번 집회는 자발적 모임이었다. 조선족 학생이 이런 큰 규모의 집회를 가지는 것은 이번이 처음이었다. 주로 '우리 조국은 어디에 있는가?'라는 주제를 둘러싸고 논쟁했기 때문에 소위 '조국논쟁'이라는 이름을 붙였다. 논자들은 흥분된 분위기에서 격앙된 목소리로 치열하게 토론을 벌였는데 사람들마다의 견해 차이도 꽤 컸다. 그들의 주장을 정리하면 다음과 같았다. 첫째는 조국은 국적과 일치해야 하므로 조선족의 조국은 바로 중국이라는 것이다. 둘째는 조국이란 옛날부터 조상이 살아왔던 국가로서 민족국가와 일치해야 하므로 조국은 조선이어야 한다는 것이다. 셋째는 조선족에게는 조국이 두 개가 있으며 하나는 정치적인 조국인 중국, 하나는 민족적인 조국인 조선이라는 것이다. 넷째는 소련이 전 세계 무산계급의 조국이므로 조선족의 조국에는 소련도 포함해야 한다는 견해다. 바꾸어 말하면 조선족에게는 조국이 세 개 있다는 것이다. 다섯째는 조선족은 이중국적을 갖추어야 한다는 것, 즉 조선과 중국 국적을 동시에 갖추어야 한다는 말이다. 이런 주장들은 모두 두 개의 조국이라는 토론에서 파생된 것이었다.

이번 논변은 당시의 정치적인 상황을 보여 주고 있는데, 이는 꼭 창춘에 있는 대학생들 사이에서만 일어난 단편적인 현상이 아니라는 것이다. 유사한 논쟁은 다른 곳에 있는 조선족 대학생들 가운데서도 벌어졌고 이러한 현상은 어느 정도 보편성을 띠고 있었다. 그래서 조선족이 많이 살고 있는 집거지에서 반우파투쟁의 후기에 들어 '민족정풍' 운동이 일어나 상기와 같은 이중조국논二重祖國論을 비판하였다. 이것은 올바른 국가관, 조국관 내지는 민족관을 수립하는 데 적극적인 역할을 했다.

쭈더하이朱德海의 조국론

이런 상황에서 관련 부서가 연변조선족자치주 주장州長인 쭈더하이를 초청하여 대학교 강당에서 학생들의 질문에 답하게 했다. 쭈 주장은 그때 마침 회의참석차 창춘에 와 계셨다. 그는 일찍 항일전쟁까지 참여했던 지도자였다. 조선어를 잘하지 못하는데도 끝까지 서툰 조선어로 학생들의 질문에 진지하게 답해 주었다. 중국어는 한 마디도 사용하지 않았다. 이것이 참 인상적이었다. 약 2시간이나 되는 긴 토론 중에 주로 조선인이 중국 국적에 가입한 과정 및 원인에 대해 구체적인 설명을 했다.

"잊지 말라요. 여러분 대부분이 조선족 농민의 자제로서 집에 가서 부모님한테 물어봐요. 부모님들이 이 문제에 대해 어떻게 말하는지. 그들은 중국이 조국이 아니라는 주장에 동의하지 않을 거예요. 분명히 당시 그런 상황에서는 중국 국적에 가입한 것이 옳다고 얘기할 거예요." 그는 이렇게 단도직입적으로 연설을 시작했다. 이어서 "조국 문제는 우리 민족이 생존할 권리, 그리고 정치권력과 뗄 수 없는 관계를 가지고 있으니 우리 조선족의 근본적인 이익에 밀접하게 관련되어 있어요. 이 문제를 제쳐놓고 조국 문제를 얘기하면 정답이 나오지 않아요"라고 했다. 그분은 조선어가 서툴긴 했지만 의사표현은 분명했고 말하고자 하는 내용도 뚜렷했다. 처음부터 끝까지 핵심만 강조했다. 중국 국적에 가입한 것이 동북에 사는 조선인의 근본적인 이익에 완전히 부합된다는 것이다.

그는 "제가 중앙민족사무위원회 위원으로서 조선족 국적 문제를 토론했던 그 회의에 참석해서 중국 정부가 우리를 중국 국적에 가입하게 한 과정을 잘 알아요"라고 했다. 그 다음에 중국 동북에 사는 조선족 대다수가 농민기본군중農民基本群衆이라는 사실을 강조하였다. 우리는 문제를 고려

할 때 절대로 이 기본 현실을 소홀히 하면 안 된다, 본인도 농민의 아들이다, 조국과 국적 문제를 생각할 때 반드시 이 사실부터 시작해야 한다, 대다수 조선족이 농민이므로 땅과 밭이 그들에게는 생명보다 더 소중하다, 땅이 없으면 살아갈 수 없다, 따라서 중국공산당과 정부가 토지개혁을 통해 경작하는 자가 토지를 소유한다는 정책을 실시하여 각 소수민족으로 하여금 무상으로 땅을 얻게 해주었다, 우리는 이 이치를 응당 알아두어야 한다, 이 세상에서 아무 대가 없이 외국 사람에게 토지를 주는 나라는 하나도 없다, 토지를 얻으려면 중국 국적을 취득해야 한다, 자기 조국이 조선이라고 한 사람은 틀림없이 외국 국민이 되려는 것이다, 그러면 그에게는 무상으로 토지를 받을 권리가 없다고 했다. 결국 중국공산당은 조선족의 근본적인 이익을 고려하면서 국적 문제를 결정했다고 말했다.

그는 계속해서 말했다. 바로 이런 까닭으로 산해관山海關 이내의 조선민족은 원래 국적을 유지한다고 결정했다. 그들은 여전히 조선인이나 한국인이었다는 말이다. 이들은 장기간 동북에 사는 우리 같은 조선인과 다르다. 토지개혁 후 중국에 들어온 조선인은 어디에 살든지 상관없이 중국 국적 가입을 허가하지 않았다. 그들은 교민 또는 조교朝僑이다. 이 연설에서 그는 별도로 한국 사람의 얘기는 꺼내지 않았다. 그때 중국에 아직 남북 분단에 대한 개념이 없었다. 하지만 원칙은 똑같이 적용되었다. 다른 사람은 몰라도 적어도 나는 그의 분석과 대답이 설득력을 가진다고 생각했다. 쭈더하이가 말한 바와 같이 신중국 정부가 실시한 토지개혁은 동북 조선인을 중국 조선족으로 변모시킨 중요한 경제적 기초다. 이 논변은 대학생 사이에 벌어진 입장 차이로 야기된 것이지만, 한편으로 상당히 전형적이었다. 그래서 쭈더하이 주장의 연설은 더욱 적극적인 의미를 지니고 있었다.

하지만 그의 이 연설은 언급하지 않은 문제도 있기 때문에 받아들이지 못하는 학생도 있었다. 이런 학생들은 중국 조선족이 중국 국적에 가입하는 것을 반대하는 것도 아니고, 중국에 대해 감사하는 마음을 품지 않은 것도 아니다. 또한 중국 국적을 이탈하여 다시 조선 국적에 가입하고 싶어 하는 것도 아니다. 물론 그렇게 하고 싶어 하는 사람도 있었다. 하지만 대부분 사람들의 생각을 정리하면 다음과 같다. 중국 동북으로 건너온 조선민족은 원래 조상이 생활했던 조선반도를 있는 그대로 조상의 나라, 자신이 출생한 고향으로 삼았다. 이와 같이 고국, 고향을 그리워하는 감정은 중국이 조국이 아니라는 주장과 완전히 다른 것이었다. 일제가 철수한 후 수많은 사람이 예전처럼 전통의식을 유지해 왔다. 소위 '민족조국론'은 이런 감정적인 요소를 기반으로 초래된 결과였다. 이런 감정적 요소가 국가관과 조국관을 어느 정도 헷갈리게 만들었던 것이다.

논쟁이 유발한 사고

1957년 봄, 명방궁 강당에서의 논쟁이 끝난 뒤, 동북인민대학교 학우들이 모여서 토론을 계속했다. 아직 문제가 제대로 해결되지 않았다고 보기 때문이다. "넌 왜 아무 의견이 없니? 사회과학을 전공한다면서. 이론적으로 조국 문제를 논할 수 없는 것이니?" 나한테 이렇게 캐묻는 사람도 있었다. 말 나온 김에 나는 "마르크스와 엥겔스는 『공산당선언』에서 무산계급에게는 조국이 없다고 했어"라고 대답했다. 그는 내가 이 문제를 외면하고 있다고 비판했다. 아마 그의 말이 맞았을 것이다. 나는 이 조국논쟁에 휘말리고 싶지 않았다. 솔직히 나도 자세히 몰랐다. 마음속에 풀리지 못한 갈등과 고민들이 쌓여 있었다.

어린 시절 나의 민족 귀속의식은 꽤 추상적이었다. 소박한 민족감정으로 말하면 조선이 당연히 조선인의 조국이었다. 이와 달리 중국에 대한 귀속의식은 중국으로 이사하여 살면서 이루어졌다. 특히 나한테 큰 영향을 끼친 것은 중국공산당의 민족정책과 민족교육이었다. 가난한 집안에서 태어나 민족교육정책이 없었더라면 대학교에 다니기는커녕 중학교도 졸업하지 못했을 것이다. 바꿔 말하면 이 나라에서 생활해 보니 내 민족의식과 조국관도 변화를 가져왔다는 것이다. 조선에서 겨우 7년 생활을 하고 그 후 내내 중국에서 살았다. 그래서 중국 조선족은 중국 정치와 경제사회가 발전하면서 나타난 필연적인 결과였다.

전쟁 후 반세기 동안 조선반도 내에서 발생하는 동일민족 간 대립과 갈등이 재외조선인의 귀속의식을 나날이 '초반도超半島' 쪽으로 몰아가는 추세였다. 물론 일본 식민통치와 전쟁 후 냉전체제가 민족 분열을 초래한 것은 틀림없는데, 그렇지만 체제와 이념의 갈등이 해외 조선인에게 더욱 심각한 영향을 끼쳤다. 고향을 떠난 이가 향수에 시달리는 것은 인지상정이므로 이를 비난하는 것은 옳지 않다. 당시 이런 민족감정을 편협한 민족주의로 취급한 기관도 적지 않았다. 심지어 당과 사회주의를 반대하는 우파右派 언론으로 간주하기도 했다. 이런 옳지 못한 행위는 중국공산당 '삼중전회三中全會'가 열린 뒤에야 바로잡히게 되었다. 당시 베이징대학교 당위원회에서 조선족 대학생 정성학鄭聖學에 대한 처결은 이러한 사례의 하나일 것이다.

정성학鄭聖學의 강제귀국

1957년 봄 베이징에서도 조선민족 귀속문제를 둘러싸고 일대 토론이 벌어졌다. 어떤 사람이 간행물에도 이와 관련 글을 실으면서 일반 시민에게 좋지 못한 영향을 끼쳤다. 당시 정성학은 베이징대학교 법학과 2학년 학생이었다. 변론이 일어날 때 그는 어떤 간행물 편집을 담당했는데 여기서 조선이 조국이라는 주장을 제기했다. 이 때문에 베이징대학교 당위원회가 그의 당적黨籍을 취소한다는 처벌을 내렸는데 혁명전쟁으로 인해 부모를 여읜 사연을 고려하여 우파의 감투를 씌우지 않고 조선으로 돌아가라는 명을 내렸다. 강제귀국이라는 처벌을 받은 정성학은 1959년 봄에 귀국했다.

그때 나는 귀국하라는 이 명령을 이해하기가 어려웠다. 조국이 조선이라는 주장을 꺼낸 것이 조선으로 돌아가기 위한 본의가 아니다. 떠나기 직전에 베이징에서 그의 얼굴을 봤다. 술을 많이 마신 탓인지 그는 눈물을 흘리면서 "법학을 전공한 것이 후회스럽다. 너처럼 경제학을 할 걸"라고 했다. 그의 말이 내 뇌리에서 지워지지 않았다. 정성학은 민족의식이 상당히 강한 젊은이지만 조선으로 돌아가려는 생각은 없었다. 그에게 조국이란 여전히 중국이다. 그때 조선족 젊은이들이 이 위험한 조국논쟁을 펼친 것은 절대로 조선이나 한국을 위해서가 아니다. 결국 공산당원으로 당령黨齡이 7년이나 되는 그는 당적도 취소, 강제출국이라는 처벌을 받은 정학성은 부모가 목숨을 바쳐 싸우다가 묻혀 있는 이 땅을 떠나야 했고, 자신을 육성한 중국 최고의 대학교 베이징대를 떠나게 되었다.

그 후 30여 년 동안 정성학에 대한 소식이 없었다. 2005년 가을, 조선 신의주에 옮겨 살았던 동창생 강성천姜聲千이 중국으로 방문하러 오는 길에 창춘에 들러 나를 찾아왔다. 우리는 옛이야기를 하면서 정군의 이야기를 나눴다. 정성학은 조선 평안북도에서 어떤 기념관 담당자로 일했는데 몇 년 전에 병으로 세상을 떠났다고 한다. 나보다 두 살 아래인데 어찌 이렇게 급하게 갔을까? 강성천 역시 시안교통대학교西安交通大學校 건축공정학과에서 공부하다가 1958년에 조선으로 돌아갔다. 당시 중국 정부가 조선 농업을 지원하는 명목으로 일부 조선족 청년을 조선으로 파견한 바 있는데, 이때 강군은 온 가족을 이끌고 조선으로 돌아갔던 것이다. 강성천과 같은 경우는 명실상부한 조국으로 귀국이다. 정성학을 강제로 조선으로 보낸 것과는 본질적으로 달랐다. 정부의 정책에 따라 조선으로 건너갔던 조선족 농민들, 여기에 강성천 식구도 포함해서 그들의 조상들은 모두 조선반도에서 중국 동북으로 옮겼던 조선인이었다. 1950년대 말, 1960년대 초에 그들의 후손이 조상의 나라를 지원하기 위하여 다시 조선에 돌아가 거기서 자리 잡고 살고 있는 것이다.

그 후 나는 정성학의 베이징대 학우이자 당시 중국공산당 당교中共黨校 철학과 교수로 재직하고 있는 최용수崔龍水에게 부탁해 정성학에 대한 학교의 처벌은 역사적인 문제인데, 이에 대한 학교당국의 태도는 어떤지 알아봐 달라했다. 며칠 후, 그는 전화를 걸어와 "이 문제는 본인 또는 친척이 나서야 하는데, 더군다나 본인이 이미 세상을 떠난 상태라 내가 나서서 알아보는 게 좀 곤란한데"라고 말했다.

최용수는 나보다 2년이나 늦게 신빈 신광중학교를 졸업한 교우였다. 베이징대 철학과를 졸업한 후에 중공 지린성 선전부에서 일하다가 중공 중앙당교로 파견되어 교직생활을 하게 되면서 우리는 만날 기회가 줄어들었다. 그는 중국철학사를 연구하는데, 주로 30년 이래 중국혁명전쟁 과정에 조선족의 인물들의 역사적 활약과 그 흔적에 주목하고 수많은 역사자료를 수집해서 비중 있는 저술을 다수 간행했다. 나는 아직도 그가 선물한『사라지지 않는 발자국不滅的足迹』이란 책을 소장하고 있다. 이 책은 그가 주도하여 베이징민족출판사에서 편찬한 중국 조선인 혁명가의 역사를 다룬 것으로, 역사적의 의미를 담고 있는 연구 성과이다.

최용수는 책에서 옌안시대 군정대학교에서 교직을 담당했던 유명한 조선인 혁명가인 김산金山의 사적을 기록해 놓았다. 그에 따르면, 김산의 본래 이름은 장지락張之樂이다. 1905년에 조선 평안북도 용천군龍川郡에서 태어난 그는 친척의 도움으로 일본에 유학가게 되었고 도쿄제국대학교에서 학업을 마쳤다. 그간 마르크스주의사상의 영향을 받아 무산계급혁명 사업에 몸을 바치기로 마음을 먹고 베이징으로 들어와 중국공산당을 따라 반일운동을 했는데, 그의 자취는 베이징, 상하이, 톈진, 옌안 등 지방에 남겨져 있었다. 오랜 시간 지하공작을 하면서 중공 베이징北平시위원회 조직부장을 담당했고 옌안 항일 군정대학軍政大學에서 교사를 지낸 바 있다. 후에 터무니없는 죄명으로 총살당했는데 그때 나이가 서른셋이었다. 그는 중국 여성혁명가인 조아평趙亞平과 결혼하여 아들 하나를 낳았는데 그때 베이징에서 살고 있었다. 1983년 1월, 중앙조직부에서 김산 선생의 누명을 벗겨 주고 명예를 회복시켜 주었다.

나는 일본에서 미국사람이 쓴 『아리랑의 노래』 일본판을 읽었는데, 그는 머리말에서 이렇게 적었다. "일찍 연안에서 김산을 봤다. 1937년 여름의 어느 날 노신예술학원魯迅藝術學院 열람실에서 영어도서목록을 훑어보다가 김산이라는 독자 이름이 눈에 띄게 많았다. 빌려간 책이 무려 몇 십 권이나 되었다. 혹 조선혁명운동가가 아닐까 싶었다"라고 적혀있었다. 우연찮게 책을 읽게 되면서 최용수를 생각했고, 혁명가 김산이란 인물을 기억하게 되었다.

그 뒤에 최용수와 한 번 통화했는데, 그때 그는 이렇게 말했다. "우리가 알아야 돼, 반드시 알아야 된다고. 그들은 젊은 생명을 혁명에 바친 조선인으로, 우리가 연구하지 않으면 누가 그들을 기억하겠는가?"

인민공사 체험, '대약진'의

견증인

동아시아 삼국을 살아온 이야기

배천 조씨(趙氏)의 디아스포라

'우파右派'로 몰린 동창

이 시기 2학년 갑반 학생 3명이 '우파'분자로 지정되었는데, 그중에 여세주吕世周라는 한족친구도 있었다. 그는 공부하면서 마르크스의 유물론과 노동가치론에 대해 원저와 일치하지 않는 주장을 하는 발언을 한 적이 있는데, 이것이 빌미가 되어 마르크스를 반대한다는 낙인이 찍혔다. 그의 주장은 학생으로서 이론적인 문제를 토론하는 과정에서 제기한 것이었고, 나는 당시 '백가쟁명'이라는 분위기 속에서 충분히 제기할 수 있는 학술 문제라고 생각했다. 따라서 당지부 회의를 할 때 나는 마오쩌둥이 1957년 2월에 지시한 '백가쟁명'에 관한 내용을 인용하면서 임원들에게 이 견해를 말했다. 내 견해에 동의하는 임원도 있었다.

그 후 총지서기總支書記 쭈더로朱德錄가 나한테 이런 이야기를 꺼냈다. "여세주의 문제는 이미 정해졌으니 자네가 총지위원으로 그런 말을 하는 것은 바람직하지 않아. 영향 문제도 있으니 기회를 찾아 반성해야 한다." 나는 직감으로 지부에서 누가 상급으로 보고했구나 하는 느낌이 들었다. 여세주는 이미 내정된 우파인데 왜 내가 들어본 적이 없을까? 이 때문에 나 역시 '우경' 착오를 범했다는 비판을 받았다. 당내에서 했던 발언인데다가 평소 내가 특별히 그릇된 말을 한 바 없어서 다행히 재난을 면하게 되었다. 경제학과에서 동시에 11명 우파가 나타났는데 우리 반에만 3명이 있었다. 이처럼, '백가쟁명'이라는 분위기의 여름이지만, 오히려 반우파의 '겨울'로 바뀐 것 같은 느낌이다.

그런데 여세주가 비판회에서 여전히 자기의 주장을 견지하며 끝까지 잘못으로 인정하지 않았기에 가까운 학교농장에 파견되어 1년 동안 노동개조勞動改造를 겪었다. 노동개조를 하는 동안에 또 당의 농촌정책에 불

만을 품고 몰래 '백화사百花社'라는 조직을 만들었다. 그 취지는 '백화쟁명'
을 지키자는 것이었다. 결국 이 때문에 그는 징역 7년형을 받았는데 이
판결은 당시로서는 아주 엄중한 것이었다. 형기가 마치고 석방된 후에
그는 고향인 다롄의 농촌으로 돌아갔다.

그런데 때마침 1966년 문화대혁명文化大革命 초기에 들어서 그는 또 비판
의 대상으로 몰렸다. 이렇게 되자 그는 해외로 도망칠 결심을 내렸다.
처음에 통화通化와 지안集安에서 국경선을 넘어 몹시 추운 겨울에 압록강
을 헤엄쳐 건너가 조선의 만포진滿浦鎭으로 갔다. 중국 사람이라서 조선어
를 할 줄 모르기 때문에 조선의 국가경비대는 중국으로 돌려보냈다. 중
국 국경경비대는 그가 우파인 것을 알고 바로 다롄 경찰국에 보냈다. 얼
마 안 되어 석방되었는데 거의 매일이다시피 농촌의 조반파造反派 청년들
에게 비판과 투쟁을 받으며 말할 수 없는 학대를 받았다. 그는 두 번째
도망을 계획했다. 이번엔 연변에서 중국과 러시아 국경인 훈춘琿春을 거
쳐서 멀리 소련의 극동지역으로 도망가려고 했다. 훗날 그의 말을 들으
니, 그는 훈춘에서부터 낮에는 옥수수 밭에 숨어 있었고 밤에 국경을 넘
어갔다고 했다. 중·소 경계를 넘어갔을 때 하마터면 순찰하던 구소련 기
병에게 들킬 뻔했다고 한다. 그래도 마침내 구소련 극동지역에 도착했
다. 거기서 중국에서 보낸 간첩으로 의심받아 몇 년이나 벌목꾼으로 일
하다가 한 중국 사람의 소개로 극동지역 방송국에서 편집과 번역 일을
했다. 그 뒤에 우파에 대한 처분기준은 인민 내부의 모순이라는 쪽으로
기울어졌다. 그래서 우파로 몰린 대부분 학우들은 학적을 보류하고 농장
으로 내려가 노동개조를 받는 정도였다.

개혁개방이 시작된 1979년 초부터 1981년에 이르러 여타 우파로 몰린
학생들은 누명을 벗고 명예도 회복하고 일자리도 배치 받았지만, 여세주

는 해외에 있었기에 1990년에야 누명을 벗게 되고 총장으로부터 지린대학교 경제학과 졸업증까지 늦게 발급받았다. 그때 나도 현장에 있었는데 그는 눈물을 흘리면서 "내 누명이 벗겨지고 명예가 회복되리라고는 꿈에도 생각 못했습니다"라고 했다. 학교에서는 또 보상금으로 인민폐 400원을 주었는데, 그는 그 자리에서 거절했다. "내 일은 돈으로 보상할 수 없습니다"라고 했다. 부총장인 쩌우르요우朱日曜가 "이것은 보상이 아니라 그냥 어머니 병 고치라고 주는 것이오. 우리의 조그만 성의이니 받아 주시오"라고 했다. 예전에 우리에게 '공산당 역사'라는 과목을 가르친 적이 있는 쩌우 선생님의 말을 듣고 나서 여세주는 돈을 받았다. 쩌우 선생님은 또 나에게 찾아와 그를 잘 설득해서 귀국하도록 해달라고 부탁했다.

나는 여세주를 집에 초대했다. "귀국해서 나와 같이 일하자. 소련 문제를 가르치는 선생이 부족하니 소련 경제나 러시아어를 가르칠 수 있어. 총장이 월급을 나랑 똑같이 주겠다고 했어. 어때?"라고 권했으나 그는 거절했다. 나는 가정 상황에 대해서도 물어봤다. 아직 결혼하지 않았고 남에게 폐를 끼치기 싫다고 했는데, 당시 그의 나이가 이미 쉰다섯 살이었다. 세주는 나보다 두 살 아래였다. 이후로는 내내 소식이 없었다.

2006년 지린대학교 개교 60주년에 즈음하여 우리는 여주세를 초대하고자 했다. 나는 헤이룽장대학교에서 교수로 지내는 친구 주용학周勇學을 통해 그의 러시아 주소를 알게 되었고 그쪽으로 편지를 보냈다. 하지만 시간이 지나도 답장이 없었다. 이에 다시 장문의 편지를 보냈더니 이듬해 연말에 답장과 함께 가족사진을 받았다. 상당히 젊어 보이는 부인과 아들, 딸 모두 4명이 찍은 사진이었다. 중학생인 딸과 초등학생인 아들은 아주 귀엽게 생겼다. 여세주는 범서림范瑞林으로 개명했다. 편지는 반신불수로 오른손을 쓸 수 없었던 그가 왼손으로 작성한 것이었다. 그는 전에 나에게 러시아어로 편지를 보낸 적이 있었다. 부인이 여세주의 말을 러시아어로 받아 적은 것이었는데 주소가 잘못되었는지 나는 받지 못했던 것이다.

나는 편지와 사진을 복사해서 전국 각지에 살고 있는 동창들에게 보냈다. 우리 동창 가운데 간부조정생調干生이 많아 거의 여든 살에 가까운 노인들이었다. 33년 만에 여세주의 편지를 받은 동창들은 반가워했으며 가족사진을 보고는 모두 기뻐했다. 빨리 회복해서 온 가족이 오붓하게 생활하기 바란다는 답장을 한 친구도 있었다.

한 시대가 끝나고 새로운 시대가 시작되었음을 나는 다시 한 번 깨달았다.

반우파운동이 끝날 무렵

여기서 중요한 것은 어떤 기준으로 누가 '우파'인지를 결정하는 것이었다. 주로 공산당의 지도와 사회주의를 반대하는 언론으로 기준을 매겼다. 마오쩌둥이 제기한 소위 6가지 기준이 모두 공개되었다. 또한 중앙에서 전달한 구체적인 기준도 있었는데 언론뿐 아니라 언론을 발표할 때의 표정도 따져야 했다. 즉 공산당과 사회주의에 대한 감정 요인을 심사범위에 포함시켰다. 물론 과거 역사와 가정출신을 소홀히 하면 안 된다. 학과에 쑤충민蘇崇民이라는 선생님이 있었는데 아버지가 만주국 군의 소장少將이었다. 쑤충민은 벌써 중국공산당에 가입했고 평소에 당을 반대한 적이 없는 데다가 일을 완벽하게 처리하여 학생들 가운데에서도 위신이 높았다. 그는 우리 반 학생들에게 2년 남짓 동안 정치경제학을 가르쳤었다. 하지만 정풍整風과 관련 발언하면서 공산당 일부 간부들의 특권 남용에 대하여 비판했다 해서 우파로 몰리게 되었다. 일이 이렇게 된 것은, 아무래도 그의 출신이 발언보다 중요한 원인으로 작용했을 것으로 보인다.

이번 정풍운동은 몇 단계를 거쳤다. 첫 단계는 자유롭게 소견을 발표하는 단계로, 당내 문제에 대한 의견을 제기하는 것이었다. 이 단계에서 국내의 저명한 비공산당 신분의 정치가들이 그릇된 언론들을 비판했다. 이런 발언들은 대체로 〈광명일보〉 등 전국규모의 신문에 실렸다. 두 번째 단계는 군중들이 '우파'를 반격하는 것이다. 세 번째 단계는 '우파'분자를 처리하는 것이었다. 반우파 투쟁은 세 번째 단계에서 보다 확대되었다. 쑤 선생님과 우리학급의 한 학생은 첫 단계에서는 적극적으로 반우파운동에 참여했던 동지인데 끝날 무렵에 오히려 우파로 몰렸다. 우리학급의 학생 이름은 쩌우요신周維新인데 당지부에서 이미 '예비공산당원'으로 인정하였다. 1954년 그의 나이 열여덟에 원래 다니던 직장 닝보시寧波市 제1인민병원 당위원회에 공산당 입당지원서를 제출한 열성분자이기도 했다. 1955년 동북인민대학교에 입학할 때 병원 당위원회는 그의 지원서를 학교 당위원회로 넘겨주었다. 정풍운동이 제3단계에 들어서면서 당원과 예비당원들에 대한 요구가 더욱 엄격해졌다. 그는 당지부 건설에 관한 서로 다른 의견을 제기했다고 해서 '우파'로 몰리게 되었고 1958년 4월에 '일반 우파'로 확정되었다. 완전히 잘못된 결정이었다.

쩌우요신은 1959년 졸업 때 스스로 혁명성지인 옌안으로 가겠다고 신청했다. 옌안에 도착한 뒤 한 중학교에서 교편을 잡고 러시아어를 가르쳤다. 강의를 잘한 덕분에 이듬해에 '우파' 누명을 벗게 되었다. 이때에야 비로소 정상적인 월급을 받을 수 있었다. 한 달에 32원을 받아서 다섯 식솔이 먹고 살다보니 오랫동안 어려운 생활을 유지했다. 그의 말대로 비록 누명은 벗었으나 '우파'라는 꼬리표는 늘 그를 다른 사람과 차별했다. 특히 문화대혁명 때 그의 신분은 여전이 '딱지를 뗀 우파'로 취급받으며 심지어는 그를 '대우파大右派'로 비판하였다. 사실상 그를 계급의 적으로 다룬 것이다.

그럼에도 20년이나 되는 긴 역경 속에서 쩌우요신은 언제나 소극적인 요소를 적극적인 요소로 전환시키고 역사적인 시련을 이겨냈고 고난의 길에서 벗어났다. 1982년 12월에 그는 중국공산당에 가입하고 누차 우수교사의 영예를 취득했으며, 교장을 역임하기도 했다. 워낙 다방면의 재능이 많은 친구라 당과 정부의 표창을 수없이 받았다. 그는 옌안지역의 노력모범과 우수당원으로 〈옌안일보延安報〉, 〈교사보教師報〉, 〈닝보일보寧波日報〉, 그리고 중국공산당의 기관지 〈광명일보光明日報〉에까지 그의 모범적인 사적이 실렸었다. 2007년 그는 나에게 18번에 걸쳐 장문의 편지를 보내왔다. 컴퓨터로 타자한 20쪽이나 되는 편지에서 대학교 졸업 후 겪은 우여곡절을 자세히 적어주었다. 나는 그의 편지를 읽으면서 만감이 교차했다. 장한 친구를 둔 흐뭇한 마음과 그에 대한 경의를 표하기 위해, 나는 또 그의 편지를 복사하여 다른 동창들에게 보냈다. 주유신이 나에게 보낸 첫 편지의 서두 부분은 이렇다.

1959년 여름에 헤어진 뒤로 어언 벌써 47년이란 세월이 지나갔구려. 그동안 잘 지냈겠지? 너의 전화를 받고 나서 마음이 몹시 설렜어. 오랜 시간이 지났음에도 나를 기억해 주니 나한테 이것이 얼마나 큰 위로가 되는지 모르겠구려. 당신과 통화하기 앞서 장근(長根)이의 전화를 받았네. 나를 찾느라 장거리전화를 20여 번이나 걸었다고 하였네그려. 집사람과 친구에게 이 복잡한 과정을 얘기하니 모두 장근의 책임감을 칭찬했고 또한 나한테 장근과 같은 친구가 있어서 참 다행이라고 감탄들 하구려. 후에 자네가 보낸 주소록과 열정이 가득한 편지, 그리고 다른 친구가 보낸 편지를 받으니 나야말로 흥분된 마음을 억누를 길이 없구려. 하고 싶은 많은 말들이 마음속에서 솟아나왔지만 어디서 뭐부터 시작해야 할지 모르겠네. 네 편지를 여러 번 읽어보면서 우리가 함께했던 아름다운 추억들을 되새겼소. 주소록에 적힌 친구들의 이름과 주소를 보면서 머릿속에서 정다운 벗들의 모습을 떠올려 보았네. 그들과 함께 지냈던 장면들을 떠올리면서 마음이 뿌듯하였네. 자네 편지와 주소록 덕분에 잊혀져있던 내 기억이 되살아났었네. 이 외로운 기러기가 드디어 벗을 찾았으니 이 세상은 더 이상 나 혼자 아닌 것을. ……

1957년 여름 이후 세 친구가 당한 이러한 불행은 지금까지도 잊히지 않고 또 잊을 수도 없다. 반세기가 지났지만 역사가 주는 교훈은 잊어서는 절대 안 된다. 그런데 주유신이 나에게 이런 말을 했다. "지나간 일은 그냥 내버려두어라." 나 역시 "그래야지, 이미 지나간 과거잖아"라고 말했다. 그래서 주유신이 보내온 긴 편지 속에는 1957년 일은 단 한 마디도 언급되지 않았다. 정풍운동 후 자신이 겪었던 어려움과 이루어낸 성취에 대한 이야기뿐이었다. 바로 주유신의 이런 점이 친구들의 경탄을 자아냈을 것이다. 과거를 깨끗이 잊고 아름다운 미래를 맞이하라.

그리고 또 한 친구가 졸업 후 헤이룽쟝의 어느 시골 중학교로 배치되었다. 개혁개방 후 친구들의 알선으로 다시 헤이룽쟝대학교 경제학과로 옮겨 통계학을 가르치게 되었으나, 불행하게도 몇 년 전에 병으로 세상을 떠났다.

그 외에 전국 각지에 있는 친구들 가운데 나와 연락을 유지하고 있거나 행방을 아는 이는 총 43명인데, 그밖에 17명의 친구들은 세상을 떠났거나 행방불명이다.

조선족의 침묵

지금 되돌아보면 격변의 그 시대에 지린대학교 조선족 교직원들 가운데도 '우파'로 정해진 사람이 있었다. 수학과 학생 2명이 바로 이런 일을 당했다. 수학과와 경제학과가 서로 가까이 있었지만, 나는 그들을 비판한 대자보를 보고서 이 일을 알게 되었다. 한 명은 '사랑의 천국'이라는 장편 소설을 게재했는데, 서구의 자산계급 이데올로기를 널리 알렸다는 명목으로, 다른 한 명은 현행의 정책에 대한 의견과 건의를 제기하는 의견서를 작성해서 직접 '쩌우은라이朱恩來총리에게 말씀 드림'이라는 제목으로 중앙에 보낸 것이 화근이 되어 '우파'로 몰리게 되었다. 두 학생은 정풍운동 와중에 모두가 논의하는 문제를 언급했지만 민족문제와 연관되지는 않았다.

내가 알기로 '반우파운동' 기간에 지린대학교의 각 민족 간에 시종 안정된 관계를 유지했고 특별히 이를 만한 문제들이나 사건은 없었다. 당시 경제학과에 조선족이 8명 있었는데 우리 학년에 3명의 학우가 있었다. 그중 2명은 중국공산 당원이었다. 당시 전교에 조선족이 약 100명이 있었고 다수가 학생이었다. 앞서 언급했던 '이중조국론'을 비롯한 치열한 민족토론을 벌였던 그 학우들이 이처럼 불안한 사회에서 왜 침묵만 지키고 있는 것일까? 이처럼 치열한 운동의 물결 속에서 여전히 침묵을 지킨다는 것은 상상도 못했다. 지린대학교 조선족은 '우파'나 '우경右傾'으로 잘못 몰린 친구들을 포함해서 전체적으로 냉정하게 처신하고 있었다. 쭈더하이 옌변자치주 주장의 말처럼 대부분이 가난한 농민출신으로서, 중국공산당의 민족정책과 사회주의 제도가 아니었으면 대학교에 다니는 것은 꿈도 못 꾸었을 것이다. 물론 이는 당시 조선족 지식인에 대한 대체적인 짐작이다. 그렇지만 지린대학교 구성원 가운데 다수의 조선족 교사와 직원, 학생들이 공산당과 사회주의 중국에 대한 이러한 정치적인 태도에 입각했기에, 가혹한 정치적인 파란에 쉽게 휘말리지 않고 잘 견뎌냈다고 본다.

대약진운동

1958년 초반 우파투쟁이 거의 끝난 상태였다. 바야흐로 경제건설이 의사일정에 올려 졌으며 시급히 해결해야할 임무로 제기되었다. 그해 전국에서 대중적인 대약진운동大躍進運動이 시작되었다. 마오쩌둥이 '15년 동안 철강생산량이 영국을 넘어야 한다'고 호소했는데, 이로써 철강을 바탕으로 한 전민적인 대생산 운동의 고조가 일어났다. 당시 나는 3학년이었고 평소에 공부 외에도 하는 일이 두 가지 있었다. 하나는 교육과 노동을 결합시킬 목적으로 공장에 가서 일하는 것이다. 다른 하나는 재생산용으로 쓸 폐기된 철, 알루미늄 등을 줍는 것이다. 이러한 일은 나만 한 것이 아니다. 우리 학과의 한 교수도 바로 이런 일을 하다가 목숨까지 잃었다. 무너진 건축물에서 철근을 뽑으려고 작업하다가 콘크리트석판이 파열되어 굴러 떨어졌는데, 바로 시멘트 판에 떨어져 죽었다. 학생들 또한 이러한 경쟁을 펼쳤는데, 그들은 수단과 방법을 가리지 않고 폐기된 금속을 모았다. 심지어 쓸 만한 멀쩡한 금속으로 대체하는 이도 있었다. 이로 인해 여러 가지 폐단이 생겨나 노동자와 시민의 불만을 사기도 했다. 한번은 내가 쇠망치를 들고 파철을 찾으러 동조양로東朝陽路에 있는 어떤 집 뒷마당에 갔다. 한 할아버지가 퉁명스러운 목소리로 "넌 뭐해? 우리 집 물건을 깨뜨리지 마라"라고 했다. 나는 아무 말도 못한 채 재빨리 뛰어나왔다. 아마 그의 집에 파철을 주우러 온 사람이 한둘이 아닌 것 같았다.

한편, 식량을 절약하는 의미에서 전국에서 참새를 잡아 죽이는 '참새잡기' 운동도 전개되었다. 대학생 역시 이 운동에 동참했다. 상급에서는 이것을 국민운동으로 다루었다. 그런데 전국의 참새가 얼마나 많은지 잡아도, 잡아도 끝이 없었다. 아마도 참새들이 국적이 없기 때문일 것이다. 설령 중국의 참새를 모두 잡는다하더라도 다른 나라에서 또 날아올 것이다. 이는 내가 '참새잡기' 운동에 참여하면서 들었던 생각이다. 과연, 내 짐작대로 이 운동은 성과를 거두지 못했다. 되레 누구에게나 소중한 황금시간만 낭비하였다. 외국어는 매일 읽어야 하고 외워야 했는데, 늘 시간이 부족해서 못하고 있었다. 후에 담당교수인 쯔싱왕^{츠星望}선생님이 학생의 부담을 덜기 위해 필수과목을 선택과목으로 바꾸어 주었다. 하지만 부담은 덜었지만 공부의 질은 낮아졌다. 이런 이유로 내 러시아어는 아직도 입을 떼지 못한다. 또 미적분 등 고등수학의 경우에도 선택과목으로 변경시켜 수업시간이 줄게 되니 역시 잘하지 못했다. 지금 생각해도 너무 아쉬웠다. 칼 마르크스의 『자본론^{資本論}』도 3권 모두 읽으려고 했는데, 여러 가지 '운동'에 휘말리다보니 졸업할 때까지도 채 못 읽었다.

당시 정부에서는 전국적 역량을 집중하여 큰 공사를 진행하는 데 있어서는 그럴싸한 성과를 거두긴 했다. 예컨대 톈안먼광장^{天安門廣場}에 위치한 인민대회당을 비롯한 베이징 10대 대표적인 건축물은 바로 그때 지어진 것이다. 새로운 사물이 나타나서 사람의 열정을 북돋아 주었다고 해야 할까. 그러한 열정과 힘을 모아 큰 공사를 완성할 수 있었다. 이것이 바로 사회주의 제도의 우월성일 것이다. 하지만 내 체험에 의하면 건설문제에 있어서의 소위 대약진^{大躍進}은 사실 군중운동을 일으키는 방법으로 경제를 발전시키는 것이었다. 계급투쟁과 경제발전은 완전히 다른 범주라 발전 법칙도 다르다. 백성을 고생시키고 재물을 낭비함에만 그치지 않아 경제법칙에 어긋나기도 했다. 노동에 빼앗기는 시간이 너무 많아서 공부할 시간이 모자라게 되니, 정상적인 수업이 이루어지지 않았고 이 때문에 학습의 질이 크게 떨어지게 되었다. 소위 '교육은 정치를 위해서 하는 것이고 교육과 노동생산을 결합시키는 방침'의 부정적인 영향은 과소평가할 수 없다. 한 시대의 실수가 한 세대에게 헤아릴 수 없는 손해를 입혔다. 이런 손해는 영원히 배상할 수 없었다. 지나간 시간은 누구도 되찾을 수 없기 때문이다.

인민공사화운동人民公社化運動의 체험

대약진이라는 하나의 거세찬 흐름 속에서, 1958년 봄에 우리 경제학과 3학년 갑반 학생 30명이 두 팀으로 나뉘어 농촌에 내려가 인민공사화人民公社化 운동을 체험했다. 우리는 시교에 위치한 시골 판쟈툰範家屯의 농민 집에서 두 달이나 묵었다. 학교의 선생님 3명도 우리 반에 편입되어 모든 일정에 함께 참여했다. 매일 농민과 함께 단체노동을 했다.

처음에 인민공사운동은 인류의 최고 이상인 '공산주의 사회'를 이루는 데 목적을 두었다. 이런 노래가 있었다. "공산주의는 천당이고, 인민공사는 금교이다", 뜻인즉 금으로 만든 다리를 건너 천당으로 간다는 뜻이었다. 가난한 사람에게는 인민공사가 그야말로 천당을 떠오르게 하는 꿈과 같은 일이었다.

인민공사의 조직은 농민생산대農民生產隊, 생산대대生產大隊, 공사公社의 세 등급으로 나누어졌다. 생산대가 가장 작은 단위로서 30여 가구로 구성되었다. 보통 4개 생산소대가 생산대대 하나를 구성하고, 생산대대 서너 개가 하나의 인민공사를 이룬다. 이를 가리켜 '삼급소유三級所有, 삼급관리三級管理'라 불렀다. 하지만 1962년 이후 평균주의를 막으려고 다시 '생산대를 기초로 하는 삼급소유'라는 제도로 바뀌었다. 우리는 한 팀에 열 사람씩 해서 3개 생산대에 참가했다. 거기서 인민공사화운동을 지도했을 뿐만 아니라 지식인으로서 현지생활을 체험하고 사상을 개조하였다. 농민과 같이 일하고 같이 밥을 먹었다. 가끔 농민 집단식당에서 먹기도 했다. 농민 집에서 밥을 먹을 때 미리 준비해 둔 양표糧票, 즉 배급표와 식비를 그 농민에게 직접 주었다. 당시는 배급제配給制라서 식량은 한 사람이 한 달에 35근이었다. 그중에 쌀과 밀가루가 3분의 1이었고 나머지 3분의 2는 잡곡이었다. 정책에 따라 조선족이 한족보다 쌀 3근을 더 받을 수 있었는데 입쌀과 밀가루 총수량은 차이가 없었다. 학생의 식량은 나라에서 분배하고 대학교 식당에서 관리하였다. 대학교를 떠나 농촌에 가 식사할 때 전국에서 통용되는 배급표를 식당에서 받았다. 출장을 갈 때도 마찬가지였다. 식당에서 배급표와 식비를 내기만 하면 식사를 할 수 있었다.

우리는 이런 배급표를 가지고 농촌에 갔다. 그때 농민들은 모두 집단식당에서 밥을 먹었다. 집단식당은 20여 명이 식사하는 곳이었다. 집단식당을 차리는 이유는 두 가지였다. 하나는 노동시간을 절약할 수 있다는 것이었는데, 각자 집에서 밥을 해먹으려면 시간이 많이 걸리기 때문이다. 다른 하나는 여성 노동력을 활용할 수 있기 때문이었는데, 사실이렇게 하면 노인에게 불편을 가져다주고 평균주의가 나타나고 식량이 낭비될 뿐만 아니라 오래된 가정생활의 전통습관도 깨졌다. 후에 류소우치劉少奇의 건의로 중단되었다.

또한 생산대가 밭갈이 신기록을 내기 위해 심경밀식深耕密植, 즉 깊이 갈고 촘촘하게 심는 방법을 시험했다. 우리 학생들보고 밭을 갈라고 했다. 농구장만한 밭을 1미터나 깊게 파라고 하여 우리는 반나절이나 팠다. 후에 생산대장이 와서 보고는 우리가 판 밭이 깊지 못하다고 평판했다. 상급에서 깊이가 반드시 1미터를 넘어야 한다고 요구했기 때문이다. 하는 수 없이 우리는 10센티미터를 더 팠다. 오후에 대장은 사원 몇 명을 동원해 마차로 쌓아둔 말똥과 소똥을 실어 전부 밭에 쏟아버렸다. 이런 장면을 보고 내가 이 밭에 뭘 심느냐고 물어봤더니 옥수수라고 했다. 이 많은 질 좋은 똥거름을 써서 얼마나 많은 옥수수를 수확할 수 있을까? 그 자신도 믿기 힘들었을 것이다. 하지만 당시 상급에서는 깊게 갈고 촘촘하게 심어 신기록을 내라는 호소만 하고 실질적인 경제 효과는 고려하지 않았다. 이것이 바로 그해의 '눈 먼 지휘瞎指揮'의 풍격이었다.

농민들이 가장 무서워한 것은 바로 자류지自留地와 가축을 공유로 하는 것이다. 여기에 심한 거부감을 가지고 있다. 어느 날 밤에 곳곳에서 돼지와 닭이 우는 소리가 들렸다. 다음 날 간부에게 알아봤더니 농민들이 개인 재산을 공유화시킨다는 것을 눈치 채서 기르던 돼지나 닭 등을 아예 잡아버렸다는 것이다. 한 집에서 가축을 죽이면 다른 집도 따라 죽였다. 이런 행위는 사실 공사화운동公社化運動에 대한 소극적인 저항이었다. 이것이 바로 그해 성행한 공산풍共産風이었다. 1955년 집체에서 배분하는 자류지 규모는 농업합작사 구성원 한 사람의 경지면적에서 2~5% 정도였는데, 주로 야채와 기타 농작물을 재배하는 데 사용되었다. 하지만 1958년 이후 인민공사 운동 기간에는 자류지를 '자본주의의 꼬리'로 치부하고 인정하지 않았다. 후에 상급에서 급히 통지를 내려 이런 좌경적 행위를 중단하고 야채를 자류지와 가축은 개인 소유로 인정해 주었다.

우리는 또 도시인민공사를 체험하러 쓰핑시四平市에 갔었다. 여기서 한 달간 머물면서 주로 농촌인민공사와 도시인민공사 사이에 어떤 차이가 있는지를 현지고찰하고 조사했다. 이를 바탕으로 우리는 교수님의 주도로 『인민공사경제학』이라는 교과서를 편찬했다. 대학교에서 이처럼 학생과 교수가 공동으로 벼락치기로 새 교과서를 편집하라고 권장하는 것도 실사구시에서 벗어나는 것이었다.

무료급식 조선족 공사公社

이 동안 나는 옌볜 룽징현龍井縣의 한 인민공사에 가볼 기회가 생겼다. 전국 노력모범으로 이름난 김시룡金時龍이 바로 거기에 있었다. 신문 기사에 따르면 여기가 제일 먼저 공산주의를 이룩한 인민공사라 했다. 교과서를 제대로 편집하기 위해 조사차 류추안옌劉傳炎과 왕은쭈王恩足 두 분 교수님을 따라 룽징으로 갔다. 생산대에서 김시용金時龍 사장社長을 봤는데 그는 중국어로 간단하게 상황을 설명해 주었다. 그가 한 말은 지금까지도 생생하다. "우리는 이제 밥 먹는 문제는 전혀 없어요. 그러니까 우리 공사에서는 돈 안 내고 밥을 먹어요"라고 했다. 또한 공사에서는 지금 어떻게 부업과 산업을 같이 발전시킬 것인지를 고려하고 있다고 했다. 즉 농업을 주로 하는 동시에 다른 여러 업종을 어떻게 겸하냐는 뜻이었다.

유 교수님은 아주 세심한 분이라 필기를 하면서 물어봤다. "그래도 배급표는 필요하지요?" 사장이 웃으면서 "배급표도 필요 없어요"라고 답했다. 아마 속으로는 이 늙은 지식인이 왜 농민의 말을 믿지 않을까 생각했을 것이다. 이어서 아무 말도 없이 우리를 생산대 식당에 데려갔다. "점심 전이지요? 저는 딴 일이 있으니까 일단 여기서 식사라도 하시죠"라고 하면서 가버렸다. 점심때라서 밭에서 일을 마치고 온 사원들이 모두 거기 모여서 밥을 먹고 있었다. 과연 그의 말대로 돈과 배급표를 받는 사람이 없었다. 단지 관리원으로 보이는 한 중년 여인이 거기 서 있었다. 우리가 창춘에서 온 걸 알고서 자리에 앉게 했다. 이때 취사원이 큰 대야 두 개를 갖다 주었다. 한 대야에는 입쌀밥, 다른 대야에는 두부와 당면요리를 담아놓고 우리보고 먹으라고 했다. 조선어로 "부족하면 더 달라고 해요"라고 했다.

당시 인민공사는 공사 전체를 회계단위로 계산한다는 것을 그때 알았다. 말하자면 공사별로 돈을 안 내고 밥 먹는 공동취사라는 체제를 실행하는데, 이른바 '공산주의에로 도약跳躍한다'고 하는 인민공사 체제였다.

일찍 영국의 유명한 공상사회주의자가 1824년에 미국에서 '뉴하모니공동체新和諧公社'를 조직하여 균등하게 분배하고 유통을 개선함으로써 노동자의 가난과 자본주의의 착취제도를 없애려 한 바 있다. 인민공사 제도와 유사한 점이 있다. 유감스럽게도 '뉴하모니공동체'는 실행 4년 뒤인 1828년에 실패로 끝을 맺었다. 김시용 사장의 인민공사도 얼마 안 되서 생산대를 기본 회계단위로 삼는 '삼급관리' 체제를 실시하고 말았다. 이렇다 하더라도 근원적인 문제는 아직 해결하지 못했다. 왜냐하면 인민공사 조직 자체가 농촌의 사회생산력 발전의 객관적 요구에 부합되지 않았기 때문이다.

중국 사회주의 이념은 이렇게 심하게 왜곡되어 버렸다. 사회주의란 도대체 무엇인가? 어떻게 해야 공동으로 부유해지는 사회주의를 이룰 수 있을까? 이 문제에 있어서의 당시의 인식은 현실에 어긋났다. 물론 모든 것이 실천을 거쳐야 참된 지식을 얻을 수 있고 굽은 길을 걷는 것도 피하기 어렵다고 하지만 말이다. 1950년대 후반부터 우리는 굽은 길을 너무나도 많이 걸었다. 대약진의 뜨거운 운동을 일으키고 도시와 농

촌인민공사를 시험적으로 운영하는 조치는 원래 공동으로 부유해지려
는 꿈을 향해 나아가기 위해서였다. 하지만 사실은 생산력 발전단계를
뛰어넘은 '농업사회주의'라는 엉뚱한 길을 걸었다. 그래서인지 국민들에
게 거부감이 생기거나 경제규칙에 의한 벌을 받는 것은 불가피하였다.
얻어진 교훈이 아주 심각했다.

난생 처음 북경을 가다

1958년 가을 베이징에서 교육혁명전람회가 열렸는데, 학과장이 나와
왕은주王恩료 선생님을 과대표로서 일주일 동안 베이징으로 견학을 보냈
다. 베이징에 간 것은 난생 처음이었다. 베이징에 도착한 날은 교육부
접대소에 묵고 다음날 바로 전람회장에 갔다. 듣자니 김일성도 이 전람
회에 참가한다고 하던데, 그래서인지 많은 사람이 모였다.

전람회가 끝난 다음에 톈안먼天安門, 꾸궁故宮, 왕푸징王府井거리, 빠다링八達
嶺, 톈탄天壇 그리고 이허위앤頤和園 등 주요 명승고적을 구경했다. 왕 선생님
이 교육부에 일을 보러 가는 동안 나는 친구를 만나러 베이징대로 갔다.

베이징대에서 정성학을 만났다. 그는 1957년 귀국 처분을 받고서 2년
동안은 계속 학교에 있었다. 월급도 보조금도 없는 바람에 생활이 꽤 어
려웠다. 우리 둘 다 가난한 학생이긴 하지만 상황을 보니까 내가 그보다
조금 낫겠다 싶어서 가까운 식당에서 간단하게 안주와 술을 사주고 이
야기를 나누었다. 이번이 우리의 마지막 만남이라고 생각하니 서로 감정
을 억누르지 못했다. 신빈 신광중학교에서 보조금을 받으며 고학으로 공
부한 시절을 회상했다. 정성학은 부모님의 유골을 영원히 중국에 두고
홀몸으로 친척도 없는 조선으로 갈 생각을 하니 마음이 복잡하기 그지

없었을 것이다. 하지만 그는 이런 얘기를 꺼내지도 않았다. 그래서 내가 먼저 입을 열었다. "중국에 계속 있을 수 있도록 할 방법이 없을까?" 그는 "이젠 안 돼. 너무 늦었어"라고 대답했다. 그 말은 중국에 계속 있으려면 '우파'라는 감투도 따라 써야 한다는 뜻이다. 평양에서 만나자는 말은 그가 나에게 남긴 마지막 말이었다. 베이징을 떠나기 전에 나에게 편지도 보냈다.

12

느닷없이 닥친 3년 재해와

그에 따른 시련

동아시아 삼국을 살아온 이야기

배천 조씨(趙氏)의 디아스포라

학교에 남아 강단에 서기

1959년 8월 나는 지린대학교 경제학과를 졸업하고 배정을 받아 본 학과 경제연구실에서 임직하게 되었다. 원래 부모님이 사시던 선양시瀋陽市로 돌아가려고 했는데 선양에 위치한 랴오닝대학교에는 경제학과가 없었다. 게다가 우리 경제학과 선생님들이 내가 본 학과에 남아 가르치기를 바라고 있었다. 그만큼 학과에서 나를 믿고 인정해 주는 것이었기 때문에 그들의 기대에 어긋나지 않기 위해서라도 남기로 했다. 이 밖에 학과에서는 내 약혼자가 창춘사람이고, 둥베이사범대 물리학과에 재학하고 있으며, 졸업하면 여기서 취직할 것도 알고 있었다. 그러고 보니 학과에서 이런 요구를 한 것은 내 실제 상황도 고려한 것이다.

졸업 후 첫해에 나는 물리학과와 수학과의 정치경제학 과목을 담당했다. 이 과목은 공동정치이론共同政治理論 수업의 하나였다. 이 수업에는 중국공산당당사中國共産黨黨史, 철학, 정치경제학 그리고 과학사회주의 원리 등이 포함되어 있다. 이과 학생을 대상으로 강의했다. 이듬해부터는 경제학과 '자본론'에 관한 강의를 담당했는데 일주일에 네 번씩 해야 해서 좀 버거웠다. 이 강의는 경제학과 학생들에게 필수적인 전공이론 기초과목이었다. 학과에서는 또 나보고 당 지부의 일상을 관리하라고 했다. 원래 이 일을 했던 당 부서기 둥런모우董仁模가 학교산하 공장에 파견되었기 때문에 대신 맡아서 책임지고 관리하라는 것이다. 그때 당 서기 리보우상黎寶祥까지 임시 학과를 떠나게 되니 말 그대로 모든 것을 책임지고 관리해야 했다. 학교의 각 부서에서 열리는 모든 회의도 서기 대신 참석해야 했으니, 그 반년 동안은 정신없이 바빴다.

그러다 보니 내 졸업논문을 완성하지 못했다. 다른 친구들은 벌써 논문을 마무리했을 뿐만 아니라 새 직장에 갈 준비도 해두었다. 밤을 꼬박 새웠음에도 내가 제일 늦게 졸업논문을 제출했다. 이 외에 판쟈툰 공사에 있는 동안 맹장염에 걸려 현지 병원에서 수술을 했는데 수술 경과가 좋지 못해 후유증이 남았다. 이것이 내가 피로를 잘 느끼는 원인이 되었다. 결국 1960년 과로로 나는 폐결핵에 걸려 한동안 고생했다.

이 시기 국내 경제 상황은 악화되고 있었다. 그때 난 미혼이어서 학교 식당에서 식사를 했는데 식량 공급량이 적을 뿐 아니라 육류 식품도 부족하여 항상 배를 주렸다. 공급량이 부족하니 식당 관리원은 밥을 줄 때 되도록 적게 퍼주었다. 결국 한 끼니도 배불리 먹을 수 없었다. 이런 상황이 내 병 치료에 좋지 않은 영향을 끼쳤다. 이때 나는 교단에 한두 시간 동안 서 있는 것조차 너무 힘들었다. 수업을 마치기 바쁘게 침대에 누워 쉬어야만 했다. 좋았던 것은 누워있을 때면 늘 내가 가장 즐겨보는 '참고소식參考消息'이란 신문을 읽는 것이었다. 이것이 바로 내가 졸업한 뒤의 생활이었다. 후에는 보직을 그만두고 강의에만 집중하였다.

이 기간에 나에게 가장 중요한 것은 바로 강의였다. 『자본론』을 가르치는 데 원작을 이해하기가 어려운 것이 제일 골치 아픈 일이었다. 번역된 작품인데다 추상적 사유를 지닌 이론이었기에 거듭거듭 읽어야 이해할 수 있기 때문이었다. 또한 언제나 시간이 부족한 게 문제였다. 이 작품을 아주 좋아했지만 그때는 돈이 없어 도서관에서 빌려 볼 수밖에 없었다. 일하면서 첫 월급으로 『자본론』 1권부터 3권까지 모두 사 놓았다. 헌책방에서 일본어로 번역된 『자본론』도 사두었다. 일본어로 된 것이 이해하기가 더 쉬워서 두 버전을 대조하면서 보니 훨씬 더 쉽게 이해할 수 있었다. 이것은 내 특기라고 할 수 있다. 『자본론』을 읽으면서 잊어버린 일본어도 다시 살리게 되었다. 학생 시절 우리에게 『자본론』을 가르치던 학과장 꽌멍주에關夢覺 교수가 중국어와 영어 버전을 대조하면서 이 작품을 읽었다고 들었다. 꽌 교수의 강의 원고는 학교 문과학보에도 연재되었다. 물리학과에 위루이황余瑞璜이라는 한 유명한 교수가 회의에서 이를 비웃었다. "자기가 쓴 강의 원고를 자기가 편집한 간행물에 싣다니 참 어이없다." 사실상 위 교수는 〈자본론강의〉와 다른 원고 사이에 뭐가 다른지 헤아리지 못한 것이다. 일본의 가와카미 하지메河上肇라는 이름난 경제학자가 쓴 강의 원고는 『자본론 입문』이라고 했다. 이 책은 상·하 두 권으로 구성되어 있었는데, 이 책을 통해 1920년대 일본 마르크스주의자를 많이 육성해 냈다. 일본 사료에 의하면 일본에 유학 간 저우언라이周恩來와 궈모우루어郭沫若도 일본 교토대학교에서 교편을 잡고 있던 가와카미 하지메 교수에게서 사회주의 영향을 받았다 한다.

옥수수찐빵과 약혼녀

대학교에 다니는 동안 연애를 안 한 것이 아니라 그럴 틈이 없어 못한 것이다. 아내 원도선元道善은 1958년 선양에서 계셨던 형수님과 친구 장현순張賢淳의 소개로 알게 되었다. 현순은 일찍 랴오닝성 카이웬开原 조선족중학교에서 아내를 가르친 적이 있었다. 아내는 창춘조선족초등학교를 나와 카이웬조선족중학교를 마치고 선양조선족중학교로 전학하여 고등교육을 받았다. 내가 아내를 알게 되었을 때 그녀는 고등학교를 졸업하고 모교에 남아 중학부에서 조선문학 과목을 담당했다. 둘째 형수 설화영도 이 학교에서 교편을 잡고 있었다.

아내가 다니던 '선양조선중학교'라는 이름이 1958년 후반에 선양조선족중학교로 바뀌었다. 그리고 한어漢語과목 밖에 조선어문법, 조선문학 과목

약혼녀 원도선과 찍은 기념사진. 1958년 창춘에서.

도 개설되었다. 거기서 아내는 조선문학 강의를 담당했다. 당시 중국의 민족교육에서 학교명칭, 교과개설에서 교육부에서 지정하는 통일된 규정이 없었기에, 조선족의 민족교육은 대체로 북한 교육시스템의 영향을 받았다. 또한 북한과의 영향관계에 있어서 조선족이 집거하는 옌볜조선족자치주와 조선족이 흩어져 사는 산재지역이 서로 차이점을 보이고 있었다.

형수가 편지에서 그녀 얘기를 소개한 뒤 얼마 안 되어 그녀로부터 보내온 편지를 받았다. 편지에서 대학교 물리학과에 응시하려고 준비하고 있다고 했다. 시험과목 중에 한어작문이 있으니 도와 달라고 했다. 내가 짧은 작문을 써서 참고하라고 보내 주었다. 또 시험문제를 맞추지 못한 것 같아서 학과 친구인 쩌우워이신에게 부탁해 주제가 다른 작문을 지어 달라 해서 작문 2편을 더 보내 주었다. 결과 그녀는 동북사범대학교 물리학과에 붙었다. 후에 만났을 때 "친구분께서 쓰신 작문이 너무 어려워 당신이 보내준 글대로 썼어요"라고 얘기했다. 신통찮은 내 작문이 오히려 운 좋게 선택된 것이다.

우리는 한 도시에서 공부하게 되면서 사귀기 시작했다. 일주일에 한 번씩 만났는데 그녀가 내 첫사랑이었다. 그렇지만 일벌레에 공부벌레였던 나는 그때 너무 바빴다. 게다가 몸도 별로 좋지 않아 그녀가 토요일마다 나를 보러 왔다. 나에게는 많은 위로가 되었다. 같이 보낸 아름다운 순간순간의 사랑이 나에게 얼마나 소중한지 절실하게 느끼게 했다.

그녀는 우리 기숙사에 올 때마다 옥수수찐빵 하나를 꼭 챙겨와서 나를 기쁘게 해주었다. 나는 그녀가 아껴둔 것을 생각하면서 더 맛있게 먹었다. 그 맛은 문자로 나타낼 수 없고 내 마음속으로만 느낄 따름이다. 내가 맛있게 먹는 모습을 보면서 그녀는 이렇게 말했다. "저보다도 옥수수찐빵이 더 좋은가 봐요." 그녀가 적게 먹는 편이더라도 한 끼에 옥수수찐빵 한두 개는 먹을 수 있을 텐데 늘 남겨서 가져다주었다. 기근이 들었던 3년 동안 매주 연인과 데이트를 하면서 나는 남다른 뿌듯함을 느꼈다. 이것이 바로 사랑의 힘이었다. 일주일에 한 개씩 먹는 옥수수찐빵이 굶주린 내 배를 만족시킬 수는 없었지만 우리의 사랑은 경제가 어려운 시기에 오히려 더 성숙해졌다. 이것은 하늘이 나에게 준 진귀한 선물이었다.

하늘이 내린 벌인가? 사람이 만든 화인가?

나는 가끔 강의를 마치고 침대서 누워 휴식을 취하며 뉴스를 보면서 1957년 이후 발생한 여러 가지 사회적 현상을 생각했다. 사회주의 중국에서 왜 이런 비정상적인 상황이 일어났는가? 이것은 분명히 경제위기였다. 자본주의의 경제위기는 과잉생산이 초래한 것이지만 우리 상황은 생산부족이 만들어 낸 것이었다. 과잉과 부족은 완전히 다른 경제현상이었다. 어쨌든 부족보다는 과잉이 더 낫겠지. 여기에서 멈춘 생각은 더 나아갈 수 없었다. 1957년 여름 이후 돌변했던 정치적 변화가 떠올랐기 때문이다. 돈을 안 내고 밥을 먹는 인민공사, 판쟈툰 생산대서 실시했던 깊게 갈고 총총하게 심는다는 것, 그리고 하룻밤에 자본주의 꼬리를 없앤다는 등등의 장면을 머릿속에 회상하면서 기층에서 일하는 간부들이 문제가 있다고 생각했다.

신문에서도 이것이 기층에서 일하는 간부들이 식량의 생산량을 과장해서 보고하기 때문이라고 했다. 물론 일리가 없는 말은 아니다. 대약진 시대에 간부들이 생산량을 높인다고 허풍을 떨거나 신기록을 내는 등 거짓 보고하는 현상이 있었기 때문이다. 실제로 원래 생산량이 10만 톤이었지만 15만 톤이나 20만 톤이라고 허풍을 치는 현상은 전국 농촌에서 보편적으로 존재했다. 이렇게 통계된 숫자는 당연히 어마어마하다. 그렇기에 김시용 사장이 가슴을 치며 식량문제는 이미 해결되었다고 말할 법하기도 하다. 일부에서는 또 3년 자연재해가 그 중요한 원인이라고 했다. 이 말도 일리가 있다. 최근 몇 년 동안 경제적 상황이 너무나 좋지 않았다. 하늘도 도와주지 않았다. 1959년 내가 대학교를 졸업한 후 1962년까지 이 3년 동안 연달아 자연재해가 일어났다.

내가 연애를 시작한 그해, 아버지께서 나를 보러 선양에 왔다. 기쁘면서도 곤란했다. 대접해 드릴 수 있는 것이 없었다. 돈도 없고 집도 없었기 때문이다. 그때 마침 '고가식품'이라는 정책을 실시하여 상점에 물건은 있지만 구하기 쉽지 않았다. 그때 나는 주머니사정을 고민할 겨를도 없이 상점에서 좋다는 것을 사서 대접하거나 시내 음식점에 가서 식사를 했다.

당시 나는 밍더루明德路에 있는 싱글기숙사에 살았기에 사감에게 침대 하나를 더 달라고 해서 아버지와 함께 묵으려 했다. 그러자 관리원은 "하루이틀이면 괜찮은데 오래는 안 돼. 싱글 기숙사이니까"라고 했다.

나는 화를 억제하지 못하고 큰소리를 쳤다. "제 아버지잖아요. 손님도 아니고. 공짜로 침대를 달라는 것도 아니잖아요. 만약에 아저씨 아버지가 오신다면 집에 오지 말라고 하시겠어요?" 연세가 지긋해 보이는 관리원은 그 자리에서는 아무 말 하지 않았지만, 다음 날 나를 불러 침대를 가져가 쓰라고 했다. 후에 옆방 선생님의 말로는 관리원이 "조선인이 부모를 잘 모시는 것을 보니 내 아들보다 낫다"고 했다 한다. 그래서인지 내가 아버지를 모시고 경비실을 지날 때면 그는 먼저 아버지에게 인사를 건넸다. "어르신은 참 복도 많으시네요. 며칠 더 있다가 가시지요." 그 뒤로 나는 관리원과 서로 가까운 사이가 되었다.

아버지는 술을 좋아하셨다. 한번은 아버지와 함께 충칭로重慶路에 있는 국영식당에서 비싼 백주를 사서 대접했다. 백주는 2냥에 내 월급의 절반인 30원이나 되었다. 또 이 술을 사려면 고가의 떡과 과자도 함께 사야 했으니 그날 크게 과소비했다. 그때 내 월급이 62원이었다. 아버지는 술을 보시더니 "선양에서는 백주를 본 적이 없는데 창춘에는 뭐나 다 있구나, 좋구나. 떡은 네가 먹어라. 난 단 것 별로 안 좋아해"라고 하셨다. 나는 "그냥 안주로 드시면 됩니다. 술만 드시면 어떻게요?"라고 말하며 과자를 안주로 드시라 했다. 사실 백주가 2냥은 애주가이신 아버지에게 너무나 적은 술이다, 간에 기별이나 가실까, 그래도 난 월급 봉투째로 가져왔는데 모자랄까, 또 집에 채소도 사가야 하는데. 마음속으로 이런 궁리를 했건만 입으로는 이렇게 말했다. "선양에도 있긴 한데 인민폐를 회수해 인플레를 억제하기 위해서였잖아요. 부종을 없애는 것처럼 말이에요." "네 형 말이 이게다 개국 원로인 첸윈陳雲이 내놓은 아이디어라 하더구나. 그나저나 너 오늘 돈을 얼마나 쓴 거니?" 아버지는 말하시다말고 이렇게 물었다. 떡을 드시라고 한 후에 들인 돈을 얘기했더니 아버지가 말했다. "이렇게 비싼 줄 알았더라면 안 올걸 그랬구나. 지갑에 돈 얼마 남았어?"라고 또 물으셨다.

우리는 식당에서 돌아오는 길에 시장에 들러 채소를 사가지고 집에 와서 다시 해먹었다. 저녁을 배부르게 먹지 못했기 때문이다. 아버지가 또 말했다. "네 형 말대로 이런 일은 천재지변이 아니라 인재人禍로 생긴 것이라 하더구나." 이어서 "네 형이 요새 베이징에 대회 다녀와서 한 말이란다. 사람이 늙으면 누구나 마찬가지로 노망이구나, 첸윈도 늙었으니"라고 했다. 내가 급히 말리며 "그런 말씀 하시면 안 돼요. 누가 들으면 어떻게요"라고 하자, 아버지는 "네 형에게는 이런 말을 하지 못했다"라고 덧붙였다. 말씀하신 베이징대회란 '7천인대회七千人大會(대약진의 과오를 시정하는 중앙대회)'를 가리킨 것이었다. 전국 현급 당위서기들이 모두 참석했는데, 그때 형이 황훠칭黃火青, 황어우둥黃歐東 등 랴오닝성위원회 서기와 같이 회의에 참석했었다. 아버지와 나는 서로 공감하고 있지만 더 이상 말을 나누지 않았다. '노망론'은 어디까지나 아버지의 생각일 뿐이다.

며칠 뒤 창춘에 살던 사촌 여동생 밍위明玉이 와인과 삶은 옥수수를 가지고 아버지를 보러 왔다. 아버지는 내심 기뻐하시면서 말로는 "내가 노망이구나. 오지 말아야 하는데. 너희들도 배불리 못 먹게 생겼네. 나이가 드니 노망이 심하다, 심해"라고 하셨다. 사실 아버지는 전혀 노망이 아니셨다. 선양의 가족들이 모두 8명인데 어린이가 4명이나 된다. 형은 바쁘게 일하면서도 매일 배를 곯았고, 형수는 몸이 좋지 않아 병원에 살다시피 했다. 그러니 아이들은 모두 아버지가 맡아 보살피고 계셨다. 형의 사정을 생각하면 그때 형의 집으로 가시지 않도록 해야 했는데 말이다. 내가 졸업 후 선양에 돌아가고자 한 것도 바로 이 때문이었다.

둘째 형 철수가 역경에 빠지다

조철수의 〈인터뷰 회고록〉에는 그 시기 정치에 대해 언급한 내용이 있었는데 어떤 일은 나도 처음 들었다.

랴오둥성과 랴오시성이 합병된 1954년 이후 철수 형은 랴오닝성위원회 판공청에서 자료처, 비서처, 종합처 등 부서를 옮기며 부처장으로부터 처장處長을 역임했을 뿐 아니라《당의생활》이라는 잡지의 주필도 겸했다. 문건를 자주 접하다 보니 가끔 중대한 정치적 풍랑도 직접 겪었다. 예를 들면 1959년 7월, 루산회의廬山會議에 참석했던 성위원회 제1서기인 황휘칭黃火靑이 전화를 통해 지시를 내렸는데, 성 내에서 나타나는 '우경' 관련 현상들에 관한 보고서를 작성해 보내라는 것이다. 자료처에서 부처장으로 있던 철수 형이 즉시 요원들을 불러놓고 서면, 전화, 전보 등 수단으로 자료를 수집, 정리하고 성정부 비서장의 심사를 받은 뒤 여산으로 부쳐 보냈다. 황휘칭 서기가 이 보고서를 직접 마오쩌둥에게 제출했다. 마오쩌둥이 보고서를 읽고 바로 중요한 지시를 내렸다. "반우파에 열의를 북돋워야 할 때가 되었다. 이런 기회는 다시 오지 않는다. 마오쩌둥 7월 31일." 마오쩌둥의 지시는 곧바로 전국에 전해졌다. 결국 루산회의에서 잘못 일으킨 반우경反右傾 투쟁이 신속하게 전국에 확산되어 엄중한 결과를 초래했다.

1959년 가을, 랴오닝성 기관당위원회機關黨委員會가 루산회의 정신을 관철하기 위해 '당을 향해 마음을 털어놓기'라는 캠페인을 펼쳤다. 조철수가

지부서기로서 회의에서 솔선수범하여 발언했는데 펑더화이彭德懷의 〈의견서意見書〉에 대해 사상적으로 성찰하고 자신도 펑씨와 비슷한 '그릇된' 관점을 가지고 있었다고 했다. 예컨대 '국민경제발전의 불균형성', '허위보고의 전국적 만연' 등 면에서 그랬다고 했다. 사실 이런 견해는 펑씨의 의견에 공감하는 것으로 당시 상황에서는 상당히 위험했다. 말하자면 교훈을 진지하게 받아들이고 세계관을 더욱 강화시켜야 했다. 한편으로 당과 자신에게 책임을 지는 태도로 공식회의에서 솔직하게 마음을 털어놓는 일은 바람직한 일이다. 그런데도 당시 같은 역사 환경에서 당원이 진짜 자기 속말을 밖으로 드러내면 정치적인 생활에서 외면을 당하는 수가 있었다. 얼마 안 되어 조철수의 글귀를 절취한 '발언 요점'이 반면적인 '참고서'가 되어 국무원 판공청에 속해 있는 각 부서에 인쇄 발부되었다. 그리고 조철수는 거의 반년에 걸쳐 이른바 '비판'을 받고 농촌으로 내려가 노동개조를 받았다. 이로 인해 그는 정신적으로 극심한 고통을 겪었다.

1960년대를 맞이하여 당 중앙 기관지인 《홍기紅旗》 잡지사에서 황휘칭 서기에게 산업과 농업의 협동協排物이라는 주제로 글을 써달라고 청탁했다. 뜻밖에도 이 청탁은 당시 비판의 대상인 조철수에게 돌아가 그가 집필하게 되었다. 글 쓰는 일주일 동안은 끌려다니며 투쟁도 받지 않았고 조용히 지냈기에 원고를 훌륭하게 마무리할 수 있었다. 작성된 원고는 그 해 《홍기》 잡지 제1호에 머리기사로 실렸다.

1962년 1월에 1년 동안 농촌에서 노동개조를 마친 형은 누명을 벗고 복직되었고 이후 베이징에서 개최된 전국인민대표대회인 '7천인대회'에 참석했는데 주로 랴오닝 대표단의 회의업무를 맡아보았다. 곧 이어서 '4청운동四淸運動'[14]이 시작되었다. 민족간부를 육성하는 데 큰 관심을 가지고 있는 황휘칭 서기는 형의 정치적 성장에 많은 도움을 줬으며, 매번 농촌으로 현장체험 내려갈 때도 특별히 형을 데리고 다녔다. 하여 조철수는 1964년 7월에 38세에 랴오닝성위원회 판공청 부주임으로 발탁되었으며, 얼마 안 되어 성장省長 황어우동黃歐東의 정치비서 직을 맡아 보았다.

'문화대혁명' 직전에 형에게 특별한 일이 발생했다. 1966년 봄에 중앙의 요구에 따라 황어우동 성장이 '4청운동'의 주동자였던 류쏘우치劉少奇에게 네 가지 청산운동에 대해 보고를 해야 했다. 물론 이 보고서는 당연히 조철수가 집필해야 했는데, 그때 마침 아버지의 병세가 위독했다. 그렇지만 조철수는 도저히 일에서 빠져나올 수가 없었다. 결국 전화상으로 아버지가 돌아가셨다는 비보를 접했다. 아버지의 임종을 지켜보지 못한 형은 그날 밤 늦게 돌아와 아버지의 유체에 큰절을 올리면서 "이 불효한 아들을 용서해 주시옵소서"라고 하며 흐느꼈다. 그리고는 아버지 유체 옆에서 그 보고서를 밤새도록 작성했다. 시간 맞춰 황어우동 성장에게 보내고서야 아버지 장례식을 치렀다.

어머님의 별세와 조카의 조선행

큰 형님이 세상을 떠난 후, 큰 형수는 재가하지 않고 둘째 형 집에서 함께 사시면서 20여 년 동안 부모님을 모셨다. 1959년 가을에 어머니가 갑작스런 뇌출혈로 돌아가셨다. 내가 어머니를 마지막으로 본 것은 대학교 졸업 후였다. 갑자기 당한 일이라서 미처 나에게 알려주지 못했다. 내가 집에 갔을 때는 이미 화장하고 난 뒤였다. 나의 통곡 소리가 옆집까

---

14 '사청운동'은 1963년을 경계로 나누어지는데, 그 이전에는 농촌에서 사회주의 교육을 목표로 분배와 장부, 창고, 재물에 대한 청산운동(清工分, 清賬目, 清倉庫, 清財物)이었고, 그 이후로는 도시에서의 사회주의 교육을 목표로 사상, 정치, 조직, 경제에 대한 청산운동(清思想, 清政治, 清組織, 清經濟)이었다.

지 들렸는지 옆집 아주머니가 찾아와 큰형수에게 물었다. "얼마나 속상하면 저렇게 울까. 몇 살이니?" 큰형수는 "막내라서 생전에 마냥 귀여워해 주셨는데"라고 답했다. 그렇다. 어머니는 나를 제일 예뻐해 주셨고, 나도 어머니를 많이 사랑했다.

내가 정말 속상한 것은 다른 데 있었다. 작년에 어머니를 뵈러 갔을 때 "오랜만에 목욕하고 싶구나. 네 잘 왔다. 좀 닦아 줘라"라고 부탁했다. 그날 목욕탕에서 어머니 몸을 닦아 주었다. 어머니가 기뻐하면서 "참말 시원하다. 이번에 가면 언제 또 올 수 있니?"라고 물었다. 그때는 어머님의 말씀이 언제 목욕시켜 주겠느냐고 단순하게 이해했는데 이제 보니 그게 아니었다. 어머니는 벌써 오늘을 예감하고 준비하고 계셨다. 그때 허핑구和平區 고급간부주택은 꽤 큰 마당이 있었다. 내가 떠날 때 어머니는 중풍에 걸리셔 다리가 불편하신데도 대문까지 배웅하셨고 내가 전차에 오를 때까지 지켜보셨다. 그때가 마지막 만남이었다. 이제 와서 후회한들 무슨 소용이 있겠는가.

어머니가 돌아가신 후 우리 가족이 직면한 어려움은 여전히 식량 부족이었다. 애들은 항상 배를 곯았다. 그 상황을 해결하기가 쉽지 않는데, 거기에 정신적인 고민이 또 있었다. 철수 형네는 사실, 큰 형네 살림을 책임지고 있었다. 자식이 모두 4명인데, 그중에 나이가 많은 두 아이는 큰형수네 애고, 어린 두 아이는 둘째 형수네 아이들이었다. 가장 어린 아이는 아직 영아인데, 큰형수가 돌봐 주고 있었다. 아이들에게는 이유식부터 간식거리 특히 육류식품과 계란이 필수인데 늘 모자라다보니 두 형수 사이에 갈등이 생기기가 일쑤였다. 항상 큰형수가 양보했다. 자기 애가 더 크니까. 큰조카 해성海成은 그때 열다섯 살이고 중학교 3학년이며 그 아래 경자慶子는 열세 살에 중학교 1학년이었다. 이들은 매일 굶주리며 살았다.

1960년에 해성이 조선으로 가기로 했다. 그리하면 식량 부족 문제를 조금이라도 해결할 수 있을 것으로 알고 말이다. 떠나기 전에 큰형수한 테만 자기 생각을 얘기했다. 아무튼 아버지와 둘째 형이 몰랐다. 랴오닝 성 경계 내에 있는 압록강은 중하류에 속해서 강폭이 넓고 강물이 상당히 많았다. 그래서 보통 사람은 헤엄쳐 건너가기가 쉽지 않았다. 그런데 해성을 거기를 통해 조선으로 건너갔다. 어떻게 건너갔는지는 지금도 알 수 없다. 후에 편지를 보내 왔는데 압록강을 건너 안전하게 평안북도에 도착했다 한다. 조선에서 처음엔 일거리를 받지 못해 깊은 숲속에서 나무를 베는 일을 했다고 한다. 조선 경찰이 그를 믿지 않았기 때문이란다.

실제로 1960년대 조선의 경제 형편은 중국보다 좋았다. 그리고 큰형수의 여동생이 조선에 있었던 것도 조카가 조선으로 건너간 원인이다. 후에 둘째형이 일찍 조선의용군 장교를 지낸 바 있던 조흥석 장군에게 편지를 보냈다. 이 편지가 해성을 구해 주었다. 조흥석의 도움으로 해성은 군수공장에서 일하게 되었는데 듣기로는 군화를 만드는 공장이라고 했다. 그 후 해성이 조흥석의 도움으로 합법적인 절차를 밟고 큰형수와 조카딸도 조선으로 데려갔다. 해성이 이러한 사실을 나한테 편지로 얘기하면서 삼촌들에게 정말 죄송하다고 했다. 그때 난 창춘에 있었다. 답장을 하면서 그의 처사를 인정해 주었다. 또한 "앞으로 네 조국과 지도자를 위해 노력해야 된다"는 당부도 했다.

해성은 2006년에 퇴임했다. 조선노동당 당원으로 군수공장의 기술자로 여러 가지 장려와 표창을 받았다. 큰형수는 일흔이 되던 1984년에 세상을 떠났다. 어렸을 때 큰형수는 어머니처럼 나를 보살펴 주셨는데 미처 은혜를 갚지 못했다. 몇 년 전에 조카딸인 경자가 중국에 두 번이나 왔다.

내가 초청했다. 하지만 해성은 지금까지도 조선 정부의 허락이 나지 않아 중국에 오지 못했다. 해성에 관한 얘기는 뒤에서 좀 더 할 것이다.

결혼식이 없는 혼례婚禮

나는 1962년에 아내 원도선과 결혼했다. 그해에 대학교를 졸업했기 때문이다. 하지만 우리는 결혼식을 치르지 않았다. 식구들도 배불리 먹이지 못하는 상황에서 무엇으로 결혼식을 치르며 손님을 초대하겠는가. 우리는 조직의 허락을 받고 혼인신고만 했다. 장모에게는 형수들이 선양에서 준비해 줘서 거기서 결혼식을 올릴 거라 말씀 드렸다. 그리고 선양에 있는 형과 형수들에게는 창춘에서 대학교 친구들을 초대해 결혼식을 치렀다고 거짓말을 했다. 1962년 4월 30일이었다. 그날은 나의 공산당 가입기념일이고 다음 날은 바로 국제노동절이었다. 그래서 잊을 수가 없었다. 그날 우리는 선양으로 달리는 기차 안에서 우리 둘만의 결혼식을 올렸다. 집에 와 보니 과연 아무것도 챙겨 줄 형편이 못되었다. 그날 우리는 장모님이 준비해 주신 언 토끼와 둘째 형수가 사둔 돼지고기로 만두를 빚어 먹었다. 이 토끼는 노동절 때 정부에서 한 집에 한 마리씩 나누어준 것이다. 장모네 집에 식구가 네 명인데도 안 먹고 남겨 두었다가 우리에게 주면서 선양에 있는 사돈집에 가져가라 했다. 예단인 셈이다. 우리는 선양에서 이틀 밤을 지냈다. 허니문인 셈이다.

우리는 창춘으로 돌아오기 전에 큰형수에게 조선으로 돌아갈 여비로 쓰시라고 40원 드렸다. 1946년부터 과부로 지내셨던 큰형수의 표정을 보니, 몇 십 년 동안 같이 생활했던 시동생에게 할 말이 있는 것 같았다. 입에 올리지 못한 사정이 분명히 있었다. 한참 후에 장롱에서 내내 간직했

1962년 5월에 아버지(앞줄의 노인), 큰형수, 둘째 형수, 둘째 형, 필자 그리고 필자의 부인(뒷줄 왼쪽 첫 번째)이 같이 찍어 둔 사진. 사회생활을 하면서 조선족 젊은이들은 민족복장을 착용하지 않았지만, 노인과 여성의 복장에서는 민족적 전통을 유지하고 있다.

던 큰형 젊은 시절의 사진을 꺼내 보면서 "큰형이 아직 살아 있다면 오늘 아주 기뻐했을 것이다. 그랬으면 얼마나 좋겠어"라고 했다. 나는 전에 그 사진을 한 번도 본 적이 없었다. 그러면서도 "도선이 동서, 미안하오"라고 말하면서 도선에게 신발 한 켤레를 선물로 주었다. 말을 하면서 눈물을 흘렸다. 큰형수는 그야말로 이 세상에 가진 게 하나도 없는 사람이다. 아마 형수는 마음속으로는 이렇게 생각했을 것이다. '남편이 돌아간 뒤, 나는 봉걸(철수), 봉빈과 한 집안 사람도 아니고, 아버지 또한 아들 둘이나 곁에 있으니 난 필요 없는 사람이야.' 그래서 위험을 무릅쓰고 조선으로 도망가려 했던 것이리라. 어려서부터 함께 살아온 이 집에서 말이다. 그때 해성은 이미 조선에 있었고 큰형수와 경자도 출국수속 중이었다. 그런데 이 짧은 대화가 큰형수와 나의 마지막 작별인사가 될 줄은 몰랐다.

선양에서 창춘으로 돌아온 뒤, 장모님이 결혼식이 어땠냐고 물어봤다. 또 "비록 선양에서 결혼식을 치렀어도 창춘에서도 간단하게 축하연을 베풀어야 한다. 내가 벌써부터 준비해 두었다"고 말했다. 큰딸이 시집가는 데 조금이라도 성의를 보여야 한다는 것이다. 나는 이런 생각을 미처 하지 못했다. 그래서 학과 동료들과 동창 다섯 명을 초대하여 처갓집에서 과실주와 장모님께서 옥수수가루로 만든 조선 냉면을 대접했다.

반우경反右傾과 반성

지금까지 정부는 수천 년간 지속되어 온 빈곤에서 벗어나기 위해 모든 사람을 동원하여 이상적인 사회를 만들어보려 했다. 초심과 용기는 참으로 소중한 것이다. 당시 중국 사람들은 역사상 전례 없는 이러한 실험에 환상을 품기까지 했다. 결과적으로 봤을 때, 현실에 어긋나는 무모한 행동에 지나지 않았다. 실패의 쓴맛은 사람들에게 반성하도록 했다. 1960년대 초에 일어난 3년 경제난에 대한 반성과 함께 일부 경제 정책을 조절하였다. 농촌에서의 무료 집단급식을 폐지하고 단체소유제의 규모를 축소했으며, 또한 생산대를 기본 회계단위로 인민공사의 생산관계를 조절하는 등의 대책을 마련했다.

중앙의 '경제조절' 정책은 눈에 띄는 결과를 보였다. 즉 '가족도급제包産到戶'와 농가자영경제정책農家經營承包制 등 농민의 생산적극성을 활성화하는 정책들이 적극 실행되면서 국내 경제형세가 호전되고 상품의 공급량이 늘어나고 시장이 활발해졌다. 이때부터 사회상에서는 등시오핑鄧小平의 '고양이설貓論'이 점점 퍼져갔다. 먹는 문제가 호전되면서 돈이 있어도 물

건을 살 수 없던 상황이 반전을 가져와 물건은 있지만 돈이 없어 살 수
없었다. 그때 난 손목시계가 없어서 수업할 때 항상 사발시계를 교단 앞
에 놓고 썼다. 한동안 물리학과 학생들에게 합반 수업을 했는데 수백 명
이 계단교실에서 이 수업을 들었다. 처음에는 학생들이 모두 그 사발시
계를 보면서 웃었지만 두 번째 수업부터는 아무렇지도 않게 여겼다. 심
지어 "손목시계를 가진 사람이 몇 명이 안 돼. 선생님의 사발시계를 보면
수업이 끝나기까지 얼마 남았는지 알 수 있다"는 사람도 있었다.

1963년부터 1965년까지 국민경제는 더 빠른 속도로 회복되었다. 물가
가 꽤 안정되고 식량난도 완화되었다. 나는 결혼하고 창춘시 칠마루七馬路
에 있는 장모네 집에서 처가살이를 했다. 식구가 모두 5명이었다. 중학
교에 다니던 처재, 처남도 같이 살았다. 집은 해방 전에 지어진 건물로
방이 2개로 난방은 석탄으로 했다. 학교서 꽤 멀었지만, 다행히도 가스
가 있어서 밥하기는 편리했다. 장모님의 함자는 박옥봉朴玉鳳으로 도자기
공장에서 일했다.

당시 나의 월급이 62원이었는데, 전에 경제난 시기에는 이 돈으로 감
자 한 가마니밖에 살 수 없었다. 하지만 1965년에 들어서는 우리가 생활
하는 데 어려움이 없었을 뿐 아니라 다달이 10원씩 저축도 할 수 있었다.

새로운 경제정책의 비결은 금융을 긴축하고 물가를 안정시키고 시장
원리를 활용하는 데 있었다. 다들 이 정책을 추진한 국무위원 첸윈陣云에
대해 칭찬이 자자했다.

아버지께서 창춘으로 또 오시다

아버지가 두 번째 창춘에 왔을 때에는 큰형수가 이미 조선으로 돌아

간 뒤였다. 막내아들이 결혼 후에 어떻게 살고 있는지 궁금하셨던 것이다. 금방 오셔서는 여기에 오래 계시려 하셨고, 아예 선양으로 돌아가지 않으려고 하셨다. 여기에 계시면 선양에서와 마찬가지로 낮에는 집에 혼자 계셔야 했지만, 주변에 조선족 노인이 몇 명 있어서 늘 함께 이야기도 나눌 수 있었기 때문이다. 하지만 내 상황 때문에 아버지가 원하는 대로 되지 못했다. 독서를 좋아하시는 아버지께 조선어 책을 빌려 드리기도 했지만, 계시면서 막내의 생활이 수입이 적을 뿐더러 부담도 많다는 것을 아시고 반년만 머무시다 다시 둘째네로 가셨다.

아버지는 떠나시기 전에 이런 말을 하셨다. "네 에미가 살아 있을 때 상의했다. 무슨 수를 써서라도 유골을 평안북도 정주定州에 묻고 싶다고 했던 거 말이다." 아버지는 내 표정을 살폈다. 나는 어떻게 대답하면 좋을지 몰라 잠자코 있었다. 이어서 "아니면 조선 네 큰형수 집에 가 있을까?"라고 물었다. 예전에 횡도우천에 계실 때 아버지는 나한테 이렇게 말씀하신 바 있다. "고국 땅에서 영원히 잠들 수 있으면 얼마나 좋겠어." 아버지가 이번에 창춘에 온 목적은 막내아들과 이 일을 의논하는 것이었다. 아버지가 고향을 그리워하시는 심정은 누구보다 잘 알고 있지만, 나는 아버지에게 "생각을 너무 많이 하셨어요. 이런 생각은 그만하세요. 건강에도 좋지 않아요"라고 건성으로 대답했다. 아버지는 하고 싶은 말을 다 못하신 채로 선양에 돌아가셨다. 창춘을 떠난 지 3년 후인 1966년에 위암으로 영원히 우리를 떠나셨다. 그해 일흔다섯이셨다. 아버지의 생애는 우여곡절이 많았으므로 불안했던 동북아시아의 근현대 역사를 증명한 셈이다. 아버지는 노년에 이르러 새 시대를 맞이했고 아버지의 곁에는 두 아들이 있었다. 그럼에도 만년을 즐겁게 누리게 해 드리지 못한 것이 나를 가장 가슴 아프게 했다.

동북아시아 정세의 변화

1964년에 지린대학교에서는 중앙 교육부의 기획으로 일본문제, 조선 문제를 연구하는 연구소를 설립했다. 내가 연구소 선임 소장을 맡았다. 그때 교육부의 지시에 따라 연구소는 '동태動態적 연구가 아닌 정태靜態적 연구'를 주로 해야 했다. 내가 이해하기로 우리 연구실에서는 기초연구 와 전략적인 연구에 중점을 두는 것이다. 우리연구실에서 편집하고 출간 한 『조선문제자료』는 내부 간행물로 지정되어 중앙기관의 관련부서에 중요한 자료로 활용되었다.

연구실에는 양쉐충楊學忠, 리원쩌李文哲, 장보우런張寶仁, 쉬원지徐文吉, 차이티에진蔡鐵軍 등 연구원들이 있었는데, 이들은 연구소 설립초기에 상당한 작 업량을 소화해냈다. 그중에 조선 김일성종합대학의 준박사학위를 받은 연구원도 있었다. 후에 장세화張世和, 김승남金承男, 임명任明 등 조선족 연구원 이 보충되었다. 양쉐충 교수는 나와 동고동락을 하면서 문화대혁명이라 는 가장 어려운 시기를 보냈다. 또한 나는 그의 입당 추천인이기도 했다. 후에 그는 조선주재 중국 및 한국 대사관 참사관을 역임한 바 있다.

당시 일본문제, 조선문제 연구실은 모두 경제학과 산하에 설치되었다. 연구의 초점을 경제문제에 두었기 때문이다. 그때 나는 일본문제연구실 의 연구임무도 겸하고 있었다. 하여서 내 강의도 〈자본론강의〉 등 정치경 제학에서 세계경제학으로 전향했고, 부서도 세계경제학과로 옮겨졌다. 편의상 일본과 조선에서 수입한 간행물 자료와 도서를 접할 기회가 많이 생겼다. 일본의 〈중앙공론中央公論〉, 〈문예춘추文藝春秋〉, 〈동양경제〉, 〈조일 신문朝日新聞〉, 〈전위前衛〉, 〈적기赤旗〉 등 잡지와 조선의 〈노동신문〉, 〈민주 조선〉, 〈근로자〉, 〈조선문학〉, 〈천리마〉 등 잡지들이 그것이다. 이로써 일찍 배워둔 나의 모국어인 조선어와 일본어가 연구에 큰 도움이 되었다.

국제사회에서 뒤떨어진 현실

제2차 세계대전 후, 특히 1960년대 후 세계정세는 크게 변했다. 새로운 시대에 접어든 20여 년간 서양 각국이 체제와 구조를 조절함으로써 1950년대 후반부터 경제부흥을 맞이했다. 특히 일본은 전후의 혼란을 극복하고 성공적으로 경제회복을 이루었을 뿐 아니라 급속한 경제성장 시기에 진입했다. 1955년부터 1957년까지의 '신무경기神武景氣' 후 '수입배가계획收入倍加計劃'을 비롯한 경제부흥전략을 실행함으로써 경제의 고속성장을 이루었으며, 1964년에는 성공적으로 도쿄올림픽 개최, 도쿄-오사카의 신칸센 개통 등 경제 활성화의 극치를 이루었다. 일본 사람조차 생각을 못한 현실이다. 전쟁과 패배를 겪은 일본은 메이지유신 100주년이 되는 1968년에 이미 세계 제2의 경제대국으로 부상했다. 전례 없는 기적이라 해도 과언이 아니다.

과거 안둥성 당교에서 교육을 받는 동안, 나는 스탈린의 마지막 논저 『소련사회주의 경제문제』를 읽었다. 스탈린은 책에서 "레닌이 1916년 봄에 제기한, 주지하는바 자본주의는 부패하지만 총체적으로는 자본주의의 발전은 전보다 훨씬 더 빠르다는 관점은 여전히 유용하다고 단언하지 않을 수 없다"라고 지적했다. 계속해서 그는 "제2차 세계대전으로 인해 새로운 생산조건이 나타나면서 그러한 단언이 효력을 잃었다고 할 수 없다"라고 했다. 사회주의 진영이 생기면서 자본주의 세계의 위기는 한층 더 깊어졌기 때문이다. 스탈린이 책에서 이런 단언을 하고 있을 때 서양의 각국, 특히 제2차 세계대전에서 패배한 나라들의 벌써 경제부흥의 조짐을 보였기 때문이다.

제2차 세계대전 후의 정세를 어떻게 볼 것인가? 이 문제에 있어서 많은 사람들은 자본주의 경제(시장경제)의 운명을 과학적으로 이해하지 못했다. 당대 자본주의의 역사적 사명은 아직 끝나지 않는다는 걸 알아야 한다. 자본주의 제도 자체가 강한 '자아조절' 기능을 가지고 있기 때문이다. 현 단계에는 죽어가는 것도 아니고 완전히 썩어가는 것도 아니다. 하지만 이익만 탐내는 자본주의의 본바탕은 변하지 않는다. 많은 사람들, 지도자들까지 포함해 이런 이치를 똑바로 이해하지는 못했다. "어떠한 사회형태든 그 생산력이 발전할 여지가 있는 이상 절대로 소멸되지 않는다. 반면 좀 더 새롭고 높은 생산관계는 그가 기생할 만한 물질조건이 낡은 사회구조에서 완전히 성숙되기 전에 절대로 나타나지 않는다."[15]

마오쩌둥은 아직 새 정권을 건립하기 전에 이미 "신민주주의사회론新民主主義社會論"과 같은 훌륭한 정치사상과 노선을 제시한 바 있다. 사실상 신중국 성립 초기에 마오쩌둥이 제시한 이 노선대로 큰 성과를 거두었다. 하지만 1950년대 후반부터 중국이 자체생산력 발전단계를 초월하여 중국의 실정에 맞지 않는 엉뚱한 길을 한동안 걸었다.

중국은 어디로 갈 것인가. 깊이 생각했지만 답은 하나밖에 없다. 시대가 변함에 따라 중국도 변해야 한다. 배는 물을 거슬러 가면 앞으로 나아가지 못하고 오히려 뒤로 밀리게 된다. 이는 1960년대 세계 추세가 흘러가는 방향이었다.

---

15 마르크스, 『정치경제학비판』, 중국: 인민출판사, 1955, 3쪽.

문화대혁명과
나의 특수한 경력

동아시아 삼국을 살아온 이야기

배천 조씨(趙氏)의 디아스포라

조선족공사의 '4청四淸' 운동

1963년부터 1966년 5월까지 중국 농촌과 도시에서 사회주의 교육운동을 벌였다. 앞서 언급했다시피, 이를 가리켜 '4청운동'이라 하는데 주로 정치, 경제, 조직, 사상 등 네 가지 방면에서 문제를 청산한다는 뜻이다. 그런데 이 운동은 예상 밖으로 계급모순을 청산하고 반대파를 숙청하는 것으로 주를 이루었고, 이른바 '당내 자본주의 길을 걷는 실력파를 무너뜨리는' 데 초점이 맞추어졌다. 중국공상당 창춘시위원회의 배치에 따라 지린대학교의 정치이론 과목을 담당하는 교수들이 각각 공작대를 구성해 농촌인민공사에 파견되어 이른바 '4청운동'을 지도하였다. 나는 창춘시 지우타이진九台鎭 인민공사 조선족대대에 파견되었다. 내가 이끄는 공작대는 4명으로 구성되었는데, 나머지 3명은 경제학과 조선족 학생이었다. 우리는 말 그대로 1년 동안 기층에 내려가 사업을 진행했다. 오랫동안 선생노릇을 한 나로서는 당연히 스스로 단련하기 좋은 기회라 여겨 기분 좋게 부임해서 '4청운동'을 지도했다.

지우타이진 인민공사는 한족과 조선족이 어울려 사는 연합공사였다. 공사에 소속된 4개 대대 중에 하나밖에 없는 조선족대대를 나는 찾아갔다. 창춘시위원회가 나를 거기로 보낸 이유는 바로 내가 조선족이기 때문이었다. 이곳에 파견된 사람은 나 말고 인마허飮馬河 공사의 김사장도 있었다. 이번 인사배치에 조선족만 있고 한족은 없었다. 이 대대는 인마허를 물줄기를 중심으로 3개의 마을을 이루고 모두 벼농사를 했다. 약 70여 가구가 있었는데, 그중 한 가구만 한족이었고 야채를 전문적으로 재배했다.

나는 한족을 만나러 간 적도 있었다. 그는 30세를 넘은 산둥山東이 적관인 사람으로 부모님을 모시고 있었다. 그는 나를 보고 "여기서 나를 관리하는 사람이 없고 그냥 야채만 잘 키우면 돼요. 조선족들이 야채를 잘 키우지 못하거든요. 그래서 나한테 잘해 줘요"라고 했다. 내가 "여기 사시면서 무슨 문제가 있으면 말씀해 주세요. 해결해 드릴게요. 여기서는 그쪽이 오히려 소수민족이잖아요"라고 했다. 그러자 그의 아버지가 입을 열었다. "여기는 워낙 부잣집이 없고 다들 가난한 집안 출신들이어서 별로 문제가 없습니다"라고 하시더니 이어서 또 "여기 부녀대장의 사생활(생활 작풍)이 좀 그렇대요"라며 말을 덧붙였다.

언급된 부녀대장은 얼굴이 예쁜데다가 노래도 잘하거니와 여자들과도 사이가 좋았다. 남편이 조선독립군 출신이고 장기간 병상에 누워 있는 바람에 농사일을 못했다. 소위 '사생활이 좀 그렇다'는 것은 그녀가 부대장과의 불륜관계를 가리키는 것이다. 그런데 나는 이 문제가 이번 운동에서 해결할 문제는 아니라고 봤다. 후에 부대장이 공사 사원들의 불만을 많이 사 다른 공사로 옮겨 갔다. 그때 조선족은 못 살았기에 이사 다니기가 쉬웠다. 간다면 가는 것이다. 지우타이진 지도자와 만나 어떤 문제가 있냐고 물어봤더니 "술 좋아하고 노는 것 좋아하고 끼리끼리 뭉쳐서 다니는 것입니다. 말대로 똘똘 뭉쳐서 자기들만의 세계를 만들고 있는데 바늘 꽂을 틈도 없고 물 뿌려도 들어가지 않습니다"라고 대답했지만 구체적으로 뭐가 문젠지 꼭 집어 말하지 않았다.

사실상 우리는 이처럼 가난한 마을에서 경제적으로 자본주의 길로 가는 '주자파走資派'를 잡아서 숙청한다는 것은 하늘에 있는 별을 따기보다 더 어려웠다. 다시 김사장에게 어떻게 하면 좋을까 하고 물어봤더니 그는 "모두 가난한 형편이라 자본주의를 하고 싶어도 못할 겁니다. 게다가 자네가 대학교에서 왔으니 그들도 두려워하지 않지요. 자네가 돌아가면,

결국 자기네끼리 해결해야 할 테니까 너무 신경 쓰지 않아도 됩니다"라고 대답했다. "여기서 단독생산을 하는 사람이 야채를 키우는 한족 집밖에 없더군요. 근데 다들 그가 단독생산 하는 게 더 낫다고 합니다. 조선족은 야채를 키울 줄 모르거든요"라고 내가 말했다. 우리는 공사의 노동보수, 출납장부, 창고관리 및 단체자산 등 경제적인 문제를 검사하기 시작했다. 물론 일부 공사 간부는 재무상 기록이 분명하지 않은 상황에 정확한 판단을 하기는 어려우나, 간부 부패 등 문제가 꽤 심각하게 느꼈다. 하지만 그 대대에서 대놓고 자본주의 길을 걷는 간부는 발견하지 못했다. 조선족대대에서의 '4청운동'은 이렇게 무의미하게 끝을 맺었다.

이듬해 가을, 조선족대대의 대장이 나를 보러 왔다. 내가 사는 장모님의 집이 자기네 집과 별로 차이가 없는 걸 보더니 "대학교 선생이 얼마나 좋은 집에서 사는가 했더니 농민과 똑같은 집에서 살구나"라고 감탄했다. 나는 "아니, 농민이 더 좋은 집에서 살고 있어요"라고 말하며, 그가 제일 좋아하는 백주를 대접했다. 그가 이어 말했다. "당신이 간 후 다른 공작대가 또 와서 우리를 많이 괴롭혔습니다. 나를 '주자파'라고 모함하기까지 했습니다. 결국 야채를 심는 그 한족의 단독으로 야채를 생산하는 것을 꼬투리 잡아 그를 '자본주의의 꼬리'라고 지정해서 쫓아냈습니다. 참, 내가 자본주의를 한다면 지금처럼 이렇게 빈털터리가 되어 있을까요?"

모험적 발언과 초원에서의 교육혁명

1964년 여름방학, 지린성위 선전부에 의해 각 대학교 간부와 정치이론 과목을 담당한 선생들이 창춘시 동북사범대학교에 모여 두 달간 집

중교육을 받았다. 공식적으로 '64년정치과교사회64年全省理論課教師會'라고 했다. 나는 막 농촌에서 돌아온 정치경제학과 교수로 이 회의에 참석했고 또 회의 속보를 편집하는 일도 맡았다. 이것은 사실 대학교에서 개최하는 '4청운동'이었다. 주로 대학교 당위원회 지도자 내부의 문제를 청산하고 반대파를 숙청하는 것이었다. 이 회의는 성급 규모의 회의이므로 지린성위원회와 창춘시선전부가 공동으로 주최했다. 회의에서 청산할 주요 대상을 둘러싸고 치열한 토론을 벌였다. 지린성당위원회 서기 첸징파陳靜波는 서두에 이렇게 말했다. "이 운동은 주로 우수 중년 교사의 문제를 해결하는 것인데 이들을 통칭해서 '중자호中字号'라 한다." 이들과 관련해 두 가지 설법이 있다. 하나는 그들은 신중국 건립 후 공산당이 양성한 당원신분의 중년지식분자들로서 자본주의 복벽復辟을 시도했다고 하고, 다른 하나는 이들이 무산계급과 영도권을 다투는 주요 사회역량으로 지목되었다는 것이다. 그렇기에 당위원회에서는 이들을 위험한 인물군으로 여겼으며, 이를 '중년 교수 위험론'이라고 해석했다. 말하자면 당에서 숙청운동의 대상이 중년 엘리트로 전환되었다고 볼 수 있다. 구지식인이나 연로한 교수가 운동의 주요대상에서 제외되었기 때문에 숙청운동의 새로운 표적이 필요했던 것이다. 그래서 당내 많은 지도자들은 더 이상 운동 대상이 아닌 오히려 운동의 주력이 된 셈이다.

나는 농촌에서 '4청운동'을 지도하며 경험한 바 있기에 이 주장에 대해 의심을 품기 시작했다. 그래서 몇 명 젊은 교수와 함께 회의에서 대학교 첸징파 서기가 제기한 '중년 교사 위험론'에 이의를 제기했다. 즉, '중년 교사 위험론'은 당위원회 자체의 문제를 외면하려는 의도로 이는 사실 당 중앙의 '4청운동'방침에 어긋난다고 지적했다. 만일 '중년 교사 위험론'이 과연 문제가 된다면 그 책임 역시 당위원회 서기와 총장에게 있을 것이 아니냐고 반문했다. 나의 이런 발언은 당시 진행되고 있는 운동의 대상과 문제에 대한 '다른 목소리'로 지목되어 내부 속보速報에 실리게 되었고 열독 가능한 선에서 화젯거리가 되고 말았다. 그러자 지린대학교 당위원회는 내 발언이 정치적으로 문제가 된다고 여겼다. 어떤 정치문제인지 말하지 않았지만 회의를 마친 뒤 얼마 안 되서 나는 '4청운동' 공작대 자격을 박탈당했고 대학교 농장에 내려가 노동개조를 받으라는 지시를 받았다. 당시에는 이것이 곧 처벌이라 감히 공개하지도 못했다.

'4청운동' 공작대의 자격 박탈은 내가 회의에서 한 발언이 정치적으로 잘못되었음을 보여주려는 것이었다. 1966년 여름 '문화대혁명'이 막 시작되었을 때 경제학과 고우영구이高榮貴교수가 나에게 말해 주었다. 그때 '4청운동' 공작대에서 내 이름을 뺀 사람이 당 위원회 첸징파 서기라고.

이런 일이 1957년에 일어났더라면 나한테 분명히 '우파' 감투를 씌웠을 것이다. '64년 모험적인 발언'이 있은 후, 나는 '4청운동'의 대상이 1957년에 있었던 '반우파투쟁'과 다르다는 것을 깊이 깨달았다. 화살은 이미 당내 자본주의 길을 가는 '주자파走資派'에게 돌려졌다. 혁명의 대상이 바뀌었다는 것은 '문화대혁명'이 '반우파투쟁'과 완전히 다른 '혁명운동'이기 때문이다. 이렇게 1966년 6월, 나는 처음부터 대학교 당위원회의 반대편에 섰다. 따라서 나한테는 정치투쟁이 이미 불가피했다. '64년 모험적 발언'이 실제로 나에 대한 '문화대혁명'의 도화선이라고 할 수 있다.

얼마 안 되어 나는 또 판쟈툰範家屯에 있는 대학교 농장에 내려갔다. 반년도 안 되어 다시 내몽골 대초원에 위치한 치앤구얼루스前郭爾羅斯에 가서 '교육 혁명'을 하게 되었다. 끝을 볼 수 없는 대초원에서 쑹화강松花江의 한 지류가 흘러지나 수많은 비옥한 땅이 갈대 무성한 늪 속에 사라졌다. 이곳은 잘만 개발하기만 한다면 벼농사에 알맞은 논이 될 수 있을 것이다,

가능성이 많은 곳이다. 나는 거기서 노동과 가르침을 통해 '교육 혁명'을 수행했다. 1960년대부터 마오쩌둥은 문화교육 분야를 자산계급 지식인이 '천하를 통일하는' 진영으로 간주했기에 반드시 노동계급이 이 진영를 독차지해야 한다고 생각했다. 이런 까닭으로 지식인들을 동원하여 농촌과 공장에 가서 세계관을 개조하게 함으로써 교육과 노동을 결합시키려고 했다. 한편 지식인들은 노동으로 단련하면서 무산계급의 지식인으로 탈바꿈하게 해야 한다는 것이다. 학교 수업과 사회실천을 결합시켜 학교를 꾸리고 교사를 공장 농촌에 이관시키는 것이 바로 구체적인 현상일 것이다.

1965년 봄에 나는 3학년 학생을 데리고 내몽골 치앤구얼루시에 가서 논밭을 일구는 노동에 참가해 미개척지의 초원을 개간하여 자력갱생自力更生하였다. 그때 10여 명 선생과 60여 명 학생이 합숙하면서 어려움을 함께 이겨내고 고락을 같이했다. 갈대를 베어 땔감으로 해서 밥을 지었고, 묵을 집도 우리들이 힘과 지혜를 모아 지었다. 이곳은 동북지역에서 가장 북쪽이라서 겨울이 되면 기온이 항상 영하 30도였다. 이처럼 열악한 환경에서 학생과 교수가 공부와 연구를 할 수 없다는 것이 안타까울 뿐이었다. 과연 이런 방식으로 교육하는 것이 바람직한 것인가? 이런 교육이 성공할 수 있을까? 아마 누구도 믿지 않을 것이다.

그 시대는 자기 생각이 '감옥'에 갇힌 시대라 누구도 회포를 털어놓을 수 없었다. 그래서 매일 죽어라고 일하고 일주일에 두 번씩 강의했다. 대부분 농한기나 야간을 이용해서 강의했다. 1년 동안 육체적으로 많은 고생을 하고 정신적으로 초긴장 상태로 지냈지만 그럼에도 불구하고 나는『자본론』강의를 모두 마쳤다. 필수과목인 만큼 학생들의 관심도 높았다. 그들은 노동이 없는 시간에 열심히 책을 읽고 강의를 들으면서 난

해한 마르크스의 경제이론을 습득했다. 이밖에 농업경제론, 통계학, 마오쩌둥사상, 중국경제사 등 전공과목도 그 초원에서 개설되었다. 참 독특한 교육 실천의 현장이었다.

그때 나는 이렇게 생각했다. 인민공사화 및 교육혁명 등의 정책을 통하여 농촌과 도시, 농업과 공업, 정신노동과 육체노동 간의 차별, 즉 '3대 차별'을 해소함으로써 확실히 자본주의의 착취제도를 소멸시키려는 것이구나. 농촌으로 산골로 내려간다는 의미의 '하방下放' 또는 '상산하향上山下鄕'운동은 바로 차별을 없애는 데 목적을 두었다. 즉 사회 전체를 공, 농, 문文, 무武를 융합하는 하나의 '혁명대학교'로 개조하려는 것이다. 달리 말하면 '혁명대학교'는 자산계급 지식인을 무산계급 지식인으로 개조시키는 수단이었다. 1966년 5월 7일에 마오쩌둥이 편지에서 이런 구상을 했다. 이를 '5·7지시五·七指示' 혹은 '5·7도로五·七道路'라고 일컫는다.[16] 그때 '하향'을 갔던 간부와 교사를 가리켜 '5·7전사五·七戰士'라고 불리기도 했다. 아마 이것이 바로 마오쩌둥이 추구하는 새로운 사회의 비전이다.

내가 내몽골 대초원에서 실시했던 교육혁명은 틀려도 어디가 틀린지를 모르는 무모한 실천이었다. 배운 것이 없는가 하면 그렇지도 않았다. 있다고 하면 결국 길을 잃어버린 것이다. 대약진시대부터 나는 항상 이런 정신 상태로 정치운동에 연달아 참여했고 휘말려 들었다. 내 주변 동료들도 나와 같은 느낌으로 단지 차이만 좀 있었을 것이다.

---

16 5·7지시: 1966년 5월 7일자로 마오쩌둥 주석이 당시 중앙 부주석 린비오(林彪)에게 보낸 편지를 말함. 이 편지에서 모우는 전국의 모든 업계에서 '대학교(大學校)'를 만들어 자력갱생을 요구했고 자본주의와 자산계급을 비판. '5·7지시'는 문화대혁명기간에 중국의 교육방침으로 시행됨에 따라 중국의 교육제도와 교학질서는 일대의 혼란을 초래.

나의 첫 번째 '대자보大字報'

1966년 5월 중순 어느 날 지린대학교에서 중공당사를 가르치던 초우중빈曹仲彬교수가 우리 집에 와서 베이징 '문화대혁명' 얘기를 했다. 그는 베이징 사람이다. 한 장의 대자보를 꺼내 나에게 보여 주었는데, 그것은 격렬한 필치로 첸징파陳靜波 서기를 지린대학교의 '주자파'로 지목한 내용이었다. 그는 또 말하기를 "내가 왕바이천王百川, 짱수강張守剛, 쿵치엉민孔慶明 교수들과 상의를 했소, 이 대자보를 내다 붙이려 하는데 그대도 참여했으면 좋겠소. 동의하면 서명하시우"라고 했다. 이 몇 명은 모두 전에 '64년 정치과 회의' 참여자들로, 그들은 첸 서기에게 불만을 가지고 있었다. 나는 초우중빈 교수에게 이렇게 대답했다. "대자보를 붙이는 것에는 동의하지만, 이 대자보의 내용과 제목에는 동의하지 않소. 지금 첸 서기를 주자파로 지목했지만 신빙성 있는 증거가 없지 않소." 내가 이렇게 말하자 그는 "그렇다면, 이것을 수정하거나 다시 작성해도 좋소"라고 했다. 즉 내가 꼭 참여해서 교원의 대자보를 내붙여야 한다는 뜻이었다. 이렇게 되어 내가 작성하고 교수 7명이 함께 토론해서 만들어 낸 대자보가 대학교 본관 입구에 나붙게 되었다. 제목은 이렇게 달았다. "첸징파 서기에게 묻는 열 가지 질문, 지린대학교 당위가 이번 운동에서 어떤 노선을 집행하는가?" 이것은 문화대혁명기간에 지린대학교 교수가 작성한 첫 번째 대자보였다. 대자보에서 첸징파가 주자파라는 말을 하지 않았다. 마지막에 이렇게 호소했다. "중공 창춘시위원회가 재빨리 공작조를 파견해 지린대학교의 4청운동을 잘 하도록 지도해야 한다." 나의 이러한 행동은 사실 '모험적 발언'과 관련되어 있었다. 어떻게 보면 '64정치과교사회'의 정신의 연속이었다.

우리는 모두 공산당원의 신분을 가진 교수였다. 그렇기에 우리의 발언이 당시 정치적 분위기에서 어느 정도 영향이나 충격을 줄 것이라 생각했지만 후폭풍이 그렇게 크게 일 줄은 예상 못했다. 이 대자보를 둘러싸고 학내에서 '지지파'와 '반대파'로 갈라지면서 치열한 토론이 벌어졌다. 일부 간부와 교원은 이 대자보를 반당反黨의 '우파 대자보'로 지목하고 우리를 비판하는 대자보를 연이어 붙였다. 대부분 교원은 중립을 지키고 관망의 자세를 취했다. 그런데 많은 학생들은 오히려 이 대자보를 지지하는 태도를 보였다. 전에 어떤 학생이 이미 첸징파를 주자파라고 비판하는 대자보를 붙여 놓은 적이 있었다. 얼마 안 있어 중앙기관지 신화사新華社에서 중앙인민방송국을 통해 베이징대학교 교수의 대자보 전문을 보도한 사실이 있는데, 이는 내가 대자보를 붙인 후의 일이었다. 이 일이 있자 내 대자보를 의심했던 사람들은 다시 침묵을 지키거나 지지하는 쪽으로 태도를 전향했다.

모든 것을 의심하고 모두를 무너뜨려라

신화사에서 중앙인민방송국을 통해 베이징대학교 7인의 대자보를 보도하면서 문화대혁명 운동은 전국적 범위로 확산되는 단계로 진입했다. 이런 형세에서 문화대혁명에 앞장섰던 홍위병紅衛兵은 즉시로 두 갈래로 나뉘어져 파벌 전쟁을 시작했다. 두 갈래는 홍위병의 학교 당위원회에 대한 태도를 기준으로 '조반파造反派'(즉, 혁명파)와 보황파保皇派(즉, 보수파)로 나누어졌다. 문화대혁명은 시작부터 끝까지 홍위병의 투쟁을 주선으로 해서 전개되었다. 그때부터 홍위병은 운동의 핵심역량으로 부상했고 운동을 이끄는 주력이 되었다. 소위 '홍위병'이란 '마오쩌둥 주석의 홍색위병紅色衛兵'이라는 말에서 따온 것이다. 지린대학교에서 처음으로 '마오쩌 둥사상 홍위병'이 나타났고 후에 또 '홍색조반대군紅色造反大軍'이 형성되었 다. 두 파벌 간의 전쟁은 한 하늘을 이고 공존할 수 없는 정도로 계속 심각했다.

우리가 대자보를 써 붙인 후 얼마 안 되어 창춘시위원회가 대학교 운 동을 지도하기 위해 리이핑李一平 서기를 단장으로 한 공작조를 파견했다. 이것은 베이징시 위원회에서 베이징대학교에 공작조를 파견한 것과 같 은 형태이다. 사태를 파악하고 혼란을 통제하며 운동을 질서 있게 진행 하도록 하는 것에 목적을 두었다. 창춘시위원회가 지린대학교로 공작조 를 보내는 사실로부터 이때까지 운동의 지휘시스템이 제대로 돌아가고 있음을 알 수 있다. 지금까지 혁명파의 저지를 별로 받지 않았다. 하지만 얼마 안 되어 지린대학교에 파견되어 온 공작조를 성격을 놓고 홍위병 의 두 개 파벌 사이에 심한 의견대립을 있었다. 곧이어 공작조를 지지냐, 반대냐 라는 모순으로 승격되어 보수파와 혁명파 간에 심각한 논쟁을 벌였다.

원래 보수파와 혁명파의 모순은 운동과정에 있어서 '주자파'를 반대하 는가 아니면 지지하는가에 따라 자발적으로 나누어졌다. 하지만 이번엔 공작조에 대한 태도 역시 서로 달랐다. 혁명파의 홍위병들은 공작조를 '주자파'로 보고 운동의 걸림돌이라고 여겼다. 그래서 당위원회를 비롯한 공작조까지도 모두 제거해야만 혁명을 철저히 할 수 있다고 주장했다. 이 때문에 홍위병 운동은 당의 지도를 거부하고 심지어 반대하는 방향 으로 나가게 되었다. 나는 이것이 잘못된 것이고 아주 위험하다고 생각 했다. 그렇지만 지린대학교에 파견된 공작조는 교수와 학생 다수의 지지 아래 예정된 지도를 진행했다.

당시 보수파는 단지 첸징파 서기를 지지하는 부류를 가리켜 생겨난 말인데, 모든 간부를 지지하는 것은 아니었다. 엄밀히 말하면 운동이 발전되면서 참된 의미에서의 보수파는 점차 사라졌다. 학내외의 모든 조직이 '혁명파'나 '조반파'라고 자칭했다. 당시의 정치적 형세가 대체로 '반란에 일리가 있다造反有理'거나 '반란하는 것은 영광스럽다造反為榮'는 방향으로 기울어져서 누구도 감히 보수이라는 '허울'을 쓰기 싫어했기 때문이다. 또한 당시 홍위병은 젊은이로 구성되어 있었고 사실 이들은 누가 '주자파'인지? '주자파'가 무엇인지조차 잘 몰랐다. 아무 것도 모른 채 의심부터 먼저하다보니, '문화대혁명'은 금방 '모든 것을 의심'하는 운동으로 바뀌었다. 비판의 대상이 어떤 사람인지 관계없이 일단 '주자파'로 인정하도록 하는 것부터 시작했다. '주자파'인지 아닌지 운동하면서 다시 결론을 내리자는 것이다.

그래서 이 운동은 '모든 것을 무너뜨리는' 방향으로 점차 발전하고 지속적으로 전개될 수밖에 없는 치명적인 한계성을 보여줬다. 하지만 모든 조반파와 홍위병은 마오쩌둥을 굳게 믿고 옹호했다. 보수파이든, 혁명파이든 상관없이 두 갈래의 홍위병들은 마오쩌둥의 혁명노선이라는 이 큰 깃발을 높이 든 것을 보면, 아마 모두 '마오쩌둥파毛澤東派'가 아닌가 싶다. 즉 마오쩌둥의 권위는 무엇보다도 높았으며 거의 신격에 닿았다. 그러다보니, 보수파와 혁명파의 홍위병 간에 투쟁은 누가 마오쩌둥 노선을 더 충실하게 따르는지에 초점을 두었다.

최초의 홍위병 조직에 교사가 포함되지 않았는데 운동이 전개되면서 젊은 교사도 흡수되었다. 교사의 가입에는 별 규정 없이 홍위병 담당자의 허락만 받으면 되었다. 홍위병의 조직에 가입한 교사들은 운동에 대한 태도와 인식에 따라 다른 홍위병 조직 활동에 참여했다. 하지만 어느 홍위병 조직에 가입하든 운동 상대, 즉 '주자파'에 대한 태도에 따라 자유롭게 선택했다. 누구도 억지로 참가하라고 하지 않았다.

그런데 나이 지긋한 교직원과 일부 간부는 이 운동에 직접 참가하지 않은 사람도 적지 않았다. 이처럼 참가하지 않은 사람을 '소요파逍遙派'라고 일컬었다. 지린대학교의 체육관에 대자보 붙이는 곳을 따로 설치해 놓았다. 거기에 가면 거의 매일 베이징과 전국 각지에서 전해 온 문화대혁명에 관한 다양한 정보를 접할 수 있었다. 날마다 대자보를 보는 것이 그들에게는 주된 일과가 되어 버렸다.

당 위원회를 제치고 혁명을 하다

'문화대혁명'의 가장 큰 특징의 하나가 바로 당 조직의 지도역할 상실과 사회여론의 분열이다. 사회여론의 분열은 당 조직이 지도역할을 잃은 결과이기도 하다. 홍위병의 말대로 하면 '당 위원회를 제쳐 놓고 혁명을 한다'는 것이다. 과거 '57년 반우파 투쟁'의 경험에 의하면 이런 구호는 전형적인 우파적 언론이다. 그런데 이 시대에 와서는 하나의 멋진 혁명 구호가 되어 버렸다.

홍위병 조직이 분열된 것은 사회여론이 분열된 표현이다. 사회의 다른 단체나 집단에서도 이 운동의 옳고 그름을 둘러싸고 의견이 대립되었다. 이런 것들은 모두 홍위병의 문화대혁명 논변, 각 파벌 간의 투쟁과 밀접하게 연관되어 있었다. 지린대학교에서는 이런 논쟁을 3차례나 벌였다. 1차는 앞서 언급했던 대학교 내부 문제, 즉 대학교에서 누가 '주자파'인지를 둘러싸고 벌어진 논쟁이다. 이 논쟁은 가장 치열했는데 6월부터 7월 사이에 벌어졌다. 2차는 8월에 있었는데 창춘시 당위원회의 공작조를 지지하느냐 반대하느냐에 관한 논쟁이다. 주로 학교 외 시 당위원회 및 지린성 당위원회의 문제를 놓고 진행했던 논쟁이다. 3차는 당 중앙의 문제, 즉 류샤오치劉少奇, 덩샤오핑鄧小平 및 다른 중앙 지도자들의 문제를 둘러싸고 벌어진 논쟁이다. 3차 논쟁은 1, 2차 논쟁의 연속이라고 했지만 '문화대혁명'과 관련된 기본문제에 대한 대논쟁이었다. 세 차례의 논쟁은 모두 1966년 후 반년에 집중적으로 진행되었다.

그렇지만 실제로 류샤오치와 덩샤오핑, 그리고 기타 중앙 지도자 내부의 문제가 공개되었어도 이견을 제기하거나 토론을 펼친 사람은 별로 없었다. 학교에서 벌어진 1, 2차의 논쟁이 내게 더 직접적이고 치열했다. 이 두 번의 논쟁에서 내가 선두에 섰기 때문이다. 1차 논쟁에서 나는 그릇된 방향에 서서 입장 표현을 잘 못 했다. 2차 논쟁, 즉 창춘시 당위원회의 공작조를 어떻게 보느냐 하는 문제로 벌어진 논쟁에서 나는 방향을 바르게 확실히 잡았다. 공작조가 아직 대학교에서 철수하기 전에 치열한 논쟁을 펼쳤다. 이 논쟁에서 내가 공작조를 지지하는 입장에 서서 전교에서 유명한 '보황파保皇派', 즉 보수파로 되었다.

문화대혁명이 시작되자마자 대학교 당위원회 서기와 총장이 주자파로 몰렸고 많은 행정간부들이 홍위병에게 심사를 받으면서 대학교 지도부의 시스템이 마비되었다. 그렇게 되자 대학교에서는 임시 '문화대혁명 지도소조指導小組'가 생겨났다. 대학교의 지도자 및 공작조가 기능을 상실하고 권력의 공백이 나타난 상황에서 임시조직이 생겨난 것이었다. 지도소조 구성원은 각 학과의 전체교직원 가운데 선거하여 선출되었다. 경제학과에서는 내가 팀장이 되어 5인조로 '지도소조'를 구성했다. 혼란한 무정부 상태에서 5인조가 주로 학과의 일상적인 사무와 운동관리 등 업무를 맡아 보았다. 교직원에 대한 관리와 일상의 유지는 우리가 할 주요

임무였다. 비록 기간은 짧았지만 뜻밖에도 내가 '문화대혁명 지도소조'의
조장을 맡게 되었다.

물리학과 변론대회

전국적으로 '문화대혁명'이 한창 심도 있게 전개되고 있을 무렵, 나는
물리학과의 홍위병들이 연명으로 서명한 '도전장'을 받았다. 그들은 공개
변론회의를 하자는 것이었다. 그들은 벌써 대학가 중심지역에 대자보를
붙여 변론대회의 날짜와 장소, 주제 등을 알렸다. 20여 명의 학생이 공동
서명했는데 그중에는 내가 가르친 학생도 있었다. 그들은 목전 형세하에
교원의 영향력을 무시해서는 안 된다고 여기고, 변론대회를 통해서 교수
들에게 전국 형세를 알리고 시비를 가르며 교수들의 보수적인 태도를
바꾸어 보려고 시도한 것이라 했다. 나는 이 일을 가지고 학과의 '지도소
조' 구성원들과 상의를 했는데 그들은 대체로 도전장 접수에 반대의견을
보였다. 결국 도전에 응하자는 합의를 보지 못했다. 비상시기에 학생과
의 논쟁은 바람직하지 않다, 물리학과 학생들이 베이징 정세를 잘 알고
있는 것을 보면 분명히 그 배후가 있을 것이다 등등의 견해들이 거론되
었다. 결국 나는 '지도소조' 구성원들의 지지를 받지 못한 채 혼자 대표로
변론대회에 참가했다.

지린대학교 물리학과는 교내에서 학생이 가장 많은 학과였다. 그날
변론대회는 교양수업용으로 사용되던 대강당에서 열렸는데 교원을 포
함해 총 2천여 명이 모였다. 회의장은 학생들로 꽉 찼다. 변론대회의 주
제는 중국공산당 창춘시위원회가 지린대학교로 공작조를 보내는 것이
'반동노선'인가, '혁명노선'인가 하는 것이었다. 여기에 참여한 일부 학생

은 베이징대학교에 입주한 공작조가 류샤오치와 덩샤오핑이 '조반파를 진압하려는 음모이다'라는 정보를 이미 입수하였다. 나는 이 정보에 별로 신경 쓰지 않고 내가 작성한 대자보의 관점을 끝까지 견지했다. 문화대혁명은 반드시 공산당의 지도 아래 진행되어야 하고 '주자파'를 몰아내는 것은 곧 당의 지도를 진일보 개선하는 특별한 방식일 뿐이다, 위에서 파견한 공작조는 당을 대표하는 것이라 주장했다. 그러니 공작조를 부정하면 당의 지도를 반대하는 것이라고 주장했다. 그러나 참석자 대부분이 창춘시에서 파견한 공작조를 비판하는 데 동조하면서, 이 공작조는 자산계급의 반동노선을 추진했다고 여겼다. 회의에서 장웨이다張維達교수만 짤막하게 공작조를 지지하는 발언을 했다. 그 밖에는 나의 관점에 찬성하는 사람이 한 명도 없었다. 사실상 당시 공작조의 구성원들도 회의장에 있었지만 발언하는 간부는 하나도 없었다. 훗날 홍위병에게 비판받을까 두려워 발언을 못하는 것일지도 모른다. 모종의 의미에서 보면, 당시 상황에서 나의 이러한 태도 역시 그 시절의 현실을 직시하지 못한 소견이었다고 볼 수 있다.

그 후 대학교의 조직이 극도로 혼란에 빠지게 되면서 내가 책임지고 있던 학과의 '지도소조'가 해산되었고, 공작조 역시 지린대학교에서 철수하고 말았다. 당시 학교에서 혼란한 사태를 통제할 수 있는 것은 홍위병 조직 외에 다른 조직은 없었다.

그때 지린대학교의 교직원은 대체로 다음 몇 가지 부류로 나눌 수 있다. 첫째 부류는 소외된 지도자들이었는데, 그들은 묵묵히 심사를 받고 반성을 강요당하고 있었다. 둘째 부류는 역사적 오점 또는 기타 문제를 가지고 있는 중, 노년층 교수였다. 셋째 부류는 젊은 교직원들이었는데, 이들은 갓 취직해서 별로 문제가 될 것이 없었다. 그렇기에 이들은 홍위병의 지시에 따라 운동에 나갔다. 나도 한동안 이 부류에 속해 있었다. 넷째 부류는 홍위병과 일정한 거리를 두고 교정의 여기저기에 붙어 있는 대자보를 보지만 거기에 아무런 태도를 표하지 않는 '소요파'라 일컫는 교직원들이다. 그 밖에 학교가 정상운영이 되지 않는 기회를 타서 영어나 러시아어 등 외국어를 공부하면서 원하는 일을 실컷 해보는 사람도 가끔 있었다. 이들은 장래에 대한 예견을 가지고 있는 교원들로 역시 '소요파'에 속한다. 중, 노년층 교수들 중 30% 이상이 이런 상태를 유지했다.

시위원회 공작조가 철수한 뒤 지린대학교 교내에서 갑자기 '귀신을 타도하자鬪鬼'라는 운동이 일어났다. 여기서 말한 '귀신鬼'은 다름 아니라 소위 문제가 있는 학교 간부와 교수를 가리키는데 이들에게 또 '흑오류黑五類'라는 별명도 붙었다. '흑오류'는 주로 총장과 당위원회 서기를 비롯한 학교의 지도층 인물, 1957년에 정해진 우파, 역사적인 문제를 지닌 노교원 등을 가리킨다. 홍위병이 주도한 '귀신과 싸우자'는 운동은 일찍이 국내 전쟁 때 벌어졌던 '지주를 투쟁하는 운동'과 흡사했다. 마오쩌둥이 쓴 논문 「호남湖南 농민운동에 대한 고찰보고」에서 지적한 바 있는 농민이 지주를 투쟁하는 방법으로 간부와 교사를 대하는 것으로, 이들을 아예 '귀신'으로 삼아 비판한 것이다. 홍위병은 이런 수법으로 '귀신'들에게 높다란 고깔모자와 박스를 씌웠을 뿐 아니라 검은 잉크로 얼굴에 낙서하기까지 했다. 당시 유명한 경제학자이자 학과 주임을 지냈던 관명쥐에關夢覺 교수도 이런 조롱을 당했다. 경제학과 40여 명 교수 가운데 무려 10여 명이 소위 '귀신을 타도하자'는 투쟁의 표적이 되었었다.

이번 운동과 투쟁은, 베이징대학교의 경험에 따라 진행된 것이라 하는데, 과연 누가 그 투쟁 대상을 정하는지는 알 수 없었다. 관명쥐에 교수는 나에게 『자본론』을 가르쳐 준 스승이셨는데, 홍위병은 그분이 역사적인 문제가 있다고 내몰고 그의 개인 서류档案을 모두 대자보에 적어서 일반인에게 공개했다. 홍위병의 조롱을 당한 관 교수는 수모를 참을 수 없어 수면제를 대량으로 삼키고 자살을 시도했다. 다행히 사모님이 일찍 발견해 급히 병원으로 옮겨 응급치료를 받고서야 살아났다.

'귀신을 타도하자'라는 운동이 있은 뒤, 학내 홍위병들의 파벌투쟁이 더욱더 가열되어 '무장투쟁'으로 번졌으며 실제로 칼과 총을 들고 싸우는 난투극이 벌어지기도 했다. 그리고 적지 않은 학교 간부와 교원들이 홍위병에게 격리되고 심사받게 되었다. 이쯤 되니 학교에서 더 나아가 중국 전역이 명실상부한 난세에 진입했다. 원래 공산당 내의 '주자파'를 몰아내는 것을 목표로 일어났던 '문화대혁명'은 이때에 이르러 어찌된 영문인지도 모르게 그 투쟁 대상을 당 외 민주인사에까지 확대시켰다. 투쟁이 관명주에 교수님에게로 확산된 것을 보면 그렇다. 실제로 당시 관 교수님은 전국정치협상회의위원全國政治協商會議委員이고 전국민주동맹부주석全國民主同盟副主席이며 지린대학교민주동맹주임위원吉林大學校民主同盟主任委員로 공산당이 중요시하는 민주인사였다. 결국 '귀신을 타도하자'는 정치운동은 지린대학교에서 겪은 '문화대혁명' 가운데 발생한 가장 중대한 사건이었다.

홍위병의 '대연동大串聯'에 참여하다

내가 대학교에서 '무소위無所爲'로 가만히 있을 수밖에 없는 처지에 있을 때, 전국적으로 홍위병의 '대연동大串聯'이 일어났다. 1966년 8월에 접어들면서 '문화대혁명'이 한층 업그레이드되어 전국으로 퍼지기 시작하고, 거기에다 발전을 거듭하며 이제는 정권을 탈취하는 단계에 이르렀다. 중국

전역에서의 교류를 의미하는 '대연동'은 '문화대혁명'이 새로운 국면을 맞이했다는 뜻이다. 일찍이 볼 수 없었던 혼란한 사회 분위기가 지속되는 가운데 문화대혁명 운동이 더욱 깊이 확산되었다는 말이다. 이를 대변하는 중요한 징표가 곧 수백만 명의 학생들이 대규모적으로 '대연동'을 이루며 교류했다는 것이다.

그때 '조반파'들에게는 '대연동'을 위해 모든 교통수단을 무료 탑승할 수 있는 혜택이 주어졌다. 이에 대하여 철도부 고위층과 중앙의 원로元老들이 일어나 강력하게 반대했지만, '중앙문화대혁명소조'에 의해 저지당했을 뿐 아니라 오히려 이를 홍위병의 운동에 방해가 되는 '반동노선'이라 몰아세워 철도부의 '주자파'로 지목당해 면직되기까지 했다. 그 후부터 항공권을 제외한 여타 교통수단은 모두 무상으로 홍위병에게 제공되었다. 홍위병이라고 하면 기차, 버스, 선박을 마음대로 타고 '대연동'운동을 벌였다. 학교 내에서 교수들도 '차용증借條'만 적으면 공짜로 식사할 수 있었다.

1966년 8월 18일 마오쩌둥이 톈안먼 광장에서 100만 명의 수도 홍위병을 접견하였다. 이를 계기로 전국 홍위병 '대연동'이 절정에 도달했다. 그 뒤 1966년 8월 18일부터 11월 26일까지 기간에 마오쩌둥이 톈안먼 광장에서 여덟 번이나 전국 각지에서 온 홍위병을 접견하였는데, 모두 130여만 명이나 되었다. 이로 인해, 이해 9월 5일 중앙정부와 국문원에서는 전국의 홍위병 대표들을 베이징에 초대하도록 건의하면서 '대연동'에 가세했다. 즉, 대학생 전원, 중학생은 10명 중에 1명, 교직원은 50명 중에 1명꼴로 무료로 베이징에 초대되어 문화대혁명의 경험을 교류하도록 하는 것이다. 그 결과 철도수송이 극도로 혼잡하게 되었고 국가의 재정 또한 커다란 부담을 안게 되었다. 정상적인 물자유통의 질서가 무너지고 심지어 국민경제의 발전에 심각한 영향을 끼치게 되었다.

홍위병들은 '대연동'에서 수많은 구호를 불렀는데, 그 가운데 '온갖 잡귀신들을 쓸어버리자橫掃一切牛鬼蛇神', '낡은 세상을 부수어버리고 새로운 세계를 건설하자砸爛舊世界, 創造新世界' 등이 있었다. 심지어 당시 주요 일간지 《인민일보》는 '온갖 잡귀신을 쓸어버리자'는 주제로 사설을 발표하기도 했다. 홍위병이 모든 낡은 전통과 문화, 낡은 세상에서 물려받은 모든 것과 철저하게 부수어버리고 결별하자는 호소도 했다. 전국 각지에서 전통이 살아 있는 유적과 명승지가 여지없이 파손된 것도 바로 이때부터였다. 이와 같이 '문화대혁명'은 역사와 전통의 계승을 단절시키고자 시도된 것으로 전통문화에 대한 철저한 부정을 전제로 하였기에, 결과적으로 중국의 문화사업 발전에 만회할 수 없는 악영향을 미쳤다.

내가 '대연동'에 참여하게 된 것은 1966년 10월경이다. 대학교 교수였으니 당연히 '구린내 나는 아홉 번째臭老九' 부류에 속한 사람이다. 나는 3학년의 홍위병을 찾아갔다. 그들은 나와 내몽골대 초원에서 같이 '교육혁명'을 진행했던 학생들이다. 내가 그들에게 『자본론』도 가르쳐 주었는데 그때 학생 중에 홍위병의 조반대군을 책임진 학생도 있었다. 내가 그에게 "나도 전국 각지에 다니며 다른 지방에서 문화대혁명을 어떻게 하고 있는지 구경하고 싶구나. 그래도 될까?"라고 물어봤더니 시원스럽게 허락했다. "안 될 리가 없지요. 제가 소개서介紹信를 발급해 드리겠습니다. 같이 가줄 인원은 선생님이 채워 보세요." '대연동'에 나와 같이 갈 선생님을 내가 선정했다. 짱시엔춘張賢淳, 양수에충楊學忠, 차이친蔡鈐, 런원시아任文俠, 고우롱귀高榮貴, 리우추안옌劉傳炎 등 교수들이다. 이들 중 연세가 지긋한 교수도 있었다. 이들 이름을 호명하자 홍위병 간부 학생은 "괜찮아요. 모두 우리 조직을 지지하는 분이군요"라고 하면서 소개서를 만들어 주었다.

그 소개서를 지니고 우리 7인조는 출발했다. 베이징에서 중관촌中關村에 위치한 모 대학교 숙소에 묵었다. 그리고 베이징 내 몇몇 대학교를 돌아다니면서 대자보들을 훑어봤다. 놀랍게도 거기에는 당 중앙 내부의 기밀문서 및 마오쩌둥의 내부연설 등 기밀자료들이 공개되었다. 심지어 마오쩌둥이 '소련정치경제학교과서蘇聯政治經濟學敎科書'에 관해 했던 연설문도 거기서 볼 수 있었다. 베이징의 홍위병들은 이런 내부 자료를 복사해서 헐값으로 팔고 있었다. 나는 귀중한 보물을 발견한 듯 여겨 그 자료들을 모두 구입해 두었다. 홍위병의 대자보에서 지린성위원회 서기 조우림趙林 등이 국민당에게 잡힌 후 석방된 사실도 발견했다. 이런 사실을 통해서 창춘지역의 조반파가 지린성위원회 서기인 조우림을 비판한 대자보가 역사사실에 부합하지 않은 것도 알 수 있다. 베이징대학교의 대자보를 보면서 뜻밖에도 쨩칭江靑과 마오쩌둥이 결혼 전에 상하이에서 찍은 사진 및 그녀에 관한 사생활도 발견할 수 있었다. 명성이 아주 높은 '중앙문화대혁명소조'의 최고담당자에 관한 문제도 홍위병들에 의해 드러났으며, 이는 사람들에게 엄청난 충격을 주었다. 많은 사람이 모여 쨩칭이 여배우였을 때의 사진을 봤다. 내가 쨩칭에 대한 문제를 알게 된 것도 그때였다. 온 세상이 어지럽게 돌아가던 그 시대에는 주석의 부인 쨩칭이라도 '도끼 들어 제 발등 찍는' 변을 면할 수 없었다.

나는 전국 각지에서 모여든 홍위병의 대열 속에 끼여 톈안먼 광장에 가서 마오쩌둥의 사열을 받았다. 이때는 마오쩌둥이 마지막으로, 즉 제8번째로 홍위병을 만나 준 시기였다.

베이징에 며칠 머물다가 우리는 기차를 타고 중국에서 제일 남쪽에 위치한 광주로 향했다. 광주에 도착한 뒤, 우리는 국공합작 시기의 황푸군관학교黃浦軍官學校, 마오쩌둥의 농민운동 강습소講習所, 그리고 쭝산대학교

中山大學 등을 구경했다. 거기도 베이징과 마찬가지로 곳곳에 대자보를 붙여 놓았고 곳곳에서 '주자파'를 비판하고 투쟁이 한창이었다. 광주에서 3일만 머물고 다시 기차, 버스 그리고 선박 등을 이용해 다시 남쪽으로부터 북쪽에 있는 창춘까지 긴 여행을 했다. 먼저 마오쩌둥의 고향인 샤오산韶山에 도착해 돈을 내고 기념사진을 찍었다. 그 다음에 버스를 타고 창사長沙와 10년 국공내전國共內戰 시기 근거지로 활용한 징강산井岡山, 그리고 지안吉安에 찾아가 답사했다. 이 지역은 주로 마오쩌둥이 10년 국내전쟁으로 가장 어려웠던 시기를 보낸 곳이며, 또한 그가 새로운 중국혁명을 개척한 유적지다. 그러고 보니 이번 걸음은 주로 중국공산당혁명의 유적지를 답사한 셈이다.

그런 다음 우리는 중원의 우한삼진武漢三鎭을 찾아갔다. 우한대학교武漢大學에서 세 밤을 지냈다. 우한대학교는 처음 갔기에 하루 더 묵었다. 캠퍼스의 건축양식이나 학교 경치가 매우 아름다웠다. 우리는 다시 배를 타고 직접 상하이에 갔다가 이틀을 묵었다. 상하이에서 중공 제1차 대표대회 장소와 푸단대학교復旦大學 캠퍼스를 구경했다. 시간이 촉박한 관계로 우리는 난징南京 등 계획했던 다른 도시들은 가보지 못했다.

'문화대혁명'은 어디로 갈 것인가?

물론 한 달 반이나 된 '대연동'은 보통 관광이 아니다. 차 안은 사람이 꽉 차 통로까지 막히는 바람에 화장실에도 제대로 못 다녔다. 먹을 것을 사기가 어려웠고 늘 굶은 채로 여기저기를 다녔다. 그런데 길에서 내전시기에 홍군紅軍이 하던 것처럼 장정팀長征隊을 조직하여 걸어가는 사람도 있는데 그들 가운데 나이 어린 여자 중학생도 있었다. 남쪽으로 내려가는 이도 있고 북쪽으로 올라오는 이도 있었다. 서쪽으로 가는 이가 있는가 하면 동쪽으로 가는 이도 있었다. 정말 전례 없는 전국적인 인구 유동의 붐을 이루었다.

양쯔강長江 여행은 지금까지도 내 기억 속에 뚜렷하게 남아있다. 며칠간의 여유를 가지고 난생 처음으로 장강 양안의 그림같이 수려한 강산을 구경했다. 남쪽지역 자연의 아름다움은 먼 길을 다닌 피로를 잊게 했다. 더욱이 북방에서 살다가 처음 강남을 찾은 나에게 그 인상은 더욱 강렬했다. 여행길에서 본 이 아름다움은 지저분한 대학교에서 일어나고 있는 '문화대혁명'의 폭풍과는 큰 차이를 보였다.

기나긴 한 달 동안의 '대연동'을 통해 '문화대혁명'이 도대체 어디에서 온 것인지 알 것 같았다. 이것은 이번 여행이 나에게 준 선물이었다. 처음 대자보를 붙였을 때처럼 그리 어리둥절하지 않았다. 하지만 '문화대혁명'이 앞으로 어디로 갈 것인지 당시 나는 어디서부터 말을 꺼낼지, 뭘 말해야 할지 몰랐다. 그런데 이렇게 큰 이른바 혁명의 풍랑 속에서 의심이 생겼고, 또한 점점 더 증폭되었다.

상하이에 도착했을 때는 이미 11월 초였다. 산시陝西 옌안延安과 허베이河北 시바이포西柏坡 등에 가려고 했는데 겨울옷을 안 가지고 와서 원래 계획을 바꿔 창춘으로 돌아왔다. 대자보와 대논쟁으로부터 '대연동'과 교류를 거쳐 홍위병들이 마오쩌둥이 실시하려는 문화대혁명의 전략을 점차 알게 되었다. 즉 어떠한 대가를 치르더라도 '우리들 사이에서 기생하는' 가장 큰 '주자파'를 색출해내고 철저히 숙청하고 그들이 앗아간 권력을 혁명적 무산계급의 손으로 되돌려주려는 것이다.

앞서 언급한 바와 같이 고등학교 졸업 후 나는 랴오둥성 당교에서 1년 동안 교육을 받았다. 주로 중국공산당의 역사와 마오쩌둥 저작을 공부했다. 이 학교 초대 교장 로포洛甫(張聞文의 호)는 당시 랴오둥성 당위원회 서기를 지냈다. 내가 그 학교에 갔을 때 로포 선생은 이미 중앙으로 옮겼다. 그런데 그의 강의 원고 및 이야기 기록은 여전히 후임 지도자와 교사의 참고자료로 사용되었다. 따라서 당사黨史의 내용이 아주 충실했다. 중국공산당 당사를 강의하면 늘 첫마디가 '누가 우리의 벗이고 누가 우리의 적인가? 이것이 혁명에 있어서 가장 중요한 문제이다'인데, 사실 이 말은 『마오쩌둥선집』 제1권 제1편의 첫 구절이다.

'노동자, 해방군선전대' 및 '투쟁, 비판, 개혁'

1967년에 접어들면서 전국적인 문화대혁명의 소용돌이 속에서 운동에 새로운 전환점이 나타났다. 바로 노동자선전대工人宣傳隊의 단속 아래 혼란한 사태를 정리하고자 대학교에서 새로운 권력기구를 설립하였다. 즉 간부, 교사, 노동자를 결합시킨 '3결합'의 지도부를 구성하는 것이다. 이 일이 운동의 일선에서 밤낮을 가리지 않고 활동을 벌이는 홍위병들의 주목을 받았다. 그들 말처럼 소위 '문화대혁명'의 가장 기본적인 문제가 바로 정권문제이기 때문이다. 처음 시작할 때 가장 어려운 것은 이른바 '혁명간부'를 뽑는 것이다.

당시 거의 모든 간부가 홍위병의 심사와 투쟁의 대상이 된 상황에서 도대체 어떤 사람이 '혁명간부'가 되어 지도할 수 있는지 선별하기가 쉽지 않았다. 선별했다 하더라도 특별 심사를 거쳐야 선정되기 때문이다. 하지만 이런 과정은 윗선에서 지지를 하달 받는 것이 아니라 해당기관의 홍위병 파벌 간에 대논쟁을 거쳐 결정되었다. 이로 인하여 한 사람이 '혁명간부'인지 '주자파'인지를 둘러싸고 새삼스럽게 파벌투쟁이 빚어졌다.

지린성과 창춘시의 사회조직은 '홍혁회紅革會'와 '창춘공사長春公社', 이 두 개 파벌로 나누어졌다. 여기서 '홍혁회'라는 말은 지린성 '홍색혁명위원회'의 줄임말이고 다른 조직은 창춘공사는 '홍혁회'와 같은 성격의 집단이었다. 이 두 개 파벌은 지린성 지역에서 규모가 가장 큰 집단이다. 대학교, 기업이나 기관 등에는 이 두 가지 조직의 산하지부가 없는 곳이 없었다. 지린대학교에는 홍색혁명조반대군紅色革命造反大軍인 '홍조대紅造大'와 '창춘공사'가 있었다. 파벌간의 전쟁은 새 정권의 주도권을 위해 다툰 것이므로 논쟁만으로 해결되는 문제가 아니기 때문에 결국 치열한 '무장투쟁武鬪'를 초래했다. 이른바 '무장투쟁'라는 것은 논쟁을 하는 변론회를 '문투文鬪'라고 했을 때 그에 견주어 만든 용어이다. 처음에는 몽둥이나 돌을 이용해서 싸웠는데 당하지 못할 땐 해방군의 무기를 빼앗아 서로 총을 쏘기도 했다. 당시 창춘의 일간지 "창춘일보長春日報" 본사와 지린성 정부기관은 모두 홍위병 무장대武鬪隊가 점령하고 있었다. 이러한 '무장투쟁' 1966년 말 상하이上海 조반파 사이에서 벌어진 무장쟁탈전으로부터 시작해 삽시간에 전국적으로 확산되었다.

'중앙문화대혁명소조'는 노동자를 대학교에 상주시켰는데, 이를 가리켜 '노동자계급이 상부구조를 점령하는' 중요한 절차라고 그 의미를 부여했다. 대학교는 자산계급 지식인이 모인 집중적인 '상부구조'라서 당연히 '문화대혁명'이 겨냥하는 중요한 표적이었다. 말하자면 대학교에서 '전면적인 무산계급 독재'를 실시해야만 '주자파'가 더는 발붙일 곳이 없게 된다는 것이다.

지린대학교는 창춘시 제1자동차공장에서 파견한 몇 백 명의 노동자가 들어왔다. 학력을 따져보면 그들은 대부분 중학교를 나왔고 최고학력이래야 고등학교 졸업이다. 사람 됨됨이는 괜찮은 것 같고 모두 당원이다.

평균연령은 40세쯤인데 그중에 30세 정도 되는 사람도 있었다. 경제학과에는 장씨라는 전기공을 팀장으로 하는 노동자 다섯 명이 들어왔다. 장팀장은 당서기와 학과주임을 대신해서 교사와 학생을 포함한 총 800여명의 경제학과 전체인원을 지도하게 되었다. 솔직히 말해 나는 보통 노동자가 대학교 운동을 이끌 수 있다고 생각하지 않는다. 하지만 무정부상태에서 이런 특별한 방법으로만 어지러운 국면을 안정시킬 수 있다고여겨 어느 정도 필요하지 않나 생각했다.

인민해방군이 개입한 문화대혁명은 '3지2군三支兩軍'이라고 일컬어졌다. 즉 인민해방군이 혁명좌파를 지지하고 농업, 산업 및 무장단속, 그리고 군사훈련 등을 지원했다. 전국적으로 약 280만 명의 해방군선전대를 출동하였다. 이것은 1967년 1월부터 1972년 8월 사이에 벌어진 일이었다. 우리 경제학과에도 군인 두 명이 왔다. 그렇지만 이른바 '좌파를 지지한다'는 것은 사실 '한 파벌을 지지한다는 것은 반대로 다른 한 파벌을 제압한다'는 것이다. 그러니 더욱 치열한 파벌 간 전쟁을 초래할 수밖에 없었다. 양대 파벌 중 누가 좌파 조직이고 누가 우파조직인지 가리는 것은 해방군선전대 지휘부에서 결정하였다. 그래서 각 파벌의 홍위병들은 해방군의 지지를 얻기 위해 또 다른 전쟁을 벌였다. 이렇게 각 파벌간의 투쟁은 한층 더 확대되었다. 그런데 이런 와중에 해방군이 좌파를 지지한다니 그야말로 파벌 간 투쟁에 기름을 끼얹는 짓이다.

한편으로 당시 해방군 내부에도 어느 정도 '문화대혁명'을 진행했었다. 그때의 정세를 보면 해방군이 현실에서 완전히 벗어날 수 없기 때문이다. 해방군 내부에서는 홍위병 각 파벌간의 투쟁에 서로 다른 견해를 가지고 있는 사람도 있었다. 그래서 군대 내에도 '좌파를 지지한다는' 명분으로 무기를 학생에게 건네주는 일이 자주 발생했다. 결국 '무장투쟁'

은 서로 해방군의 총과 탄약을 빼앗아서 상대를 겨냥하는 엄중한 사태에 진입했다. 그때 지린대학교 본관은 '조반파'가 점령하고 병원은 '창춘공사'에서 점령하고 있었다. 서로 총격전을 벌이는 바람에 다치거나 죽은 자가 무려 20여 명에 달했다.

'문화대혁명'이 전면적인 내전으로 전환되는 급박한 상황일 때 나는 지린대학교를 떠나 다른 동료와 같이 '경제학대비판연락참經濟學大批判聯絡站'으로 옮겨가 거기서 〈경제학대비판經濟學大批判〉이라는 잡지의 편집을 맡아 보았다. 전국적 범위 내 뉴스를 전하는 일 외에 '내부자료'와 같은 중요한 소식도 발표했다. 사실 '대비판'을 진행한 것은 문화대혁명 운동과정에서 발생되는 파벌 간 무장투쟁을 예방하기 위해서이다. 내가 이 '작업'에 적극적으로 참여한 것은 베이징에서 전해 온 내부 소식과 서류를 알 수 있기 때문이다.

하지만 파벌 간의 투쟁이 가장 치열할 때 누구든지 운동과 위험에서 벗어나기 어렵게 마련이다. 한번은 홍위병이 나의 행방을 알아보러 우리 집에 왔다. 내가 사전에 피해서 잡지 못하게 되자 "만약에 우리 편이 연금되기라도 한다면 바로 조모趙某를 체포할 것이다"라고 위협까지 했다. 그때 나는 더 이상 대학교 캠퍼스 안에 있는 집에서 묵을 수 없어서 처갓집에서 오랫동안 살았다. 그러지 않았더라면 아마 재난을 면하기 힘들었을 것이다. 그 뒤에 마오쩌둥이 '수업을 회복하고 혁명한다'는 '복과혁명復課革命'을 호소했기에 비로소 나는 학교로 돌아왔다.

1968년 8월 초 중앙의 핵심일간지 〈인민일보人民日報〉, 〈해방군보解放軍報〉와 〈홍기紅旗〉 잡지의 사설에서 일제히 마오쩌둥의 '복과혁명'에서 '투쟁, 비판 및 개혁鬪批改'이란 최고지시를 전달했다. 그리고 마오쩌둥의 대학교는 반드시 운영되어야 한다, 홍위병은 학교로 돌아가 공부하면서 혁명을 해야 한다는 지시도 함께 전달했다. 이 지시에 따라 전국에 흩어져 있던 학생들이 잇달아 학교로 되돌아왔다.

한편, 마오쩌둥의 '대학교는 반드시 운영되어야 한다'는 지시는 문화혁명 운동으로 자존감, 자신감을 상실한 교사들에게 일말의 희망을 안겨주는 좋은 소식이었다. 바꿔 말하면 마오쩌둥의 지시가 없었더라면 대학교는 계속 유지될 수 없었을 것이다. 이 지시에 따라 나는 〈경제학대비판〉 잡지의 편집 일을 그만두고 즉시 학교로 돌아갔다.

새로운 체제 아래 '계속되는 혁명'

내가 있는 경제학과에는 1967년 가을부터 중대장에 해당되는 현역군인 한 명과 노동자 세 명으로 구성된 '노동자·해방군선전대'가 들어와 운동을 지도했다. 그들은 주로 각 파벌 홍위병의 연합을 도모하고 이를 토대로 새 지도체제를 형성하는 것이 임무였다. 또한 새 지도체제 아래 교육혁명을 계속할 뿐 만 아니라 지속적으로 '투쟁, 비판 및 혁명' 운동을 추진하는 것이다. 즉 자산계급 지식인이 주를 이루고 있는 국면을 철저히 무너뜨리고, 수정주의 교육노선을 비판하며 낡은 교육제도를 고쳐 새로운 교육제도를 건설한다는 것이다. 이로써 전에 진행했던 낡은 것을 부수어버리는 '대파大破'의 단계에서 진일보하여 새로운 사상과 사물을 세운다는 '대립大立'의 단계로 진전하도록 했다. 새 지도체제는 대학교 차원에서 '혁명위원회'가 있고 학과 차원에서 '혁명지도팀'을 둔 것이다. '혁명위원회'는 7명의 임원으로 구성되었는데, 대체로 노동자와 해방군, 혁명간부, 혁명교사 그리고 홍위병이 섞여있는 연합체제이다. 그 중 혁명간부는 짱우어이다張維達선생을 대표로 해서 홍위병 파벌에 속해있는 교사로 선발되었다. 경제학과의 '학과지도팀'은 전에 선전대의 임원을 했던 짱룽린張龍林의 주도로 구성되었다. 하지만 권력의 실세는 아무래도 노동자와 해방군 선전대였다.

새 지도체제가 형성된 후에 '투쟁, 비판 및 개혁' 운동의 중요한 임무는 바로 교수들 가운데서 계급대오를 숙청하는 것이다. 계급대오를 숙청하는 공작은 1967년 11월에 짱칭이 베이징노동자선전대 좌담회에서 '계급대오를 청산해야 한다'고 제기한 후부터 시작되었다. 1968년 5월에 마오쩌둥의 지시에 따라 이 운동은 전국 대학교에까지 파급되어 전개되었고 교수들 가운데 자산계급반동학술권위資產階級反動學術權威, 역사반혁명歷史反革命, 그리고 '지주, 부농, 반혁명분자, 악질분자, 부르주아 우파' 및 기타 계급적 이색분자를 숙청하는 데에 목적을 두었다. 이리하여 전체 교직원에 대한 전면적인 정치심사가 시작되었다. 숙청의 대상이 전에 지도자를 주로 했던 데서부터 이제는 보통 교사로 저변 확대되었다. 이 단계에서 정치심사를 순조롭게 진행하기 위해 홍위병 각 파벌이 연합하는 체제를 이루어야 한다는 것이 이 단계 공작에서 가장 어려운 점이다. 파벌의 존재가 운동에 지장을 주어 계급대오를 청산하는 운동이 제대로 진행되지 못했던 것도 사실이다.

내가 '경제비판연락소'에서 돌아온 지 얼마 안 됐을 때 나와 반대편에 섰던 '창춘공사'소속의 교사와 학생들이 연합하여 대자보를 붙여 놓았다. 대자보는 '조봉빈이 누구인가?'라는 제목으로 그 아래 세 가지 문제를 적발했다. 내용을 요약하면, 첫째, 일찍 조씨가 붙인 첫 대자보는 창춘시위원회의 공작조 파견을 옹호한 것은 실제로 '조반造反'이라는 명분으로 '보황保皇'을 한 것이다. 따라서 조씨는 경제학과 보수파의 선두주자急先鋒이다. 둘째, 조씨는 국민당 시대에 '삼청단三淸團'에 가입했던 반혁명적인 역사문제를 은폐했다. 셋째, 조씨는 나라를 배반하고 떠난 반역자 이모^李^某와의 관계를 철저히 밝혀야 한다. 대자보를 보고 나는 좀 놀랐다. 그들이 역사문제와 반역자문제를 꺼낼 줄은 전혀 생각하지 못했다.

나는 일단 사태가 어떻게 진전되는지 지켜보기로 하고 침묵을 지켰다. 곧바로 반박하거나 소위 문제라고 하는 것을 밝히지 않았다. 며칠 후 노동자선전대가 나를 불러서 문제를 다 털어놓으라고 했다. 나는 "어렸을 때 국민당에게 잡혀가 보루를 만든 적이 있다고 해서 '삼청단'에 가입했다고 하는 법이 어디 있소. 반역자는 도대체 누구를 가리키는 것이요? 나도 모르는 반역자가 있을 수 있소?"라고 했다. 그러자 선전대는 나한테 은근히 이렇게 권했다. "지금 상황으로는 계급대오를 숙청하는 중이라서 당신은 태도를 신중히 하고 군중의 의견에 귀 기울이는 것이 좋을 것이요." 후에 홍위병을 통해 알게 되었지만, 그 대자보를 작성한 사람이 '창춘공사'에 소속되어 있는 학생이었다. 그 학생은 대학교의 기록보관소에서 나의 개인자료를 뒤져본 후 대자보를 작성했다는 것이다.

홍위병들이 나의 문제와 관련 철저한 조사 끝에, '삼청단'에 가입한 자가 내가 아니라 우리 학과 당서기인 조우펑차이^{趙鳳彩}라는 것을 알게 되었다. 그는 '채^彩'자이고 나는 '빈^彬'자이다. 이 한 글자 차이 때문에 내가 누명을 쓸 뻔했다. 실은 그들이 잘 모르는 것이 있다. 나 같은 조선족은 국민당과 '삼민주의청년단^{三民主義靑年團}'에 가입할 자격이 없다는 것을. 나는 속으로 웃었다. 사실상 첫 대자보에 대해서는 그들이 말한 것이 사실이다. 그런데 그 뒤에 진행되었던 나에 대한 심사는 주로 나와 반역자 이모씨의 관계에 초점이 맞추어졌다.

그때 전체 교직원 모두가 학생기숙사에 모여 계급대오를 숙청하는 운동에 참여했다. 몇 년 동안 학생을 모집하지 않았기에 학생기숙사에 빈방이 많았다. 심사를 받는 교수는 그곳에서 묵어야 하고 일요일에만 집에 돌아갈 수 있었는데 사실상 연금된 셈이다. 나에 대한 조사는 노동자와 학생들로 구성된 '특별심사조專案組'가 맡았는데, 거기에 박씨라는 조선족 노동자가 있었다. 한번은 복도에서 마주치자 그가 먼저 중국어로 나한테 말했다. "무슨 문제가 있으면 되도록 빨리 실토했으면 좋겠다. 솔직하게 말하는 것이 좋을 거야." 그는 창춘시 제1자동차공장 노동자였다. 그에게 사실대로 얘기하려고 했는데 그가 자꾸 나를 외면했다. 얼마 후 그는 다른 곳으로 옮겼다.

계급대오를 숙청하는 단계에 이르러 우리 교수들이 모두 심사를 받게 되었다. 해방군선전대가 계급대오 숙청을 위한 동원대회의에서 이렇게 말했다. "너희 교수들은 단단히 각오를 해야 한다. '문화대혁명'을 일으킨 주동자로부터 혁명의 대상으로 바뀌었으니. 이러한 자각도 갖추지 못한다면, 더더욱 수동적이지 않겠어." 나는 그 말에 일리가 있다고 느꼈다. 나는 확실히 그러한 각오가 없었다. 가끔 이런 생각을 했다. 처음에 '주자파'를 무너뜨리는 것을 목적으로 시작한 '문화대혁명'은 이제 변질된 것인가. 정말로 '대대수를 타격하면서라도 극소수를 지켜야 하는' 것일까?

어느 날 아침, 내가 막 화장실에 가려고 문을 나섰더니, 사람들이 들락날락하는 문에다 누군가 분필로 글자를 가득 써 놓았다. 복도의 벽에도 온통 대자보가 붙여져 있었다. 대자보에는 "왜 자기문제를 털어놓지 않는 것인가? 도망치려는가?", "반역자 이춘성李春成과 무슨 관계인가?", "언제 나라를 배신한 반역자 무리의 우두머리가 되었는가?", "수정주의자修正主義者 김일성과 무슨 관계인지 탄백하라", "자백하면 관대하게 처리하고, 거부하면 엄하게 처리한다"라는 등의 구호들이 적혀 있었다. 대자보의 내용들은 대체로 나의 '혁명을 반대하는 정치적 혐의'에 대하여 적발하는 것 같았다. 대자보를 보면서 나는 그들이 무엇을 의심하는지를 알게 되었다. 특히 '이춘성'이라는 실명이 거론되자 나는 그들이 나와 조선족 친구 간의 '검은 관계黑色關係'를 심사하려는 것임을 확실히 알았다.

'문화대혁명' 운동이 진행되는 과정에 '특별심사조'는 이처럼 상당한 권력을 행사했다. 문제가 있다고 하는 교사와 간부를 심사하기 위해서라면 전국 각지 어디라도 찾아갈 수 있었다. 그래서 그런지 홍위병들이 이런 일을 즐겨 했다. 그들이 정말 다량의 '진실자료'를 파악하는 통에 다들 두려워했다. 관명쥐에 교수의 역사문제는 바로 그들이 함부로 까발린 것이다. 물론 교수를 비판한 사람도 그들이다. 하지만 나는 누가 나에 관한 특별 조사팀에 참여했는지 잘 모른다.

의외로 혐의를 받은 원인

'특별심사조'의 나에 대한 심사는 6년이나 걸렸다. 내가 생각해보건대 그 원인의 하나는 내가 아무 문제를 털어놓지 않았기에 고집불통이라고 여긴 것, 다른 하나는 증거가 불충분하여 결론을 내리지 못한 것 등이다. 하지만 심사팀이 나를 의심하는 데는 그 나름의 이유가 있었던 것도 사실이다. 우선 이춘성과의 관계 문제였다. 내가 칭위안현 조선족고등학교 2학년일 때 그는 중학교 3학년이었다. 그는 내 소개로 공산주의청년단에 가입해서 나를 선배로 존경했다. 어렸을 때 부모를 여읜 그는 대학교 졸업할 때까지 누나가 그의 뒷바라지를 했다. 그는 1958년 지린대학교 물리학과를 졸업하고 베이징 중국과학원 금속물리연구소에서 연구원으로 부임했다. 그 후 전공분야도 다르고 해서 별로 연락을 안 했다.

문화대혁명이 시작된 지 얼마 안 되는 1966년 가을, 이춘성이 뜬금없이 창춘에 왔는데 혼자 오지 않고 친구 세 명을 데리고 우리 집에 찾아왔다. 친구 셋은 모두 지린대학교 물리학과 조선족 선생이어서 나와 아는 사이였다. 이춘성이 이렇게 말했다. "이번에 창춘에 온 것은 그냥 오랫동안 못 만난 친구를 만나기 위해서였어. 놀러 온 거야. 베이징에서 운동을 하고 있으니 별로 할 일도 없고 해서." 모처럼 멀리서 찾아 왔으니 나는 아내보고 간단한 술자리와 저녁을 차리도록 했다. 술잔이 오가자 알코올 때문인지 마냥 기뻐하며 말도 많아졌다. 한창 가열되고 있는 '문화대혁명'의 형세에 대한 이야기도 빼놓을 수 없었다. 밤 열시까지 환담을 나누다가 자리를 파했다. 물리학과의 세 친구는 각자 집으로 돌아가고 이춘성은 그날 우리 집에 묵었다. 이튿날 이춘성은 아침을 먹자마자 다른 볼일이 있다며 급히 떠났다. 그 후에 우리는 다시 만난 적이 없었다. 이것이 바로 내가 그와 '검은 관계'를 유지한 것으로 의심받는 배경이다.

문화대혁명이 거의 끝날 무렵에 나는 우리학교 물리학과 강한성姜漢成한테서 1967년 계급대오를 숙청했을 때 이춘성이 베이징에서 경찰국에 구속당했다는 소식을 들었다. 반란 혐의를 받았기 때문이다. 그날 우리 집에서 같이 식사했던 세 명 중 두 명도 학교의 노동자선전대에 의해 연금되었다. 말하자면 그날 우리 집에 와서 함께 식사한 네 명 중 세 명이 구속되어 심사를 받고 있었던 것이다. 그들은 구속된 후 우리 집에서 술을 마시면 한 얘기를 모두 털어놓았다. 지금까지도 나는 그들이 도대체 무슨 말을 했는지 모르고 있다. 하지만 대자보의 내용을 보니까 다음 몇 가지를 짐작할 수 있었다.

첫째, 한국 간행물인 〈사상계思想界〉의 혐의

첫 번째 혐의는 한국 학술잡지인 〈사상계〉와 관련되는 것 같다. 1953년에 창간된 이 잡지는 이승만 정권부터 박정희 정권이 집권하는 동안 독재 정치에 저항하는 논문을 많이 실었으며 한국 문화계에 큰 영향을 끼쳤다. 특히 저항시인 김지하의 시 〈오적〉을 게재한 것이 문제가 되어 1970년 5월 당국에 의해 발행이 정지되었다. 나는 지린대학교 조선문제연구소의 담당자로서 외국 간행물을 접할 수 있었다. 이춘성이 우리 집에 와서 식사하는 동안 내 서재의 책상 위에 이런 책들이 놓여 있었다. 갑작스럽게 찾아 와서 내가 미처 치워 놓지 못했었다. 그들 중에 강의석이라는 친구가 〈사상계〉를 들고 10분 정도 읽다가 나에게 물었다. "여기 문화대혁명에 관련된 기사도 있는데 저우언라이周恩來 총리가 관건 인물이라네. 이건 무슨 뜻이지?" 나는 "저우언라이 총리가 문화대혁명 운동에서 중요한 지위를 차지하니 취재했나 보네"라고 대답하고 간단하게 소개했다. "마오쩌둥이 일으킨 이 문화대혁명의 성공 여부는 저우언라이가 어느 쪽을 지지하는지에 달려 있어." 그는 더 이상 아무 말 않고 밥을 먹었다. 이런 대화가 훗날 큰 정치적인 화근이 될 줄은 상상 못했다. 후에 강의석은 어떤 문제로 심사 받으며 연금되어 있을 때 이 잡지에 대한 나의 평가를 털어놓았다. '특별조사조'는 강씨의 말을 근거 삼아 내가 〈사상계〉의 글을 통해 문화대혁명을 비판하고 무산계급 사령부를 악독하게 공격했다고 협박하고 자인하라 했다. 결국 내가 '문화대혁명을 반대한 죄', '당과 중앙을 반대한 죄'를 지었다는 것이다.

사실 한국의 〈사상계〉 잡지에는 문화대혁명이 마오쩌둥과 류샤오치 사이에 벌어진 권력투쟁에서 승패는 저우언라이가 어느 쪽을 지지하는지에 달려 있다는 기사를 낸 적이 있다. 나는 아무 말도 안 하고 그냥 글 내용을 얘기했을 뿐이다. 그런데 '특별심사조'는 계급대오를 숙청할 때 내가 한국의 반동 간행물에 게재된 반동언론을 전달했을 뿐만 아니라 마오쩌둥과 저우언라이의 사이를 이간질해 중국 무산계급 사령부를 분열시키려 했다는 것이다. 이것이 바로 나의 '반혁명' 혐의였다.

그 후 나는 '특별심사조'에서 나를 공개적으로 비판한 대자보를 봤다. 흥미로운 것은, 그들이 심사하는 과정에 나의 죄목을 정함에 '저우언라이 총리를 지지하는 반면에 마오쩌둥 주석을 반대한다'고 하는 사람이 있는가 하면, 내가 '마오쩌둥 주석을 지지하는 반면에 주은래 총리를 반대한다'고 주장하는 사람도 있다는 것이다. 양쪽이 모두 내가 큰 죄를 지었다는 얘기인데 죄목은 완전히 반대된다. 그리고 "조봉빈은 무산계급 사령부를 분열하려는 의도가 있으므로 죽을죄를 지었다"고 비판하는 사람도 있었다. 그렇다면 내가 혁명을 반대하는 혐의를 받는 증거는 무엇일까? 한국 잡지와 강의석의 말만 있었다. 그런데 실제 증거로 되는 나의 말은 한 마디도 없었다. 나는 그냥 단순히 잡지 내용을 소개했을 뿐이었다. 그래서 최종적으로 내가 혁명을 반대한다는 혐의는 끝내 결론을 내리지 못했다.

둘째, 나라를 배반하려고 계획한 혐의

이 혐의도 이춘성과 관련되어 있다. '특별심사조'는 그날 이춘성이 우리 집에서 하룻밤을 지내면서 무슨 얘기를 했는지를 조사했다. 그날 밤 10시가 지나서 우리는 잠자리에 누웠다. 오랜만에 만났으니 이런저런 옛날 얘기를 하다가 내가 그에게 베이징의 문화대혁명에 대해 물었다. 그런데 이춘성은 질문에 대답을 피하며 "난 아무것도 몰라. 공산당 내부의 싸움이니까. 중요한 정보는 모두 고급간부의 자제들이 작성한 대자보를 통해 누설되었어. 난 관심이 없어"라고 했다. 내가 "오, 그래? 그럼 너는 '소요파'로구나. 난 아닌데. 이 운동에 관심이 많거든"이라고 대답했다.

"이제 장칭이 자기 영감(마오쩌둥)만 생각해서 운동을 이끌어 가고 있어. 난 여자가 정치무대에서 치맛바람 일으키는 걸 보니 나라가 망할 것 같은 느낌이 들어. 이점은 역사가 이미 증명해고 있잖니. 네가 나보다 조선 역사를 더 잘 알잖아"라고 했다. 할 말이 없을 정도로 이 말은 나를 놀랍게 했다. 그가 '치맛바람'이라는 말로 짱칭을 풍자한 대목에서 나는 내심 놀라서 잘 자라고 말하고는 눈을 감았다. 이것이 바로 우리 이야기의 전부였다.

두말할 것 없이 문화대혁명의 지도자인 장칭을 조선 말기의 민비閔妃로 비유했다. 이런 비유법은 중요한 정치문제를 건드리는 것이기 때문에 난 침묵을 유지했다. 민비는 조선왕조 제26대 왕인 고종의 왕비로 민씨 가족의 세력을 굳힘으로써 1873년에 대원군을 대신하여 정권을 독점하였다. 그 후 청나라와 러시아의 세력에 의지하여 정권을 유지했지만 1895년 일본공사 미우라고로三浦梧樓가 지휘한 일본군에게 살해를 당했다. 당시 이춘성도 나를 믿었으니까 이런 이야기를 꺼냈을 것이다. 후에 중국 과학원 쪽에서도 이춘성을 조사하지 않은 것을 보면 실제로 문제가 되지 않구나 생각했었다.

그런데, 그날 우리 집에서 함께 모였던 사람 중 강한성이라는 젊은 선생이 있었는데, 그가 이춘성의 소식을 나에게 전해주었다. 그의 말에 따르면 이춘성이 다른 동료들과 평양으로 도망가려다가 베이징경찰에게 들켜 성사되지 못하고 잡혔는데, 그때 장춘에서 있었던 일까지 모두 털어놓았다고 한다. 그러자 베이징경찰국이 지린대학교에 그 사실에 관련한 도움을 요청하게 되면서 이춘성이 창춘에서 만났던 친구들이 용의자선상에 오르게 되고 나는 중요한 용의자가 되어 버렸다. 혐의인즉 '조봉빈이 이춘성과 함께 조선으로 갈 계획을 세운 것이 아니냐?'는 것이다. 따라서 '특별

조사조'는 이 일을 나라를 배반하는 '반역사건'이라고 인정했다.

하지만 그날 이춘성은 나와 있는 동안 조선에 간다는 혹은 가겠다는 얘기는 한 번도 한 적 없었다. 그런데 강한성이 후에 나한테 "이춘성 때문에 나도 심사를 받았다. 그런데 이제야 나는 왜 심사받았는지 알 것 같다"고 했다. 이어서 그는 "그날 우리가 같이 저녁식사를 한 이튿날 베이징으로 돌아갔다. 하지만 얼마 안 돼 다시 창춘으로 나를 찾아왔다. 베이징이 엉망진창이고 이대로 가면 아무것도 할 수 없을 것이라며 나보고 같이 평양에 가자고 했다. 난 그럴 생각이 없어 거절했다. 또한 이춘성에게 이 생각을 포기하라고 몇 번이나 권고했다"라는 말을 했다. 이러고 보면, 이춘성은 두 차례나 창춘에 왔던 것이고, 첫 번째는 우리 집에 왔지만 두 번째는 나를 찾아오지도 않았다. 나는 이춘성이 창춘에 온 시간을 확인하려고 또 물어봤다. "그 후에 온 건 언제지?" 같이 저녁식사를 하고 난 며칠 후라고 했다. 강한성이 증명할 수 있고 이춘성 본인도 자백 중에 이 점을 인정한 모양이다. 강한성은 내가 통화 조선족중학교에 다닐 때 후배였다.

하지만 '특별조사조'는 강한성의 말을 믿지 않았다. 같은 민족으로서 서로 감싼다고 여겼으며 말 못할 '검은 관계'가 분명히 있다고 했다. 후에 내가 가르치던 학생을 통해 알게 되었는데, 특별심사조에서는 나라를 배반하는 조선족 교직원들의 관계를 도표로 만들고 '검은 관계도표黑色關係圖表'라고 했다는 것이다. 그리고는 내가 이 나라를 배반하는 '반역집단의 두목'이라고 의심했다.

심사는 계속되었지만 결과는 미루어졌다. 내가 한 말을 특별심사조가 믿지 않았기 때문이다. 아니 믿으려고 하지 않았다. 내가 같은 민족인 조선족 친구를 감싸고 있다고만 생각했다. 이처럼 정치적 불신과 민족적 편견이 뒤섞이다보니 내 문제는 해결될 기미가 보이지 않았다. 결국 내게 있던 '반혁명반역 혐의'는 끝내 해결되지 못한 채 6년의 세월을 보냈다.

사실 나는 조선으로 건너가려는 생각은 한 번도 하지 않았었다. 또한 그렇게 할 이유나 동기도 없었다. 게다가 나한테 누가 이런 걸 물어보는 이도 없어서 자백할 것도 없었다. 이런 이유로 '특별심사조'는 나를 '고집불통으로 교화가 안된다頑固不化'고 생각해 미제사건으로 내버려 두었다. 사실상 그들이 가지고 있는 민족적인 편견이 문제를 해결하는 데 더 큰 걸림돌이 되었다.

셋째, '조선수정주의노선朝修路線'을 선전한 혐의

세 번째 혐의는 이른바 조선노동당중앙의 '수정주의노선'과 관련되어 있다. 문화대혁명이 전개되면서 1967년부터 전국 각지에 있는 홍위병들이 대자보를 통해 이른바 조선노동당중앙의 '수정주의노선'을 지목하여 비판했다. 이와 관련 시대적 배경은 두 가지로 말할 수 있는데, 하나는 조선이 대외정책에 있어서 '소련으로 기울어졌다'는 것이고, 다른 하나는 조선의 지도자가 중국에서 벌어지고 있는 문화대혁명에 대해 비판적 태도를 보였다는 것이다. 사인방四人幫의 한 사람인 야오원우엔姚文元이 이를 문제 삼아 연설을 한 적이 있었다. 1966년 9월 15일자 조선 〈노동신문〉에 구소련의 트로츠키Лев Давидович Троцкий가 주장하는 좌경노선을 비판하는 기사가 실렸다. 보도는 간접적으로 중국의 문화대혁명은 '좌경 기회주의'라고 비판적 견지에서 지적했다. 이 신문은 조선문제연구소에서 정기구독 해왔기에 열람실에 늘 비치되어 있었고 그 기사도 직접 볼 수 있었다.

1966년 10월 5일부터 12일까지 개최된 조선노동당 제2차 대표대회에서 조선의 최고지도자는 중국과 구소련의 공산당의 대국주의大國主義, 수정주의修正主義 및 교조주의敎條主義에 대하여 간접적으로 비판을 가했는데, 그 과정에 중국 문화대혁명에 대한 언급도 있었다. 이런 사실에 비춰서 조선 〈노동신문〉에서 관련 기사가 발표되었다. 중국에서 보통 사람들은 이 기사를 읽을 수 없으니 당연 연설 내용을 알 수가 없었다.

조선 지도자는 보고에서 이런 내용을 밝혔다. 사회주의 사회에서 계급투쟁의 존재를 부인하고 무산계급 독재정치의 필요성을 인정하지 않는 것은 바로 '우경수정주의右傾修正主義'이다. 하지만 사회주의 사회의 계급투쟁을 지나치게 절대화시키고 혁명적 동지라 해도 서로 불신하며 혁명의 적으로 본다면 바로 '좌경교조주의左傾敎條主義'에 속한 것이다. 또 어느 한 대국大國이 말하기를 '내가 앉은 의자는 왼쪽으로 기울어졌다左傾'고 하면, 다른 한 대국은 '내가 앉은 의자는 오른쪽으로 기울어졌다右傾'고 한다. 더 나아가 조선노동당이 앉는 의자는 어느 쪽으로도 치우치지 않고 바로 마르크스레닌주의의 의자에 앉았다고 강조하면서, 우리의 의자가 기울어졌다고 보는 것은 그 사람이 경사진 의자에 앉았기 때문이라고 주장했다. 보고서 가운데 '지나치게 사회주의 계급투쟁을 강조하며 이를 절대화하고, 심지어 자기의 혁명동지를 적대시하는 것은 좌경교조주의'라는 지적은 바로 중국의 문화대혁명을 빗대어 얘기한 것이다.

사실 그 무렵에 우리는 조선의 발전 추세를 연구하기 위하여 매일같이 관련 문헌과 신문을 읽었다. 평양방송국에서 매일 반복하여 그러한 내용을 보도하는 걸 듣기도 했다. 이즈음에 이춘성이 창춘에 왔고 우리 집에서 저녁 식사를 하게 되었다. 최석경崔碩景이라는 물리학과 교사도 그 자리에 합석했는데 그가 제일 먼저 조선에 관한 화제를 꺼냈다. "요즘 중·조 관계는 어떤가? 조선 지도자가 중국을 어떻게 보고 있나?" 나는 간단하게 조선노동당 중앙의 주장을 소개했다. "일전에 방송에서 들은 건데, 김 지도자⋯⋯" 내 말이 끝나기도 전에 최석경이 농담을 하듯 한 마디 던졌다. "넌 이미 조선노동당 중앙위원 자격을 갖추고 있네." 물론 농담으로 한 말이었지만, 바로 이런 대화가 훗날 내가 조선노동당 지도자의 수정주의 주장을 퍼뜨리고 문화대혁명을 비판했다는 혐의 의심을 받는 증거가 되었다. 너무나도 엄중한 정치 혐의로, 내가 미처 예상하지 못한 일이다.

그때 외국 방송을 들으면 '반동방송'을 들었다고 고발될 수 있었다. 그럼에도 나는 자주 조선방송을 들었다. '특별심사조'는 이에 대해 별다른 문제를 제기하지 않았다. 내가 조선문제를 연구하는 것을 알고 있었기 때문이다. 하지만 그들 생각으로는 수정주의에 관한 그릇된 관점을 타인에게 전파했다면 이는 심각한 정치문제가 된다는 것이다.

넷째, 모반謀叛을 획책한 혐의

나에게는 조선의 '수정주의노선'을 전파했다는 혐의와 함께 모반을 획책했다는 혐의도 가해졌다. 당시 경제학과에 나를 포함한 3명의 조선인 교수가 있었는데, 그 밖에 우리 학과에서 경제학사 과목을 담당했던 김승권金承權이라는 교수가 있었다. 그는 조선 국적을 가지고 있는 조선인이다. 그는 일찍 한국전쟁에 참가해 부상을 입은 뒤 돌아와 베이징대학교에 입학하여 경제학을 공부했다. 졸업한 뒤에는 모스크바대학교에 파견되어 유학생의 신분으로 계속하여 경제학을 전공으로 배웠고, 귀국한 다음 본인의 요구에 따라 1964년에 지린대학교 경제학과에 배치되어 경제학사를 가르쳤다. 전하는 바에 따르면, 그는 베이징대학교에서 공부하는 동안 자신의 조선 국적을 속이고 입학했고, 후에는 중국 조선족의 신분으로 모스크바에 유학까지 다녀왔다고 한다. 사실상 한국전쟁기간이라는 특수한 환경에서 베이징대학에서도 그의 신분을 살피지 않고 유학까지 보냈다는 것이다.

하지만 그는 조선 국적의 조선인이었다. 그의 부인도 마찬가지로 중국 국적을 취득하지 못한 조선인이었다. 그녀도 역시 베이징대학교에서 졸업하고 러시아어 교수를 하고 있었다. 그녀의 아버지가 일찍부터 중국으로 들어와 상하이에서 오래 살았기에 그녀는 조선인이 맞지만 조선어는 할 줄 몰랐다. 그녀와 같은 경우는 '관내 조선인'으로 분류되는데, 이들은 국적을 조선으로 하고 있기에 중국 국적으로 바꾸지 못한다. 문제는 그때 중국에서는 외국인에게 대학교 교육을 받을 수 있도록 허락했기에 공부를 할 수 있었다는 것이다. 가령 장사승張師昇이라는 내 친구 하나도 '관내 조선인' 신분인데 중국 국적을 취득할 길이 없어 대학교 졸업 후 조선으로 돌아갔다.

일이 이렇게 되자, 조직에서는 그에 대한 어떠한 처분도 내리지 못하고 그냥 조선으로 돌려보낼 수밖에 없었다. 김승권이 조선으로 돌아가게 되었을 때, 경제학과 조선족 교수들이 우리 집에 모여 송별회를 가졌다. 바로 이 사건 때문에 나에게 또 다른 정치적 혐의가 생겨났다. 당시 몇 명의 교수가 연명으로 써 붙인 대자보에는 "사기꾼 김승권이 귀국하기 전에 조봉빈은 술잔치를 베풀면서 같이 조선으로 도망갈 계획을 세웠다. 이제 모든 것이 드러났다"는 내용이 적혀 있었다. 또 "조봉빈이 자기 집에서 조선족을 모아놓고 비밀회의를 열었다. 김승권은 여기서 조봉빈에게 모반을 선동하며 같이 평양의 김일성종합대학교에 가자고 했다"는 내용도 있다.

그때 함께 모인 사람은 모두 네 명이었으니, 이 모든 것을 설명하는 게 그리 어려운 일이 아니었다. 그중에서 김승권은 이미 귀국했고, 장현순張賢淳이라고 대학 동기인데, 그는 "식사할 때 그런 화제를 언급하지 않았다"라고 증언했다. 그 밖에 이문철李文喆이라는 친구는 "식사하는 동안 김승권이 기회가 된다면 평양에 놀러 오라는 빈말밖에 한 것이 없다"고 증언했다. 하지만 특별심사조는 이 두 사람이 일부러 나를 감싸고 사실대로 얘기하지 않았다고 여겼다. 사실상 이문철이 말한 것처럼, 동료가 축출당하는 그 상황에서 작별인사밖에 더 할 수 있는 것이 없었다. '도망'이나 '모반' 같은 이야기는 전혀 하지 않았다.

상술한 모든 혐의는 사실 나 같은 중국 조선족을 외국인, 즉 조선인으로 대함으로써 생긴 것이다. 정책상으로는 나를 중국의 조선족으로 인정했지만 실제로는 외국인으로서의 조선인으로 취급했다. 그들의 눈에는 내가 중국 사람하면 아주 추상적으로 보이지만 조선인이라고 하면 오히려 실감났기에 조선인들이 서로 감싸주는 것이라 여겼다. 이런 사고방식은 문화대혁명 운동에서 무심코 조선족을 외국인의 부류에 귀속시켜 판단하게 한다. 그러다보니, 피해는 소수민족의 몫으로 돌아갈 수밖에. 지린대학교 이공학과에 강창학康昌鶴이라는 조선족 교수가 있었는데, 그도 문화대혁명 때 특별심사조에 의해 반역자로 의심받았다. 그는 한국전쟁에 출전해 공산당에 가입했고, 제대한 다음 구소련으로 유학을 갔다. 계급대오를 숙청할 때 그에게 반역의 혐의를 씌우고 몇 년 동안 심사를 받았지만 결국 증거가 불충분하여 벌을 내리지 못했다. 이런 시련을 겪고 나서 그는 "그동안 당과 나라에 감사하는 마음이 있어서 반역이라는 생각은 전혀 없었습니다. 하지만 이처럼 강제로 반역을 인정하라, 탄백하라면서 사람을 믿지 않으니 유감입니다. 이젠 진짜 조선으로 갈 생각까지 드네"라고 개탄했다.

마지막 비판대회

정치적 혐의가 몇 가지로 뒤얽히는 바람에 나에 대한 결론을 내리기가 쉽지 않았던 것 같다. 게다가 특별심사조와 노동자선전대 간에 서로 합의하지 못해 1970년대 초기까지 끌었다. 경제학과 전체 교수 가운데서 내 문제만 분명히 밝히지 못했다. 그러자 그들은 학과에서 비판대회를 열고 정치적으로 압력을 가했다. 이로써 '강압적인 자백'을 받으려는 수단을 동원했다. 이러한 수단은 범죄이다. 그럼에도 불구하고, 1970년 5월의 어느 날, 학과에서 나를 비판하는 대회를 열었다.

대회장에 붙은 표어들이 기억난다. "조봉빈은 무산계급 사령부를 공격하였으니 죽을죄를 지었다", "조봉빈은 무산계급 문화대혁명을 공격했으니 죽을죄를 지었다", "조봉빈이 조선수정주의의 우두머리를 극단적으로 추종했으니 죽을죄를 지었다", "탄백하면 관대하게 처리하고 항거하면 엄한 벌을 받는다" 등등. 나를 비판하는 대회장으로 가는 복도 양쪽 벽에도 대략 이러한 내용의 대자보들이 꼭 들어차 있었다. 내 이름자에는 빨간색으로 가위표를 칠해 내가 숙청해야 할 대상임을 표시했다. 나는 대자보 내용을 보면서 이제 사건으로 종말 짓겠구나, 하는 느낌이 들었다. 이런 문구들이 나왔다는 것은 특별심사조가 내부문건으로 보관하던, 공개해서는 안 될 자료들을 사람들에게 공개했기 때문이다. 하지만 이런 내용은 모두 내 예상에서 벗어나지 않았기에 당황하지 않았다.

어떤 대자보에는 내가 저우언라이를 이른바 '516사단516兵團'과 연관시켰다고 하면서 반혁명사상을 철저히 청산하자고 했다. '516사단'은 베이징철강학원, 베이징외국어학원 등의 홍위병들로 구성된 극좌 성향의 반혁명조직으로, 저우언라이 총리를 숙청하는 것으로 목표로 했었다. 나의 이른바 반혁명 혐의를 '오일륙'과 연관시키다니, 참 괴상한 말이다.

대회가 시작되자마자 비판대회의 사회자가 약 10분 동안 나를 비판하는 발언을 했다. 그리고는 나보고 죄를 모조리 털어놓으라 했다. 나는 "전 털어놓을 게 없습니다. 있다면 증거를 내 보이십시오. 증거가 보여주면 반혁명이든 반역이든 어떤 죄도 달게 받겠습니다. 어서 빨리 판정을 내리십시오"라고 담담하게 말했다. 실은 속으로 정말 분노했다. 5분도 안 된 나의 발언은 예상을 깨고 뜻하지 않은 결과를 가져왔다. 내 발언이 끝나자 사회자가 노동자 대표와 작은 소리로 뭘 주고받더니 금방 대회를 끝낸다는 지시를 공포했다.

그 회의가 있고 한 달 후 노동자선전대장 장씨는 "이런 사건이 일어난 데는 분명 원인이 있을 텐데 조사해봤어도 근거가 없다"라고 말했다. 결론이 뭐냐고 물었더니 "정식으로 입안되지 않아 결론을 내릴 필요가 없다"라고 대답했다. 참 어이없는 답이다. 이른바 '정식으로 입안하다'는 것은 구치되어 심사를 받는다는 의미다. 또한 그가 마지막으로 "그래도 우리는 자네에게 관대하게 대한 것이다"는 말을 덧붙였다. 물리학과의 친구나 베이징에서 이춘성이 구치되거나 감옥에 수감된 것과 비하면 나의 죄를 판정 못했으니 고생을 면해서 다행이라는 것이다. 그 말에 일리가 없는 것은 아니다. 하지만 증거도 없는데, 왜 이 사건에 원인이 있을 것이다 하는 희떠운 소리를 치는지 물어보고 싶었지만 말이 목구멍까지 올라온 것을 도로 삼켰다. 대신 그에게 나의 모든 '혐의'에 대하여 사실 그대로 자세히 설명해 주었다.

그런데, 나에 대한 비판대회가 열리기 전인 1970년 4월 8일에 저우언라이 총리가 북한을 방문하여 김일성과 공동성명을 발표했다. 공동성명에서 조선민주주의 공화국이 사회주의 진영에서 벗어나지 않았고 자력갱생의 정책에 의해 사회주의 건설에서 큰 승리를 거두었다고 평가했다. 말하자면 중국 정부는 조선이 이른바 '수정주의국가'라는 말을 한 번도 한 적이 없었다는 것이다. 이 성명은 일간지에 중요한 기사로 실렸다. 이는 중국과 조선이 정상적인 관계를 회복했다는 것을 의미한다. 시세는 이렇게 변하고 있지만 지방대학인 지린대학교의 노동자선전대와 특별 심사조는 국제형세의 새로운 변화를 무시하고 계속해서 비판대회와 대자보를 붙여가면서 소위 '조선수정주의'를 비판했다. 이것은 정책을 어기는 것이다.

아마 내가 겪은 비판대회는 지린대학교에서 마지막으로 열린 것일지도 모른다. 그 후에 다시 비판대회가 있었다는 소식을 듣지 못했으니 말이다. 이쯤 해서 공산당 조직 내에서 사상을 통일하고 공작태도를 바로 잡는 새로운 정풍整風운동이 시작되었다. 이러한 운동의 시작은 당원의 자격심사와 함께 재등록하는 것이다. 약 일주일 동안 재등록이 완성되었다. '문화대혁명' 전 과정이 또한 당원을 심사하는 과정이기 때문에 계급대오의 숙청이 끝나자 당 조직의 일상도 다시 회복하였다.

노동자계급의 대표로 경제학과 선전대 대장을 하던 장씨도 곧 대학교를 떠나 공장으로 돌아갔다. 떠나기 전에 그는 나와 대화를 나누었는데, 당신은 혐의는 많았지만 확인된 것이 하나도 없었다, 조선족으로서 6년 동안 진행된 고된 심사를 잘 이겨냈다고 말했다. 그는 또 나에게 "이제 곧 신입생을 모집하고 대학교가 참된 교육을 시작할 것이니, 당신이 경제학과 당서기를 맡아 주실 수 있겠소?"라며 조심스럽게 물었다. 나는 정중하게 사절했다.

둘째 형이 겪은 문화대혁명

둘째 형 조철수가 문화대혁명 때 당한 일은 나보다 훨씬 비참했다. 그는 아예 '주자파'로 정해졌기 때문이다. 랴오닝성 위원회 주요 지도자의 비서직을 하였기에 당시 중앙으로 제출된 대부분의 문서는 형의 손에서 초안이 나왔다. 그때 선양에는 주로 세 갈래의 홍위병 집단이 있었는데, 성 위원회의 간부들을 '주자파'로 내세우기 위해 다투어 문서나 증거를 입수하기 바빴고, 문서 하나를 두고 치열한 암투를 벌렸다. 그러다보니 문서 작성자였던 형은 일찍부터 그들의 표적이 되어 오늘은 이 홍위병 집단에 잡혀가 비판을 받고, 내일은 저 홍위병 집단에 끌려가 조사받았다. 형은 홍위병 파벌 간에 벌이는 각축전의 소용돌이에 휘말려 무진 고생을 했다. 형의 집은 수십 번이나 수색되고 짓부수는 봉변을 당했다. 그 즈음에 내가 선양에 한 번 다녀간 적이 있었는데, 그때 형은 쇠망치를 들고 집안에서 여기저기를 두드리며 고장난 시설들을 수리하고 있었다. 내가 기분이 어떠냐고 물었다. 일하면 번민을 잊을 수 있으니 기분이 괜찮다고 했다. 이어서 "근데 조반파가 문서를 대질할 때 대처하기가 참 어렵더라. 내가 쓴 것은 맞지만 모두 중앙 지도자가 한 말을 근거로 작성한 것인데. 그렇지만 또 책임을 남에게 전가하기도 그렇고. 그랬다면 더 큰 실수지 않겠어"라고 했다. 형이 한 말이 무슨 뜻인지 난 알고 있었다. 당시 중앙의 문제가 미해결인 상태라 본인이 책임을 질 수밖에 없었다.

유감스럽게도 조선에 있을 때, 그리고 만주국시대에 찍은 가족사진, 어린 시절의 사진을 형이 모조리 불태워 버렸다. '조반파'에게 발견되면 또 무슨 난데없는 죄목으로 되기 때문이다. 이처럼 그 시절 우리는 소중한 것을 많이 잃었다.

하지만 『회고록』에서 그는 이런 과정을 간략하게 서술해 놓았다. 많은 일들은 말하지 않았다. 아마 깊은 상처를 다시 꺼내기 싫었을 것이다. 그래서인지 회고록에서 가장 많이 언급한 것은 모든 과거의 착오를 시정하고 명예를 다시 회복한 기쁨과 장차 노년의 삶에 대한 꿈이었다. 원문을 잠깐 옮겨보면 다음과 같다.

문화대혁명 초기의 어느 날 '4청(四淸)'시기에 료우닝성 당서기 황후어칭(黃火靑)이 하향 갔던 농촌의 거주민들이 그를 잡으러 시내에 왔지만 잡지 못하자, 대신 그의 비서였던 조철수를 결박해서 데려가 비판투쟁을 벌였다. 매일같이 투쟁을 받고는 육체노동으로 정신을 바꾼다고 하는 이른바 '노동개조(勞動改造)'에 참가했다. 끊임없는 시련을 겪으며 정신적으로 육체적으로 극심한 고통을 받았다. 하루하루, 한 해 한 해가 그렇게 흘러갔고 그렇게 이겨나갔다. 1970년 초 드디어 '노동개조'를 마친 조철수는 '오칠전사(57戰士)'라는 '명예'를 지니고 다시 판산현(盤山縣) 타이핑공사(太平公社)로 내려갔다. 추운 겨울에 꽁꽁 언 늪에서 얼음덩이를 쪼개서 들고 집에 온 다음 볏짚으로 불을 지펴서 얼음을 녹여 밥을 지어 먹었다. 너무나 추워서 손이 얼어들었지만 기분만은 상쾌했다. 오래 갈망해온 정치적인 억압을 벗어나 드디어 해방을 얻었기 때문이다. 비록 형편없는 초라한 집에서 살고 있지만, 이젠 사랑하는 가족과 함께 따뜻한 밥을 먹을 수 있게 되어 행복했다. 그래서 고된 일도 힘들지 않았다.

중국 속담에 "진금불파화련(眞金不怕火煉)"이라는 말이 있는데, 의지가 강한 사람은 시련을 두려워하지 않는다는 뜻이다. 근 10년의 시간에 걸쳐 터무니없는 죄명으로 박해를 받았으나, 결국 나라에 충성을 다한 혁명자로서 그 순수한 마음을 증명했다. 정책에 따라 신원이 회복되고 료우닝성 당위원회의 직위도 회복시켜 주었지만 조철수는 이미 신심이 늙고 병들었다. 이젠 일선에서 물러나 집에서 휴양하는 것밖에 할 수 있는 것이 없다고 생각했다. 그 뒤로 약 10년 동안은 한적하고 평안한 시간을 보냈다. 그의 생에 처음으로 이처럼 조용한 시간이 주어졌다. 그래서 그는 그림과 서예를 연마하기 시작했다. 십년이란 세월이 흘러 이젠 꽤나 인지도 높은 서화가가 되었다. 그는 자기 손으로 창작한 그림들이 국내외의 서화전시회에서 전시되어 많은 사람과 교감을 할 수 있음을 느끼며 어릴 적 꿈이 이루어졌다고 하면서 환하게 웃었다.

문화대혁명 10년을 더듬어 추억하면서, 나는 둘째 형과 많은 대화를 나눴었다. 한번은 형이 지금까지도 잊히지 않는 일을 얘기했다. 문화대혁명이 막 시작되었을 때 형은 성위원회 상임위원회에서 소집하는 회의에서 기록을 담당했다. 한창 필기를 하고 있던 중에 한 지도자가 형을 불러서 이렇게 말했다. "현재 중-조관계가 긴장하니 상급에서 조선족 간부를 비서로 쓰는 것이 옳지 않다고 비판하고 있소. 그러니 철수 자네는 내가 하향 갔던 창투현昌圖縣 농촌에 가 있으면 좋겠어. 보직은 나중에 다시 해결해 줄 테니 걱정 말고"라고 했다. 형은 말없이 창투로 내려갔다. 조선족이라는 이유 하나로 당한 일이다.

신원이 회복된 다음에 왜 성위원회로 복직하지 않았냐고 형에게 물어보았다. 형은 "복귀하라 했지만 난 그렇게 하고 싶지 않았어. 그냥 판진盤錦에서 계속 농사짓고 살고 싶었어. 도시로 가지 않고 농촌에서 사는 게 더 마음 편하니까"라고 대답했다. 판진은 료우하遼河가 바다로 흘러드는 입구의 삼각지 중심에 위치하고 있어 땅이 비옥하고 항만으로도 유명했다. 문화대혁명의 시련을 겪을 대로 겪은 둘째 형은 신원이 회복되자 선양에 살고 있는 온 가족을 이끌고 판진에 내려가 농사지으며 살았다. 만주시기에 벼농사를 배운 적이 있다면서 농사일도 낯설지 않다고 했다.

매일 아침에 일찍 일어나서 똥거름을 주어서 밭에 뿌렸고, 현지 농민들과도 사이좋게 지냈다.

형과 내게 가장 마음 아픈 일은 문화대혁명의 소용돌이 속에서 아버지의 유골을 보존하지 못한 것이다. 아버지가 돌아가신 뒤 화장을 하고 골회함을 공용납골당에 안치했다. 매년마다 관리비를 내야 했다. 그런데 그때 형이 료우닝성 위원회에서 가장 먼저 '우경분자右傾分子'로 책정되고, 연이어 '주자파'로 몰려 연금되었고 형수도 폐병으로 입원하고 계셨다. 창춘에 있는 나도 마찬가지로 매일 심사받는 처지였고 아내는 명에 따라 학생들을 이끌고 농촌에 내려갔었다. 하여 우리는 제때에 관리비를 내지 못했다.

형이 석방된 후 납골당에 찾아갔을 때는 벌써 폐기처분된 상태였다고 한다. 관리하는 사람이 "그때 당신은 '주자파'로 몰렸으니, 다시는 못 올 줄 알았지요"라고 말하더란다. 그도 그럴 것이 형과 같은 상황에 죽거나 미치거나 하는 경우가 다반사였기 때문에 나무랄 수도 없는 일이다. 아버지는 할아버지 고향인 평안북도 정주군에 묻히기를 그렇게 바라셨는데 말이다. 부모님께 큰 불효를 저질렀음에도 도무지 만회할 길이 없다.

나는 형과 이야기할 때 꼭 조선어를 썼다. 한국어의 영향을 받아 내 발음이 조금 변했다. 하지만 형은 순수한 평안북도 발음으로 아버지께서 생전에 말하시는 것과 똑같았다. 민족의식이 강한 편이라서 내가 선양에 갔을 때마다 형은 언제나 조선반도 상황에 관심을 보였다. 아주 자연스러운 민족의식을 무심코 드러낸 것이었다.

문화대혁명의 에필로그

1) 상산하향上山下鄕하고 공자孔子를 비판하다

마오쩌둥의 최고지시에 따라 1970년에 대학교에서 새로운 지도부가 구성되었다. 그리고 당시 재학생 홍위병들을 전국각지에 있는 직장을 찾아 일자리를 배치를 했다. 그 시절에는 대학교를 졸업하면 나라에서 직장을 배치해주는 것이 정책이었다. 쉽게 말해 취직시켜 준 셈이다. 이 학생들을 가리켜 '노5계老五屆'라 한다. 그런데 1966년 문화대혁명이 시작되었을 때 이들은 재학 중이었다. 정상대로라면 1966년, 1967년, 1968년, 1969년 및 1970년에 마땅히 졸업해야 했는데, 문화대혁명으로 인해 제때에 졸업하지도 일자리배치도 받지 못했었다. 이들이 이번에 배치 받게 된 것이다.

또한 당시 대학교에서 신입생을 모집하지 않은 상황에서 대부분 교사와 그들의 가족들은 모두 농촌에 내려가 농민과 함께 농사일을 했다. 이를 '삽대락호揷隊落戶', '상산하향上山下鄕'이라고 칭했다. '삽대揷隊'란 인민공사에서 가장 기층조직인 생산대生産隊에 내려가 어느 한 농가에 들어 그들과 함께 생활하면서 생산노동을 한다는 뜻이다. 이른바 '상산하향'이란 지식청년이 산간지역이나 가난한 농촌에 내려가 농민에게서 교육을 받는다는 뜻이다.

우리 경제학과에서 반 이상의 교직원이 농촌으로 내려가게 되었는데, 이들은 떠날 때 호적을 떼어서 가기 때문에 대학교를 떠났다고 볼 수 있다. 그런데 이들의 봉급과 식량배급표는 여전히 대학교에서 발급했다. 이 운동은 1970년부터 1972년까지 3년 동안 지속되었다. 매년 수백만 명의 지식인들이 농촌에 내려가 정착했다. '4인방四人幇'이 무너진 후에야 이들은 다시 도시로 돌아올 수 있었다. 나는 정치혐의가 아직 해결되지 않았기에 학교에 그냥 남아있었다.

또한 이즈음에 대학교에서는 당 조직을 중심으로 마오쩌둥 어록을 학습하면서 린뱌오林彪와 공자를 비판하는 비림비공批林批孔 운동을 전개하였다. 당시 린뱌오를 비판하는 일환으로 공자까지 싸잡아 비판하는 운동은 전국적으로 일어났다. 그것은 문화대혁명을 지휘하는 중앙의 '4인방'이 공자의 예교, 특히 중용中庸 사상이 마오쩌둥이 제기한 '투쟁의 철학'에 어긋난다고 말했기 때문이다. 이 운동의 핵심은 공자를 비판한다는 명목하에 당시 총리 저우언라이를 배격하기 위한 것이었다. 하지만 그렇게 되지는 못했다.

소위 '비림비공' 운동이 한창인 와중에도 대학교 선전대宣傳隊에서는 대자보를 붙이며 다시 나의 과거 정치혐의를 꺼내들고 비판하기 시작했다. 내가 마오쩌둥의 사상에 부정적 태도를 보이는 한국 잡지 《사상계》의 주장을 전파하고 있다는 것이다. 따라서 이번 운동을 통해 철저히 자아반성하고 사상을 개조해야 한다고 요구했다. 오로지 이분법으로 생각하는 그들은 모오쩌둥을 비판하는 모든 세력은 저우언라이와 한 통속으로 보고 트집을 잡았다. 그런데 운동의 주력들인 대학생 조반파가 이미 각지로 배치 받아 떠난 뒤라서 사람들의 호응도가 높지 않았고 예전과 같은 대형 비판대회도 열리지 않았다.

2) '공농병대학생工農兵大學生'

마오쩌둥은 노년에 새로운 교육제도와 관련 지시를 내렸었다. 노동자, 농민, 군인 중에서 대학생을 모집하는 것이 그 지시들 가운데 하나이다. 현재의 대학가 기능을 하지 못하니, 신형의 대학교를 건설해야 한다는 것이다. 이것은 자본주의의 엄습을 미연에 발지하기 위한 대책이었다. 어떻게 보면, 이러는 대책은 '4청운동' 때 내가 내몽골에 내려가 소위 '교육혁명'에 참가했던 그것의 연속인 셈이다. 이렇게 모집된 대학생들을 노동자, 농민, 군인 대학생이라는 의미에서 '공농병대학생'이라 불렀다. 문화대혁명이 일어난 뒤 약 4년 동안 대학입학시험을 보지 않았는데, 대신 인민공사, 국영공장, 또는 군인 가운데서 추천받은 학생들을 성적순으로 뽑았다. 입시절차에서 계급과 출신성분도 중요시했다. 이러한 방식으로 대학생을 뽑는 것은 1977년까지 계속되었다. 내가 가르쳤던 '공농병대학생' 가운데는 중학교만 졸업한 사람, 생산대장을 지냈던 사람, 공장에서 '노력모범' 표창을 받았던 사람, 군인 중대장을 하던 사람이 있었다. 우리 경제학과의 강의는 통일적으로 마오쩌둥의 저작과 어록을 뽑아서 만든 책으로 교재로 삼았다. 이 밖에 공장과 농촌의 현장에서 강의를 하는 경우가 더 많았다. 그때 학생들이 공부하는 데 도움이 되도록 나는 리루이윈勵瑞雲 선생과 함께 『마오쩌둥 경제사상』이라는 책을 편찬했다. 이처럼 현장에 내려가 강의하는 양식을 가리켜 '문을 열고 학교를 꾸린다'는 의미에서 '개문판학開門辦學'이라 일컬었다. 졸업하면 취업하는 것도 쉬웠다. 대체로 원래 소속되어 있는 직장으로 돌아갔기 때문이다.

1976년, 나는 창춘지역의 위슈현楡樹縣에서 초·중·고등학교 정치교사들을 상대로 개설된 연수반 학생을 대상으로 강의했다. 이때 주로 마오쩌둥의 '5·7지시'와 '무산계급 독재이론'을 가르쳤다. 창춘을 떠나는 것으로 나는 정신적으로 어느 정도 해탈하는 느낌을 얻었다. 이때 우리는 팀을 만들고 공동으로 유명한 경제학자 순예팡孫冶方의 저작을 비판하는 글을 지어서 당시 공산당의 핵심간행물《홍기紅旗》에 게재했다. 팀원들 가운데는 나처럼 교수도 있고, 창춘 제1자동차공장의 '노력모범'과 군인도 함께 참여했는데 이를 가리켜 '삼결합작문조三結合寫作組'라 불렸다. 그리고 논문은 '지린성 혁명위원회'의 이름으로 다시 게재되기도 했다. 사실 순예팡은 시장원리의 유효성을 주장한 이름난 경제학자였다. 지시에 따른 것이었지만, 우리가 《홍기》 잡지에 게재한 순예팡에 대한 비판은 물론 옳지 못했다.

대학교의 질서 회복과

어렵게 이룬 일본행

동아시아 삼국을 살아온 이야기

배천 조씨(趙氏)의 디아스포라

한국 문제에 착수

1980년대에 접어들면서 중국이 개혁개방의 길을 걷게 되었다. 중국공산당 제11기 중앙위원회 3중전회 이후의 몇 년 동안 주로 정치사상 분야에서 혼란스러운 국면을 바로잡음으로써 정상으로 돌아가도록 하고 개혁개방의 정치적 방향도 확립했다. 동시에 농촌에서 전면적으로 가족도급제를 실행하면서 국영기업에 개혁을 시도하는 것에도 손을 대었다. 경제 분야에서 적극적으로 개혁개방의 노선을 추진했다. 전국의 경제 형세가 뚜렷하게 호전되고 국민생활도 많이 나아지면서 더 안전한 사회가 되었다.

연구에 있어서는 내가 조선연구실 주임을 겸임하므로 국무원 무역부 경제무역에 관한 모든 과학연구를 맡았다. 이래서 한국 자유가공무역구의 기본 상황을 조사하고 연구하게 되었다. 1979년 중앙작업회의에서 정식으로 선전深圳, 주하이珠海, 산터우汕頭, 샤먼廈門 등 홍콩과 대만에 가까운 연해도시를 경제특구로 정했다. 국무원 무역부에서 관련 자료를 재빨리 수집하라고 요구했는데 이 임무를 맡게 된 대학교는 샤먼대학교와 지린대학교였다. 샤먼대학교에는 대만문제연구실이 설치되어 있고 지린대학교에는 전국 대학교 가운데 하나밖에 없는 조선문제연구실이 설치되어 있었다. 한국의 마산자유무역지역에서 1960년대부터 일찌감치 외국투자, 특히 일본 자본과 기술을 유치하여 합자기업을 설립했기 때문에 무역을 추진하는 데 경험을 많이 쌓았다. 그래서 국무원이 대외무역부에 관련 문헌자료와 법규를 수집하고 정리하라고 지시를 내렸다. 10일 동안 이 수집을 완성하고 직접 외무부에 내야 할 만큼 급했다. 나와 동료 채철군蔡鐵軍이 벼락치기로 정리해 둔 자료를 가지고 비행기를 타고 베이징에 갔다. 외무부가 비행기 탑승을 요구한 게 당시의 특례였다.

베이징에 와서 무역부 간부가 "이 자료를 내부문서로 만들어야 하니까 당분간 베이징에 계셨으면 좋겠어요"라고 했다. 덕분에 이틀 동안 답복을 기다리면서 베이징을 구경했다. 3일 후 연구소장이 "기초자료가 다 되었고, 이제 탈고만 하면 위로 보고할 수 있을 것입니다. 즉 정치국 관련 지도자에게 제출할 것입니다"라고 했다. 원고를 좀 보여 줄 수 없냐고 물어봤더니 내부 기밀서류라서 제출한 후에 접촉할 수 없다고 대꾸했다. 그때 중앙이 경제특구 문제에 있어서 논쟁을 벌였는데 자본주의냐 사회주의냐에 관한 논쟁이라는 것을 후에 알게 되었다. 덩샤오핑이 특구가 자본주의 것이 아니고 사회주의 것이라고, 또한 논쟁을 하지 않는 것이 자기의 발명이라고 했다. 이런 것들은 모두 그 시기 얘기를 한 것이다.

그때 마침 대학교에서 직무 진급심사를 진행했기에 무역부 경제무역연구소에서 특별히 '연구성과평가서'를 보내오기도 했다. 문화대혁명, 이 서러운 체험 끝에 모처럼 기쁜 느낌이 들었다. 문화대혁명 초기의 한국 잡지 《사상계》가 내 '죄증'이라고 했던 그때가 새삼 떠올랐다. 그 어두운 시대가 이미 지나가고 이제 한국 등 외국 문제를 연구한 결과가 오히려 내 업적이 되었다. 참 감개무량이었다. 전국적인 조선경제학회가 이미 성립되고 내가 맨 처음부터 네 번째까지 이 학회의 이사를 담당했다. 동시에 일본 경제 및 동북아시아 경제문제 연구에도 손을 대었다. 과업도 만만치 않다. 형세가 정말 좋다. 잃어버린 내 10년을 서둘러 되찾아야 한다.

1960년대부터 20년 동안 중국에서 대학교직명 승진제도가 폐지되어 있다가 1978년부터 회복되었다. 내가 졸업했을 때 조교로 정해졌는데 '10년일관제'란 것이 있어서 여전히 조교로 되었다. 개혁개방 초기 대학교직명 승진제도가 회복되면서 나는 강사직명으로 승진되었다. 1979년에 나는 강사로부터 부교수로 승진하게 되었다. 당시 지린대학교에서 1959년에 졸업한 학생들 가운데 부교수로 승진하게 된 사람은 나밖에 없다는 말을 들었다.

학과 부주임으로 취임

지린대학교에서 노동자·해방군선전대가 철수하면서 무너졌던 간부들이 잇따라 제자리에 돌아왔다. 경제학과에서 관밍쥐에 교수가 학과주임으로 복직되고 다른 간부들도 따라 원직에 복귀되면서 경제학과는 문화대혁명 전과 거의 다름없이 되었다. 대학교에서 실행하던 제도도 회복되었다. 하지만 문화대혁명 때 무력으로 투쟁하는 운동에 참가한 사람, 특히 다른 사람에게 해를 끼친 사람은 직명승진 자격이 취소되었다. 반란을 일으키고 이미 졸업한 학생 가운데 심한 문제가 있는 경우에는, 어디에 가 있든지 불러와서 심사를 받도록 해야 했다. 특히 '계급대오 청산'이나 '특별사건심사팀' 작업 중에 심사 상대에게 폭행을 가한 사람에게는 책임을 따져야 했다. 현재 집권자는 문화대혁명 중에 '타도'되었지만 이제 직위가 회복된 간부들이다. 그래서 홍위병 중에 불만을 나타내는 사람도 있었는데 이렇게 하는 것이 '주자파의 정치보복'이라고 암암리에 전했다. 개혁개방에 반기를 든 세력이 있기는 있었다. 그러나 덩샤오핑의 새 체제는 이미 안여태산하기 때문에 퇴로를 허용하지 않았다.

나는 정치경제학 『자본론』의 강의 외에도 세계경제 과목을 맡았다. 동시에 조선문제연구실 주임도 겸임했다. 1979년에 관밍쥐에 주임의 추천으로 학과 부주임으로 취임하게 되었다. 문화대혁명 후에 내가 첫 학과 부주임으로 승진되어 주로 학과 과학연구작업을 중점에 두고 또한 학과 주임인 지원길 교수와 함께 세계경제학과를 설립했다. 일본과 동북아시아 지역경제 연구를 중심으로 하므로 교육부에 동북대학교 중에 특색이 뚜렷한 세계경제학과로 평가되었다. 이 학과는 국제경제학과로 격상되어 세계경제 인재를 양성하는 데 전력했다. 이를 바탕으로 지린대학교에서도 동북아시아 연구원을 설치했다. 이 연구원은 교육부의 박사 모집 중점학과로 평가되어 국내외 대량의 연구생을 모집했다.

국비유학 기회

내가 한창 바쁜 시기였던 1982년에 교육부에서 부교수 이상 고급 직함을 지닌 교사의 국비유학에 관한 '사일이문서'를 내렸다. 1982년 4월 12일에 내린 지시라서 '사일이문서'라고 불렀다. 문화대혁명이 끝난 후 문과 학과에서 국비로 유학 보내는 것은 처음이다.

중국 유학제도는 1870년에 120명 어린이를 미국으로 보낸 것으로부터 시작되었다. 최초의 유학 붐은 갑오전쟁 이후 일본에 가는 것이었다. 1896년 13명을 국비유학 보내는 것을 시작으로 많은 유학생이 일본에 가고 1905년 절정기에 이르러서는 8천 명을 넘었다. 신중국 성립 후 소련과 동유럽을 중심으로 유학생을 보냈다. 1960년대 후 중·소관계가 악화됨에 따라 유학생도 점점 줄어들다가 문화대혁명 때에는 완전히 없어졌다. 덩샤오핑의 지시에 따라 개혁개방이 막 시작된 1978년에 유학제도가 회복되었다. 문화대혁명에서 벗어난 지 얼마 안 된 그 시기에 나라에서 돈을 내 유학생을 보내는 것은 참 쉽지 않은 일이었다.

1983년 문과 학과 국비유학 문서에 따라 지린대학교의 유학 정원은 3명밖에 안 되었다. 며칠 후 학과 주임이 나한테 "유학 기회가 있길래 너를 추천했다"라고 했다. 상상도 못했다. 학과 당총지서인 리바오샹에게 물어봤더니 "학과에서 네가 가장 적합하다고 했다. 일본어를 할 줄 아니까"라고 대답했다. 또한 "대학교에서 정치심사도 하겠대"라고 했다. '사일이문서'에서는 문화대혁명 때 정치적인 활동을 심사의 중점으로 명확히 규정했다. '조반파'에 참여한 사람, 즉 무력으로 다른 사람을 해친 사람은 외국에 유학을 보내지 않는다고 규정했다. 대학교 인사과의 심사를 거친 후보자 3명 중에 내가 유일하게 문제가 있는 사람이었다. 후에 알게 되었는데 내가 조반파냐 아니냐는 것에 의견충돌이 있었다. 예를 들면 내가 첫 대자보를 작성한 사람이니 당연히 조반파라고 주장한 이도 있는가 하면 내가 '작업팀을 지지한 첫 대자보'를 붙였기 때문에 '보수파'라고 생각한 이도 있었다. 마지막 결과는 내가 '첫 대자보'에 대해 반성하느냐 안 하느냐에 달려 있었다. 이로 당위원회 사무실이 회의 발언 기록을 조사하러 오기도 했는데 반성 기록을 못 찾고 말았다. 결국 유학 가기에 적당하지 않다는 결론이 나왔다. 나는 이런 과정을 전혀 몰랐으며, 단지 나에게 이런 통지만을 보내왔다. "학과 일이 너무 많으니까 다음에 가자." 하지만 유학 가기로 했던 2명 중에 나보다 나이가 많은 지원길 선생이 대학교 지도자에게 이유를 물어본 적이 있었다. 첫 대자보 탓으로 유학 가지 못한다는 답이 나왔다. 그런데 내가 '작업팀을 지지한 대자보'도 붙였다는 것을 그들은 생각하지 못했다. 잊을 수도 있겠지. 내가 작업팀을 지지한 것은 전교가 다 아는 일이었는데 그때 조반파와 논쟁도 했다.

지 선생이 비밀을 지키지 못하는 바람에 대학교 당위원회의 꾸지람을 들었다. 뒤에 다시 조사를 하여 내가 당 내부회의에서 운동 초기에 저지른 일에 반성문을 쓴 적이 있었던 것으로 알게 되었다. 알고 보니 연구실 비서인 황수란이 내 발언기록을 보관해 둔 것이다. 이리하여 대학교에서는 정식으로 유학 허가를 내렸다. 드디어 한숨을 쉴 수 있었다. 반년이나 지나간 문화대혁명의 그림자는 아직도 나를 떠나지 않은 모양이다.

그때 유학 허가를 받은 교사는 모두 외국어시험을 봐야 했다. 나의 출국 결정은 임시적이어서 준비할 시간도 없었는데 다행히 전교 응시자 중에서 2등을 했다. 만주국 시대에 일본어를 배운 게 역시 효과가 있었다. 하지만 일본에 유학 가는 길이 그리 평탄치는 않았다.

출국 직전에 일어난 일

5월 중순쯤에 교육부의 지시에 따라 출국자들은 베이징에 가서 언어교육을 받아야 했다. 일주일이나 되는 교육이 끝난 후 교육부 담당자한테서 여권과 비행기표를 받아 놓고 다음 날에 출발하려 했다. 하지만 그날 밤 9시에 학원 사무실에서 연락을 받았다. 내 출국 허가는 외교부에서 취소했다는 것이다. 얼마나 괴상한 일인가? 나에게 요새 조선 사람을 접한 적이 있냐고 물었다. 나는 누구와 접했는지 기억이 안 난다고 했다. 나와 함께 온 장광박張光博 선생이 나보고 잘 생각해 보라고 했다. 다음 날 아침에 사건의 경위를 알게 되었다. 수일 전에 조선에서 온 유학생이 언어학원 캠퍼스에서 지린대학교 조선족 선생과 잠시 이야기를 나눈 적이 있었다. 지린대학교 그 선생이 '너희들 나라 경제가 어려운 이유는 주요 지도자가 개혁에 거부감이 있기 때문이라는 것' 등 비판적인 발언을 했다. 유학생들이 바로 조선주중국대사관에 이 일을 보고했다. 조선 쪽에서 이 문제를 놓고 중국 외교부에 항의를 걸었다. 외교에 연관되어 있어서 외교부에서 그 조선족의 출국금지명령을 내렸다. 따라서 내가 혐의자로 의심되었다. 왜 또 조선 문제인가? 왜 또 조선족 문제인가? 참 영문을 알 수 없는 혐의라는 생각이 들었고 마음이 놓이지 않았다. 내가 끝까지 이 일을 부인했다고 해서 학원 쪽은 직접 지린대학교 외사처에 연락을 했다. 알아봤더니 한씨라는 지린대학교 이과 선생도 외국어학원에서 잠시 교육을 받았다는 것을 알게 되었다. 그리고 한씨 본인도 이 일을 인정했다. 그는 이미 창춘에 돌아가 비자발급을 기다리고 있었다. 사태가 해결되었을 때는 벌써 아침 8시였지만 제시간에 비행기를 타는 데에는 문제가 없어 보였다. 이렇게 1983년 5월의 어느 날 오전 10시, 우리 둘은 중국 민간항공 비행기를 타고 목적지인 일본 오사카로 날아갔다. 첫 일본행이 이렇게 힘들 줄은 전혀 생각하지 못했다. 하지만 이번 일본 방문은 중국 개혁개방이 나에게 준 선물이라고 할 수 있다. 지난 세월 중에는 꿈도 못 꾸었을 일이니까.

갑산공원의 매력

그날 저녁에 우리는 민간항공 비행기를 타고 제시간에 오사카 이다미伊丹국제공항에 도착했다. 경제학부장인 다나카 토시유키田中敏行를 비롯해 간세이가쿠인関西学院 대학의 많은 사람이 마중 나왔다. 그중에 방중대표단으로 지린대학교를 방문했을 때 내 비자발급을 도와주었던 사회학부의 나카하라仲原 교수, 법학과의 고토后藤 교수와 구로다黒田 교수, 그리고 경제학과 스기타니杉谷 교수, 국제교류과 사와타니沢谷 교수 등이 있었다. 다들 반갑게 "진심으로 기다렸는데 드디어 오셨네요", "출발한다는 말을 듣고 마음이 놓였어요" 등 속말을 털어놓았다. 간세이가쿠인 대학에 중국에서 온 객원교수를 받아들이는 일, 미리 도착한 지원길 선생을 포함하여 이번이 처음이다. 내가 예상보다 한 달 늦게 오는 바람에 그들은 신경을 많이 써 주었다. 내가 드디어 온 걸 보고 한숨을 쉬기도 했다. 창춘에서 오사카까지의 직행거리는 베이징까지의 거리와 비슷했지만 많은 어려움을 겪었더니 멀리 와 있는 느낌이 들었다.

우리는 간세이가쿠인 대학에서 제공한 외국인 주택 10번 호텔에 묵었다. 대학교의 이름이 간세이가쿠인 대학이라고 하는데 '간세이가쿠인'은 대학교, 중학교, 초등학교 등을 포함한 학교법인 명칭이다. 대학교는 간세이가쿠인 주체에 속하고 '간세이가쿠인'이라고 약칭되었다. 간세이가쿠인 대학이 기독교 계통 대학교라서 미국 목사가 사는 외국인 주택이 10채나 되었다. 10번 주택을 비워서 우리보고 들라고 했다. 일부 목사가 이미 이직해 귀국했다. 10번 주택은 2층 건물이고 방벽이 얇아 겨울에 추위를 막을 수 없었다. 동북 주택과 많이 달랐다. 방이 일고여덟 개 있는데 내가 2층의 두 개를 썼다. 아래층은 객실과 부엌인데 수십 명 초대회를 열 수 있을 만큼 넓었다. 일용품, 가전제품, 에어컨 등 시설이 모두 갖추어져 있어서 일본 경제발전의 새로운 성과를 눈앞에 보여 준 듯했다.

일본에서 텔레비전을 보는 것도 배움이다. 일본 사회를 알 수 있을 뿐만 아니라 일본어도 배울 수 있었다. 그때 일본에서 NHK 드라마 〈오싱〉을 방송하고 있었다. 아침 8시 15분부터 이 드라마를 봤다. 일본 동북지역 야마가타山形 사투리를 쓰기 때문에 대충 알아들을 수 있었다. 모르는 단어가 나오면 사전을 찾아보면서 일본어를 공부했다. 일본에서 받은 첫 수업인 셈이다. 이란의 한 여학생이 국내에서 〈오싱〉을 보고서 일본에 오기로 했다고 들었다. 〈오싱〉은 그야말로 아시아 드라마였다. 전쟁 전, 전쟁 중 그리고 전쟁 후의 일본 사회를 보여 주면서 일본 근현대를 재구현했다. 〈오싱〉에 출현한 여배우 다나카 유코田中裕子는 아주 훌륭한 배우였다. 많은 장면에서 나는 감동을 받았다. 그런데 이 드라마에서 한 가지 부족한 점은 바로 해외침략전쟁을 언급하지 않았다는 것이다. 일본의 근현대사에서 해외침략을 빼면 역사를 인정하지 않는 것이나 다름이 없다. 그 후 이 드라마는 중국에서도 상영되었다.

아침에 일어나서 산책을 하는 우리 세 사람의 습관은 일본에 와서도 변하지 않았다. 일본에 온 다음 날 아침 우리는 간세이가쿠인 근처에 있는 강을 따라 이야기하면서 나란히 길을 거닐었다. 한참 후 뒤돌아보니 차 한 대가 천천히 우리 가까이 다가오고 있었다. 내가 황급히 차가 온다고 그들더러 비키라고 했다. 운전자 부인이 차창을 열면서 미안하다고 하고 머리를 끄덕여 인사를 했다. 교통규칙을 위반한 사람은 분명히 우리였는데 오히려 상대방이 우리에게 먼저 사과를 하는 건 정말 생각조차 못했다. 이것이 바로 일본에 와서 첫 아침의 체험이다.

솔직히 말하면 일본에 있는 동안 머릿속에 항상 위만주국 시대에 만났던 일본 사람의 건방진 얼굴이 떠올랐다. 현재 예의바른 일본 사람을 보니 전후 일본 사람의 변화된 모습이 무엇 때문인지 궁금했다. 아니면 전에 내가 일본 사람을 잘못 본 것인가? 그래서 이 따위 하찮은 일도 내 기억에 남았다.

간세이가쿠인 뒷산에는 니시노미야西宮 시립인 갑산삼림공원이 있었다. 효고兵庫현 육갑산맥의 한 산봉우리에 자리를 잡았다. 나는 자주 이 공원에 가 쉬었다. 옛날 보도와 도로표지가 지금까지도 보존되어 있었다. 듣기로는 옛날에 교토京都의 사자와 유학 간 승려들이 모두 여기를 거쳐 세토나이카이瀬戸内海에 들어갔다. 또한 여기로 중국 내륙과 조선반도에 갈 수 있었다. 공원에 에도江戸시대 유학자 라이산요賴山陽의 시 〈주산가〉가 석비에 새겨져 있었다.

주산은 어제 나를 보냈고,

주산은 오늘 나를 마중했고,

묵묵히 열 번이나 왔다 갔다 하고,

산은 여전히 푸른데 나만 늙어갔구만.

고향의 가족은 더 늙어가고,

아마 작년에도 이 길을 걸었으리.

여기서 주산이란 바로 갑산을 가리킨 것이다. 라이산요는 1780년부터 1832년까지 에도 후기의 박식한 유학자로서 한학을 좋아했고 또한 잘했다. 성격이 호방해서 제멋대로 방탕한 삶을 살았다. 만년에 교토에 살면서 많은 제자를 모아서 한학을 가르쳤다. 저작이 『라이산요전집』이 있는데 총 8권이다. 나는 시를 잘 모르는데 일본 사람이 한시를 했다니, 게다가 중국 사람이 작성한 한시와 똑같았다. 정말 믿을 수 없다. 하지만 200년 전 시인이 고대 한학을 이만큼 몹시 좋아하고 고향 가족에 대한 애착은 나에게 일본문화에 친근감을 느끼게 했다. 궈모뤄가 이런 말을 했다. 일본문화는 '수식된 당나라 문화'를 바탕으로 했다고. 궈모뤄 선생이 기모노를 자주 입었던 것은 바로 기모노를 입으면 당나라 복장을 한 듯한 느낌 때문이었다.

간세이가쿠인 대학에 대한 인상

간세이가쿠인 대학에 있는 동안 나는 가지각색 경험을 했다. 우선 학생이 많은 것이 특색인데 총 2만 명이나 되었다. 하지만 전임교사는 불과 170명에 지나지 않아서 학생과 교사의 비율이 100대 1이다. 1980년대 초 지린대학교 재학생이 7천 명쯤이고 교사가 1천200명이었다. 차이가 너무나 컸다. 여기서는 전혀 다른 방식으로 대학교를 운영하고 있다. 사립대학교인 간세이가쿠인 대학은 국립인 지린대학교와 뚜렷하게 달랐다. 뜻밖에도 대학교 운영방식을 둘러싸고 자주 다른 견해를 나타냈고 매체도 이사장과 총장 사이의 대립을 보도했다. 교수들 간에 이견을 보이는 일도 흔했다. 그런데 그때의 중국에는 학생이 학비를 내지 않는데다가 형편이 어려운 학생들은 국가보조금을 받으면서 학교에 다녔다. 그래서 이른바 대학교 '운영문제'에 대해서는 나는 잘 몰랐다.

교수들의 스케줄이 항상 빠듯해서 뭘 상의하려 해도 금방 정해지지 못하는 상황을 자주 볼 수 있었다. 항상 공책을 들고 전심전력하는 모습이었다. 나도 따라서 민감해졌다. 무슨 일이 있으면 될 수 있는 대로 일찌감치 말씀을 드렸다. 학과 주임은 상의할 일이 있으면 자주 점심시간을 이용해 회의를 했다. 도시락을 먹으면서 토론을 벌였다. 그때 도시락이 공짜로 제공되었으니 참 고마웠다. 그런데 그들과 같이 회의를 하면 통역을 해야 하니까 난 늘 찬밥을 먹었다. 나는 식욕이 안 좋아서 참아내기가 꽤 어려웠다. 그러나 교수들이 그렇게 긴박하고 바쁘게 일하는 리듬이 나에게 깊은 인상을 남겼다.

또한 회의가 놀라울 만큼 많았다. 사회주의 국가인 중국에 회의가 많다고들 했는데 일본에 와보니 일본 대학교에서 열리는 회의가 중국보다 훨씬 많음을 실감했다. 다양한 회의를 열었는데 학과의 교수들이 회의에서 막대한 권력을 지니고 있어 회의에서 결정된 일이라면 누구도 바꿀 수 없었다. 학과 주임은 단지 회의를 주재하고 제안서를 제기할 뿐이었다. 민주적으로 대학교를 운영하는 체제는 중국보다 훨씬 뛰어났다. 일본 대학교에서는 학과 교수회의에서 공동으로 토론하지 않으면 무슨 일이든 결정할 수 없다. 반면에 중국 국내 대학교에서는 교수회의에서 아무런 결정도 하지 못했다. 학교 지도자에 의해 결정되는 것이었다. 선명한 대비를 이루었다.

간세이가쿠인 대학에서는 교수들의 일과 휴식이 시간적으로나 공간적으로 명확히 구별되었다. 일할 때는 긴박하게 돌아가는 가운데에서도 질서가 있었다. 일이 끝나면 캠퍼스가 텅 비어 사람이 안 보인다. 단지 보안요원 몇 명이 학교를 지키고 있을 뿐이다. 교사와 학생의 소통은 거의 교수연구실에서 진행되었다. 미리 예약하지 않으면 학생을 쉽게 찾을 수 없다. 학생이 여유시간에 하는 일에 대해서는 학교에서 전혀 상관하지 않는다. 학생의 개인 전화번호도 대외적으로는 비밀로 한다. 학생들은 모두 자기가 구한 여관에서 흩어져 살았는데 이것을 '하숙'이라고 했다. 중국 대학생이 학교 기숙사에 사는 것과 달랐다. 연구실이 없는 중국 대학교에서는 교사들이 보통 집에서 연구작업과 수업준비를 했다. 이런 체제는 장점이 있는가 하면 단점도 있다.

일본 대학생에 대한 인상

학생들한테서 자주 '가치관의 다양화'라는 말을 듣는데 이것은 그들의 장점이라고 생각한다. 이것은 중국과 일본 양국 사회제도의 다름을 보여준다. 그들에게는 개인의 가치관이 국가이념보다 더 중요하다고 한다. 나는 그들의 이런 주장을 들어 본 적이 있다. 2차 세계대전 때 일본에서 국가지상의 군국주의를 실행하면서 침략전쟁을 일으켜 많은 청소년들이 목숨을 잃게 되었는데 이게 역사적인 교훈이라고. 교수들도 정부의 뜻에만 따르는 '어용교수'를 얕본다. 국립대학교에서도 교수의 가치관과 학술적인 관점은 존중을 받는다. 예를 들어 교수회의에서 마르크스경제학 신봉자를 초빙한다고 결정하면 그가 수업에서 무슨 말을 하든지 그의 자유다. 학교에서 학생이 교수에 대한 태도를 조사하는 데에도 수업 내용을 알려고 하지 않는다. 또한 학교 내에서는 정치나 정당활동을 허락하지 않는다. 최근 일본 국립대학교의 개혁이 빠르게 진행되면서 전부 민영화, 법인화를 실시하게 되었다. 과거 일본 국립대학교 교사들의 '종신고용제'는 이미 폐지되었다.

학교에서도 자유로운 학술 분위기를 권장한다. 모든 교육과목 계획표 중에서 필수과목의 비중이 작은 반면에 선택과목이 큰 비중을 차지한다. 뿐만 아니라 본 학과 학점을 모두 따면 다른 학과나 연구 분야의 과목을 선택해 공부할 수 있다. 이렇게 하면 학생의 선택 폭이 좀 더 커지고 자주성도 발휘할 수 있다. 이것이 특색이었다. 동아리 같은 것도 중요시되었다. 상학과 어떤 학생이 모 극단 동아리의 악대 지휘자를 담당했다고 들었다. 그들에게 대학교란 자유롭게 공부하고 마음대로 자기 실력을 보여 주는 곳이었다. 대기업은 학생을 뽑을 때 주로 학생의 기본 기능과 사회에 대한 적성에 눈길을 준다. 대학교에서 무슨 전공을 하는지에 대해서는 전혀 관심이 없다. 동아리나 클럽 활동을 통해서 전체적인 소질을 키운 학생을 더욱 중요시한다. 대학교에서 배우는 지식은 본인이 원한다면 졸업 후 일하면서 배워도 괜찮다고 생각한다. 이것도 대학교 체육동아리 등이 각광을 받는 이유 중의 하나다. 따라서 대학교에서 배우는 전공과 졸업 후 선택한 직업이 일치하지 않는 경우가 훨씬 더 많다. 일본에서 '학벌'이 중요하기는 하지만 사회에서 학벌만 필요한 것은 아니다. 대학교 교육은 보편화되었지만 수준 차이가 특별히 뚜렷하다.

솔직히 나는 간세이가쿠인 대학의 이런 체제를 완전히 찬성하지 않는다. 이렇게 하면 대학교의 사명감과 책임감이 떨어지기 때문이다. 하지만 곰곰이 생각해 보면 이런 방법이 일리가 없는 게 아니다. 중국의 대문호인 루쉰魯迅이 청나라 말기에 일본에 유학 갔는데 센다이 의학전과에서 공부하면서 문학에 몰두해 도쿄에서 전문적으로 문학활동에 몸을 담았다. 귀국한 후 한평생 문학에 열중했다. 그는 위대한 문학가이며 훌륭한 사상가이자 혁명가이기도 했다. 궈모뤄郭沫若도 마찬가지다. 1913년 일본에 유학 가 중학교부터 대학교까지 10년을 보냈고 규슈 대학에서는 주로 의학을 공부했다. 하지만 마음은 혁명문학으로 기울어져 일본에 유학 중인 위다푸郁達夫, 청팡우成仿吾 등과 창조사를 성립하면서 중국 고대사와 고문자학 등에 골몰했다. 이 두 명은 모두 의학을 전공했지만 졸업 후 모두 문학과 정치 분야에 진입했다. 간세이가쿠인 대학도 이런 일본 교육전통을 이어받았다.

하지만 가치관의 다양화를 핑계로 수업을 빼먹는 학생도 적지 않았다. 나는 다양한 가치관 때문에 곤란에 빠진 학생을 본 적이 있다. 내 생각은 일본의 학생들이 대학교를 잘 알지 못하는 바람에 교수의 수업을 무시하게 되었다는 것이다. 특히 6월 말에는 결석한 학생이 너무 많았다. 이유는 아르바이트 때문이었다. 심지어 수업 중에 빠져나가는 경우도 자주 볼 수 있다. 나는 산업구조론이라는 수업을 들어 본 적이 있었다. 수업을 담당한 젠코金子 교수가 매번 강의 내용을 개요로 만들어 학생들에게 나눠주어 수업이 꽤 들을 만했다. 하지만 원래 300명이 와야 할 강당에 몇십 명만 오는 경우도 있었다. 대학교가 공부하는 장소인지 멋대로 노는 장소인지 의문이 들었다. 많은 학생들이 이를 잘 몰라서 올바른 이념을 세우지 못하고 다양화가 바로 자유화라는 관점을 단편적으로 강조한 나머지 그릇된 길을 걷게 된 것이다.

간세이가쿠인 대학 도서관 앞에 넓은 잔디가 있는데 낮에는 여기에 학생들이 널려 있다. 그중에는 누운 채로 즐겁게 얘기하는 남녀 커플도 있는데 중국에서는 전혀 볼 수 없는 장면이다. 수업이 시작되어도 일부 학생은 거기서 논다. 내가 공개연설을 한 적이 있었는데 일반 시민도 들으러 왔다. 한 시민이 일본 대학생에 대한 인상이 어떠냐고 물어봐서 나는 내가 느낀 대로 말했다. 교실에서 수업을 받는 학생보다 잔디에서 노는 학생이 더 많다고. 회의장에서 웃음이 터졌다. 그들도 나와 같은 생각을 했나 보다. 생활이 넉넉해지고 시설이 잘 갖추어지고 공부 환경이 많이 개선되었지만 이런 물질적인 환경이 꼭 공부하고 싶은 욕망을 북돋우는 것은 아닌가 보았다. 전쟁 때 일이었지만 내가 어린 시절에 봤던 열심히 공부하고 긴장한 일본 사람의 모습이 없어졌다. 전쟁 후 젊은이들이 변한 것인가, 아니면 내가 잘못 생각하고 있었던 것인가? 일본 교육의 정체는 도대체 어떤 것인가? 사람들에게 자주적인 창의성과 발전의 다양화가 없으면 안 되지만 자주가 반드시 자유로운 존재와 똑같은 것은 아니다. 자유란 인식된 필연이다. 이 논점을 중요시해야 한다.

간세이가쿠인 대학과 같은 대학교 운영패턴은 고립된 것이 아니라 온 일본사회에서 존재하는 문제였다. 이렇게 보니 대학교 문제는 일본의 고용제도와 관련되어 있다. 기업에서 정규직을 줄이고 임시직원을 많이 채용해서 경영원가를 낮추는 목적을 달성하는 것이다. 대학생들이 아르바이트를 하면서 학교에 다니는 것도 일본 기업의 고용제도와 밀접한 관련을 지니고 있다. 당시 대학생들은 학력만 있으면, 특히 명문대학교를 졸업한 학생들은 성적과 관계없이 취직할 수 있었다. 왜냐하면 일본 기업에서 필요로 하는 사람은 '인재가 된' 학생이 아니라 그만큼의 '소양'만 갖춘 학생이면 된다. 기업에서 필요한 사람은 취업 후 교육을 받으면서

양성되는 것이었다. 한번은 평소 공부에 관심이 없었던 학생이 나에게 전화를 걸었다. "조 선생님 덕분에 마쯔시다松下 전기회사에 취직하였습니다. 중국과 협력을 강화하려고 하는데 잘 부탁드립니다." 들어 보니까 케케묵은 내 관점에 대한 비판인 모양이었다.

나의 유학생활

정부가 낸 비용으로 내가 일본에 유학 온 것이라서 원래 중국주일본 대사관에서 한 달에 생활비 7만 엔을 받을 수 있었지만 간세이가쿠인 대학은 공짜로 10번 주택을 제공할 뿐더러 다른 전기비용, 가스비용, 전화요금 등도 대학교가 부담하기 때문에 대사관에서 4만 7천 엔만 받을 수 있었다. 캠퍼스 안에 살고 있다는 이유로 교통비용 3천 엔을 떼었다. 당시 중국 재정 상황을 보면 이해가 간다. 그런데 어려운 것은 필요한 도서 자료들을 살 돈이 없다는 것이다. 세 사람이 나누어 밥을 해서 4만 7천 엔으로 생활하는 데는 지장이 없었다. 그러나 일본 책이 너무 비싸서 살 수 없었다. 간세이가쿠인 대학에서 이 문제를 고려해 1년에 연구비로 20만 엔을 제공해 주었다. 이 비용은 한 번의 출장비용과 도서 구입비가 포함된 것이었다. 우리 세 사람은 이 돈 덕분에 도쿄에 다녀왔다.

그때 만성신장염 때문에 두 다리가 모두 부어서 제대로 걷지 못한 경우도 가끔 있었다. 다행히 간세이가쿠인 대학병원에서 공짜로 치료를 받았다. 이 병원에서는 치과 이외의 다른 치료는 모두 무료로 해주었다.

교통비용을 떼였기 때문에 우리는 되도록 멀리 가지 않고 한큐阪急전철을 타고 고베神戸에 가서 남경 거리와 니시노미야 북쪽 입구 근처에 있는 옥외시장에서 쇼핑을 했다. 한큐전철은 중국 기차보다 더 쌌다. 전쟁 후 일본에서는 처음엔 국가가 철도를 운영했는데 경영난으로 인해 1978년에 민영화를 실시했다. 6개 여객철도회사로 분할되어 현재의 'Japan Railway' 를 이루었다. 한큐전철은 간세이지구에서 손가락에 꼽히는 좋은 개인철도다. 당시 국가철도 개찰구는 모두 사람이 다루었기 때문에 교토부터 고베까지의 기차표가 개인철도인 한큐전철 표값보다 많이 비쌌다. 경찰 같은 나이가 많이 든 사람이 한 장씩 한 장씩 차표를 찍었다. 중국과 마찬가지였다.

1980년대 초 유학생활이 그리 수월하지 않았다. 중국 영사가 거의 하루에 한두 번씩 사고가 났다고 했는데 물론 교통사고나 정치사건을 말한 것이다. 까딱하면 정치적인 실수를 할 수 있었다. 그때 중·일관계와 양안관계가 다 긴장 상태이고 복잡했다. 이 와중에 일본에서 유학 중인 학생이 대만 스파이의 책동으로 대만에 도망가려고 계획한 사건이 일어났다. 지린대학교 어떤 젊은 선생이 대만 여자와 사귀는 바람에 대만 정보기관의 암수에 넘어가 실수를 했다.

이 1년 동안 생활이 어려움에 부닥친 경우가 있었지만 국비유학생으로서의 명예감이 내가 끝까지 버틸 수 있는 정신적인 원동력이 되었다. 그때 중국에서 온 학생이 그리 많은 편이 아니라서 〈고베신문〉에서 눈에 띄게 우리가 일본에 온 상황을 상세히 보도했다.

'조선인'에 대한 깔시

내 첫 유학기간은 1년이다. 다나카 부장이 나보고 후반 학기에 중국경제론에 관한 강의를 해보라고 했다. 그때 간세이가쿠인 대학에서 중국경제를 가르친 교사가 없었기 때문이다. 이 일은 내가 일본에 오기 전에 편지를 주고받으며 벌써 꺼낸 얘기였다. 다나카 부장은 내가 일본어를 능숙하게 다루는 것을 알고 있었을 것이다. 그래서 나는 이런 각오를 미리 해놓았다. 일주일에 한 번씩 총 12번을 하고 마지막으로 학생에게 성적도 주어야 했다. 합격하면 학점 2점 더하는 것이다. 강의 한 번에 수업료로 5천 엔을 받을 수 있었다. 파트타임 교수의 기준으로 강의보수를 지급했다. 뜻밖에도 일본경제사 교수 유즈모토 마나부柚本学, 상학부 경영학 교수 모리모토 타카오森本隆男도 내 수업을 들으러 왔다. 중국에 대한 정보를 얻고 싶었던 듯했다. 내가 외국에서 처음으로 한 강의였다. 수업을 들은 학생 수가 500명을 넘었다. 주로 경제학부와 상학부의 3, 4학년 학생이었다. 선생으로서 강단에 서 있는 것은 익숙하지만 일본어로 90분 동안 강의를 하는 건 난생 처음이었다. 그들은 내가 질문을 많이 받았으면 했다. 강의보다 내가 질문에 답하는 쪽이 더 효과 있다고 본 것이다. 나도 질문을 통해서 일본 사람이 어떤 분야에 관심을 갖고 있는지 알 수 있었다. 수업 중에 손 들고 질문을 하는 것이 그들에게 어색했기 때문에 수업 전에 질문용으로 종이를 미리 나누어 주었다. 재미있는 질문이 많이 나왔다. 예를 들면 '한 부부가 아이 한 명만 낳을 수 있다'는 산아제한 계획, 인민공사, 중국 대학생 모집제도, 문화대혁명, 그리고 중국은 왜 꼭 사회주의를 추구하느냐, 중국 사람은 일본 사람을 어떻게 보는가, 중국 사람과 일본 사람이 다른 점은 무엇인가, 중국 음식과 일본 중화요리는 똑같은가 등 셀 수 없을 정도로 질문이 많았다. 또 여학생들에게서 이런 질문도 받았다. "선생님은 계속 일본에 계실 계획이 있으세요?", "사모님도 일하고 계십니까?", "학생으로서 연애해도 돼요?" 등등. 나는 진지하게 일일이 질문에 답해 주었다. 이런 문답식으로 하는 수업은 아주 좋은 효과를 얻었다. 이 덕분에 출석한 학생도 많아졌다.

그런데 그때 내가 조선족이라는 것을 알고 있는 사람이 한 명도 없었다. 그래서 중국에 관련된 질문만 했다. 후에 내가 '조선인'이라는 것을 몇 명 선생이 알게 된 것 같다. 기노사키 총장이 주변 사람에게 "딱 봐도 '조선인'인 것을 알 수 있다"라고 했다. 한번은 고니시 타다오 선생이 내가 한국어를 아는지 모르는지를 떠볼 목적으로 나에게 한국 사람의 논문을 보여 주었다. 봐 달라기만 하고 왜 봐 달라는지는 말하지 않았다. 내가 논문 내용을 말해 주자 아무 말 없이 그냥 웃기만 했다. 나는 속으로 이렇게 되뇌었다. 친구를 사귈 때 가장 중요한 것이 바로 마음이고 마음으로 사귀지 못한다면 친구가 아니라고. 이런 말을 나는 끝내 입 밖에 내지 않았다. 그는 친구가 될 만한 사람이 아니고 항상 사람을 피하고 이민족을 친구로 보지 않으니까. 이런 일을 통해 일본 사람의 조선족에 대한 태도를 엿볼 수 있었다.

후에 알게 되었다. 한 중국 사람이 일본 사람에게 조 선생이 조선족이라서 일본어를 한족보다 잘한다고. 그들은 왜 조선인에게 주목하는 것인가? 하지만 일본 사람 누구도 나에게 민족 얘기를 꺼내지 않았다. 참 어이가 없었고 불쾌하기도 했다. 일본 사회에서 '조선인'은 여전히 괄시를 당하는 민족임을 알 수 있었다. 그래서 내가 이에 개의하거나 일본 사람에게 조선족인 걸 알리지 않으려는 건 쓸데없는 걱정이다. 자신의 민족을 밝히는 것이 얼마나 당당한 일인데. 그들의 '걱정'과 '우려'는 그들 머릿속에 존재하는 민족적 차별의식이 만들어 놓은 것이다. 이 때문에 일본 사람과 조선족은 친구로 지내기가 힘들다. 그들은 소수민족에 선입견을 가지고 있었다.

이때에 이르러서야 베이징에서 교육을 받을 때 교육부의 한 간부가 일본에 가서 조선족인 걸 밝히지 말라고 조언한 이유를 알게 되었다. 일본이 '단일민족국가'이기 때문이라고 한 사람도 있는데 이것은 착각이다. 일본 사회에 존재하는 민족적 차별의식은 그 역사적 연원을 따져 보면 근대 일본이 아시아 사람을 경멸한 의식에서 기원했다. 이런 옳지 못한 의식은 악질적으로 '신일본주의' 사조로 부풀게 하였다. 이런 사조는 일본 군국주의 정신의 원동력이 되어 주었다. 이것은 명치시대에 접어든 후에 일어난 일이다. 전쟁 후기 이런 낡은 사상은 여전히 뿌리 깊게 박혀 있고 많은 사람이 거기에서 완전히 빠져나오지 못했다.

동북아의 탈냉전과
투먼강(두만강)개발구

동아시아 삼국을 살아온 이야기

배천 조씨(趙氏)의 디아스포라

냉전완화 및 조선문제 연구

일본에서 돌아오자마자 바로 동북아시아 문제와 조선문제 연구에 몰두했다. 지금 생각해 보니 냉전시기 당시 지린대학교 조선연구실에서 한 일은 대외에 기밀로 한 반공개 상태였다. 주로 조선, 한국, 일본의 자료와 정보를 수집하여 '내부참고자료'로 해당 부문에 제공해 줬다. 연구프로젝트는 주로 상급기관에서 받은 것인데 국외 최신 정보에서 나온 것도 있고 국내 자매연구소의 내부 자료를 보면서 영감을 받은 것도 있었다. 매일 국외 신문을 보고 그중의 최신 정보를 수집하여 '내부참고'로 연구할 만한 프로젝트를 궁리하는 것은 내가 해야 하는 일이었다. 우리의 연구성과는 보통 국내에서 공개하지 않았고, 더구나 국제교류와 국제공동연구에 들어가지 않았다. 당시의 국제정세, 특히 한반도의 정세하에서는 연구성과 공개 및 국제교류를 하지 못했던 것은 불가피한 일이었다. 내가 《조선문제자료朝鮮問題資料研究》를 편집할 당시에 혹시 정치·외교면에서 민감한 문제가 생길 염려가 있어 매번 출판물을 인쇄하기 전에 인쇄소에서 최종원고를 심사한 다음에야 사인을 해서 인쇄에 넘겼다. 나는 연구실의 초창기에 정력과 심혈을 많이 기울였다. 다행히 큰 실수가 없었다. 당시 우리에게 해결하기가 어려웠던 문제는 직함평정 문제였다. 직함평정할 때 "당신들이 쓴 것은 다만 '자료'일 뿐이지 절대 학술논문이 아니야", "간행물 이름도 '조선문제자료' 아니야?" 등등 말들이 많았다. 그들한테서 오해를 받았지만 사실 그들의 말은 틀리지 않았다. 그런데 당시의 상황에서 그들에게 구체적으로 해명할 수 없었다. 그래서 나는 그들에게 국가의 해당 부문에 일정한 참고가치가 될 수만 있다면 이와 같은 '내부참고자료'는 때로 논문 몇 편보다 더 의미가 있으니까 이해와 지지를 해줬으면 좋겠다고 얘기했다. 우리는 아직 공개된 연구기관이 아니기 때문에 만약 대외적으로 공개되면 중국이 조선에 대해 어떻게 하겠다는 소문이 나올 수 있어 국가외교에 불필요한 어려움을 가져올 수 있었다.

당시의 국제 정세하에서 상기 작업은 매우 필요했지만 이와 같은 폐쇄적인 연구는 이미 세계의 발전에 따라갈 수 없었다. 나는 문화대혁명 때 한국 잡지《사상계思想界》혐의, '조수朝修' 혐의, 나라를 배반한 혐의 등으로 박해를 받았기 때문에 나의 연구생활은 수년간 제대로 하지 못했다. 항상 '기밀을 꼭 지켜야 한다'는 생각 때문이었다. 사실 나의 생각은 유치하고 우스웠다. 내가 가진 정보는 거의 다 외국에서 공개된 것이고 외국 사람들은 이미 다 알고 있었던 구문이었는데 비밀로 할 필요가 있겠는가? 예를 들면 일본의 '전후기적戰後奇迹', 한국의 '한강기적漢江奇迹', 아시아의 '네 마리 작은 용 기적四小龍奇迹' 등 새로운 현상은 제2차 세계대전 이후 줄지어 나타났다. 이제는 외국에 기밀로 할 필요가 없고 시야를 넓히고 사상을 해방시켜 세계의 발전을 바싹 뒤따라야 할 때이다. 세계가 발전하고 있고 한반도 정세도 변하고 있다. 역사상 다사다난했던 동북아는 장기적인 전쟁과 냉전시기를 거쳐 1980년대 후반에 드디어 발전과 협력의 신시대를 맞이하게 되었다. 이런 정세는 비록 막 나타났지만 나의 연구작업에 공전의 기회를 제공해 줬다.

한국문제 연구는 조선보다 비교적 쉬웠다. 1차자료가 많은 데다가 제한도 덜 받았기 때문이다. 따라서 조선문제를 연구하는 동시에 점점 연구의 초점을 한국 문제로 옮겼다. 연구소 연구원들의 노력으로 한국 경제문제에 관한 연구도 많은 성과를 얻었다. '조선문제연구실'도 '조선·한국연구실'로 이름을 바꿨다. 나는 1986년에 지린대학교 경제연구소 소장에 취임하게 되어 연구실장은 양쉬에중楊學忠, 장스허張世和 등 교수에게 맡겼다. 한국문제 연구에 장스허 교수가 많은 일을 했다. 한편, 나는 학계에서 중국조선학회中國朝鮮學會 이사, 중국국제경제협력학회中國國際經濟合作學會 이사, 지린성한국조선경제학회吉林省韓國朝鮮經濟學會 회장, 지린성일본경제학회吉林省日本經濟學會 상무이사, 동북아시아연구중심東北亞研究中心 상무이사 등 직무를 겸임했다. 따라서 나의 연구생활은 신국면에 접어들었다.

국제교류의 신시대

1980년대는 세계 경제발전이 평온하고 동북아시아 정세가 격동하는 새로운 시기였다. 오랫동안 냉전 관계에 처한 중·소관계, 중·미관계, 중·일관계, 중·한관계에 점점 전기가 나타남에 따라 동북아시아 지역 간의 관계가 평온해지기 시작했다. 이는 중국 개혁개방의 덕이라고 할 수 있다. 그 사이에 기억할 만한 국제학술대회는 몇 번 있었다.

그중에서 인기가 많았던 과제는 투먼圖們강 유역 개발 국제협력 프로젝트 연구였다. 이 연구프로젝트는 지린성에서 한국의 동해로 통하는 항로를 개통하기 위해서 처음 제출했다. 매우 중요한 개척의미 및 국제적 의미를 가진 프로젝트였다. 이번 프로젝트에 참여한 기관은 지린대학교뿐 아니라 동북사범대학교와 지린성 사회과학원도 같이 참여했다. 이 프로젝트에 참여한 구성원은 모두 동북아시아 지역문제를 연구하는 학자들이었다. 지린성 정부에서도 직원을 파견하여 이 프로젝트를 조직하고 지도했다. 그 후 국제연합개발계획처에서 이 프로젝트에 높은 가치를 두어 유엔개발계획UNDP의 5번째 사업기획(1992~1996)에 넣음에 따라 이 프로젝트는 투먼강 하류와 접한 조선, 중국, 소련 세 나라, 그리고 한국, 일본,

몽골의 다국경제협력프로젝트가 되었다. 이 프로젝트에 참여하는 각 나라 간의 관계를 조화롭게 하기 위해서 유엔UN의 주재하에 투먼강개발관리기획위원회가 설립되었다. 이 프로젝트는 지린성 사회과학계에 커다란 공헌을 해줬다. 나는 주로 초기의 조사연구와 프로젝트 논증에 참여했다. 우리의 목표는 지린성을 '변강근해성邊疆近海省'으로 정하여 동북 변강성의 전방위적 대외개방전략을 탐구하는 것이었다.

나는 중·한·일 세 나라의 언어에 능통하기 때문에 이와 같은 국제적인 프로젝트 연구에 참여하는 데 아주 적합했다. 나는 이 세 나라를 왕복하는 동안 어디에 가든 항상 이 세 나라를 가슴에 품고 다녔다. 새로운 시기의 과학연구 과정에도 그렇게 했다. 투먼강개발프로젝트는 나에게 중국·조선·러시아 협력에 마음껏 실력을 발휘할 수 있는 큰 기회였다.

조선민족과 투먼강

중국 투먼강 유역 개발 국제협력 프로젝트 연구 참여를 회상하기 전에 나는 먼저 근대 역사상 투먼강과 조선민족의 관계를 이야기하고 싶다. 150년 이래 조선민족과 투먼강은 불행한 역사 인연을 맺었다. 19세기 중엽, 조선에 큰 흉작이 들었다. 대량의 이재민이 중국 옌벤 지역에 왔다. 중국의 사서에 "동치(청대淸代 목종穆宗(1862~1874)의 연호) 초에 조선에 큰 흉작이 들어 굶어죽은 사람이 많았다. 많은 이재민이 가족을 데리고 금우今右(오늘의 룽징龍井, 투먼圖門, 훈춘琿春 등 현시縣市)로 도망갔다. 다친 사람도 많았다"는 기록이 있다. 〈지린지지吉林地志〉에 "현지 한족, 만족 주민들은 이재민들이 강을 건너오는 참상을 목격하고 차마 관아에 고발하지 못하고 방법을 마련해 그들을 수용했다. 조선의 회령부會寧府에서 청나라 조정에 이재민을 구제해 달라고 간청하고 이재민들이 옌볜과 연해주로 도망 가는 것도 묵인했다"는 기록도 있었다. 이주해 온 조선인들은 추위와 고생을 두려워하지 않고 풀이 무성한 저습지 파기, 수로 파기, 저수지 건설하기, 강물 끌어오기, 논농사 등 많은 일을 했다. 특히 1910년에 일본이 조선을 병탄하면서 망국노가 되고 싶지 않은 조선 사람과 파산된 농민들은 대량으로 중국 동북의 각 지역에 몰려들었다. 그중에 투먼강을 건너 옌볜지역에 몰려든 조선 사람이 10만여 명이나 되었다. 그 후 1919년 일본 식민통치를 반대하는 3·1운동 이후 많은 애국지사와 기한에 몰린 조선 백성이 중국 동북에 몰려들었다.

일본의 침략은 한반도에 멈추지 않았고 간도間島(즉 옌볜지역)로 헌병과 경찰을 보내 각 마을에서 '헌병분견소憲兵分遣所'를 설립했다. 장기적으로 옌볜지역에 주둔하여 조선 사람을 통치할 작정이었다. 일본 침략자들은 옌볜에서 치외법권을 시행하기 위해서 1909년 9월에 청나라와 '투먼강중조변무조약圖們江中朝邊務條約(즉 간도협약間島協約)'을 체결했다. 한편 룽징의 '통감부파출소統監部派出所'를 '일본주간도영사관日本駐間島領事館'으로 이름을 바꿨다. 동시에 옌볜에서 영사재판권도 받았고 제멋대로 옌볜 등으로 이민 간 조선 사람을 진압했다.

동북지역에 이민 온 많은 조선 사람은 당시 한반도에서 널리 알려져 있는 〈눈물 젖은 두만강淚濕圖們江〉이라는 노래를 불렀다. 그들은 독립을 위해서 고향을 떠나 고생스럽게 중국 동북에 와서 중국 사람과 같이 어깨를 나란히 하여 투먼강과 압록강 강변에서 일본 침략자와 싸웠다. 나의 조부 조택제趙宅濟는 바로 이 노래를 부르면서 중국 동북에서 일본 침략자와 항전을 했다. 〈눈물 젖은 두만강〉의 가사는 원래 절대 망국노가 되지 않겠다는 조국에 대한 사랑을 잘 나타낸 내용이었는데 일본 식민당국의 심사를 피하기 위해서 가사의 일부를 연인들이 석별의 정을 나누는 내용으로 바꾸었다. 이 노래가 오늘까지도 널리 알려져 있고 한국, 조선, 그리고 중국 조선족 사람들로부터 많은 사랑을 받고 있는 이유가 바로 여기에 있다.

투먼강은 백두산長白山의 최고봉인 천지에서 시작하며 총길이는 525km 이고 조선에 속한 길이는 510km이다. 중국과 러시아의 국경을 표시하는 '토土'자 비석 이하는 러시아와 조선의 경계 하천이다. 중국에 속한 유역 면적은 2만 2천632km²이며 물길 총 낙차는 1천290m이다. 투먼강 하류의 출해구는 원래 청나라의 영토였고 지린성은 원래 옌하이성이었다. 그러나 19세기 중엽에 러시아 사람이 이 지역을 침입하여 투먼강 출해구를 포함한 넓은 영토를 강점했다. 1858년 청나라와 제정러시아 정부는 중국 헤이룽장성黑龍江省 북쪽의 아이후이璦琿에서 '중·러아이후이조약璦琿條約'을 맺었다. 이 조약에 따르면 청나라 정부에서 중국 영토의 일부를 제정러시아에 할양했다. 이는 중국 영토주권을 침범한 불평등한 조약이었다. 중국 사람들을 더 가슴 아프게 한 것은 아이후이조약으로 지린성과 동해 사이의 15km의 영토를 러시아에 할양하게 되어 중국에서 동해로 통하는 해안선을 상실하는 바람에 동해에 들어갈 수 있는 투먼강 입구의 물길을 이용하지 못하게 된 일이었다.

투먼강 유역 개발개방의 가장 중요하면서도 가장 어렵고 유감스러운 과제는 바로 1880년대에 잃은 '토'자 비석 이하 조·러 경계하천 15km 쪽의 항로를 다시 개통하는 문제였다. 거기는 지린성에서 물길로 직접 동해에 들어갈 수 있는 유일한 항로이기 때문이다. 나는 중국 사람으로서 '중·러아이후이조약'은 죄악의 근원인 것을 명심하고, 조선족 사람으로서 〈눈물 젖은 두만강〉의 피눈물 나는 역사를 꼭 명심할 것이다. 이것이 바로 내가 적극적으로 투먼강 유역 개발개방 국제협력연구에 참여한 이유 중의 하나이다.

투먼강 '출해구' 고찰

1858년 제정러시아와 청나라 정부 간에 맺은 '중·러아이후이조약'에서 투먼강 항로권과 출해권은 양국이 공유하는 것으로 밝혔다. 즉 양국은 공동으로 항로를 이용할 수 있다는 뜻이었다. 역사상 투먼강 하류의 중국 어민은 이 항로를 통해 동해에 출입한 기록이 있었다. 따라서 지린성의 학자들은 조약에서 나온 항로권을 인정한다는 점을 이용하여 다시 지린성에서 동해에 들어가는 '출해권' 개통을 구상했다. 오늘날 해안항로가 없으면 바다에 들어갈 수 없고 대외개방확장, 국제경제교류발전, 국제물류 운송원가 낮춤, 최대 규모 효익취득 등을 발전하기가 어려워진다. 지린성은 해안선이 없기 때문에 아시아 각 나라와 해상무역은 주로 다롄항 大連港을 비롯한 다른 성에 있는 항구나 러시아 극동지역, 그리고 조선 북쪽에 있는 항구를 이용할 수밖에 없었다. 이 문제는 지린성 대외개방의 규모 및 효율확장을 심각하게 제약했다. 따라서 투먼강 '출해권' 개통문제는 지린성 대외개방 실시에 매우 중요하고 전략적인 임무라고 할 수 있다.

이런 발상과 목표에 따라 1984년 지린성 사회과학자들은 동해에 통하는 '출해구'를 탐구하는 연구팀을 구성했다. 이듬해 훈춘 투먼강 하류 개발문제에 참여하는 전문가와 일부 간부들이 심포지엄을 개최했다. 나는 이 심포지엄에 참여하고 투먼강 하류 답사도 했다. 훈춘시는 투먼강 최하류에 위치한 국경도시이며 지린성 학자, 정부 요원, 군대 관계자들이 많이 모여 있는 도시이다. 나는 지린성 조선·한국경제학회를 대표하여 이 회의에 참가했다. 이틀하고도 반나절의 논의와 답사를 거쳐 드디어 이번 프로젝트의 과제와 어려움을 초보적으로 파악했다.

그러나 당시 중·러·조 3국은 국경을 대외 개방하지 않았다. 특히 소련 극동 연해지역은 국가방위선이라서 중국과 러시아 군사당국의 허가를 모두 받아야 이 지역에 들어가서 고찰할 수 있었다. 따라서 우리는 먼저 중국인민해방군 선양沈陽군구의 특별허가를 받았다. 선양군구를 통해 소련 최전방부대의 이해와 허가를 받았고 군용 지프를 타고 투먼강 삼각주지역에 들어갔다. 그때 마침 장마철이었다. 투먼강 유역 수위가 급격히 상승하여 하류량이 갑작스럽게 증가되는 바람에 우리는 큰 어려움을 겪었다.

우리는 소련의 장고봉張鼓峰 전초진지에 갔다. 장고봉은 1938년 7월에 일본 관동군과 소련 홍군 사이에 군사충돌사건이 벌어진 군사요새이며 중·러·조 3국의 경계점이다. 동해까지 60km이며 중·러·조의 삼각지대이다. 일본 관동군은 장고봉 밑에서 소련 홍군의 강력한 반격을 당해 사상이 막심했다. 장고봉 근처에 중국에 속하는 '팡촨촌防川村'이라는 마을이 있는데 당시 그 마을에 30여 호의 조선족 농어민이 살고 있었다. 이 마을은 중국의 유일한 동해 연안과 가까운 마을인데 거기서 직접 동해를 볼 수 있다. 그날 마침 홍수 때문에 도로가 단절되어 우리는 러시아 영토인 장고봉 산기슭을 지나 팡촨촌에 들어갔다. 러시아 군사는 장고봉 꼭대기에서 망원경으로 우리가 처음으로 수백 년 동안 개방되지 않은 국방금지구역에 들어가는 것을 똑똑히 보았다. 당시 오랫동안 지속된 중·러대립이 해소되지 않았지만 선양군구의 도움으로 우리가 탄 군용 지프는 순조롭게 동해 출해구 일대에 들어가게 되었다. 이와 같은 일은 당시의 정세하에서는 전혀 상상할 수 없는 일이었다.

현지 고찰과 많은 연구를 한 끝에 1991년 지린성 과학기술위원회와 사회과학원에서 공동으로 투먼강 삼각주 개발개방 구상을 제출했다. 이를 계기로 국제연합개발계획처에서 방대한 장기적 계획을 제출했다. 즉 앞으로 20년 안에 300억 달러의 자금을 투입하여 투먼강 하류지역에서 동북아국제물류금융센터를 건설할 계획이었다. 즉, 니가타항新潟港에서 호화선을 타고 투먼강 국제항구에 도착하면 여객은 물론 배도 같이 고속열차를 타고 중국의 동북지역, 몽골, 러시아, 유럽 등 국가를 거쳐서 마지막에 네덜란드 로테르담항에 도착하는 구상인데 이 구상은 유라시안 대륙교라고 부른다. 그때는 탐색 단계였지만 나는 이 구상이 현실화될 수 없는 꿈은 아니라고 생각했다. 전쟁과 냉전의 발원지라고 불렸던 이 지역은 이제 '성장삼각지'로 변해 가고 있다. 이런 방대한 국제연락운송 구상이 제출된 것은 동북아의 국제관계에 마치 '새로운 역량'이 등장한 듯하다. 이 시대의 변화를 나는 진정으로 느꼈다.

조선(북한)의 대외개방

　동북아시아의 새로운 동향이 조선에도 영향을 미쳤다. 1984년 조선에서 대외경제법 '합작경영법'을 반포했다. 이 법규는 조선 국내에서 합자나 독자 기업을 설립하는 데 있어서 첫 번째 대외 법규였다. 나도 이 법규의 기본내용을 연구해 봤는데 이 법규는 조선에서 대외개방을 실시한 첫걸음이라고 할 수 있었다. 물론 조선은 중국의 경제특구정책을 참조했지만 조선만의 뚜렷한 특색도 분명 있었다. 중국의 경제특구와 달리 조선의 합자경영은 구역을 한정하지 않고 조선 국내 어디에서도 공장을 세울 수 있었다. 그 후 일련의 구체적인 세부규정도 시행했다. 조선에서

굉장히 적극적으로 외자도입과 합자경영에 대한 태도를 보였는데 효과는 별로 좋지 않았다. 이는 법률에 문제가 있는 것이 아니라 조선 국내에서 시행한 체제개혁이 경제법을 따라가지 못해 근본적으로 투자환경을 개선하지 못했기 때문이라고 생각한다.

조선은 중국을 비롯한 여러 나라의 영향을 받아 적극적으로 투먼강 유역 개발기획에 참여하고 동해 북쪽의 나진시와 선봉시先鋒市를 자유무역지대로 설립했다. 그 후 나진시와 선봉시는 나선자유무역지대羅先自由貿易區로 합병되었다. 나선자유무역지대는 중국의 훈춘경제개발구와 접하여 투먼강 하류에 중·조 양국에서 투먼강 유역 협력개발계획을 시행할 수 있는 중요한 기지와 대외개방의 창구가 되었다. 이 또한 동북아시아 경제구역화 발전과정 중의 주목받을 만한 새로운 동향이라고 할 수 있었다. 조선·한국문제연구실의 연구원들은 동북아시아 구역경제의 새로운 정세를 결합하여 체계적으로 조선대외경제법과 구체적인 세칙 시행 문제를 정리했다. 나는 합작경영법의 반포와 나선자유무역지대의 설립은 조선에서 이미 대외개방의 첫걸음을 내디딘 것을 상징한다고 생각한다. 서로 다른 경제체제를 가진 각 나라 간에 '상호 장점 보완優勢互補'과 '공동발전'정책을 시행한 것은 이미 동북아시아 지역의 큰 추세가 되었다. 우리는 시대의 변화와 동북아시아 각 나라 간의 관계가 완화되는 것을 느낄 수 있었다.

한편, 투먼강 출해권 문제에 우리와 조선은 다른 의견과 입장을 가지고 있었다. 조선 측의 주장은 청나라와 제정러시아 간에 체결한 조선 동북변경조약 문제에 대한 태도에서 나타났다. 일·러전쟁이 끝난 1905년에 일본은 한국과 '일·한협약'을 체결하여 서울에서 '한국통감부'를 설립하고 통감통치를 실시하기 시작했다. 이로써 조선의 외교권이 박탈되었다. 또한 1910년에 일본은 한국통감부를 조선총독부로 바꿔 완전히 한반도를 병탄했다. 조선은 그때부터 일본의 식민지로 되었다. 따라서 조선은 역사상 원래 있었던 투먼강조약을 비롯한 일본 식민지 동안에 발생한 변경문제에 관한 국제조약을 인증하지 않았다. 또한 관련 국가가 조선을 존중해야 한다는 주장을 제시하여 특히 중·러 간에 있는 투먼강 출해권 문제에 관한 토론이나 협의는 반드시 조선 측의 인정과 양해를 받아야 한다는 입장을 제시했다. 예를 들어 '아이후이조약'에 따라 중국은 출해권을 행사할 수 있더라도 조·러 경계선에 속하는 투먼강 하류 15km 하구지역의 출해권은 조선 측의 허가를 반드시 받아야 한다고 주장했다.

1992년 나는 평양에서 개최한 조선주체과학원朝鮮主体科学院과 중국 지린대학교 학자세미나에 참가하여 조선을 두 번째 방문했다. 그때 과학원 경제연구소 소장이 나에게 "당시 조선에게 국가주권도 없었는데 우리가 어떻게 이 조약을 받아들일 수 있겠습니까? 물론 우리는 중국에서 투먼강을 이용해 동해에 들어가는 것을 반대하는 것은 아닙니다"라고 말했다. 그분의 주장은 원칙적으로 합리적이라고 할 수 있었다. 하지만 그분이 중·러 '아이후이조약'을 체결한 역사배경을 잘 모르거나 잊어버린 것 같았다. 이 조약은 1858년에 체결된 조약인데 당시의 조선은 주권이 있는 나라였다. 물론 조선은 청나라와 제정러시아에 의존했지만 당시 조선의 외교권은 독립적이었다. 문제는 15km의 출해구 주권문제였다. 당시 청나라와 제정러시아는 이 문제를 조선에게 알리지 않았고 출해구 주권에 조선의 동의를 받지 않았다. 나는 당시의 조선외교 담당자가 이 출해구는 조선과 제정러시아 공동의 주권범위인 사실을 모를 수도 있었다고 생각했다. 한 세기가 지나 이제야 조선주체과학원 교수들이 다시 투먼강 출해구 주권문제를 꺼내는 것은 당시의 누구도 생각하지 못했을 것이다.

솔직히 말해서 조선 측에서 이 문제를 꺼내지 않았으면 나 또한 이 문제를 생각하지 못했을 것이다. 나는 중국은 절대 다시 청나라의 실수를 하지 말아야 한다고 생각했다. 평양에서 돌아오자마자 나는 바로 관련 부서에 보고를 했다. 나는 투먼강 출해구 문제 및 다른 각 나라와의 '공동경계지역' 문제에 반드시 중·조·러 세 나라에서 공동협상을 하고 의견일치를 봐야 최종 결론을 내릴 수 있다는 것을 깨달았다.

이상이 바로 내가 1980년대 중엽 이후 동북아시아 구역경제 문제와 투먼강 개발 연구과정에 있었던 기억들이다.

반세기 만에 이루어진 고향
방문과 변화하는 이웃 나라

동아시아 삼국을 살아온 이야기

배천 조씨(趙氏)의 디아스포라

시래운전時來運轉의 조선 방문

1980년대 내가 참석한 국제학술행사 중에서 기억할 만한 회의는 한 번 더 있었다. 즉 1988년 5월에 조선 평양에서 개최한 '조선학 국제심포지엄'이었다. 나는 중국조선학회의 국제회의 참석 요청을 받고 매우 기뻤다. 회의를 조선 평양에서 개최하기 때문이었다. 나는 이 학회의 이사였다. 회의는 1988년 8월 평양 인민문화궁에서 개최되었다. 주최측에서 이번 회의를 아주 중시했다. 김정일도 이번 회의에 대한 관심이 크다고 들었다. 중국, 소련, 동유럽 사회주의 각 나라 등 10여 개 국가의 학자가 이번 회의에 참석했다. 그중에서 중국 학자가 가장 많았고 일본, 미국 등 나라에 거주한 조선인과 한국인도 있었는데 총 300여 명이 이번 회의

'조선학 국제학술회의' 기념촬영(1988년 5월). 첫째 줄 왼쪽 4번째가 필자.

에 참석했다. 이번 회의의 공식 명칭은 '평양 조선학 문제 국제학술회의'
였다. 이번 조선 방문은 나에게 반세기 만에 이루어진 고향 방문이었다.
나는 1938년 겨울 일곱 살 때 중국에 간 후 다시 조선에 가본 적이 없었
다. 중국은 베이징과 지린 두 대표단을 이번 회의에 파견했는데 나는 지
린 대표단에 가입했다. 한편 나는 경제분회에서 발언하는 동시에 조선사
회과학원 김원삼 교수와 같이 분과회의 사회를 보았다.

중국과 조선 간에 노비자 협약이 있기 때문에 원칙적으로 조선 선양
주재 총영사관에 비자 신청을 하지 않아도 되었다. 하지만 조선 정부의
정식 초청과 여권은 반드시 있어야 했다. 우리는 조선사회과학원 원장
양형섭楊亨燮의 초청으로 조선을 방문했다. 양형섭은 당시 최고인민회의
상임위원회 부위원장 겸 사회과학원 원장으로 재직하고 있었다.

변경 도시 신의주

지린 방문단 총 10명은 선양에서 집합하여 모스크바에서 평양까지 가
는 국제열차를 타고 단둥에 갔다. 단둥에서 압록강 철교를 건너면 신의
주에 도착한다. 조선의 기관차를 바꿔야 했기에 우리는 단둥에서 내리지
않았고 몇십 분 기다렸다가 평양에 갔다. 생각해 보니까 1938년 연말 우
리 가족이 중국에 온 때로부터 딱 50년 되었다. 그때 압록강 상류의 만포
滿浦에서 지안集安까지 가는 철교를 건넜다. 이처럼 압록강 하류의 단둥에
서 압록강대교를 건너 조선 신의주에 가는 것은 처음이었다. 철도교가
아주 긴데 약 300여 미터였다. 압록강 하류와 발해에서 접근한 데는 마
치 바다처럼 넓고 멋있었다. 나는 밖의 아름다운 경치에 취해서 카메라
로 사진을 찍지 못했다. 조선전쟁에서 미군의 폭격을 당한 다리가 아직

복구되지 않았기 때문에 왕래하는 차량이 별로 없었다. 철도교에 기차만 운행할 수 있었다.

기차가 신의주역에서 멈추자 국경경비대 군사 두 명이 객실에 들어와 우리의 증거서류를 검사했다. 우리는 그때 미처 짐정리도 못했는데 남자 한 명과 여자 한 명이 아주 예의바르게 우리에게 질문을 했다. 주로 여권을 검사했는데 검사를 마치고 여권에 신의주라는 도장을 찍었다. 도장은 내가 조선에 온 증거가 될 수 있었다. 그런데 이 도장이 나중에 일본에서 한국에 갈 때 간첩 혐의를 받는 증거가 될 줄은 상상도 못했다. 이 일은 뒤에서 자세하게 얘기하겠다.

우리는 신의주에서 2시간이나 기다렸다. 그 사이에 국경경비대 군사가 옌볜대학교 역사학 박 교수를 불러서 질문했다. 박 교수는 대표단에서 가장 연세가 많으신 조선족 교수였다. 우리 대표단에서 한족은 2명밖에 없었고 나머지는 다 조선족이었다. 박 교수가 간 동안 우리는 계속 긴장한 상태로 그가 돌아오기를 기다리고 있었다. 30분 후에 박 교수가 돌아와서 우리에게 "그들이 대표단 중에서 혹시 한국에 가본 사람이 있냐고 물어봤는데 나는 직장이 다르니까 나도 자세한 상황을 잘 모르겠다고 대답했습니다. 그리고 다른 질문도 했습니다"라고 했다. 처음에 나는 군사들의 그런 행동이 단지 형식일 뿐이라고 생각했다. 그런데 그들은 왜 하필 한국에 가봤냐고 물어봤을까? 한국에 가봤더라도 분명 사실대로 대답하지 않을 텐데. 그들은 국가의 경비원으로서 우리에게 예의바르고 공손했다. 그런데 만약 상급의 명령이 없었으면 그들이 사회과학원 원장의 초청을 받은 중국 대표들에게 이와 같은 질문을 하지 않았을 것이다. 조선 측에서 이런 방식으로 중국 조선족과 한국의 왕래를 견제하고, 심지어 중국과 한국의 수교를 막으려고 하는 것이 아닐까? 하는 생각이 들었다.

나는 당시 중국과 한국은 이미 몰래 접촉하고 있었고 중국은 한국과 수교할 계획도 가지고 있는 것을 알고 있었다. 조선 측에서 이런 민감한 정보를 모를 리가 없었다.

검사 시간이 길어서 나는 한족 대표 한 분과 주변도 둘러볼 겸 기차에서 내려 기차역에 있는 가게를 구경했다. 기차역의 매점에는 수건, 비누, 공책 등 일상 생활용품과 학용품이 진열되어 있었다. 매점이 매우 깨끗하고 물품도 모두 정연하게 배열되어 있는 걸 보니 조선 사람이 아주 깨끗함을 알 수 있었다. 가게에는 중년 여자 직원 한 명만 있었다. 아주 예의바르게 "어서 오십시오"라고 인사를 했다. 우리가 한족인지 조선족인지 잘 몰라 인사말밖에 하지 않았다. 거기에 또 40대 중년 남자도 서 있었다. 그 남자는 매점 직원이 아닌 것이 분명했다. 우리가 들어오는 것을 보고 그 남자가 조선말로 "내가 일부 유럽 국가에 가봤는데 우리나라만큼 좋은 상품이 없어"라고 중얼거렸다. 여직원에게 얘기한 것 같았지만 그는 우리가 가게에 있는 것을 알고 있었다. 작은 가게에 우리 4명밖에 없었기 때문에 이런 말은 우리가 조선말을 알아들을 수 있는지 조선족인지 아닌지 궁금해서 일부러 떠본 것 같았다. 아까 기차 안에서 발생한 일을 연관해서 보면 그 남자는 우리 둘 중에 친한파가 있다고 의심한 것 같았다. 물론 그들은 내가 50년 만에 다시 고향을 방문하러 온 것을 알 수 없었다.

이 일로 나는 한반도 냉전시대의 무정을 느꼈다. 나는 예의바른 경비대 군사를 원망하지 않는다. 경계의 시선으로 우리를 쳐다본 평복을 입은 보안요원도 탓하지 않는다. 그들은 단지 자기 조국의 안전을 위해서 관례에 따라 업무를 처리하는 사람들일 뿐이었기 때문이다.

조선 농업문제 토론

회의는 먼저 간단한 개막식을 하고 바로 분회 발언에 들어갔다. 역사, 경제, 정치, 문화 등 분야로 나눴다. 회의와 관광을 모두 포함해서 총 2주를 진행했다. 조선사회과학원의 김원삼 교수가 나를 찾아 같이 경제분회를 주재하자고 했다. 이 일은 내가 미리 예상하지 못했던 일이었다. 내가 준비한 논문은 「중국의 농업경제체제 개혁문제」였는데 마침 동유럽 국가 대표가 '중국의 농업체제 개혁문제'에 관한 내용을 언급했고, 게다가 내가 얘기하고 싶은 내용과 비슷했기 때문에 나는 정식 발언을 취소했다.

김원삼 교수가 주재한 첫날 오전 회의에 조선 농업문제에 대해서 토론했는데 각 나라 대표들이 아주 활기차게 발언했다. 그때 조선의 농업체제 개혁문제에 동유럽 헝가리의 한 여학자가 조선 학자와 의견이 좀 어긋난 면이 있었다. 몇 년 이래 세계 각국에서 이 문제에 관심을 가져왔고 이 문제에 관한 기사도 많았다. 따라서 농업문제는 이번 국제학술회의 토론의 초점이 되었다.

그 헝가리 여학자가 유창한 조선말로 이렇게 물었다. "저는 원래 김일성 대학교의 유학생이었습니다. 선생님들께 농업개혁에 관한 문제를 좀 여쭤 보고 싶습니다. 저는 평양 오기 전에 먼저 중국 농촌에 가서 조사를 해봤는데 중국의 성과가 아주 두드러진 것을 보았어요. 최근 몇 년간에 중국 농촌에서 농가개인경영방식農家個人經營方式을 통해 긴 세월의 식량부족 문제를 해결하였습니다. 우리나라에서도 식량이 극도로 부족합니다. 이번 기회를 통해 조선의 농업문제도 좀 알아보고 싶습니다. 조선에서 앞으로 지금의 단체농업관리체제集體農業管理體制를 개혁할 계획이 없습니까?"

그는 연구자의 태도로 아주 겸손하고 진지하게 질문을 했다. 그러나 조선은 조선의 국정이 있는데 중국과 조선 두 나라를 대비해서 질문하는 것은 좀 적당하지 않다고 생각했다. 그래서 나는 발언을 하지 않았다.

이 질문에 대해서 회의에 참석한 김일성종합대학교 경제학과 교수가 이렇게 대답했다. "말씀하신 농업개혁은 우리 공화국에서는 아직 생각하지 않고 있습니다. 중국의 농업개혁에 대해 저는 잘 몰라서 평가하기가 어렵습니다. 그런데 우리나라에서 앞으로도 협동농장경영을 할 겁니다. 농가개인경영방식은 조선 농촌에 맞지 않습니다. 만약 이렇게 하면 오히려 토지개혁 후에 나온 소농경제로 뒷걸음질할 수 있습니다. 따라서 진보가 아닌 후퇴입니다." 서로 이렇게 분명하게 얘기하리라 나는 생각도 못했다.

이 말을 듣자 헝가리 학자가 "중국에서 토지도급제土地承包制를 실시하기 이전에도 농업을 국유화나 집단화했습니다. 따라서 수십 년 동안 농업생산이 발전하지 못했을 뿐더러 농민들이 오히려 다 가난해졌습니다. 식량이 부족했기 때문에 식량권에 의한 배급제를 실시했습니다. 그러나 토지도급제와 책임제를 시행하면서 지금은 식량도 자급하게 되었고 식량권 제도도 취소했다고 들었습니다"라고 했다. 이에 대해 조선 학자가 이렇게 답변했다. "개인경영으로 생산적극성을 높일 수 있는 것은 저도 잘 알고 있습니다. 우리나라에서도 생산자에게 물질자극실행을 주장합니다. 우리는 일반적인 물질자극을 반대하지 않습니다. 우리 공화국에서는 사상도덕자극과 물질이익을 결합하는 정책실행을 더 원합니다. 이것도 김일성 주석의 일관적인 가르침입니다. 개체농업제도를 도입하면 반드시 농민의 소상품생산자小商品生産者 의식을 조장할 수 있고 자산계급 개인주의 사상을 만연시킬 수 있습니다. 저는 우리나라의 협동농장제도야말로 오늘날 농촌의 상황에 가장 적당하고 장래에 고급 사회주의 대농업으로 이행하는 데에 도움이 될 수 있다고 생각합니다."

회의를 주재하는 김 교수는 처음부터 끝까지 그들의 말을 막지 않았다. 두 사람의 논점이 아주 분명했다. 이때 김 교수가 나에게 발언을 시켰다. 나는 처음에 발언할 생각이 없었지만 이왕 이렇게 된 바에 나의 생각을 이야기했다. "우선 저는 중국 정부나 다른 사람을 대표해서 발언하는 것은 아니고 단지 학자로서 개인적인 생각을 간단하게 말씀드리는 겁니다. 저는 조선의 농업 상황을 잘 몰라서 단지 중국의 농업 상황에 대해서 설명하겠습니다. 회의에서 어떤 교수님이 중국 농업의 농가경영도급제와 생산경영책임제는 과거의 개체농업경제나 간단상품경제簡單商品經濟와 비슷하다고 말씀하셨는데 이런 관점은 중국의 농업에 대한 오해라고 생각합니다. 중국의 농업은 아직도 사회주의 농업입니다. 농가경영도급제는 농업집단소유화제도가 변화한 것인데 과거의 소농小農경제시대로 뒷걸음질한 것은 아닙니다. 기본적인 생산수단은 토지집단소유화이고 개인이 자유롭게 매매할 수 없습니다. 중국 농업의 큰 특징은 토지소유권과 경영권이 분리된 것이며 농가경영도급제와 생산책임제는 바로 소유권과 경영권을 분리한 적당한 경영방식입니다. 이렇게 함으로써 사회주의 경영 방향도 지킬 수 있고 농민의 경영적극성도 높일 수 있습니다. 어떤 발언에서 농민의 사상의식문제를 걱정한다고 하던데 맞는 말씀입니다. 중국 농촌에서도 역시 이 문제가 있습니다. 하지만 아시다시피 1970년대 말까지 중국에서 인민공사제 집단농업을 시행한 목적은 모두 다 같이 부유해지는 사회주의로 가는 것이었습니다. 그런데 농민의 생산적극성이 부족한 바람에 식량이 늘 부족했습니다. 보편적으로 빈곤하고 다 같이 부유해지는 목표를 달성하지 못했습니다. 하지만 경영책임제를 시행한 3년도 안 되는 짧은 시간에 10여 억 인구를 가진 중국에서 식량부족문제를 기본적으로 해결하였습니다."

나의 발언을 듣고 김일성대학교 교수가 다시 발언을 요구했다. "조선에서도 협동농업분조관리제를 시행하고 있습니다. 즉 십여 호 가구가 한 조가 되어 같이 일하는 집단도급제인데 이것이 바로 분조도급제입니다. 우리는 1960년대 중기부터 이미 시행하기 시작했습니다. 최근 몇 년 사이에 규모가 줄어들어 한 조에 약 15명이 있습니다. 하지만 우리나라에서는 농가개인책임제를 시행하지 않습니다." 그분은 일부러 조선의 분조도급제와 중국의 농가책임제의 근본적인 차이를 강조했다. 나는 그 교수의 의견이 바로 조선 정부의 공식 주장이라고 생각했다.

매우 가치 있는 토론이었으며 내가 조선의 사회주의 이념을 이해할 수 있도록 큰 도움을 주었다.

회의 외의 수확

경제 분야에서 토론한 다른 논제는 '조선의 대외경제정책 문제'였다. 이번 토론은 내가 주재했다. 회의 참가자들은 이 문제에 특별한 관심을 가지고 있었기 때문에 조선 학자가 이 문제에 관한 장편 논문을 미리 인쇄해서 회의 참가자들에게 배부했다. 논문의 기조는 다음과 같았다. 공화국의 정책은 적극적으로 각국과 무역 및 경제관계를 발전시켜 자본주의 국가를 포함한 외자 도입에 힘쓰는 것이다. 조선에서 대외개방하지 않은 정책은 조선의 국정에 맞지 않다고 하는 사람도 있는데 이런 관점에 대해 그 학자는 주로 1984년부터 시행해 온 '합작경영법合作經營法'으로 설명했다. 논문에서 "조선공화국은 세계 모든 국가에 '전면개방'을 하지만 미국 제국주의와 남조선 반동파가 우리와 자본주의 각국간의 무역과 경제협력을 극력 방해했다"라고 기술했다. 사실상 조선에서는 김일성 주석의 지시대로 자본주의 국가와의 무역경제관계를 개선하기 시작했다. 프랑스 기업과 협력하여 대동강변에 현대식 호텔을 건설했다. 105층의 류경호텔柳京賓館은 바로 그때부터 건설하기 시작한 조선과 프랑스의 합작품이었다. 나는 대외개방이 반드시 국내 개혁과 병행해야 한다고 생각했다. 국내 체제의 전면 개혁이 없으면 효율적인 대외개방사업을 추진시킬 수 없을 거라고 생각했다. 조선은 본국의 현실에서 출발하여 조선식 개혁을 시행할 계획이었다. 회의가 끝나고 나는 휴게실에서 사회과학원 경제학 교수와 아주 의미 있는 대화를 나눴다.

질문 : 저는 김정일 동지의 저서 몇 권을 사서 공부하고 싶은데 어디에서 살 수 있습니까?

대답 : 친애하는 지도자의 저서에 중요한 발언과 지시가 많은데 대부분 논저는 아직 공개적으로 발표하지 않았습니다.

질문 : 어제 농업문제에 관한 토론에 참석하셨는데 중국의 개혁개방과 농촌개혁에 대해서 어떻게 생각하십니까?

대답 : 김일성종합대학교의 동지의 관점은 바로 우리 공화국의 농업정책입니다. 그런데 그분이 전면적으로 얘기하지 못했고 틀린 부분도 있었습니다. 예를 들어 중국은 수억의 농촌인구를 가진 대국으로 노동력이 충분합니다. 그래서 중국 농촌에서는 가족 도급제 시행이 가능합니다. 하지만 우리나라는 농업노동력이 부족합니다. 우리나라는 시시각각 미국 제국주의와 남조선 괴뢰도당의 위협을 받고 있기 때문에 많은 젊은 농민들이 국가를 보위하기 위해서 군대에 들어갔습니다. 한편, 조선은 비교적 작

은 나라지만 농촌을 포함해서 10년제 의무교육을 시행했습니다. 공화국의 학생수가 전국 총인구에서 차지하는 비율은 세계에서 선두를 달립니다. 이런 나라에서 식량생산의 중임을 농민가정에 맡기는 것은 비현실적인 일입니다. 조선의 현실에 맞지 않습니다.

질문 : 교수님의 설명은 아주 설득력이 있습니다. 중국인의 말로는 '一切從實際出發, 實事求是(모든 것은 현실에서 출발하여 실사구시해야 한다)'입니다. 그런데 어제 발언에서 '퇴보'라는 말이 나왔는데 이에 대해서는 어떻게 생각하십니까?

대답 : 교수님께서 말씀하신 것은 핵심문제입니다……. (잠시 말을 하지 않았다)

질문 : 핵심문제라니요? 저는 수년간 조선문제를 연구해 왔습니다. 다른 목적은 아니고 단지 조선의 농업정책에 대해 정확히 알고 싶을 뿐입니다.

대답 : 핵심문제라는 것은 농촌문제에서 우리의 사회주의 관념과 주체사상을 고수하는 것입니다. 만약 토지를 농민 개인에게 나눠준다면 사실상 개체농업이 된다고 할 수 있습니다. 토지집단소유제라고 하지만 사실 소상품경제, 즉 간단상품경제와 별 차이가 없다고 생각합니다. 따라서 농업공동화 성과가 상실되어 자본주의와 농민 양극분화 문제를 유발할 수 있고 자본주의 사상도 자랄 수 있기 때문입니다. 조선의 목표는 완전한 사회주의를 실현하는 것인데 만약 농업에 자본주의가 발전하면 목표를 실현하는 데 새로운 장애가 될 수 있을 겁니다.

나는 그분의 관점에 대해 더 이상 얘기하지 않았다. 어제 내 발언에서 이미 이 문제에 대해서 자세히 설명했기 때문이다. 더 물어보고 싶은 질문이 있었는데 시간이 없어 우리의 대화는 그대로 마쳤다.

회의가 끝나기 전에 분야별로 발언 총화를 진행했다. 김원삼 교수가 미리 준비한 원고를 나에게 주면서 "경제분회의 총화 발언은 조 소장님께서 하시면 더 좋을 것 같습니다"라고 했다. 김 교수는 조선경제학계의 유명한 학자였다. 그분이 쓴 원고를 훑어보다 보니 '위대한 영수 김일성 동지'라는 문구를 있었다. 나는 많은 국가가 참여한 국제회의에서 이런 용어는 적절하지 않다고 생각했다. 그래서 원고를 읽을 때 그 문구를 '조선 인민의 위대한 영수'로 바꿨다. 이 외의 다른 내용은 원고대로 읽었다. 총화 발언이 끝나고 김 교수가 내 자리로 와서 고맙다고 했다. 내 발언에 만족한 것 같았다. 일정에서 나온 회의 외에 전체회의도 있었는데 우리는 미처 몰랐다. 회의에 조선의 유명한 철학가가 주체사상에 대한 장편 연설을 했다. 지금 되돌아보니까 이번 조선 방문은 조선을 이해하는 매우 귀하고 중요한 기회였다.

역사박물관 참관

회의가 끝난 후에 우리는 조선 측 사람을 따라 몇 군데를 참관했다. 시내에서 역사박물관, 대성산혁명열사릉大成山革命烈士陵, 개선문, 만경대 등을 구경했다. 내가 조선에 오기 전에 형님으로부터 역사박물관에서 내 조부가 항일전쟁에 참가한 기록과 전시품을 본 사람이 있다고 들었다. 그래서 나는 과학원 역사학자에게 부탁해서 역사박물관에서 중점적으로 조선독립운동에 관한 전시품을 구경했다. 하지만 양세봉梁世奉 총사령관과 홍범도洪範圖 등 유명인사의 사진만 봤다. 그 역사학자의 말로 1970년대 조선에서 항일민족주의운동에 새로운 평가를 했다. 민족독립운동가의 항일 공헌을 인정하는 것은 당연한 일이지만 그들을 '자산계급 민족주의자'로 간주하여 대표인물 외의 일반 항일운동 참가자들의 사진은 박물관에서 치우게 되었다. 양세봉 총사령관은 김일성 등 사회주의자와 '통일전선統一戰線' 관계를 맺었기 때문에 대표인물로 남겨 두었다고 생각했다. 내부자료를 보려면 정규 수속을 밟아야 한다고 했다.

형님의 말로 조부 정보를 제공해 준 사람은 환런현桓仁縣에 있는 조부와 같이 항일독립운동에 참가했던 독립군 전우의 손자였다. 그분의 친척이 평양에 있어서 1980년대 초에 친척을 방문하러 평양에 갔을 때 조부의 사진을 보고 바로 내 둘째 형님에게 알려줬다. 그 소식은 사실이었다. 그때 마침 둘째 형이 조부의 역사자료와 우리 집 족보를 정리하고 있었다. 그 역사학자도 역사기록을 찾아보려고 했는데 아직도 아무 소식이 없다. 이 또한 역사의 유감이었다.

개선문은 1982년 김일성 70세 탄신을 기념하기 위해서 건설되었는데 해방 후 김 주석이 승리하고 돌아왔을 때 강연했던 곳에서 주체사상탑과 같이 건설했다. 만경대는 김일성 주석이 예전에 살았던 집이다. 혁명열사릉은 평양시 동북에 있는 대성산국립묘지에 건설되어 있으며 1970년대 기념비 제막식을 했다. 고려시대의 대성산 성벽은 평양시 밖의 유명한 관광 고성이다. 산에서 주석부와 평양시의 전경을 볼 수 있다. 열사릉 안에 항일전쟁, 사회주의 건설, 조선전쟁에 공헌했던 100여 명의 유명한 열사가 안치되어 있다. 혁명열사릉의 부지면적은 아주 컸다. 중심부에 김정일의 생모 김정숙 여사의 동상이 세워져 있고 양쪽에 당과 국가의 지도자인 최용건崔庸健과 인민군 참모총장 김책金策의 동상이 있었다. 모든 열사의 무덤 앞에 반신 동상이 세워져 있었다. 열사릉 관광은 중국 지린 대표의 요구에 따라 특별히 구경시켜 준 것이다. 나는 중국 만주지역에서 조선항일독립운동에 참가했던 독립운동가의 손자로서 열사릉에서 영면한 열사들에게 숙연히 기립해 묵도하여 진심으로 나의 경의를 표했다. 나는 둘째 형이 이곳에 오면 나와 같은 감정으로 열사릉에 깊은 애도를 표할 거라고 생각했다.

판문점 및 전방견학

시내 구경을 끝낸 뒤에 우리는 기차를 타고 판문점에 갔다. 당시 평양에서 개성까지 가는 고속도로가 준공되지 않았다. 낮에 갔기 때문에 주변의 아름다운 경치와 농촌 풍경은 한눈에 들어왔다. 가는 길은 인가가 드문 들판이었다. 군대의 지프차와 고급 승용차를 제외하고 걸어 다니는 농민만 보였다. 그들은 다 등산용 배낭과 비슷한 가방을 메고 있었다. 가방 안에 식량이나 다른 식품을 담아 친척·친우집을 방문한다고 들었다. 기차의 종점은 개성이다. 개성에서 하룻밤 자고 갔다. 개성은 고려와 조선왕조의 수도였다. 조선왕조는 태조 이성계가 도성 안에 있는 선죽교善竹橋에서 보수파 정몽주鄭夢周를 암살하고 고려의 마지막 왕 공양왕恭讓王을 폐위시키고 세운 것이다. 개성은 또한 조선전쟁 시기에 휴전회담을 했던 곳이다. 따라서 개성 시내는 다른 도시보다 잘 보존된 고도인 셈이다.

다음 날 개성에서 버스를 타고 판문점으로 갔다. 남쪽으로 약 10킬로미터를 갔다. 가는 길에 군대 초소가 있었는데 우리에게 차에서 내려 휴게실에 들어가서 간단한 소개를 듣게 했다. 소개를 해준 군사가 지도를 가리키면서 미국과 한국 괴뢰군 도발사건을 설명해 줬다. 나는 확실히 전선의 긴장된 분위기를 느꼈다. 잠시 후에 우리는 판문점 전선지휘부와 판문각에 가서 쉬었다. 그 후에 젊은 군사를 따라 남북공동관리시설, 즉

반세기 만에 다시 조선을 방문했는데 고향 땅을 밟으려던 소원은 군사분계선 때문에 이루어지지 못했다. 위 사진은 한반도 군사분계선 북쪽에서 찍은 사진이다(1988년 5월). 오른쪽이 저자.

남북대표단이 접촉한 회의장에 들어갔다. 나무로 만든 간이건물이다. 회의장 안은 20여 명만 수용할 수 있다. 남북으로 나눠서 앉아야 하지만 실내에서 자유롭게 이동할 수 있다. 즉 남북 양측의 대표가 이 나무건물에서 자유왕래를 할 수 있는 것이다. 여기에서 100여 미터 더 가면 한국의 '자유의집自由之家'이 지어져 있다. 주한미군駐韓美軍이 망원경으로 우리를 보고 있었다. 녹화하고 있는 것 같았다. 나도 사진 몇 장을 찍었다. 여기에서는 사진을 찍어도 되었다. 판문각에 돌아와서 군대 책임자가 우리에게 최근에 발생한 몇 번의 남북충돌사건을 소개해 줬다. 사건 소개를 들으면서 조선인민군이 수시로 돌발사건을 대응할 시스템이 다 준비되었음을 느꼈다.

　수백 미터를 더 가면 최전방 진지 초소에 들어갈 수 있다. 군용 망원

경으로 보면 남쪽 진지시설과 콘크리트로 만든 장벽, 그리고 한국 군사가 타는 지프차를 또렷하게 볼 수 있다. 전방 진지에 온 것 같은 느낌이 들었다. 콘크리트로 만든 장벽 높이는 5미터인데 북쪽의 탱크공격에 대비하기 위해서 만든 것임이 분명했다. 군사가 독일의 베를린장벽에 비유하면서 "이것은 남조선 괴뢰정부가 민족을 영원히 분열하려는 음모입니다"라고 했다. 자세히 보니 장벽에 한국어로 쓴 구호와 여성 나체화가 있었다. 조선 군사가 "이놈들이 날마다 홍보하는 자유세계는 바로 이런 것들입니다"라고 말했다. 한국 군사가 우리에게 인사를 했는데 무슨 말을 했는지 못 들었다.

금강산에 올라가다

판문점에서 평양으로 돌아올 때 야간열차를 탔다. 저녁에 개성에서 출발하여 다음 날 아침 6시 넘어서야 평양에 도착했다. 평소에 서너 시간 걸렸는데 이번에는 하룻밤이나 걸렸다. 출발할 때부터 아주 천천히 달리는 걸 보고 일부러 우리에게 기차 안에서 하룻밤 자게 하려는 거라고 생각했다. 하지만 나중에 알아보니까 이 구역은 단선궤도이기 때문에 지나가는 기차가 있으면 반드시 멈춰서 기다려야 하는 것이었다.

다음 날 우리는 평양 북쪽에 위치한 유명한 묘향산에 갔다. 묘향산은 평안북도와 평안남도에 걸쳐 있는 관광명소이며 유명한 불교 사찰도 있다. 산은 높지 않지만 경치가 매우 아름답다. 나는 묘향산 경치를 보고 당나라 시인의 "산은 높아서가 아니라 신선이 있어서 이름이 난다山不在高, 有仙則名"라는 말이 생각났다. 묘향산의 호텔도 매우 고급스러웠다. 모양은 금자탑과 같다. 가이드가 "이 호텔은 경애하는 지도자가 직접 설계하셨습니다"라고 했다. 근처에 김일성의 별장 외에 각 나라가 증정한 귀한 선물을 보존한 석조궁전도 있었다. 건물 전체가 석재로 지어졌으며 목재와 금속재료는 하나도 들어가지 않은 매우 귀한 대형 건축물이다.

관광이 끝난 후 많은 대표가 귀국했다. 중국 지린성 대표에게 금강산 구경도 시켜 주었다. 김정일이 만주 항일근거지에서 온 동포에게 주는 특별대우라고 들었다. 사회과학원 이행호李幸浩 소장과 김일성종합대학교 역사학과 교수 한 분이 지도원으로 우리와 동행했다. 우리는 일제 대형 관광버스를 타고 갔다. 지도원의 말에 의하면 평소에 중앙의 장관급 인사만 탈 수 있는 버스이지만 경애하는 지도자분의 특별허가를 받아 우리를 태워 준다고 했다. 우리는 원산항元山港에서 동해안의 명승 송도와 어민 주택을 보고 해안을 따라 하루를 다녔다. 그 일대는 바로 내가 태어난 강원도의 중부지역이며 금화군金化郡에 있는 군사분계선 '비무장지대'의 북쪽이다.

평양에서 떠나기 전에 회무를 담당한 교수가 "대표단에서 만약 희망사항이나 요구사항이 있으면 주저하지 말고 편히 말씀하십시오"라고 했다. 그래서 나는 "제가 삼일포三日浦 남강촌南江村 근처에서 태어났습니다. 옛날에 금화군金化郡 원동면遠東面이라고 불렀는데 혹시 거기를 구경하면 안 되겠습니까?"라고 물어봤다. 내 말을 듣고 대표단 단장이신 옌볜대학교 부총장 정판용鄭判龍 교수가 "조 교수는 반세기 전에 거기서 태어났으니까 아무쪼록 잘 좀 부탁드립니다"라고 내 말을 거들어 주었다. 조선 측 담당교수는 "상부에 보고해 보겠습니다"라고 했다. 그런데 그 후 나에게 "거기는 군사경계지역이라서 우리 조선 사람도 들어갈 수 없는 곳입니다. 죄송하지만 다음에 다시 오게 되면 미리 신청해 보십시오"라고 했다.

금강산은 태백산맥 북쪽에 위치한 명산이다. 최고봉은 1천636m이며 총면적은 40km²이다. 오랜 기간의 풍화로 복잡한 지형이 되어 1천여 개의 산봉우리로 기이한 경치가 이루어졌다. 남쪽의 바닷길을 제외하고 내금강內金剛, 외금강外金剛, 해금강海金剛 세 개의 관광지로 나누어진다. 나는 내금강의 명경대明鏡台와 외금강의 만물상萬物相 등을 구경했다. 해금강에 군사시설이 있기 때문에 당시에는 개방되지 않았다. 그래도 해금강과 가장 가까운 담수호 삼일포에서 작은 배를 타 봤다. 옛날에 선녀들이 하늘에서 내려와 목욕했는데 돌아가려고 할 때 아름다운 경치에 반해서 3일을 더 머물렀다는 전설이 있었다. '삼일포'라는 이름은 바로 이 전설 때문이었다.

버스 기사가 여기에서 내 출생지까지 왕복 4시간 정도 걸린다고 했다. "만약 지도원의 허가를 받으면 밤에 가도 됩니다"라고 했다. 나는 그 사람이 아주 고마웠다. 그러나 남북 냉전이 끝나고 군사분계선이 해소될 때까지는 갈 수 없을 것 같다. 내가 사는 동안에 영원히 고향의 땅을 밟지 못할 것 같다. 이 또한 내 일생의 한이 될 것이다.

그때 조선사회과학원의 이행호 소장이 "조 선생님은 50년 전에 이 지역에서 태어나셨는데 여기에 와 보니까 어떤 느낌이 드십니까?"라고 물어봤다. 그분의 말을 이어 나는 "제가 노래 한 곡만 불러 보겠습니다. 저는 노래를 잘 못하지만 그때 광부들 사이에서 아주 유행했던 '노다지타령腦達吉謠'을 불러보겠습니다. 가사의 선율은 아직도 기억하고 있습니다"라고 했다. 그리고 큰 소리로 "노다지, 노다지, 나를 아프고 고생하게 하지 말라腦達吉啊, 腦達吉, 別讓我爲妳傷心受累……"라고 불렀다. 착한 기사가 "선생님께서 부르신 노래는 강원도 백성들이 불렀던 노래입니다"라고 말했다. 우리는 금강산에서 이틀 머무르고 원산항을 지나 밤늦게 평양의 보통강 호텔에 도착했다.

이번 조선 방문에서 나에게 가장 인상적인 것은 '불변 중에도 변화가 있다不變中的變化'는 것이다. 조선에 있는 동안에 늘 조선 몇십 년 이래의 '변화'와 '불변'을 느낄 수 있었다. 그러나 '변화'보다 변하지 않는 것이 더 많았다. 조선에 '10년이면 강산도 변한다十年江山變'라는 속담이 있지만 조선의 환경은 전혀 변하지 않은 것 같았다. 몇십 년이 지났는데도 조선은 여전히 깨끗하고 습윤한 공기로 가득 찬 나라이기 때문이다. 자연환경이 변하지 않듯이 조선 사람도 변하지 않았다. 여전히 순박하고 부지런하고 정도 있고 의리도 있다. 나는 충심으로 조선 인민들이 조국건설의 길에서 나날이 발전하기를 기원했다.

환황해경제권 답사와

냉전체제 해체

동아시아 삼국을 살아온 이야기

배천 조씨(趙氏)의 디아스포라

중·한관계의 전환기

중·한관계의 급속한 진전은 뜻밖이었다. 되돌아보면 중·한관계를 개선하는 과정에는 몇 가지 중요한 전기가 있었다.

첫째, 1970년대 중·미관계의 개선은 미국과 군사동맹관계에 있는 한국이 중국과 관계를 개선하는 대전제였다. 1971년 닉슨 미국 대통령이 중국을 방문한 후 1973년 6월 23일 박정희 대통령이 '6·23선언'을 발표하여 중·소와의 관계를 개선하는 '북방외교'정책을 제시했다.

둘째, 1978년 중국의 개혁개방은 중·한관계를 개선하는 데 있어 매우 중요한 요소였다. 1979년 홍콩, 일본, 싱가포르를 경유하여 중국과 한국은 간접무역을 시작했다. 중국은 처음으로 한국에 친척이 있는 조선족의 한국 방문을 묵인했다.

셋째, 1983년 5월 중국 민항기가 피랍돼 한국 강원도 춘천공항에 착륙한 사건이다. 완전한 우발사건이었는데 중·한관계 개선의 중요한 전기가 되었다. 한국 정부는 이 돌발사건을 아주 유연하게 처리했으며, 이를 계기로 양국 정부 간의 직접 접촉이 실현되었고 무역과 스포츠 교류도 시작되었다.

넷째, 1988년 서울 올림픽경기에 중국에서 대규모 선수대표단을 파견했다. 중국이 미수교국에 국가대표선수단을 파견한 것은 심상치 않은 외교행위였다. 1989년부터 중국은 홍콩 신화통신사 지사를 통해 한국 총영사관과 외교접촉을 시작했다.

다섯째, 1990년 10월에 대한무역진흥공사와 중국국제상사 간에 회담을 열었다. 양측에서 무역사무소 설립 문제에 합의를 보았다. 1991년 각자 수도에서 영사 역할을 가진 사무소를 설립했다. 1992년 4월에 중·한 정부대표가 태국에서 수교회담을 진행하여 8월 24일에 양국 간 수교가 이루어졌다.

산둥 연해 도시 견학과 한국 서해안 답사

1991년 여름 중·한 수교 직전 나는 일본 세이난가쿠인대학교せいなんがくいんだいがく의 오가와 오히라小川雄平 교수와 같이 일본방송협회 NHK 후쿠오카 지국이 기획한 '환황해경제권' 문제에 관한 현장답사에 참여했다. 환황해경제권의 중요한 특징은 황해 연안을 둘러싼 중국, 한반도, 서일본 지역 간에 직접 교류를 할 수 있는 것이다.

아산항은 중국의 칭다오, 옌타이, 상하이, 롄윈강連雲港 등 주요 항구와 무역왕래를 했다. 아산항은 중국과 한국 사이의 최단거리에 위치하고 있다. 한국에서는 아산항을 인천항 다음가는 대중국의 제2 국제항구로 건설하기 위해 노력하고 있다. 중·한수교를 하지 않은 당시에 한국에서 이런 전략을 실행하고 있는 것을 나는 전혀 예측하지 못했다.

서해안 시찰을 통해 한국 정부의 전략 의도를 알게 되었다. 첫째, 사회주의 국가를 상대로 계속 '북방외교'전략을 추진하여 한국과 사회주의 국가 관계에 돌파구를 열고 싶어 했다. 둘째, 국내 각 지역에서 균형발전 전략을 추진시킨다. 상대적으로 낙후한 서쪽에 있는 전라도지역을 중점적으로 개발함으로써 균형발전을 이루어 한국 동·서 지역의 갈등을 완화시킨다. 서해안개발전략의 목표를 달성하기 위해서 먼저 중국과 수교관계를 맺는 일은 목하의 급선무였다. 한국의 지역 간 갈등은 주로 지금의 전라도와 경상도 간의 갈등이다. 다른 지역 사람들이 전라도 사람을 괄시하기 때문이기도 했다. 이런 갈등은 오래전부터 시작되었다. 한국 사람은 지역의식地方意識과 종족의식種族意識이 매우 심하다. 특히 선거할 때마다 이 문제가 더 심했다. 많은 정치가가 이와 같은 갈등을 이용해 자기의 세력을 공고히 했다. 한국의 역대 대통령들은 대부분 경상도 출신이지만, 아시아금융위기가 일어나면서 한국 정세가 매우 불안해지자 전라도 출신의 김대중이 대통령되었다. 그때 한국 여당과 야당은 서쪽지역 주민의 지지를 받기 위해서 격전을 벌였다.

얼마 후 1990년에 한국 인천항에서 중국 웨이하이항으로 가는 여객선도 개통되었다. 중·한 양국 간의 물품교류가 인적 교류를 이끌었다. 인천·웨이하이 간 여객선을 이용해, 친척을 방문하러 한국에 가는 중국 조선족과 투자하러 중국에 오는 한국 사람이 급격히 늘어났다. 동북아시아의 새로운 발전이 바로 눈앞에 보였다.

조선족자치주 번영의 배경

냉전시기든 '탈냉전시기'든 한반도 남북관계는 끊임없이 중·한관계와 중·조관계에 영향을 미치고 있었다. 이런 삼각관계, 즉 중·한관계, 중·조관계, 그리고 한반도 남북관계는 서로 뒤얽힌 관계였다. 한반도 남북관계는 한민족 내부의 관계이고, 중·한관계와 중·조관계는 국제관계에 속한다. 이 삼각관계는 동북아시아 냉전체계의 근원 중 하나이다. 한편 같은 한민족이지만 삼국삼지三國三地에 분포해 있고 서로 반목하고 믿지 않았다. 심지어 충돌까지 생겼다. 이것은 한민족의 불행과 재난이라고 할 수 있다. 따라서 이 삼각관계는 동북아시아 삼국에 대한 내 감정三國情結에서 중요한 위치를 차지한다.

당시 조선족자치주 지도자를 임했던 한 분이 사사로이 이런 얘기를 했다. "중·한교류는 우리 자치주에 아주 좋은 기회이기도 하지만 가혹한 시련이기도 합니다. 좋은 일이 많기는 하지만 두통거리도 적지 않습니다"라는 속말을 했다. 그분이 말했던 두통거리는 주로 '삼국삼지'의 동족문제에 있었다. 1996년 여름에 나는 옌볜과학기술대학교의 초청으로 한 달 동안 강의를 했다. 나를 초청한 사람은 바로 이 학교 중국 측 부총장 강의석姜儀錫 교수였다. 이분은 문화대혁명 때 우리 집에서 한국 잡지《사상계》를 읽었기 때문에 나와 함께 무산계급 사령부를 반대한 혐의를 받은 분이다. 그분은 문화대혁명 때 3년이나 격리심사를 받았다. 이 학교의 총장은 미국 국적의 한국인 김진경 교수였다. 그분들은 나에게 중국어로 덩샤오핑鄧小平의 중국 개혁개방이론 문제를 강의해 달라고 부탁했다. 이 학교는 당시 거의 한국 국적의 교수를 초빙해서 한국어로 강의를 했다. 학교 총장이 나에게 중국어로 덩샤오핑 이론을 강의해 달라고 하는 것은 매우 특별한 상황이었다. 강 교수는 중국 조선족이지만 이 학교에서 한국어뿐 아니라 중국어와 영어도 잘하는 인재를 키워야 한다고 주장했다. 그는 요즘 옌볜지역에서 주목할 만한 새로운 모습이 많이 나타났다고 하면서, 시간이 있으면 아내와 함께 변경도시를 한번 돌아보라고 했다.

나는 창춘 사람이고 본적은 랴오닝遼寧이다. 이번 강의를 기회로 하여 변경도시 옌지延吉의 번영된 모습을 보게 되었다. 들건대 옌지는 몇 가지의 '전국 일등'이라고 불린 조선족 자치도시이다. 1인당 택시보유률 일등, 1인당외화보유금액 일등, 1인당외국단기노무자수 일등, 국제결혼인구 비율도 전국 수위를 차지하고 있었다. 특히 조선족 여자와 한국 남자의 국제결혼은 더 시선을 끌었다. 같은 민족이지만 국적이 다르니까 '국제결혼'이라고 했다. 그러나 두 사람은 혼인신고를 하면 바로 한국인 가정이 된다. 조선족 여성이 중국 한족 남자와 결혼하는 경우도 해마다 증가하고 있었다. 옌볜 농촌의 미혼여자는 반 이상 중국 내륙이나 한국에 가서 일자리를 구했다. 농촌 여성이 많이 유출된 것은 이미 자치주의 큰 사회문제가 되었다.

나는 투먼시 길거리에서 노점을 하던 한 조선족 아주머니의 말이 생각났다. 그분에게 투먼과 조선의 발걸음이 잦아졌냐고 물어봤다. 그분은 "요즘 들어 왕래가 많아졌어요. 거의 친척 방문하러 온 거죠"라고 했다. 그리고 조선 사람에 대한 인상이 어떠냐는 질문에는 "그들은 가난할 뿐이지 성품은 다 괜찮아요. 한국 사람만큼 거만하지는 않아요"라고 대답했다. 다른 곳에서도 이와 비슷한 말을 들은 적이 있었다. 일본 매체에서도 이와 비슷한 상황을 보도했다.

옌볜 조선족자치주는 전통적인 한민족 문화를 이어받았다. 옌볜 지역의 언어는 한국과 조선의 언어와 큰 차이가 없다. 개혁개방 이후 옌볜주의 경제가 발전함에 따라 각종 국제 마찰과 민족 갈등도 생겼다.

옌볜 조선족자치주에서는 강 건너편에 있는 조선과의 변경무역도 중시했다. 조선 측에서도 옌볜과의 직접무역을 매우 중시하고 심지어 조선인민군 간부도 국경무역에 참여했다. 따라서 옌지시는 한국인과 조선인이 쉽게 모일 수 있는 곳이 되었다. 옌지는 한·조 양국의 사람들이 중국 조선족을 매개로 빈번하게 접촉하는 가장 좋은 회합지점이 되었다. 옌볜 조선족자치주는 중·한·조 '삼국삼지' 한민족관계의 축소판이 된 것 같았다.

옌볜과 단둥 방문을 마치고 창춘으로 돌아온 뒤 나는 의외의 소식을 들었다. 일본 간사이대학교^{西學院大學} 경제학부장 유즈키 마나부^{柚木學} 교수가 나에게 초대장을 보내 주었다. 초빙교수로서 일본을 방문하여 간사이대학교에서 1년 동안 중국경제론 등의 과목을 담당해 달라는 부탁이었다. 나는 대학교 3, 4학년의 '현대중국경제론', '조선·한국경제개황', 그리고 대학원의 '동북아시아구역경제문제' 등 3과목을 담당했다.

일본에서 수업할 때면 늘 학생들의 질문을 중시했다. 매번 그들에게 '질문쪽지'를 나눠 줘서 원하는 질문을 적어 내도록 했다. 그들의 질문이 수업 준비에 도움이 될 수도 있기 때문이었다. 다음 교시가 시작하기 전에 먼저 학생들의 질문에 간단한 대답을 하면서 수업내용을 보충했다. 학생들과 나눈 이런 '대화' 방식은 학생들 사이에서 인기가 높았다. 출석을 부르지 않아도 결석하거나 지각하는 학생들이 현저히 줄었다. 늦으면 질문에 대한 대답을 듣지 못하기 때문이었다.

한국·조선 경제를 수강 신청한 학생 중에 '재일조선인과 재일한국인'이 있었다. 그들은 대개 재일조선인이나 재일한국인 3세였다. 그들은 나처럼 조부가 고향을 떠나 일본에 정착한 재일조선인이나 재일한국인의 후손들이다. 그들은 모두 일본이름을 가지고 있어서 학생 명단에서는 그들의 민족과 국적을 알 수 없었다. 일본 국적을 취득하지 않았더라도 다들 일본 이름을 지었다. 하지만 호적에는 여전히 본명이었다. 출신 민족을 숨기고 남에게 알리지 않는 걸 보니 개인의 사생활이라서 그런 것 같았다. 일부러 알아보다간 인권을 침해한다는 혐의를 받을 수 있다. 따라서 일본 교수들은 누가 '재일학생'인지를 알아도 다른 학생에게 알려주지 않는다. 이것이 바로 일본의 현실이다. 수업을 듣던 중국 학생 두 명은 본명으로 등록했다. 그들의 이름을 보고 바로 중국 사람이나 중국 타이완 사람인 것을 알 수 있었다.

시험이 끝나고 여름 방학이 곧 시작될 때, 나를 방문했던 재일학생이 한 젊은이와 같이 나를 찾아왔다. 그들은 고베시에서 강연회를 열 계획으로 나에게 강연을 부탁했다.

'해외 고려인'과 동북아시아

나는 방학 휴가를 이용해서 한 번 강의를 해 볼 수 있다고 했다. 김산金山
이 "이번 강연회의 청중은 주로 젊은이들입니다. 물론 자발적으로 온 사
람도 많습니다. 그중에는 조선인과 한국인이 다 있습니다. 우리의 연합회
는 국적과 신앙을 따지지 않습니다. 고려 민족이라면 모두 환영합니다.
강연회를 좋아하는 일본 사람도 있습니다"라고 했다. 그 친구가 '고려'라
는 말을 썼다. 일본어의 외래어로 얘기했는데 발음은 'Korean'이다. 이 단
어의 어감은 중국인이 조선인을 얘기할 때 쓴 비어 '가오리高麗'와 다르기
때문에 쉽게 유행될 수 있었다. 따라서 나는 〈동북아시아 경제권과 '해외
고려인'〉이라는 내용을 강연하자고 제의했고 그 친구도 동의했다.

강연회는 고베시의 한 시민회관에서 열었다. 사실 그날 강연을 들으
러 온 사람은 육칠백 명 정도로 그다지 많지 않았다. 앞에 앉은 사람은
다 젊은이지만 뒤에 중노년도 있었다. 나는 그들의 국적과 신분을 몰랐
기 때문에 일단 일본어로 자기소개를 했다. "저는 중국인입니다. 중국 조
선족이라고 할 수도 있지요. 우리 중국에서는 남북문제가 존재하지 않습
니다. 모두 다 중국 사람이니까요. 그래서 저는 오늘 남북문제를 얘기하
지 않을 거고 우리의 공통점, 즉 고려 민족 문제만 이야기해 보겠습니다"
라고 했다. 내 말을 듣고 웃는 사람도 있고 고개를 끄덕이는 사람도 있었
다. 이번 강연회에서 분명 내 '정치적 성향'을 알고 싶어 하는 사람들이
있을 거라고 생각했기 때문에 일부러 이 문제를 피했다.

이어서 세계 해외 고려인의 대체적인 상황을 소개했다. 불완전한 통
계에 따르면 1990년대 세계 해외 고려인은 총 587만여 명이 있고 148개
나라에 분포되어 있다. 그중 중국에 있는 고려인은 200여만 명으로 전체

의 35%를 차지하고 있고, 미국에도 200여만 명이 있다. 일본은 78만 명, 소련은 48만 명으로 전체의 9%를 차지하고 있었다. 그 외에 캐나다, 독일, 프랑스 등지에 분포되어 있는데 15만 명을 넘는 곳도 있었다. 중국, 미국, 일본, 소련 등에 세계 고려인 총수의 94%가 살고 있었다. 한반도의 약 7천만 인구와 합하면 전 세계의 고려인 인구는 8천만에 달한다.

그리고 해외 고려인 중에서 민족문화를 가장 잘 보존한 나라는 중국 조선족이라고 했다. 이와 반대로 고려의 민족문화를 상실하고 현지의 민족문화에 동화된 경우는 유감스럽게도 일본과 소련이 그 정도가 가장 심할 거라고 했다. 강연이 끝나고 사람들은 주로 중국의 민족정책과 한반도문제에 대해서 질문을 했다.

강연을 마치자 회의장 뒤쪽에 앉아 계시던 어르신이 앞으로 나와 저녁식사에 초대하고 싶다고 했다. 그분의 나이는 70세를 넘겼었다. 그분은 원래 '재일조선인'이고 재일조선인 조직의 간부였는데 나중에 한국 국적으로 바꿨다고 했다. 그리고 의미심장한 말을 했는데 나는 아직도 기억에 생생하다. "우리 재일 조선인은 일본인에게 강제로 끌려왔어요. 1938년 일본에서 '국가동원법國家動員法'을 공표하고, 1939년 '국민정용령國民 徵用令'도 내렸어요. 그때부터 72만 명의 조선인은 강제로 일본에 끌려와서 강제노역을 하게 되었지요. 전쟁이 끝난 당시 나와 같은 사람이 236만 명이 되었어요. 전쟁이 끝나고 상당히 많은 사람이 다시 조국으로 돌아갔지만 일본 국적을 취득한 사람은 일본에 남아 있었어요. 그래서 지금은 '재일1세'가 되었지요. 지금은 약 칠팔십만 명밖에 안 남았어요. 원래 재일조선인은 재일한국인보다 5배나 더 많았는데 그 후 해마다 줄어들면서 결국 수적으로 더 적어졌지요"라고 했다. 어르신의 말씀을 들으며 그분의 무거운 마음을 느낄 수 있었다. 그리고 "나는 원래 국적을 바꿀 마음이 없었어요. 그런데 아이들 교육과 취업을 생각해서 바꿨지요. 젊은이들의 생각은 나와 다르잖아요. 하지만 내게 조국은 여전히 남북을 가리지 않는 삼천리의 금수강산입니다"라고 했다.

최초 한국 방문

일본에서 강의하는 동안 한국을 방문하게 되었다. 당시 대구에 있는 경북대학교에서 국제학술대회를 개최했는데 한국을 처음으로 방문하게 된 것이다. 1938년 말 중국 만주로 처음 들어갔을 때 경성京城이라 불렸던 한국의 서울에 이틀을 묵었다. 그 이후로 다시 한국에 가본 적이 없었다. 나는 한국에 익숙하지 못했고 한국에는 친구도 별로 없었다. 이번 걸음은 경북대학교 경제학과 김영호金永鎬 교수의 초청을 받았다. 김영호 교수는 나와 같이 『한국경제분석』이라는 책을 편찬한 한국 학자였다. 하지만 그때까지 만나지는 못했다.

1989년 당시에는 중·한수교가 이루어지지 않았기 때문에 출국수속이 번거로웠다. 나는 초청장과 여권을 가지고 한국 고베주재총영사관에 가서 비자신청을 했다. 처음에 한 젊은이가 나에게 응접실에서 기다리라고 했고, 잠시 후 2층 영사 사무실에 올라가라고 했다. 영사가 직접 만나자고 했다. 영사가 아주 젊은 분이었다. 예의를 갖추면서 나에게 "비자 나오기까지 시간이 좀 걸립니다. 여권을 보니까 북한에 가신 적이 있는데 무슨 일로 가셨는지 간단하게 써 주십시오"라고 했다. 내 여권에서 북한 신의주 국경경비원이 찍은 도장을 봤다. 나는 "회의 날짜까지 며칠 안 남았는데 그 전에 비자가 나올 수 있을까요?"라고 물어봤다. 영사가 "지금 저도 보장할 수 없습니다. 며칠 후에 사무원이 연락할 겁니다"라고 했는데 이틀 후에 영사관에서 연락이 왔다. "일단 비행기표를 예약하세요. 대한항공을 예약하시면 좋겠습니다. 표를 예약하시고 제게 항공편과 좌석번호를 알려 주십시오"라고 했다. 이틀 후에 사무원에게서 비자가 나왔으니 영사관에서 찾으라는 연락을 받았다. 다행히 학술대회에 참석하게 되었다.

나는 오사카에서 부산으로 향하는 대한항공을 탔다. 기내 옆자리에 앉은 한국인이 나에게 먼저 한국어로 인사를 하고 어디에 가는지를 물어봤다. 나도 한국어로 대구에 간다고 대답했다. 그 사람이 나에게 중국에서 왔냐고 물어보고 중국에서 북한과 왕래할 수 있냐고 물어봤다. 나는 북한에 자유롭게 갈 수는 없지만 초청을 받으면 갈 수 있다고 대답했다. 그 사람은 내 얼굴을 보면서 "지금 중국 베이징에서 정부를 반대하는 동란이 났다고 하던데 공산당은 끝장이 나겠지요?"라고 물어봤다. 나는 이 사람이 매우 수상했다. 그래서 공산당이 그렇게 쉽게 무너지지는 않을 거라고 대답하면서 어디에 가냐고 물어봤다. 그 사람은 "저는 회사 일 때문에 일본에 갔다 왔습니다. 저는 자주 일본에 갑니다"라고 대답했다.

부산공항에 도착하자마자 그 '회사원'은 바로 입국 심사대에 가서 맞이하러 온 사람에게 "손님이 도착했습니다. 먼저 가겠습니다"라고 했다. '내 임무를 완수했으니까 이제 네 차례다'는 뜻이다. 그 '회사원'이 어디로 갔는지는 보지 못했다. 그때 양복을 입은 한 젊은이가 나를 데리고 다른 데로 갔다. 거기는 보통 입국 심사대가 아닌 것이 분명했다. 두 남자가 예의를 갖추고 내 앞에 왔고, 표를 한 장 더 작성해야 한다며 나에게 특제 표를 줬다. 이 표에 한국어로 상세한 경력, 방문 목적, 한국에 있는 동안의 일정, 투숙 호텔, 초청인 이름 및 전화번호, 출국 노선 등을 쓰라고 했다. 이것은 보통의 '입국수속'이 아니었다. 그 직원은 매우 친절했고 짐까지 옮겨 주었다. 나는 그제야 영사관에서 대한항공편을 이용하라고 한 이유와, 직원을 보내 비행 중 내 행동을 감시한 것을 깨달았다. 한국 첫 방문은 이렇게 특별한 대우를 받았다. 문득 작년(1988년 5월) 조선 국경도시 신의주에서 있었던 일이 생각났다. 똑같은 느낌이었다.

김영호 교수의 도움으로 이번 대구 방문은 아주 순조롭게 끝났다. 나는 회의에서 「해체된 체제의 장벽을 넘어－동북아시아 경제협력에 대한 연구跨越體制壁壘－論東北亞經濟合作之路」라는 논문을 발표했다. 발표에 앞서 나는 먼저 "오사카에서 부산까지 한 시간밖에 안 걸렸는데 저는 오히려 부산 공항에서 두 시간이나 기다렸습니다. 다른 이유도 아니고 단지 제가 조선의 수도인 평양에 가본 적이 있었기 때문입니다. 이번 한국 방문을 통해 국경을 넘는 어려움을 확실히 느꼈습니다"라고 했다. 이때 회의를 주재하는 교수가 웃으면서 "조 교수님께서 말씀하신 어려움을 어떻게 극복할 건지의 문제는 바로 오늘 우리가 토론할 주제입니다"라고 했다.

대구회의가 끝난 후, 서울대학교와 홍익대학교 등 학교의 초청을 받아 서울에서 몇 번의 특별강연을 했으며, 해외동포 학자로서 따뜻한 환영을 받았다.

관부페리호關釜聯絡船

일본으로 돌아갈 때는 비행기를 타지 않았다. 그 대신 부산항에서 대마해협對馬海峽을 지나가는 '관부연락선'을 탔다. 배에서 하룻밤만 자면 일본 북쪽의 시모노세키 항에 도착할 수 있었다. 관부연락선을 타는 것은 몇 년간 꿈이었다. 어렸을 때 어른들로부터 조선이 일본에 강점되고 나서 많은 조선인이 일본으로 도망가거나 강제노역으로 일본에 끌려갔다는 얘기를 많이 들었다. 마치 〈눈물 젖은 두만강〉처럼 당시 그들은 관부연락선을 타고 이국 타향인 일본에 왔을 때 눈물로 대마해협을 적셨다.

부산에서 시모노세키까지 통항한 역사는 아마 한반도와 일본 간의 문화교류사만큼 적어도 수천 년일 것이다. 긴 역사 중에 가장 불행한 역사는 불과 반세기밖에 되지 않았다. 하지만 1965년 한·일수교에 따라 불행한 시대는 지나가고 새로운 역사시기가 들어섰다. 나는 지금의 대마해협과 관부연락선을 보고 싶었다. 부산항 세관에서 직원에게 여권과 표를 보여 주었다. 그 직원이 내 여권과 선표를 보고 잠깐 사무실에 가서 표 한 장을 작성하고 서명을 하라고 했다. 이번에는 10분도 안 걸렸다. 지난번보다 많이 빨랐다. 작성한 표를 직원에게 주자 그 직원이 "규정대로 한 거니까 양해해 주시고 다시 부산에 오실 것을 환영합니다"라고 했다. 이번에도 역시 조선 방문 때문이라는 생각이 들었지만 다행히 무탈하게 마쳤다.

하룻밤 관부연락선을 탔는데 벌써 겐카이나다玄海灘에 도착했다. 그날 밤 나는 생각이 복잡하고 잠이 오지 않아서 배에서 장사하는 아주머니들과 이야기를 나눴다. 아주머니들이 카드놀이를 하고 있었는데 그들도 졸리지 않은 것 같았다. 내가 중국에서 온 조선족인 걸 알고 여러 가지 재미있는 화제를 말했다. 한 과부가 조선족 늙은이와 결혼하고 싶다고 하면서 내게 도와줄 수 있냐고 물었다. 그 과부의 말에 모두 웃음을 터뜨렸다. 그리고 한 늙은 과부가 "술을 적당히 마시고 사람의 됨됨이가 성실하면 돼. 돈 없어도 상관없어. 나는 돈 많으니까"라고 했다. 그들의 말은 다 농담이 아닐 수도 있다. 한국에서 조선전쟁 때 죽은 남자가 많았기 때문에 과부가 수적으로 외톨이보다 훨씬 많았다고 한다. 그리고 많은 남자들이 젊어서부터 술을 많이 마셨기 때문에 수명이 여자보다 짧기도 했다. 그들은 나와 밤을 지새우며 순수한 경상남도 사투리로 이야기를 했다. 그들의 얘기를 통해 전쟁으로 남겨진 역사문제가 아직도 한민족에 남아 있음을 느꼈다. 시모노세키 항까지 나는 잠을 이루지 못했다.

시모노세키 항에 도착해 배에서 내리려고 할 때 돈이 많다고 했던 늙은 과부가 나에게 일본인들이 즐겨 마시는 영국 위스키를 가져다 달라고 부탁했다. 나는 세관 면세품을 사지 않았기 때문에 출구까지 가져다 주었다. 그들은 변경장사를 통해 생계를 유지한 젠카이를 넘나든 과부들이었다. 그들의 장사 역사는 아마 관부연락선의 역사만큼 오래되었을 것이다.

그날 오후 시모노세키 항에서 신칸센을 타고 고베에 갔다. 고베에서 한큐전차阪急電車를 타고 간사이대학교에 도착했다. 첫 한국 방문은 참으로 음미할 만한 여행이었다.

우쬐촨伍卓群 총장과의 대화

1990년 3월 말 나는 간사이대학교에서 도시샤대학교로 갔는데, 이전과 달리 간사이대학교에서 나를 환송하러 온 사람이 없었다. 내가 중국에 돌아가지 않고 계속 일본에 있기 때문이다. 그들은 아마 "왜 중국에 돌아가지 않고 교토에 갔을까? 조 선생님이 중국에 돌아가지 않은 것은 우리와 관련이 없고 조 선생님 본인의 결정이다"라는 생각을 했을 것이다. 그들은 내가 이미 지린대학교의 허가를 받은 것을 몰랐다. 내가 떠나는 날은 마침 일요일이었다. 그 학교는 기독교 대학이라서 모두 예배를 보러 교회에 갔다.

나는 이미 우쬐촨 총장의 이해를 받았다. 우 총장은 나에게 "정교수 승진문제에서 자네는 전반 국면을 생각해 다투지 않았어. 나도 경제학과의 상황을 잘 알고 있네. 나이가 많은 분들이 많을 뿐만 아니라 대부분은 자네의 스승이잖아. 경제학과의 갈등이 뚜렷하기 때문에 자네가 해외에서 정교수 직함을 쓰는 것에 동의하겠네. 더구나 자네도 이런 자격이 있잖아. 작년 주 부총장이 일본을 방문했을 때도 이렇게 처리했어"라고 했다. 그리고 교무처에서는 국외에서 번 돈을 계약한 대로 귀국한 후 소득의 일부분을 지린대학교에 낼 것을 요구했다. 당시 인사를 주관한 리수쟈李樹家 부총장도 학과사무실에 와서 나에게 "내가 우 총장과 이미 상의를 했으니까 자네는 출국 준비에만 전념하면 돼"라고 했다. 우 총장이 나를 이해해 준 것은 계약서보다 더 현실적 의의가 있다고 생각했다. 당시 경제학과에 정년이 다 된 부교수 다섯 분이 계셨는데 누가 먼저 승진할 것인가를 두고 갈등이 매우 심했다. 모두 나의 스승인데, 내가 먼저 승진하니 누군가는 "지린대학교는 왜 이렇게 '가오리'를 중시하는지 참으로 이해가 안 되네!"라고 했다. '가오리'라는 말은 위만 시기에 유행했던 욕이었다. 대학교수가 아직도 이런 비어를 쓰며 조선족을 욕한 것이다. 나는 1991년에 부교수로 승진했기 때문에 지금 남에게 욕을 먹을 수밖에 없었다. 돌이켜 생각해 보면, 당시 우 총장의 결정은 단지 교사의 승진 문제에서 배려한 것일 뿐만 아니라 내 사정까지 생각해 준 것이었다. 생각만 해도 감사하다. 1991년 4월 초, 나는 학교에 돌아간 다음 날 바로 계약한 대로 교무처에 가서 일부 서적구입비를 포함한 130만 엔화를 냈다. 이와 동시 내 정교수 승진도 인정되었다.

2년 후인 1993년에 나는 중국 교육부로부터 박사지도교수로 지정되었다. 이번 박사지도교수 지정은 교육부 주도하에 세계경제 전공의 박사지도교수들이 나에 대한 점수를 매겨서 나온 결과였다. 여기까지 나는 적지 않은 고난을 겪었고 드디어 결실을 맺은 것이다. 이번에 박사지도교수로 지정받은 것은 주로 최근 몇 년간 동북아시아 구역경제문제에서 얻은 연구업적 덕분이다. 따라서 이번 박사지도교수 지정은 나의 '삼국지'에 기록할 만한 일이 되었다. 박사지도교수가 되었기 때문에 근무연한이 70세로 연기되었고 교수 임무도 가중되었다. 하지만 이 또한 특별대우라고 할 수 있다. 학교에서 나에게 더 넓은 집을 분양해 줬기 때문이다. 나는 지금도 그 때 분양받은 120여 평(한국 평수로 약 40평)의 아파트에서 살고 있다.

미국 하와이 방문

일본 교토에서 1년 강의가 끝나고 1991년 3월 말에 아내와 함께 귀국했다. 돌아와서 나는 지린대학교에서 동북아시아연구센터를 설립했다. 이때 연구센터 구성원 왕성진王勝今 교수가 미국 하와이의 국제연구기관인 '동서문화연구센터East-West Center, Honolulu, Hawaii'의 국제협력연구프로젝트에 같이 참여하자고 제안했다. 동서문화연구센터의 한국 국적 부총재 조이제趙利濟 박사가 이 연구프로젝트를 주관했다. 그분이 지린대학교 동북아시아센터의 교수와 한국개발연구원의 연구원 총 10여 명을 초청하여 팀을 구성했다.

국제협력연구프로젝트는 '두만강 유역 개발 및 한반도문제'라는 주제로 중·한·미 세 나라 학자들이 공동으로 참여했다. 이번 연구의 중점은 조선문제 연구에 있는데, 즉 조선과 한국이 함께 두만강유역개발에 참여할 수 있게 하는 문제였다. 미국의 국립연구기관에서 우리를 이 프로젝트에 참여하게 한 이유도 바로 여기에 있었다. 중국 측 참여자는 지린대학교 인구문제연구소 소장 왕성진 교수, 옌볜 조선족자치주 사회과학원

안 원장, 그리고 나를 포함한 3명이다. 1992년 8월 우리는 창춘에서 10일 동안 집중연구회의를 했다. 그 후 여름방학 때 하와이에서 개최한 세미나에 참가하여 처음으로 미국을 방문했고 10일간 머물렀다.

하와이에 도착한 후 동양문화연구센터의 한 미국 교수가 나와 안 원장을 찾으러 왔다. 연구팀에서 나와 안 원장만 조선족이기 때문에 일부러 우리와 조선 문제를 토론하려는 것이다. 주로 중국에서 한반도문제를 어떻게 생각하는지 알고 싶어 했다. 그는 일본문제 연구가였고 일본어를 잘 했기에 우리는 일본어로 소통했다. 솔직히 말하면 그분은 조선 문제에 대한 이해가 깊지는 않았다. 심지어 일본 매체에서 방송하는 왜곡된 기사밖에 모르는 것 같았다. 예를 들면 중국 지도자의 논문은 직접 쓴 것이 아니고 비서가 대필했다고 말했다. 사실이 아니었기에 바로잡아 주었다. 내 말이 직설적이어서인지 그는 기분이 좀 언짢아했다. 속으로는 '내가 당신들한테서 가치 있는 참말을 듣고 싶어서 밥을 사주는 건데 공식적인 얘기만 하다니'라고 생각했을 것이다. 내 생각으로는, 그 미국 학자가 조선 문제를 바라보는 시각은 바르지 않았다. 실제로 일부 미국 사람들의 중국에 대한 편견은 무식과 다름이 없었다. 그들이 항상 정세를 바르게 판단하지 못한 이유는 편견 때문일 것이다. 특히 조선 민족에 대한 편견은 일본의 '아주병부론亞洲病夫論' 때문이라고 할 수 있었다. 그리고 그 미국 학자는 아마 일본에서 장기간 거주했기 때문에 이런 편견의 영향을 많이 받은 것 같았다. 나는 영어를 잘 못했지만 하와이에서 일본어가 유창한 미국 학자와 같이 이야기를 나누었다.

하와이는 섬 전체 113만 인구 중에서 백인은 3분의 1 정도였다. 원주민족이 적지 않은데 그들은 백인과 다른 곳에서 살고 있었다. 고대 원주민의 생활양식이 복원된 공원도 있었다. 미국에 사는 아시아 사람 중 다수는 일본 사람인데 대부분 호놀룰루에 집중되어 있었다. 그래서 나는 호놀룰루에 있는 동안 미국 사람을 일본 사람으로 착각한 경우가 많았다. 하와이는 몇 백 년의 역사를 가지고 있다. 1898년에 미국에 병탄되어 미국의 수많은 주 중의 하나가 되었다. 하와이는 자연환경과 위치가 매우 좋은데, 미국이 하와이를 병탄한 이유가 아마 여기 있지 않을까 싶다.

조선 주체과학원과의 교류

1992년 10월에 나는 지린대학교 대표단의 일원으로 다시 북한의 평양을 방문했다. 이 또한 두만강 개발연구의 일부분이었다. 1991년 12월 28일 조선 정무원에서 '나진·선봉 자유경제무역지대 설립 정령'을 반포했다. 총면적 746km²의 땅을 개발하여 외국투자를 유치함으로써 중계무역, 가공무역, 국제관광, 금융서비스 등을 발전시키려 했다. 1999년 2월 26일 '나진·선봉경제무역지대법'을 반포하여 나진시와 선봉시를 나선시로 이름을 바꿨다. 이는 두만강유역개발의 일환으로서 주목도 많이 받았다. 그래서 연구팀은 중국학자들에게 조선에 가서 앞으로의 구체적인 조치와 계획을 알아보라고 했다.

1992년 가을 지린대학교 대표단 5명이 조선 주체과학원을 방문했다. 주체과학원은 평양시에서 몇 십 킬로미터 떨어져 있는 용악산龍嶽山 기슭에 있는데 버스로 20분쯤 걸렸다. 김일성이 어렸을 때 자주 이 산에 올라가서 놀았다고 들었다. 여기는 김일성이 만경대에서 살던 집과 가까웠고 주변 환경도 매우 좋았다. 건축 양식은 유럽식이었다. 이런 고층빌딩은 일고여덟 채가 있는데 주로 아프리카와 라틴아메리카 등 '제3세계'의 친조선 정치가들이 초청을 받아 주체사상을 배우러 올 때 묵는 곳이라고 했다. 우리는 4층 빌딩에 거주했다. 빌딩 안에 고급 레스토랑도 있었다. 하루 세 끼 다 고급 요리였다. 한식뿐 아니라 양식도 제공했다. 우리가 식사하는 동안 여종업원이 계속 옆에 서 있었고 매우 친절했다. 한 번은 숯불소고기를 금강산 암석으로 된 돌에다 구워 먹었는데 매우 맛있었다.

일정에 따라 오전에는 주체사상 공부를 했는데 주체과학원 부원장이 긴 보고를 했다. 그리고 금강산과 판문점 등 관광지를 4일 동안 여행했다. 이번은 나의 두 번째 금강산 구경이었다. 우리대표단 단장과 부단장은 벤츠 승용차를 타고 금강산에 갔다. 조선당중앙의 귀빈만 받을 수 있는 특별대우라고 했다. 차에서 내려 아름다운 단풍을 보니 가을의 금강산이 더욱 아름답고 웅장해 보였다.

나에게는 조선 대표들을 중국에서 개최할 국제회의에 참여하도록 초청하는 미션도 주어졌다. 회의참가 경비는 유엔개발기획처에서 부담한다. 우리는 조선사회과학원 경제연구소 소장 김원삼과 남북협력관계연구소 소장 이행호와 상의했는데 그들은 동의했다. 하지만 만약 '남조선' 학자도 회의에 참석한다면, 반드시 일본, 러시아, 몽골 등 여러 나라가 공동 참여하는 국제회의여야 한다고 요구했다.

약속한 대로 지린대학교에서 1993년 봄에 주체과학원 경제연구소 소장을 비롯해 7명의 학자를 초청했다. 똑같이 10일 일정을 짰다. 회의 동안에 한 번은 내 이름으로 시내 조선족 식당에 그들을 초대해 중국의 좋은 술로 대접했다. 연세가 많은 소장은 매우 만족스러워했다. "지금 당에서 나에 대한 배려와 대우가 매우 좋습니다. 전용 수입차도 있고 〈일본경제뉴스〉 등 국외신문도 볼 수 있습니다. 이것은 교토 불교대학교 친구가 보내 준 겁니다. 조 선생님이 나중에 교토에 갈 기회가 있으면 그분을 한번 찾아 뵙고 안부전해주시기 바랍니다"하고 나에게 부탁했다. 나는 혹시 '남조선'의 신문을 읽을 수 있냐고 물어봤는데 그분이 볼 수 있다며 남쪽에서 발생한 일에 각별히 관심을 두고 있다고 했다. 하지만 한국 국가안전기획부를 미워한다고 했다. "이 늙은이가 죽기 전에 그들과 마지막 싸움을 하고 싶습니다"라고 격앙된 목소리로 말했다.

한국 교수와 같이

1996년 겨울 당시 지린대학교의 부총장인 류종수 교수와 함께 경주에서 개최한 국제심포지엄에 참가했다. 회의 주제는 '환동해권 경제협력 및 한국'이었다. 여기의 '동해'는 바로 동해였다. 류종수 교수 보고의 중점은 중·한관계였는데 회의에서 동시통역을 했다. 단지 류 총장을 수행하러 갔던 나에게도 발언의 기회가 주워졌다. 한편 이번 회의에서는 중국 대표를 매우 중시했다. 회의에 참석한 중국학자 중에 베이징에서 간 학자도 있었다.

이를 계기로 지린대학교와 경북대학교는 교류협정을 맺었다. 김 교수는 지린대학교의 겸임교수로 초빙되었다. 그분은 한·중 교류에 열중했다. 한국 중앙대학교 동북아시아경제연구원 원장 김성훈 교수도 지린대학교의 겸임교수였는데 김대중 정권시기에서 농림부장관을 담당했다. 두 분은 모두 김대중 정부의 핵심요원이었다. 한국 매체에 따르면 그들은 '좌파 정치가'였다. 김영호 교수는 산업경제학을 연구한 분이고, 김성훈 교수는 전쟁 이전에 만주에서 태어나서 중국어를 조금 할 줄 알았다. 김영호 교수는 미국 유학을 다녀오고 일본 오사카시립대학교에서 박사학위를 취득한 '일본통' 학자였다.

한국 교수에 대한 첫인상을 말하자면, 학문연구 태도가 매우 신중하고 생각이 넓다는 것이다. 또한 학문을 부지런히 하고 시세를 잘 따라가며 사회여론의 방향을 중시한다. 따라서 그들은 원고를 매우 빨리 쓸 수 있고 심지어는 여행 중에도 논문 초고를 완성한다. 중요한 원고는 종종 밤새워 탈고하기도 한다. 대구에서 서울 자택까지 매주 비행기로 왕복하는 경우도 있다. 신문사의 부탁이 있으면 비행기에서 원고를 쓰고 기고해 다음 날 바로 신문에서 볼 수 있다. 직접 집필하고 학생들을 참여시키지 않는다. 예를 들어 김영호 교수는 베이징에서 돌아온 다음 날 바로 〈동아일보〉에 '톈안먼광장의 정치경제학'이라는 글을 실었다. 그들은 기업과의 관계도 매우 밀접했다. 연구방향에 따라 일정한 사업배경이 있었다. 학자는 기업에 상담과 정보를 제공해 주고 기업에서는 학자에게 연구비를 제공해 준다. 산학협동이라고 부른다.

한편 그들은 정치에 대한 욕심도 강하다. 이 점은 중국학자와 다르다. 한국 사회에서 대학교 교수는 정계 인물, 국회의원과 밀접한 관계를 가지고 있다. 능력만 있으면 정계인사와의 관계를 이용해서 정치무대에 올라갈 수 있다. 김영호 교수는 김대중 정부 때 산업자원부장관으로 임명되었다. 김성훈 교수는 중앙대학교 교수이지만 동북아시아경제연구원 원장, 농업경제학회 회장 등 많은 학계 직함이 있었고 한국 정부의 농림부장관도 지냈다.

내가 보건대 한국 대학은 친미·친서양 성향이 매우 뚜렷했다. 이런 현상은 한국 국가의 발전방향과 직접적인 관련이 있다. 영어로 논문을 쓰거나 발표하지 못하면 진정한 대학교수로 인정받을 수 없다. 박사학위와 미국 유학 경력을 매우 중요시했다. 학위를 두 개 취득한 교수도 있다. 그들은 미국에 대해서는 비판보다 칭찬을 많이 했지만 일본에 대해서는 칭찬보다 비판이 더 많았다. 물론 비판이 옳은 것도 있지만 한국 사회의

'혐일嫌日'감정에 영합한 면도 있었다. 이 두 가지는 모두 편견으로서 하나의 특징이라고 할 수 있다.

한편 한국 사람은 중국을 공경하지만 가까이 하지 않는 성향이 있다. 첫째, 중국은 변하고 있는 사회주의 국가이기 때문에 그들은 중국문제에 대해서 지나친 발언은 하지 않으며 중국에 대하여 멀리하는 '경원의식敬遠意識'이 있는 것 같았다. 둘째, 중국은 한국과 같이 미국과 일본의 괄시를 당한 나라이기 때문에 '동반자의식同伴意識'이 있는 것 같았다. 셋째, 나 같은 사람에게는 '동포의식同胞意識'도 있었다. 한 가지 더 인정하자면, 그들의 '경로의식敬老意識'은 매우 강했다. 몇 살이라도 손위이면 매우 공손하고 예의바르게 대했다. 김영호 교수는 늘 나를 형님이라고 불렀다.

하지만 서로 알고 가까워지면 가까워질수록 상황도 달라진다. 이른바 경원의식은 차별로 볼 수 있기 때문이다. 그들은 비교적 거만하고 잘난 체한다. 물론 이런 사람은 중국에도 적지 않지만 한국의 이런 사람의 특징은 중국과 좀 다르다. 약속을 잘 지키지 않을 뿐만 아니라 말할 때 자기를 뽐내며 매우 과시한다. 아마 그들의 이런 성격 때문에 내가 차별이라고 느낀 것 같았다. 약속을 잘 안 지키다가 점점 신뢰를 잃는 상황이 되었다. 물론 일부러 안 지킨 것은 아니겠지만 되도록 약속을 잘 지켜야 한다고 생각한다. 누구도 완벽하지는 못하지만, 그래도 나 스스로는 남에게나 자신에게나 성실하고 실사구시 해야 한다고 생각한다. 실사구시는 학문을 하는 법도이자 처신하는 법도이기도 한다. '눈 가리고 아웅'하는 행동은 절대 하지 말아야 한다. 한 사람에 대한 가치평가는 객관적 표준에 따르는 것이지 자화자찬만으로는 얻을 수 없다.

1950년대에 중국에서는 소련에 유학 가는 것을 매우 영광스럽게 여겼다. 하지만 그 후 상황에 따라 소련을 숭배하는 성향이 점점 사라졌다.

요즘 젊은이들 중에서 아시아를 홀시하고 구미를 숭배하는 성향이 주목 받을 만하다. 하지만 다행히 중국은 한국과 일본만큼 심하지 않았다.

해외동포론

서울의 홍익대학교를 방문했을 때 한번은 그 학교의 교수와 같이 동대문시장을 구경했다. 시장의 규모가 매우 컸다. 구경하고 있는데 한 가게에서 젊은 직원이 나와서 우리에게 서툰 일본어로 "바겐세일입니다. 사 가십시오"라고 했다. 그 직원의 말투는 사람을 업신여기는 느낌을 주었고 아주 불쾌했다. 한국어로 말했으면 이런 느낌이 안 들었을 것이다. 그 친구가 실수했다는 것을 그 교수도 느꼈는지, 한국어로 그 친구에게 "말조심해요. 이분은 중국에서 오신 해외교포입니다. 얼른 사과해요"라고 했다. '교포'라는 말은 '동포'보다 더 가까워졌지만 그래도 그 가게 직원은 내가 중국 조선족이라고 믿지 않았다. 아마 자기의 판단이 틀리지 않다고 생각했을 것이다. 이 시장에는 일본 고객이 워낙 많았기 때문이다. 그 사람은 여전히 나에게 사과하려 하지 않았다. 그래서 나는 한국어로 사과를 안 해도 된다고 했다. 그랬더니 그 사람은 급히 나에게 존댓말로 사과를 했다. 이때 그 교수가 얼른 나에게 "교수님께서 일본 사람을 닮아서 이 친구가 오해를 했습니다"라고 했다. 과연 일본 사람이라면 이렇게 무례해도 되는가 싶었다. 이것이 한국 사회의 '혐일'감정인가? 만약 일본 사람이 이런 일을 당한다면 어떻게 될까?

한국 사회에서 '해외동포'나 '해외교포'는 중국 조선족을 가리킨다. 하지만 동포와 교포는 다른 의미를 가지고 있다. 마치 외국 국적을 취득한 중국인을 가리킬 때 '화교華僑'와 '화인華人' 두 가지의 용어가 있는 것처럼 나 같은 해외동포는 한국 사람들에게 환영을 받는다. 우리가 같은 민족, 즉 '동포'라고 생각하기 때문이다. 한국 사람의 동포의식은 매우 강하다. 하지만 중국 조선족을 해외 '교포'라고 부르면 의미가 달라진다. '교포'라고 하면 우리를 대한민국 국민으로 여긴 것이기 때문이다. 그들은 자주 두 개념을 똑같이 취급했다. 고의가 아니지만 한국 사회에서 조선족을 해외교포로 여기는 사람이 비교적 많다. 한국 〈중앙일보〉의 최근 조사 결과에 따르면 지금 해외동포는 이미 700만 명을 넘었다고 했다. 그중에서 중국이 가장 많고, 그 다음은 북미 각 나라, 그리고 세 번째는 일본이라고 했다. 한국의 국회에서 해외동포의 법정지위문제를 토론해 본 적도 있었는데 놀랍게도 중국 조선족문제도 국회 토론대상에 들어가 있었다. 그리고 60세 이상의 고령자에게 각별한 배려를 해준다고 했다. 이 문제로 중·한 양국에서 외교분쟁이 일어났다. 아직도 원만하게 해결되지 못한 것 같다. 같은 민족과 국민을 동일시하면 안 된다. 조선족 동포를 한국 국민으로 생각한 것은 중국의 내정을 간섭한 것으로 보기 때문에 중·한 양국의 외교문제가 된다.

나는 한국인, 조선인, 그리고 조선족은 같은 민족이라고 생각한다. 우리 조선족은 일찍이 해외로 거처를 옮긴 한민족이다. 나는 강한 '동포의식'을 가지고 있다. 하지만 한국에 방문하여 한국인을 볼 때면 역시 '외국인'처럼 느껴진다. 이 문제에 개인 차이가 있겠지만 나에게는 '동포'로서의 민족의식과 '외국인'으로서의 국제의식이 동시에 존재하고 있다.

18

격변하는 동북아와

나의 소망

동아시아 삼국을 살아온 이야기

배천 조씨(趙氏)의 디아스포라

1996년 여름에 일본의 유명한 기업가 나카우치 이사오中內功가 고베시 교통대학교 학생들로 구성된 '차량방화단車輛訪華團'을 인솔하여 지린대학교를 방문했다. 수십 명의 학생과 교사들이 십여 대의 자동차와 오토바이를 타고 베이징에서 출발해 선양, 창춘, 하얼빈 등 지역을 경유하여 중국 동북지역을 방문하려고 했다. 나는 고베교통대학교 카와치 시게쿠라河地重藏 교수의 부탁으로 지린대학교 외사처에 일본 학생들의 이번 일정에 협조해 달라고 부탁했다.

하지만 학교의 어떤 부서는 나에 대해 불만족한 것 같았다. 왜냐하면 방문단에게 지린대학교의 차 한 대를 기증해 달라는 요구를 해결하지 못했기 때문이다. 그 후 카와치 교수가 다시 지린대학교를 방문했을 때 외사처에서는 나에게 접대하는 일을 맡기지 않았다. 나는 외사처의 결정이 중·일 문화교류에 무익하다고 생각했다.

보통 일본 교수를 접대하는 일은 번거롭지 않다. 그들은 자기의 연구 경비로 중국을 방문하기 때문이다. 오가와 교수와의 협동연구가 바로 그 예이다. 1987년 여름 우리가 한국, 일본, 중국에서 동시에 『한국경제분석』이라는 책 출판을 기념하기 위해서 중국에서 소규모의 세미나를 열고 창바이산 톈츠天池에서 중·한·일 협력 성공을 경축하려고 했다. 아쉽게도 참석해야 할 한국 학자와 재일한국인 분들이 비자 때문에 참석하지 못했다. 책의 한국 측 대표인 경북대학교의 김영호 교수는 유감을 표했다. 그 시절에는 험난한 과정을 거치고서야 동북아 삼국 간의 문화교류를 실현할 수 있었다.

거의 같은 시기에 한국의 국립 강원대학교 총장 이춘근 교수를 비롯해 세 사람이 지린대학교를 방문했다. 한국 대학교에서 교장은 '총장'으로 불린다. 그들은 비즈니스 비자로 홍콩을 경유하여 중국대륙에 처음으로 온 한국 국립대학교 대표단이다. 중국 정부에서 한국 공무원이 중국 대륙에 들어오는 것을 제한했기 때문에 그들은 홍콩에서 비즈니스 비자를 신청한 것이다. 그들은 중국 비자를 취득하기 위해 홍콩에서 한 달이나 기다렸다. 공무원임에도 불구하고 상인의 신분으로 중국대륙에 들어오게 된 것이다.

나는 외사처의 부탁을 받아 이번 방문의 통역을 맡았다. 그들은 학교 주요 담당자와 회담을 열고 두 학교가 어떤 관계를 맺을 수 있는지 그 가능성을 토론했다. 나는 그들을 모시고 창춘 시내를 구경했고 선양시도 수행 방문했다. 그 후 그들은 다시 홍콩을 경유하여 귀국했다.

당시 동행했던 교수 중에 이 선생이라고 불린 철학교수 한 분이 있었는데 그분이 나에게 "우리 학교는 소련과 교류하고 싶습니다. 도와주신다면 감사하겠습니다"라고 했다. 나는 "하바롭스크哈巴罗斯克에 옛 동창이 있습니다. 최근 저에게 편지를 보냈는데 지금 한 무역회사에서 근무하고 있다고 했습니다. 대학교에서 근무하지 않지만 제가 한번 물어 보겠습니다"라고 했다. 그 후 내 옛 친구 뤼스저우吕世周가 내 편지를 받고 여러모로 주선한 끝에 하바롭스크 시내의 모 이공과 대학교와 연락이 닿았다. 그 학교에서 한국 손님을 만나보겠다고 했고 한국 강원대학교로 초대장을 보냈다. 뤼스저우 덕분에 강원대학교 이춘근 총장 등은 소련의 극동지역을 방문하게 되었다. 한국 국립대학교 총장이 소련을 방문한 것은 처음이다. 이런 일은 뤼스저우에게서 받은 편지에 기록된 내용이다. 그리고 편지에서 "옛 동창의 한국 친구가 왔으니까 우리 집에 그들을 초대했어"라고 했다. 그리고 "그들은 귀국하고 나서 네가 내게 부탁한 일도 해결했어. 편지를 이 선생에게 전해 줬어"라고 했다. 뤼스저우가 말한 '내가 부탁한 일'은 바로 일본 오가와 교수에게 초대장을 보내 달라고 한 일이다.

왜 그렇게 신의를 저버렸을까?

마침 그 몇 개월 전 나는 일본을 다시 방문했다. 이춘근 총장이 한국에 돌아갔을 때 나는 이미 일본에 있었다. 이 선생이 한국에 돌아간 후에 나에게 전화해서 방문 상황을 얘기해 주었다. 그분이 "교수님 덕분에 우리는 하바롭스크시의 모 이공과 대학교를 방문했습니다. 교수님 동창의 부인이 몽골 사람인데 집에서 요리를 만들어서 우리를 초대했습니다. 뤼스저우 선생은 중국어와 러시아어만 할 줄 아니까 우리와 의사소통하기가 좀 어려웠습니다. 그래서 우리를 초대하기 위해서 영어를 할 줄 아는 소련인에게 통역을 부탁했습니다"라고 했다.

뤼스저우가 이 일에 신경을 많이 썼다. 나는 뤼스저우에게 보낸 답장에서 "일본에서 보자. 내가 네게 일본 방문을 초청하겠다"고 썼다. 당시 일본의 학술계, 정계에서 소련의 정세에 많은 관심을 가지고 있었기 때문에 소련 사람이 일본에 와서 소련 정세를 소개하는 것을 매우 환영했다. 뤼스저우는 소련을 잘 아는 많지 않은 인재였기 때문에, 나는 오가와 교수에게 뤼스저우를 초청해 줄 것을 부탁했다. 오가와 교수는 일본 동아시아학회의 부회장이었고 나는 이사였다. 뤼스저우에게 블라디보스토크에서 일본 오사카에 가는 비행기를 타게 하고, 내가 오사카에 가서 그를 맞이한 다음에 같이 후쿠오카에 가는 계획을 세웠다. 몇 차례의 강연회도 계획했다. 일이 성사되면 형편이 좋지 않던 동창에게 조그마한 도움이라고 생각했다.

오가와 교수는 사전에 하바롭스크를 방문해 뤼스저우와 일정을 상의하는 것이 어떠냐고 제안했다. 오가와 교수는 소련에 가본 적이 없기 때문에 출국수속을 쉽게 밟기 위해서 먼저 뤼스저우에게 연락해 초청장을 보내 달라고 부탁하자 했다.

뤼스저우의 말을 따르면, 한국 사람이 귀국해서 나에게 초청장을 보내줄 것을 요구했다 한다. 뤼스저우는 초청장을 소련에 있는 자기가 받아서 전하는 것보다 한국 교수가 직접 오가와 교수에게로 보내면 더 일찍 받을 수 있을 것이라고 생각했던 것이다. 그래서 한국 교수에게 부탁했는데 아쉽게도 오가와 교수는 초대장을 받지 못했다. 보내 주지 않은 것이다. 이에 대해 지금까지도 아무런 해명이 없었다.

한국 사람과 만날 때 나를 가장 감동시킨 것은 동포의 정이다. 반면에 나를 유감스럽게 만든 것은 신용을 지키지 않는 부분이다. 물론 이런 사람이 많지는 않을 것이다.

교토 유학생회관에서

제2차 세계대전 이전부터 일본에 유학 간 중국 학생들은 일본의 학생회관과 중화회관 등 기숙사에서 살았다. 교토에 광화료光華寮, 고카기숙사라는 기숙사가 있는데 진작부터 외국인의 주목을 받았다. 중·일 매체에서 '광화료사건'에 대해서 많이 보도했기 때문이다. 그 건물은 1945년 일본 교토대학교가 중국 개인 소유의 부동산을 임대하여 중국 유학생의 기숙사로 사용했다. 전후 한동안 학생들이 이 건물을 관리하다가 1952년 12월 '중화민국'이 건물의 소유권을 취득하게 되었다. 따라서 중화인민공화국 정부는 중국의 유일한 합법정부로서 타이완과 광화료의 소유권 문제로 분쟁이 생겼다. 쌍방이 이 문제를 법원에 맡겼는데, 이것이 유명한 광화료재판이다. 이 재판은 1967년부터 1987년까지 무려 20년이나 걸렸다. 그 사이에 중·일관계와 중·타이관계가 매우 복잡한 과정을 겪었다. 결국 타이완 측에서 소유권을 중국 정부에 양도하게 되었다. 광화료재판은 유학생 기숙사 소유권 문제뿐 아니라 중·일·타이완 간의 복잡한 관계로 얽혀 있었다. 해서 일본에게는 아주 골치 아픈 외교문제였다. 특히 1972년 중·일수교 이후 광화료 소유권 처리문제는 일본 측이 중·일 공동성명을 지키는지 여부를 확인하는 일로 거듭났다. 나는 그 기숙사에 여러 번 가봤다. 당시 중국대륙 유학생이 비교적 많았고 타이완 유학생도 있었다. 낡은 7층 기숙사 건물은 나로 하여금 위만주시기 통화에서 살았던 학생료를 상기하도록 했다. 이 건물의 장점은 다른 기숙사보다 가격이 싼 것이다.

이와 반대로 새로 지은 교토 학생회관은 아주 좋았다. 교토학생센터라고 부르는데 1990년 봄에 준공되었다. 이 현대식 건물은 주거와 함께 활동실, 독서실, 오락실, 영화관 등의 시설을 갖추었다. 특히 학생 활동실은 아주 넓어서 회의할 때 몇 백 명의 학생을 수용할 수 있었다. 원단과 크리스마스 때면 각 나라의 유학생들이 여기에 모여 민족 전통 음식을 전시하기도 했다. 식비는 학생센터에서 부담하고 요리는 학생들이 자기 나라의 풍습에 따라 준비했다. 가격이 싸고 뷔페처럼 마음껏 먹을 수 있었다. 매년 중국 음력설 때는 가장 번화하고 시끌벅적했다. 여기 온 학생 수도 가장 많았다. 내가 거기 머물던 해만 하더라도 200여 명이나 모였다. 학생센터는 국제교류 무대로서 많은 유익한 일을 했다. 이 또한 교토 공익사업의 일부였다. 교토시와 우치宇治시가 인접한 곳의 학생기숙사 근처에 유명한 우치강이 있고 그 뒤에 메이지천황 모모야마릉桃山陵도 있다. 간사이 지역에서 최고급 학생기숙사였다. 나는 아내와 거기에서 3년을 거주했다. 우리는 학생센터 안에 있는 교직원 가족들이 사는 건물 2DK 규격의 방에서 살았다. 금액은 한 달에 6만 엔이며, 필요한 시설은 모두 구비되어 있었다. 일본 학생은 한 달에 2만 5천 엔화, 유학생은 2만이었다. 학생이 들어올 수 있는 인원수 제한이 있으며 계약기한은 2년이었다. 입주할 수 있는 학생은 대부분 각 대학교에서 추천했다. 대학교 교직원은 기한 없이 계속 살 수 있었다.

중국 유학생들의 등록금 부담이 좀 컸다. 인민폐는 국제통용화폐가 아니기 때문에 양국 간의 환율 문제와 소득수준 문제, 물가차액 문제 등의 영향을 받아야 했다. 중국 유학생은 거의 고학으로 전액 등록금을 낸다고 들었다. 1년에 100만 엔화가 없으면 공부하기 힘들다고 했다. 아르바이트를 하면 시간당 700엔화 정도를 벌었기 때문에 아르바이트만으로는 공부와 생활을 유지할 수 없었다. 중국 학생이 일본에서 공부하기는 매우 어려웠다.

유학생의 대일 감정

중국 유학생의 일본에 대한 감정은 주목받을 만했다. 일본 정부와 국민들은 일본에서 공부하는 중국 학생들에게 친절하게 대하지만 일본에 대해 불만이 있거나 일본 사람에게 괄시를 당한다고 느끼는 사람도 있었다. 이런 사람은 계속 늘어나고 있다. 예를 들어 일본에 유학 간 유학생이 귀국하는 비율은 미국으로 간 유학생의 귀국한 비율보다 훨씬 높았다. 그때 만난 유학생의 말에 따르면, 미국에 유학 간 중국 사람은 80%가 현지에서 취직하거나 영주권을 받고 귀국하지 않는다, 반대로 일본에 유학 간 유학생 수의 80%가 중국에 돌아가거나 다른 나라로 이민 간다, 일본에서 사는 시간이 길면 길수록 일본에 불만을 느낀 학생 수가 늘고 있다, 여러 측면의 이유가 있어서 한두 마디로 설명할 수 없다고 했다. 나는 다음 몇 가지의 이유가 있다고 생각한다. 첫째, 일본 고용제도의 폐쇄성 때문에 중국 사람이 일본에서 취업하는 비율이 미국에서보다 낮다. 둘째, 일본사회에서 중국인에 대한 불평등대우나 차별의식이다. 그리고 문화 차이와 생활수준 차이가 가져온 갈등도 있다. 셋째, 일본 정치가들이 중국을 침략한 역사를 부정하는 태도이다. 이는 중국인에게 부정적인 영향을 주었다. 그 일례로 교토 도지사 이시하라石原를 들 수 있다. 그는 여러 차례 공개적으로 '지나인支那人, 중국인'을 싫어한다고 했다. 그런 사람이 일본 수도의 최고 행정장관에 당선될 수 있는 것은 그만큼 중국인을 차별시하는 경향이 일본 사회에 뿌리 내려져 있기 때문이다. 일본은 민족 차별을 하는 나라라고 생각하는 중국 사람이 많았다.

그래도 일본에 유학 가는 중국 학생 수는 증가하고 있었고, 점차 한국과 타이완에서 온 유학생의 수를 초과했다. 특히 적지 않은 여학생이 중국에 돌아가지 않고 일본에서 장기 거주하고 싶어 했다. 일본의 환경과 생활수준 때문이었다. 그 밖에 학업을 완성하고 일본에서 취직을 원하는 학생도 있었다. 일단 취직해 보고 안 되면 그때 다시 진로를 생각하는 경우도 적지 않았다. 현실적인 생각이었다.

1998년 장쩌민江澤民이 중국의 국가주석으로서 처음 일본을 방문했을 때, 일본 천황이 연회를 베풀어 장 주석을 환영했다. 당시 장쩌민이 중산복을 입었고 표정이 매우 엄숙했다. 공식적인 장소, 특히 외교장소에서 장 주석은 보통 양복을 입는데 그때 특별히 중산복을 입었다. 장 주석이 당시 일본이 중국을 침략한 역사문제를 언급했고 일본 군국주의의 침략 역사를 비판했다. 일본 매체는 장 주석의 이러한 연설은 일본 정부가 공동성명에 사죄의 뜻을 확실하게 표명하는 것을 거절했기 때문이라고 보도했다. 일본 수상은 말로만 중국을 침략한 역사를 반성하겠다고 했다.

그날 중국 유학생들은 장 주석의 연설에 많은 관심을 가졌다. 그들은 학생 활동실에 모여서 텔레비전을 봤다. 많은 학생들이 장쩌민의 연설에 찬동하면서 "중국 영도자는 대국풍이 있어. 그의 연설은 아주 대단해"라고 말했다.

내 아들 원준이도 그때 일본 유학 중이었다. 아들은 지린대학교 화학과를 졸업했다. 중학교부터 영어를 외국어로 배웠기 때문에 먼저 일본어를 배우고 나서 대학원에 진학했다. 대학원에 입학하려면 '신원보증인身元保證人'이 있어야 했다. 대학도 지도교수도 모두 선택해야 했는데 다행히 쉽게 해결되었다. 원준이는 언어공부를 끝낸 후 나라교육대학교奈良教育大學 이공학과에 합격했다. 일본에서 공부하는 동안 계속 아르바이트를 하면서 했다. 학업성적도 좋았고 얼마 뒤 석사학위를 받고 귀국해서 톈진의 일본 도요타 자동차회사에 취직했다. 나는 그가 계속 공부해 박사학위까지 받기를 원했지만 원준이는 일본에 사는 것으로 좋아하지 않았다.

내 외손자 한상진은 중국에서 초등학교를 졸업하고 일본에 갔다. 일본 와카야마和歌山에서 공립고등학교에 다니고 있다. 사위 한길송은 일본 나고야대학교의 박사학위를 취득한 뒤 국립 와카대학 이공학과에 취직했다. 두 사람은 이미 일본 국적을 취득했다. 내 딸 조원희는 몇 년 전 서른일곱 나이에 병으로 세상을 떴다.

전쟁고아의 하소연

나는 기숙사에 들어간 얼마 후에 마츠시타 충부라는 중국인을 알게 되었다. 그의 원래 이름은 류중푸였다. 그의 부인은 일본 전쟁의 고아였다. 그와 가족은 일본에 온 후에 일본 국적을 취득했다. 일본 전쟁 당시

저자 가족사진.

류중푸 부인의 부모가 중국 동북 치치하얼^{齊齊哈爾} 근처에서 다섯 살의 딸을 중국인 부부에게 맡겼다. 양친이 모두 돌아가셨기에 고아가 된 그는 일본에 친척이 없었다. 마츠시타 부인은 일본에 오기 전에 중국 모 회사에서 회계를 담당했고 중국공산당에도 가입했다. 그 부인은 중국과 중국 양부모에 대한 정이 많았다. 그들은 자식을 위해 일본에 온 것이다.

그들이 내가 살던 기숙사에 온 적이 있었다. 그들은 자녀 4명 두었고 교토 시다카바거리^{鷹場街}의 새로운 주택가에 살고 있었다. 방세와 의료비는 모두 일본 정부의 보조금으로 충당했고 정부에서 매달 인당 6만 엔의 생활비도 주었다. 장녀는 중국인과 결혼하고 일본에 취직했다. 큰 딸은 중국에 있을 때 이미 남자친구를 사귀었는데 남자친구의 부모가 자기 아들이 일본에 가는 것을 반대했기 때문에 둘의 혼약이 깨졌다. 하지만 일본에 와서도 남자친구와 자주 연락하면서 남자친구의 부모님을 설득해 결국 두 사람은 결혼하고 일본에서 살고 있었다. 둘째 딸은 오사카의 한 회사에서 일하고 둘째 아들은 고등학생이었다. 둘째는 일본 사람과 많이 닮았다. 마츠시타 부인은 둘째도 중국인과 결혼하기를 바랐다. 그래서 나에게 중국 유학생을 소개해 달라고 부탁까지 했다. 차녀가 예뻐서 일본인의 청혼을 받은 적이 있었다. 하지만 본인은 중국인과 결혼하고 싶어 했다. 나는 중국 푸젠성에서 유학을 와 지금 교토대학교에서 박사 공부를 하고 있는 린**모를 소개해 주었다. 학생센터에 괜찮은 타이완 유학생도 있었지만 여자애가 중국대륙 남자를 원했고, 후에 린모와 결혼했다. 우리가 귀국했을 때는 이미 귀여운 애기도 낳았다.

마츠시타 부인은 일본 사람이지만 생활습관과 사고방식은 모두 중국 사람과 같았다. 마츠시타 부인이 일본 민족인 것은 고칠 수 없지만 관념은 이미 중국 쪽이었다. 나는 마츠시타 가족을 보면서 그들의 상황이 중국 조선족의 변천과정과 비슷한 점이 있다고 느꼈다.

몇 년 전에 마츠시타 부인이 병으로 세상을 떠났다. 그 뒤 류중푸는 헤이룽쟝 고향의 한 중국 여자와 재혼하려 했다. 하지만 일본 출입국사무소에서 '가짜결혼'으로 의심했기 때문에 그 중국 여자의 입국을 허가하지 않았다. 마츠시타는 많이 고민한 끝에 나에게 관련서류를 번역해 달라고 부탁했다. 나는 그를 도와 신청서류를 준비해 교토 출입국사무소에 갔다. 하지만 출입국사무소의 일본인이 "지금 가짜결혼으로 입국하는 사람이 많기 때문에 그들의 말을 믿기 어렵습니다"라고 했다. 류중푸가 화를 내면서 "나는 일본 정부의 인정한 시민인데 너희들이 믿어주지 않으면 어쩌란 말이냐? 나더러 다시 중국에 돌아가라는 뜻이야!"라고 소리질렀다.

류중푸의 말에 따르면 일본 전쟁고아들 중에는 유산상속 문제 때문에 친아버지와 다툰 사람도 있었다. 전쟁 시기에 부모가 딸을 중국인에게 맡겼는데 그 딸이 지금 이미 결혼해 자식까지 세 식구가 일본에 왔다. 어머니가 일찍 돌아가자 아버지는 새어머니를 맞고 그녀의 자식들과 함께 살다보니 재산상속 문제로 갈등이 심했다. 아버지는 법적으로 중국에서 자란 큰딸을 인정하지 않았다. 그래서 큰 딸은 남편과 자식 몰래 식칼로 자살했다. 이 비참한 뉴스는 텔레비전에도 나왔다. 그 여자는 자살할 때 어떤 심정이었을까? 전쟁 시기에 부모에게 버림을 받았고, 지금 자기의 조국인 일본에 돌아와 보니 친속들이 유산문제 때문에 또 한 번 버림을 받았다 생각하고 …. 이 사건은 전쟁에서 남은 상처가 아직도 치유되지 못했음을 보여 준다.

한신阪神대지진의 충격

내가 교토에 있던 1995년 1월 17일 새벽 일본 한신 지역에서 '도쿄대지진'만큼 큰 지진이 났다. 6천400여 명이나 죽었다. 교토시도 지진의 영향을 받아 많은 집이 무너졌고 사람도 많이 다쳤다. 여진이 지속되는데도, 나는 그날 오전에 기말시험이 있었기 때문에 출근을 했다. 학과 사무실 주임이 나에게 "지진의 규모가 크기 때문에 오늘은 휴강입니다. 이미 통지가 나갔는데 교수님께는 미처 연락드리지 못해서 죄송합니다"라고 했다. 나는 돌아와서 집 정리를 했다. 학생센터 건물은 계속 흔들리고 있었지만 손해가 크지는 않았다. 교토가 진앙지인 한신 지역에서 상당히 떨어져 있었기 때문이다.

지진이 발생했을 때 일본 매체에서 즉시 한국 정부와 민간의 인도주의 원조상황을 보도했다. 그리고 재일조선인과 재일한국인 단체의 구조활동도 보도했다. 특히 고베 조선인중학교에서 교실을 비우고 부상자를 수용하며 조선인과 한국인을 구조했다. 나이가 많은 일본인들은 1920년대 관동대지진을 기억했을 것이다. 당시 지진 이후 많은 조선인이 일본 당국에게 살해당했다.

교토 학생센터의 한국 유학생들은 이번 대지진에 유난히 관심을 가졌고, 역사상의 관동대지진에 대해 이야기했다. 관동대지진은 1923년 9월 1일 정오에 도쿄에서 발생했다. 순식간에 집이 무너지고 많은 사람이 미처 피신도 못하고 건물에 깔려서 죽었다. 난롯불이 엎어져 목조건물이 불탔다. 피난광장도 온통 불바다였고 사상자가 14만 명에 달했다. 대지진은 인재人禍도 초래했다. 어떤 일본인이 '조선인이 방화했다', '조선인이 폭동을 일으킬 것이다', '조선인이 우물 안에 독약을 투입했다' 등의 헛소문을 퍼뜨려 사람들을 공황상태에 빠지게 하고 혼란을 초래했다. 9월 2일 일본 정부에서 도쿄와 가나가와神奈川 지역에 계엄령을 내렸다. 이런 상황 아래 군대, 경찰, 시민이 자발적으로 구성한 자경단自警団이 많은 조선인을 죽였다. 역사자료에 따르면 이때 죽은 조선인이 약 6천 명이나 되었으며, 수백 명의 중국인과 사회주의 운동자도 함께 죽임을 당했다 한다.

지진은 자연재해임이 분명하다. 그런데 일본 매체의 반응은 왜 그렇게 예민하고, 또 왜 그토록 '재일고려인'에게 화살을 겨누었을까? 이처럼 피비린내 나는 사태는 일본 사회에 만연한 '인위적 사상' 때문에 발생했을 것이다. 하지만 1995년의 한신대지진은 역사상 있었던 일과 달랐다. 아마 전후의 일본이 전쟁 이전의 일본과 다르기 때문이었을 것이다. 나는 "시대가 정말로 변했구나!"라는 느낌을 받으며 교토를 떠났다. 떠나기 전에 중국사회과학원 일본연구소와 교류하기 위해서, 류코쿠^{龍谷}대학교 오쿠무라 히로시 등 교수와 같이 상하이를 경유하여 베이징에 갔다 왔다.

나는 류중푸와 작별인사를 하러 갔는데 그가 마침 집에 없었다. 그의 큰사위가 나를 접대했다. 위층에 올라가서 잠시 기다리라고 했지만 그가 올 때까지 기다리지 않았고 내가 쓰던 자전거를 선물로 남기고 왔다.

홍콩이 침몰?

히로시마에 온 지 얼마 안 되었을 때 홍콩이 중국으로 반환되었다. 나는 방송으로 근대 중국의 굴욕의 역사가 종언을 고하는 장면을 보고 매우 감격했다. 중국이 '한 나라 두 제도―國兩制'의 독특한 방식으로 홍콩의 주권을 회복한 것은 획기적인 사건이다. 하지만 일본에서는 중국이 홍콩을 잘 다룰 수 있을지 의문시했다. 도쿄외국어대학교의 나카지마 미네오 中島峰雄 교수가 쓴 『홍콩의 미래』라는 책에서 '홍콩은 얼마 후에 침몰될 것이다', '중국은 홍콩을 아시아의 해군기지로 만들고 있다', '홍콩의 미래는 중국의 해군기지가 될 수밖에 없다' 등의 말을 했다. 놀라웠다. 무슨 근거로 그런 말을 했는지 이해할 수 없었다. 중국은 왜 홍콩을 군사기지로 만들어야 할까? 그가 왜 그토록 중국을 미워했는지 알지 못했다. 그는 또 「중국 경제의 붕괴」라는 글을 발표해 중국을 반대하고 중국 현대화 건설 방침을 왜곡하면서 '중국위협론'을 떠들었다. 시대의 변화를 무시하고, 오래전 이미 지나간 역사인식과 반공 입장을 고수하면서 중국인의 감정을 상하게 하는 것이다. 나는 이런 사람은 언젠가 '돌을 들어 제 발등을 칠' 것이라고 생각했다. 일부 일본 친구들과 의견을 나누기도 했는데 그들도 대체로 나의 견해에 동조하고 지지했다. 어떤 친구 말에 따르면, 이런 식으로 중국을 헐뜯는 말을 한 사람 중에 타이완의 리덩후이 쪽 사람과 접촉하고 그쪽에서 주는 돈을 받은 사람도 있다고 한다.

당시 나는 히로시마 정부에서 주최한 평생교육회의에서 나카지마 미네오의 황당한 논점에 맞서 '홍콩 반환 및 한 나라 두 제도'라는 주제의 강연을 했었다. 나는 중국에서 홍콩을 '군사기지'로 만들기 위해 주권을 행사한다는 논리에 반대했다. 그 후 「중국 홍콩의 '한 나라 두 제도'체제 및 앞으로의 과제」(히로시마슈도대학교, 《경제과학연구》, 제1권)라는 논문도 발표했다.

아시아금융위기와 중국

홍콩이 중국에 귀환된 다음 날, 즉 1997년 7월 2일 태국에서 통화위기가 시작되고 그 후 심각한 아시아금융위기가 발생했다. 그해 8월 나는 아내와 함께 서울에 있었는데, 우리가 묵고 있던 서울대 교수회관에서 매일 한국의 신문과 뉴스를 접했다. 한국 매체에서 처음엔 그저 태국의 통화위기로만 생각하고, 이것이 아시아금융위기의 시작일 것이라고 여기지 않았다. 김영삼정부도 위기를 느끼지 못했던 것 같다. 그 뒤 일본에 돌아간 얼마 안 되서 한국에서 대기업 부도사건이 줄줄이 발생했다. 11월 하순 한국 정부가 부득이 국제통화기금과 일본, 미국 등 국가에 도움을 청했다. 중국도 금융위기에 빠졌지만 인민폐 하락을 피했다. 일본 매체에서 중국은 아시아통화위기에 '홍수제방' 역할을 했다고 평가했다. 운 좋고 대단한 일이었다.

당중앙위원회 제11기 제3차 전체회의 이래 개혁개방정책으로 축적한 경제실력과 중국의 안정된 통화정책과 재정정책이 진가를 발휘한 덕분이라 생각한다. 특히 덩샤오핑의 '남순강화南巡講話'를 계기로 중국에서 두 번째 경제개혁 붐을 일으킨 일은 주목할 만했다. 이론적으로 말하면 가장 예민한 문제는 계획경제냐 시장경제냐의 문제였다. 내가 '참고소식'이라는 신문을 통해 덩샤오핑의 남방담화 내용 일부를 읽었다. 얼마 후 나는 일본에 갔는데, 일본 히로시마평화기념공원 국제회관에서 다시 중국 최근자료와 문헌을 보게 되었고 덩샤오핑의 강화 내용의 정수를 인지하게 되었다. 덩샤오핑이 1992년 1, 2월에 걸쳐 한 달 동안 우창武昌, 선전深圳, 주하이珠海, 상하이上海 등 도시를 순방했을 때 "우파적인 것은 사회주의를 한 번에 끝장낼 수도 있고, 좌파적인 것도 마찬가지다. 우리 중국은 우파적인 것을 경계해야 하지만, 더 중요한 것은 극단적인 좌파를 막아야 하는 것이다"라고 했다. 그리고 "계획경제와 시장경제에 관하여, 계획이 많은가 시장이 많은가 하는 관점은 사회주의와 자본주의의 본질적인 구분 기준이 아니다. 계획경제라고 해서 반드시 사회주의가 아니며, 자본주의도 계획이 있다. 마찬가지로 시장경제라고 해서 반드시 자본주의가 아니며, 사회주의도 시장경제가 있다", "사회주의의 본질은 생산력을 해방하여 발전시키며, 착취를 소멸하고 양극화를 없애 최종적으로 모두가 부유함에 도달하는 것이다"라고 했다. 이 내용들을 보고 놀랍기도 하고 매우 기쁘기도 했다. 이런 관점은 마르크스주의의 어느 논저에서도 찾을 수 없는 새로운 관점이었다. 그리고 "광둥은 20년 후에 아시아의 '네 마리 작은 용亞洲四小龍'을 따라잡을 것이다"라고 했다. 나는 오랫동안 이론경제학과 아시아의 '네 마리 작은 용'을 연구하고 있었는데 덩샤오핑의 강화는 바로 내가 하고 싶지만 감히 꺼내지 못했던 말을 한 것이었다. 이번 아시아금융위기의 발생으로 경제혁명이 옳다는 것이 입증되었다. 덩샤오핑의 강화는 중국을 확실히 특색이 있는 시장경제화의 길로 들어서게 했음에 틀림없다. 이제 덩샤오핑이 왜 우리에게 '사회주의냐 자본주의냐'의 문제를 따지지 말라고 했는지 그 깊은 뜻을 알게 되었다.

"계획이든 시장이든 모두 경제적 수단일 뿐이다"라고도 했는데, 시장경제에도 계획이 있다는 뜻이다. 과거 몇 십 년의 뼈아픈 교훈은 시장경제에만 찾아서는 안 된다. 모든 것을 시장에 의존해야 하는 시장주의나 자유주의 경제체제도 안 된다는 것이다. 새로운 역사시기에 중국의 경제혁명은 덩샤오핑이 남순 이후부터라고 생각한다.

중국이 신속하게 발전하는 국면에서 경제체제를 개혁하는 동시에 정치체제도 함께 개혁해야 한다고 생각한다. 그래야 경제체제개혁이 순조롭게 실현될 수 있을 것이다. 경제시장화만큼 정치민주화도 현대화 실현에서 반드시 거쳐야 할 길이다.

19

이웃 나라에 대한 재인식,
동아시아에의 소망

동아시아 삼국을 살아온 이야기

배천 조씨(趙氏)의 디아스포라

모 관동군 장교의 역사 인식

정세가 변화무쌍한 1990년대, 동북아시아가 새로운 기회와 도전을 맞이하게 되었다. 일본의 매체와 정계에서 모두 '동아시아 신시대', '아시아 태평양시대', 그리고 '신세기 아시아 공생시대' 등 고담준론을 펼치면서 21세기가 아시아에 새로운 희망을 가져올 거라고 예측했다. 하지만 앞에서 얘기한 것처럼 20세기의 역사문제 때문에 괴로워하는 일본 사람도 있었다. 내가 히로시마슈도대학교에 간 얼마 후 나를 환영하는 연회에서 요시카와라는 교수가 낮은 소리로 나에게 "조 선생님께서 만주에서 오셨기 때문에 제가 드리고 싶은 역사자료가 있습니다"라고 했다. 그는 이나타稲田 교수의 소개로 내가 조선족 사람인 것을 알게 된 것이다. 그 후 그는 내 사무실에 와서 『'만주국'－원 관동군 장교 종군기從軍記』라는 책을 나에게 주었다. 그리고 "이 책은 제 아버지 요시카와 히카루吉川光가 생전에 남긴 기록인데 출판할 생각이 없으셨습니다. 교수님께서 이 책을 보시면 제 아버지의 복잡한 마음과 역사인식을 알 수 있을 거라고 생각합니다. 아버지가 돌아가시기 전에 중국인과 조선인에게 큰 죄책감을 품고 있었습니다. 이 책을 한번 읽어 주시면 감사하겠습니다"라고 했다.

이 기록은 약 6만 글자였다. 서언에서 "나에게 만주시대는 일본국뿐 아니라 다섯 민족이 화목한 '만주국'이다. 나는 청춘의 뜨거운 피를 뿌려 10년을 분투했다"라고 썼다. 저자는 위만주국이 수립된 다음 해, 즉 쇼와 8년에 일본 육군 군관으로서 만주에 가서 항일민족운동을 하는 '적비赤匪'를 토벌했다. 쇼와 14년, 당시 관동군 사령부 참모본부 군관 및 전쟁전선 지휘관인 장교가 낙문감사건諾門坎事件(1939년 북만주에서 일·소 양군의 충돌로 발생했던 낙문감보위전)에 참가했는데 침화전쟁侵華戰爭에서 죄를 많이 지었다.

그 후 공을 세워 핀란드주재 일본영사관의 무관으로 전임하게 되었다. 저자는 이 기록문에서 솔직하게 전쟁 토벌의 심경을 기록했다. "한 번은 내가 퉁화와 200km 떨어진 서쪽 산골에 악당이 있다는 정보를 얻었다. 그래서 병사를 시켜 그 산골을 습격해 12명 악당을 생포했다. 그 후 현지 농민을 시켜 간격 1m의 구덩이를 파고 한 구덩이에 악당 한 명씩 앉혀 군사에게 그들을 참수하라는 명을 내렸다. 나의 첫 경험이라 아주 당황했다. 나는 토벌대의 담당자로서 어쩔 수 없이 결심하고 칼을 들었는데 그때 그 사람이 평온한 표정으로 나를 쳐다봤다. 그리고 앞을 보면서 어쩔 수 없다고 했다. 그를 보고 나는 망설였다. 그래도 직무를 수행해야 했기 때문에 나는 나 자신에게 빨리 처리하라고 독촉했다. 마음이 매우 괴로웠다. 무거운 발걸음으로 숙소에 돌아가 어머니가 주신 불상을 꺼내 그들에게 명복을 빌었다. 밤새 잠들지 못했고 술을 벌컥거리며 마셨다" 라고 썼다. 그의 기록에 특별히 '선인鮮人', '선비鮮匪'들의 전투 상황이 언급되어 있었다. "아군이 지안에서 조선인 비적 300명의 급습을 당했다. 그래서 나는 트럭 5대에 토벌대를 싣고 지안시 교외로 뒤쫓으라고 명했다. 하지만 그들은 이미 산속에 들어갔다. 나는 계속 추격하라고 했고 결국 만주인의 도움으로 40여 킬로미터를 뒤쫓아 선인 몇 명을 생포했다. 나는 즉시 처리하라는 명을 내렸는데 어떤 사람이 나에게 살려달라고 했다……. 나는 이와 같은 토벌작전에 많이 참가했다." 이것이 바로 관동군이 침략 죄상에 대해 자백한 일부 내용이다.

저자가 "나는 만주전쟁에 직접 참여한 일원으로서 일본의 300만 희생자에게 모두 '견사犬死', '침략자', '사기꾼' 등 오명으로 낙인찍히는 것을 당연히 원치 않는다. 이제 나는 늙은 몸으로 후손에게 일본인이 일으킨 침화侵華전쟁의 비참함과 시대적인 착오를 밝히려고 한다. 늙은이로서 역사적 사명을 짊어져야 하겠지"라고 생각을 밝혔다. 그리고 "나는 전패 후 만주를 침입한 소련 군사가 일본 군사를 학대하는 잔인한 장면도 직접 목격했다. 성서에 나오는 말처럼 '칼을 쥔 사람은 결국 칼에 죽는다持劍者將 爲劍所亡'. 나는 폭력 통치자는 반드시 원한으로 가득 찬 피통치자의 보복으로 패자가 되는 인과응보 관계가 될 거라고 생각한다. 직접 그 비참한 전쟁을 겪었던 나는 다시 전쟁을 일으키지 않도록 진실의 일부분이라도 후대에게 알리고 싶다. 세계평화를 위해 이 늙은이가 일기의 방식으로 그 시대의 비통한 역사를 썼다"라고 했다.

이 책에 전쟁이 끝난 당시의 참상도 기록했다. "내 고향 히로시마 이웃 마을에서 개척단으로 만주에 간 남녀들이 전후 집단자살현장을 봤다. 쇼와 20년, 즉 1945년 8월 18일 공포의 밤이 지나고 날이 곧 밝을 때 타카타 마을高田村 개척단 제3호 마을의 20여 명이 명을 받고 초등학교로 모였다. 그들은 거기서 밤새도록 잠을 자지 않았고 다음 날 급하게 집단자살을 결정했다. 자살 방법도 의논했다. 오전 8시에 집합하여 한 장년 남자 미하라三原를 지정해서 일본 칼로 그들을 죽이게 했다. 그들은 죽기 전에 술 한 잔을 마시고 일본 국가 '기미가요君之代'를 부른 다음, 모두 머리를 동쪽으로 향한 채 정연하게 잔디에 누워 눈을 감고 두 손을 가슴에 놓았다. 미하라가 남은 술을 한 번에 마시고 마음을 모질게 먹고 칼을 뽑아 19명의 가슴을 차례차례 찔렀다. 그리고 이불에 기름을 뿌려 불을 피웠다. 당시 큰 불이 훨훨 타오르고 검은 연기가 피어올랐다. 현지 만주인들이 이 장면을 보고 소리를 칠 때 미하라가 칼로 자기의 목을 꿰뚫었다."

저자가 이 참상을 회고하면서 이런 질문을 던졌다. "도대체 누가 그들의 생명을 빼앗았을까? 미하라의 칼이 그들을 죽인 것도 아니고, 그들을 뒤쫓는 만주인도 아니었다. 만주인이 대대손손 경영하는 농지를 빼앗았던 일본 정부의 국책과 침략전쟁이었다"라고 했다.

쇼와 22년인 1947년 10월 16일에 저자는 마이즈루항^{舞鶴港}에서 고향인 히로시마로 돌아갔다. "얼룩진 낡은 군복을 입고 초췌한 얼굴로 히로시마역에 내렸을 때 원자폭탄으로 폐허가 된 히로시마를 봤다. 완전 처량한 참상이었다. 내 형이 이미 히로시마의 희생자가 되었다. 나는 동아시아 평화와 일본의 번영을 이루기 위해 만주에 가서 내 청춘을 다 바쳤는데 내 꿈은 이렇게 부서지게 되었다. 히로시마 동역 앞에 서서 전패 이후 완전히 달라진 히로시마 참상을 보고 분노와 괴로움을 억제하지 못해 눈물을 흘렸다. 나는 어머니가 준 불상을 가지고 고향에 돌아갔는데 어머니는 이미 돌아가셨다. 온 가족이 다 죽었다. 조상의 논밭과 집도 다른 사람에게 빼앗겼다. 나를 기다린 것은 아무것도 없었다." 그리고 마지막에 "만주에서 망국의 방패가 되었고 운 좋게 살아남아 조국에 돌아와서 고개를 숙여 비분의 추억을 기록함으로써 뉘우치는 심정을 표한다"라고 썼다.

나는 전후 국제화 도시가 된 새 히로시마시에 있었을 때 거의 매일 전쟁 희생자들이 영면한 전사자 기념비를 지나갔다. 그곳을 지날 때마다 장교가 질문한 20세기 전쟁의 역사적 교훈이 도대체 무엇인지에 대해 일본인은 대답해야 한다고 생각했다. 나에게 이 역사기록을 넘겨 준 젊은 교수는 그 후 고베대학교 국제정치 전공에 전임하여 근현대 아시아의 정치사를 연구했다.

'재일한인1세'의 추억

나에게는 오랫동안 사귄 재일한국인 친구가 있는데 오사카시립대학교 경제학부의 박일 교수이다. 그의 부친 박헌행이 만년에 『궤적』(日本批評社, 1990)이라는 회고록을 출판했다. 박 교수가 나에게 이 책을 주었을 때 "교수님께서 저보다 이 책의 의미를 더 잘 이해하실 겁니다. 저의 부친이 교수님과 연세가 비슷해서 교수님께서 겪었던 역정을 비교하시면 저의 부친께서 대단히 영광스러워하실 겁니다"라고 했다. 그 후 나도 내 일본어 번역판 회고록을 그들에게 선물해 주었다.

박헌행 어르신은 일본 효고현兵庫縣의 재일한국인 '민단'의 초기 조직자이자 지도자였다. 그분은 평생 심혈을 기울여 재일동포의 민족권익을 보호하기 위해서 공헌을 하셨다. 박헌행 어르신은 1918년 2월생으로 나보다 열네 살 위의 형님이시다. 그분은 경상남도 함안군의 외진 시골에서 태어났다. 일곱 살 되던 1925년에 부모님을 따라 일본 효고현으로 이민을 갔다. 말하자면 그분은 '재일1세' 조선인이었다. 그의 이민 역사는 나와 비슷했다. 나는 조선반도 북쪽에서 태어났고 같은 일곱 살 때 조선을 떠나 중국으로 거처를 옮겼다. 하지만 그분은 조선 남쪽의 한국에서 태어났다. 그들의 논밭은 일본인에게 빼앗겼고 살 길이 없어서 온 가족을 데리고 일본으로 거처를 옮긴 것이었다. 그분은 외국으로 거처를 옮긴 사람으로서 나와 비슷한 민족의식을 가지고 있었다. 우리는 만주와 일본이라는 다른 나라에서 살았지만 똑같이 일본 식민통치하에서 살았고 재일 망국인이 되었다. 하지만 우리는 다른 점도 있었다. 당시 집안형편이 어려웠기 때문에 장남인 그분은 전쟁 이전에 일본 초등학교만 다녔을 뿐 그 후 아버지와 같이 노동에 참여했다. 나중에 몇 년의 야학에 다녔다. 전쟁 이전에 민족운동 조직에 참가했기 때문에 일본 경찰에게 체포되어 2년 반이나 감옥생활을 했다. 출옥한 후에도 몇 년 동안 경찰의 감시 대상이었다. 전쟁이 끝날 당시 스물일곱 살이었고 나는 불과 열세 살이었다.

전쟁 이후에 형편이 어렵고 한국에 머물 곳이 없어 그분은 한국에 돌아가지 못했었다. 이 점은 우리 가족과 비슷했다. 그분이 "전후 초기 많은 동포가 조국에 돌아갔기 때문에 재일조선인과 재일한국인은 원래의 240만 명에서 70만 명으로 감소되었다. 우리 가족도 한국에 돌아가려는 뜻을 포기하지 않았지만, 객관적인 조건 때문에 한국에 돌아갈 숙원을 이루지 못했다"라고 했다.

하지만 일본에 거주하던 그분의 처지는 나와 뚜렷한 차이가 있었다. 그분은 일본으로 거처를 옮긴 외국인으로서 그 나라에서 한 번도 민족교육을 받지 못했다. 2차 세계대전이 끝난 후의 일본에는 여전히 민족교육을 받을 조건과 환경이 없었다. 앞에서 말한 것처럼 '재일조선인'이 민족의 힘으로 민족학교를 세웠지만 일본 정부에서 그들의 학력을 인정해주지 않았다. '재일한국인'인 그분은 더더욱 민족교육을 받을 기회가 없었다. 나와 아주 큰 차이였다. 그래서 그분은 일본에 간 후에 한국에서 배웠던 한국어를 다 잊어버렸다. 일본말만 할 줄 알았다. 생활습관도 변했다. 하지만 그분은 일본 국적에 가입하지 않았고 한국 국적을 그대로 가지고 있었다. 그들은 여전히 공민권이 없는 해외교포였다. 경제적으로 예전보다 많이 나아졌지만 그래도 서비스 오락업이나 토목건축업, 작은 가게를 운영하는 정도의 일만 할 수 있었다. 그분은 토목건축 공사현장의 노동자 출신이다. 이런 일만 할 수밖에 없었던 것은 일본의 민족차별과 민족동화정책 때문이라고 했다.

재일사회의 또 다른 특징은 한반도 남북분단의 영향을 받아 재일한국인과 재일조선인은 두 파벌로 나뉘었다. 반세기 이래 조선 민족 내부에서 계속 치열하게 싸워왔다. 가끔 총칼을 휘두르는 행동도 있었다. 한 파벌 안에서 좌파와 우파의 싸움도 있었다. 그분이 "재일사회의 남북대립은 조선반도 남북대립의 축소판이다. 이것은 같은 민족 해외동포의 내부대립이 아닌가? 일본의 침략으로 주권을 잃고 백성들이 도탄에 빠져 고향을 떠나 일본에 도망 왔는데 일본에서 같은 민족끼리 서로 반목하고 목숨 걸고 싸우다니…… 내가 민단 기반조직을 세웠을 때 쌍방에서 무력싸움이 일어 총칼로 사람을 죽였다. 이와 같은 동포 간의 싸움 때문에 내 모든 정력과 꿈은 엉망이 되었다"라고 했다. 한반도의 냉전문제는 어르신을 평생 괴롭혔다.

통화 긴축의 위기 아래

다자이후에 왔을 때 마침 일본 경제가 불경기에 접어들어 통화긴축에 들어간 시기였다. 그래서 물가가 몇 년 전보다 얼마간 하락되었다. 아내가 후쿠오카의 물가가 간사이 지역보다 낮다고 했다. 우리에게는 좋은 일이었다. 소비자들에게는 통화긴축이 생활에 도움이 되기 때문이었다. 하지만 많은 일본 중소기업은 통화긴축 때문에 매우 힘들다고 했다. 아내는 수학을 가르쳤기 때문에 숫자에 아주 예민했다. 아내는 3년 전의 교토 타카바쵸우鷹場町 마트와 지금 다자이후의 고조五條 마트의 물가에 대해서 조사했다. 목면두부木綿豆腐 400그램은 98엔에서 48엔으로, 돼지고기 100그램은 150엔에서 78엔으로, 뱀장어구이 한 봉지는 500엔에서 380엔으로, 겨울의 오이가 3개에 198엔에서 129엔으로, 딸기 한 통에 600엔에서 398엔으로 가격이 떨어졌다고 했다. 특히 중국 수입품은 더 쌌다. 예를 들어 파 3개에 중국산은 98엔인데 일본산은 158엔이었다. 마늘의 가격 차가 더 컸다. 3년 전의 간사이와 비교하면 소비자물가가 10% 넘게 떨어졌다.

하지만 다른 한편으로 통화긴축은 대학교를 포함한 생산자와 공급자에게 부정적인 영향을 끼쳤다. 나는 통화긴축과 불경기 문제가 교육사업에 가져온 어려움을 몸으로 직접 느꼈다. 일본의 사립대학교는 몇 년 동안 학생 수가 감소됨에 따라 '학비수입'이 급감하여 적자경영의 대학교가 잇달아 나타났다. 주로 학생들이 납부한 학비로 유지한 대학교가 도산하는 위험을 겪었다. 그 이유 중 하나는 일본의 대학교 수가 빠르게 증가된 반면에 '소자녀화少子女化'로 출산율은 낮아져 대학교가 상대적으로 과잉되고 학교 교육의 질은 떨어졌기 때문이다. 지쿠시조가쿠엔대학교는 아시아 경제발흥의 붐을 타고 세워졌는데 지금 아시아경기가 후퇴함에 따라 각 대학교 간 경쟁이 갈수록 격화되고 있었다. 교수들이 직접 근처 고등학교 졸업생들에게 강연과 홍보를 했다. 아시아학과 교수의 수도 줄었다. 따라서 후쿠오카에 방문했을 때, 일본 경기의 활력 회복이 급선무라는 생각이 들었다.

일본에서 당대 중국을 생각하며

내가 사는 곳은 도서관과 가깝기 때문에 자주 이용했다. 그때 역사문헌을 많이 읽었다. 일본에서는 시민도서관의 역할이 아주 크다. 나는 다자이후에 온 후에 '당대 중국문제 재고 시리즈 논문'을 완성할 연구계획을 세웠다. 이 연구계획을 완성하기 위해 대학교의 연구경비 외에 시민도서관의 문헌들도 많이 이용했다. 도서관에 없는 자료라도 리스트만 작성하면 일주일 안에 다른 도서관의 책을 상호대차로 빌릴 수 있었다. 책이 도착하면 전화나 팩스로 알려 주었고 대여 기간은 한 달이었다. 내가

그 사이에 발표한 논문은 10편이었다. 「중국의 신민주주의 사회 재고 –
중국 사회주의 발전계단 재고」, 「중국 '비자본주의도로' 문제에 대한 생
각 – 신민주주의인가? 포퓰리즘인가?」, 「중국 개혁개방의 사상기원재론再
論 – 중국 당중앙위원회 제11기 제3차 전체회의에 대한 생각」, 「중·일교
류 2000년 역사 약론 – 중국의 일본 인식을 중심으로」, 「중국 사회주의
시장경제론 재론 – 덩샤오핑 1992년 '남순' 재고」, 「중국 지역 간 소득격
차문제에 대한 생각」, 「중국 조선족 및 그들의 생활문화 – 과경跨境민족
문화의 변이에 대한 연구」, 「동북아시아 '탈냉전시기' 및 조선의 새로운
외교전략」, 「중국 문명의 현대 특징에 대한 시론 – A. j. Toynbee 문명관
과의 대화」 등이 있다.

　이상의 논문들은 몇 년간 현대 중국 문제에 대한 내 연구의 총결이었
다. 원래 일본에서 1984년 이래 일본 출판물에 발표한 논문을 비롯한 총
19편의 논문과 『현대중국경제론』(교토 현문사, 1984)이라는 책을 엮어 논문
집을 내려고 했는데, 출판사 측에서 먼저 회고록을 출판해 달라고 요구
해서 논문집을 출판하려는 내 소원은 이루지 못했다. 하지만 나에게 위
로가 된 것은 그 후 도쿄에서 출판된 《중국관계논설집》(계간)에 9편의 논
문을 등재해 준 것이었다. 출판사의 담당자 사카시 게오向坂成夫 씨가 내
논문을 등재할 때마다 매번 동의를 구했다. 이 출판물의 법인 명칭은 '일
본논술자료보존회'였는데 중요 문헌을 영구 보존하는 민간조직이었다.

　지쿠시조가쿠엔대학교에서는 연구 작업에 있어 교수에게 매년 논문
몇 편을 발표해야 한다는 구체적인 요구가 없었다. 일본에서 교수의 능력
은 보통 명문으로 규정하지 않고, 주로 발표한 학술논문과 저작을 통해서
판단한다. 그렇기 때문에 교수들에게 자각성이 필요했다. 어느 날 학과장
인 고야마小山 교수가 내 연구실에 와서 공자의 『논어』에 나오는 '칠십이종

심소욕七十而從心所欲(일흔이 되어서는 무엇이든 하고 싶은 대로 한다)'이라는 말을 증언으로 나에게 주었다. 내가 논문을 매년 2편 이상을 쓴 것에 대한 평일 것이다. 그는 불교사상을 연구하는 50세 넘은 승려교수였다. 나는 그에게 '오십이지천명五十而知天命(쉰 살에는 천명을 안다)'이라는 말로 답했다.

내가 일본을 떠나기 전에, 시민도서관에서는 책 80만 권을 빌린 기념행사를 열었다. 나도 가서 축하해 주었다. 거기서 일본어로 출판한『동북아시아와 동행하여─중국 조선족의 '삼국지'』라는 내 책도 서가에 진열되어 있는 것을 봤다. 도서관을 애용하는 독자로서 아주 기뻤다.

한반도 남북문제 토론─도쿄회의

일본 생활을 마치고 중국에 돌아가려 할 즈음에, 한국 정부 통일부의 서동훈 과장으로부터 7월 4일 도쿄에서 개최할 조선민족 통일문제 세미나 참석 요청을 받았다. 이번 세미나는 한국 정부에서 주최하는 제12회 국제심포지엄이다. 한편 7월 4일은 '7·4남북공동성명'을 발표한 지 30주년이 되는 날이기도 했다. 당시 한국의 제15대 대통령인 김대중 대통령은 대북포용정책, 즉 '햇볕정책'을 실시하며 역사적인 남북정상회담을 실현했다. 같은 해 12월에 김대중 대통령은 노벨평화상을 받았다. 이번 국제회의의 중요한 의미는 많은 해외동포를 동원하여 그들과 함께 한국의 평화통일정책을 성원하는 데 있다. 통일부 정세현 장관이 나에게 정식 초대장을 보냈고 나에게 회의 기조보고基調報告를 해 줄 것을 요구했다. 그래서 나는 '한반도 냉전구조 분석─해외동포의 기대와 바람'이라는 제목으로 한국어로 준비했다. 회의 직전에 한국 서해안에서 돌발사태가 발생해 정세현 장관은 회의에 참석하지 못했고, 남북정책 이봉조 실장이 참석했다. 한국 외교통상부 장윤영 부장도 왔다. 나는 중국에서 이봉조 실장을 본 적이 있었는데 그분은 유명한 '조선통'이다. 이봉조 실장은 "포용정책이야말로 고명한 정책입니다"라고 했다.

나는 회의에서 한반도 냉전 상태에 관한 '두 가지의 악순환론'을 거론했다. 첫 번째는 미·조 간의 '불신임의 악순환'인데 이 문제의 초점은 한반도의 비핵화문제였고, 두 번째는 남북 간의 '협박악순환'인데 이 문제의 초점은 두 번째 조선전쟁을 피하는 문제였다. 그리고 조선 체제개혁의 어려움에 대하여 언급했다. 이상의 세 가지는 바로 한반도 냉전구조의 기본 특징이었다. 나는 이런 문제를 해결하려면 먼저 미국이 조선에 대한 적대 정책 및 조선과 미·한 간의 불신임문제를 없애야 한다고 지적했다. 이 일은 가장 어려우면서도 가장 중요한 문제였다.

한편 세 가지 문제는 서로 관련되고 제약을 하는 '역학관계'를 가지고 있었다. 본질적으로 볼 때 조선은 미국의 군사위협 아래 장기적으로 '전략방어태세'에 처했다. 조선의 정책은 상대적인 안정성을 유지하고 있었다. 따라서 김대중의 대북포용정책은 아주 현실적인 전략 선택이었다.

어떤 대표가 내 발언에 대해 반대 의견을 제출했다. 조선이 전략방어태세에 처했다는 점, 조선의 내외 정책이 비교적 안정되었다는 점, 조선이 정말 무력으로 통일하는 전략을 포기할 것인가 하는 문제, 조선 개혁개방 가능성 문제 등이었다. 나는 질문에 답하면서 마지막에 "한반도 문제에 있어 이미 노벨평화상을 받은 정치가 두 명이 나타났습니다. 한국의 김대중 대통령과 전 미국 카터 대통령입니다. 세 번째는 누가 될까요? 저는 세 번째 노벨평화상의 영예를 조선민주주의인민공화국이 받으면 좋겠습니다"라고 했다.

그들은 내 말투를 듣고 조선 북쪽의 말투인 것을 알았다. 한 대표는 내가 조선에서 태어났고 조선을 방문한 적이 있는 것도 알고 있었다. 그래서 그들은 내가 '친북파'라고 생각했다. 회의에 참석한 많은 대표는 한국 정부의 공무원이나 재일한국인 학자였다. 게다가 회의는 '민단' 본부 대강당에서 개최되었다. 나에게 이번 회의는 일본에 있는 동안에 참가한 마지막 국제회의였다.

나의 고별 증언

귀국 직전 내가 후쿠오카에 있었을 때 일본 동아시아학회와 중·일관계 학회에 참가했다. 그들은 내가 곧 귀국할 것을 알고 일본에 체류한 10년 동안의 소감을 얘기해 보라고 했다. 강연회는 후쿠오카 시에서 개최했다. 세이난가쿠인대학교 경영학부 다치이시 요시立石揚志 교수가 '천신사룡天神沙龍'의 명의로 회의를 주재했다. 나는 '일본에 대한 인식－작별 증언 십조'를 주제로 강연했다. 내용은 아래와 같다.

 (1) 중·일 양국, 하나는 아시아대륙의 나라이고 하나는 바다를 사이에 두고 마주 대하는 섬나라이지만 근대 이전의 긴 역사시기에 양국은 한자문화권에 공존하고 있었다. 이것이 바로 중·일관계 2천 년 역사의 특징이다. 기나긴 중·일관계 역사는 주로 중국과 일본의 우호 교류와 중국 고대문화가 일본문화에 끼친 영향이었다.
 (2) 근대에 들어와서 서양 자본주의의 충격과 압제 아래에 일본은 점점 중국문화권에서 벗어나 근대 자본주의 열강에 들어감과 동시에 중국에게 극심한 재난을 주었다. 한자문화권의 '영수'인 중국은 반식민지 반봉건사회가 되었다. 근대에 들어선 중·일 양국은 완전히 다른 길을 택했고 결국 다른 운명을 만났다.

(3) 거의 비슷한 역사 배경 아래 동북아시아에 속한 중국과 일본 두 나라가 왜 완전히 다른 길을 걸었을까? 역사상 중국과 일본은 '모문명(母文明)'의 '자문명(子文明)'에 대한 관계였다. 세상의 모든 사물은 양면성이 있다. 고대의 중국은 진보적이었지만 근대의 중국은 고대 중국인의 보수적인 의식을 버리지 않았고 제자리에서 답보하여 '역사의 부담'이 되었다. 일본은 중국의 문화를 무조건 받아들이지 않았고 본국 문화의 독특한 우세를 창출했다. 19세기 후반 일본은 근대 자본주의 산업문명의 역사적인 충격에 아시아에서 먼저 관념을 혁신하여 서양식의 유신변혁을 통해 중국문화권에서 벗어났으며, 성공적으로 도약적인 자본주의 공업화와 군사화를 실현하고 아시아의 유일한 자본주의 강국이 되었다. 이것이 바로 일본의 '탈아입구(脫亞入歐)' 발전방식이었다.

(4) 하지만 서양 자본주의 문명도 양면성이 있다. 역사의 진보를 추진시키는 면이 있는 반면에 확장하고 침략하는 면도 있다. 역사의 변증법은 일본을 중국에 대한 숭배에서 반목으로 변하게 하였고, 다시 반목에서 멸시로 변하게 되었고, 마지막에 중국을 침략하여 중국과 철저히 결별하였다. 바로 갑오전쟁 이후의 50년, 만주사변 이후의 15년 동안 일본이 중국을 침략한 역사는 중·일 2천 년의 교류역사 속의 매우 불행한 역사였다. 중국인과 일본인은 이와 같은 근대 역사를 잊어버리면 안 된다.

(5) 일본은 '아시아해방'과 '대동아공영권(大東亞共榮圈)'을 설립한다는 명의로 침화전쟁(侵華戰爭)을 일으켰다. 일본은 '탈아입구(미)', 즉 서양 자본주의 도로를 통해서 현대화를 실현하여 서양 제국주의 열강권에 들어가게 되었다. 그 후 일본 통치자가 아시아의 맹주로 자처하고 서양 각국과 아시아에 대한 통치권을 쟁탈했다. 이로써 일본은 서양 국가의 새 경쟁상대가 되었다. 이것이 바로 일본이 '대동아공영권'을 제출한 배경이었다. 결국 태평양전쟁을 일으키는

방향으로 나아가게 되었다. 따라서 1930년대 일본의 '흥아주의(興亞主義)'는 사실상 19세기 '탈아주의'의 복제판이었을 뿐이다. 그것들의 공통점은 바로 아시아를 경시하고 통제하려는 망상이었던 것이다. 아시아의 일원인 일본이 이렇게 아시아를 경시하는 짓은 일본 역사상 가장 불명예스럽고 부도덕한 죄상이었다. 일본인이 오늘날까지도 조선인과 다른 아시아인을 경시하는 이유가 바로 여기에 있다.

(6) 2차 세계대전이 끝난 후 일본은 다시 전쟁의 폐허에서 재기하고 미국 군사력의 보호를 통해 전 세계 사람들이 주목한 아시아의 유일한 경제대국으로 발전하였다. 현대판 '탈아입미'의 길이라고 할 수 있다. 한편 신중국은 20여 년의 우여곡절 과정을 겪어도 여전히 세계의 조류에 뒤떨어졌다. 1970년대 후반부터, 즉 20세기의 마지막 20년부터 21세기인 오늘날까지 중국은 사상혁신과 체제개혁의 두 번째 혁명을 겪었고 사회주의 현대화의 발전도로에 진입하게 되었다.

(7) 중국은 왜 사회주의 노선을 택했을까? 중·일 문화교류의 유구한 역사 속에 특히 20세기 초에 일본을 배우는 유지지사가 많이 나타났다. 일본 유학 열풍이 불었던 때가 바로 그때였다. 중국 혁명지부(革命之父)라고 불린 쑨원, 일본 군사를 배웠던 장제스(蔣介石), 센다이의과전문학교(仙台醫科專門學校)에서 공부했던 중국 대문호 루쉰(魯迅), 큐슈대학교에서 의학을 배웠던 중국의 유명한 시인이자 정치가인 궈모뤄(郭末若), 그리고 일본 유학의 꿈을 이루지 못했던 저우언라이 총리 등 많은 젊은 정치가와 유지지사가 중국을 구하기 위해서 일본에 왔다. 하지만 마오쩌둥은 이렇게 말했다. "중국이 서양을 배우려는 꿈은 일제의 침략으로 산산조각이 났다. 스승이 왜 제자를 침략했을까? 중국인이 서양을 따라 많이 배웠는데도 꿈은 이루어질 수 없었다. 전국적인 규모의 신해혁명을 비롯해

여러 번 투쟁을 했는데 다 실패했다. 나라의 상황이 나빠졌고 백성들은 살기 힘들어 점점 의심이 생기고, 커지고, 발전했다."(「인민민주전정을 논함」, 『마오쩌둥선집』 제4권, 인민출판사, 1991, 1470쪽) 여기에서 스승이 제자를 침략했다는 말은 발전한 자본주의 국가가 중국을 그들의 식민지와 반식민지로 만들기 위해 중국의 독립과 부강을 막으려고 했다는 뜻이다. 이상이 바로 중국의 많은 지식인과 정치가가 1917년의 영향 아래 사회주의의 길을 택했던 역사배경이다.

(8) 이와 같은 새로운 정세 아래 사람들이 다음과 같은 의문을 던졌을 것이다. 30년 이래의 '중국의 기적'을 어떻게 설명할까? 중국과 일본의 관계가 어떻게 변해 갈까? 중·일관계의 전망이 어떻게 될까? 근현대 역사발전의 공동 길은 바로 시장경제체제 아래에 산업화와 현대화를 실현하는 것이다. 21세기 세계의 전체적인 특징은 바로 세계경제의 일체화와 국제화이다. 세계경제 국제화는 전례 없는 새로운 기회와 도전이다. '약육강식'의 치열한 경쟁은 여전히 이 세상의 생존 환경이다. 경제 국제화는 총소리 없는 신식 전쟁이다. 국제화의 진행과정에 여전히 치열한 경쟁이 존재한다. 중국과 일본의 관계도 이와 같이 협력 속에서 경쟁하고 경쟁 속에서 협력하는 것이다.

(9) 중국에서 '발전은 확고한 이치'라고 생각해서 부민강국(富民强國)의 길을 걸어감으로써 국가를 중국적 특색의 사회주의 현대화 강국으로 건설하기 위해 노력하고 있다. 중국의 모든 작업은 '경제발전'의 주제를 둘러싸고 있다. 평화롭고 안정된 세계 환경이 필요하다. 중국은 앞으로도 계속 평화적으로 발전하는 길을 걸어갈 것이다.

(10) 중·일 우호교류는 양국 국민 공동의 이익과 소원을 반영한다. 중·일 양국은 공동으로 세계경제 국제화의 난제에 직면해 있기 때문에 두 나라가 경쟁도 해야겠지만 협력도 해야 한다. 같이 경쟁공존

(競爭共存)과 합작공영(合作共贏)을 실현하기 위해서 노력해야
한다. 중·일 양국은 아시아합작공존의 모범이 되기 위해 앞으로도
중·일 우호교류를 발전시켜야 한다.

마지막으로 나는 "우리 함께 미래를 향해 동북아시아와 중·일관계의
새로운 서광을 맞이합시다. 안녕히 계십시오, 일본 친구들!"라고 했다.

'한류' 중의 조씨 가족

경제가 국제화되면서 인류가 생활하는 지구 공간이 점점 작아지고 국
경의 장애가 약화되었다. 따라서 중국 조선족들은 빈번하게 한반도와 다
른 나라에 가서 부지런히 일했다. 전례가 없었던 일이다.

개혁개방 이래 중국의 조선족 사회에 큰 변화가 발생했다. 그들은 태
어난 곳을 떠나 대도시와 관내 각 지역에 가서 일하기 시작했다. 지금의
산동반도, 랴오닝반도, 베이징·톈진 등 환발해 지역은 조선족 사람들이
새 생활을 도모하는 곳이 되었다. 옌벤 등 조선족이 집중되어 있던 곳의
많은 농민들이 농촌을 떠나 도시로 갔다. 조선족 전통의 농경사회가 해
체되고 재편성되었다. 특히 조선족은 한국과 다른 나라에 가서 친척 방
문, 노무, 취업, 진학, 결혼 등 활동이 활성화되면서 출국 인구가 많아졌
다. 두세 가정에 한 명이 외국에서 일하거나 생활한 적이 있거나 지금
외국에 있는 사람이 있다고 들었다. 조선족 사회경제구조의 커다란 변화
에 따라 사람들의 생활수준과 문화적 자질이 보편적으로 개선되고 향상
되었다. 한편 부정적인 영향과 사회문제도 조선족 사회에 내포되어 있
다. 조선족 사회는 유례없는 역사적인 기회와 도전을 겪고 있다.

우리 가족도 예외가 아니었다. '국경의식'이 가장 강한 분은 내 조부와 아버지였다. 하지만 개혁개방 이래 우리의 '국경의식'은 갈수록 희박해졌다. 젊은 사람이나 나이가 든 사람이나 '돈만 있으면 나가겠다'고 생각했다. 한국 정부에서 60세 이상의 '노인 동포'에게 제한을 완화하여 배려해주고 심지어 무조건비자를 주었다. 지안 교외에 살고 있던 명옥 동생이 나에게 한국에 가서 딸을 시집보낼 돈을 벌고 싶다고 했다. 나는 지인을 통해 그를 한국에 나가게 도와줬다. 한국에서 중국의 야채 재배기술을 가르쳤는데 아주 순조롭다고 들었다. 비자의 유효기간이 3개월짜리만 있기 때문에 매번 3개월씩 일할 수밖에 없었다. 비자를 신청할 때마다 중국과 한국을 오가야 했기 때문에 아주 힘들어 했다. 우리 가족의 100여 명 친척 중에 이미 한국에 정착한 친척은 8명이다. 그중에서 세 명이 한국 젊은이와 결혼했다. 한국에서 단기 거주해서 일하고 돈 버는 사람은 30여 명 있다. 앞으로 더 많이 증가할 거라고 생각한다. 한국에서 일하고 돈을 벌면 그들의 생활수준을 높이는 데 도움이 되겠지만, 예상치 못한 어려움과 불편함도 겪을 것이다. 그들이 한국에서 건강하고 행복하게 살기만 바란다.

　이상으로 내 만년 생활의 회고를 마친다. 하지만 몇 가지의 일을 더 보충하고 싶다.

　첫 번째의 일은 내 일본어 번역판 회고록이 출판된 후 창춘시 조선족 노인협회에서 독서회를 조직한 것이다. 독서회에 참석하신 분들 모두 나보다 연세가 많으셨다. 어떤 분은 80세를 넘으셨다. 독서회에 참석하신 분은 채규억 회장님, 전 옌볜조선족자치주 법원장 윤수범, 창춘시 지방지 조선편 편집위원 변철호, 이미 돌아가신 지린성 인민대표당위원회 사무실 주임 박춘식, 창춘시 콴청구 조선족관리공작위원회 주임 윤영학 등 조선족 노간부 10여 명이 있었다. 그들은 모두 미리 420페이지의 일본어 번역판을 읽었다. 그들은 독서회에서 자신의 경력을 결합하여 조선 민족의 유구한 역사전통을 마음껏 이야기했고 중국 조선족이 공산당의 지도 하에 발전한 우여곡절의 역정을 회고하는 동시에 일본이 조선과 중국을 침략한 하늘에 사무치는 죄악을 비판했다. 그들은 내 인생 자술에 적절한 평가를 해주고 부족한 점도 지적해 주었다. 그들은 책에서 일본 우파 정치가들이 아시아를 침략한 사실을 부정한 것에 대한 비판이 부족하다고 하고 어떤 역사개념은 적절하지 않다고 지적했다. 예를 들어 일본이 조선을 병탄한 일에 쓴 '일·한합방' 용어는 일본인의 거짓 설법이기 때문에 이 개념을 다른 용어로 바꾸거나 따옴표로 표기해야 한다고 지적했

다. 83세의 채 회장님이 "이 회고록은 우리가 조선족 역사를 이해하는
데 큰 도움이 된다. 문헌적 가치를 가지고 있어. 특히 조선족 청소년들이
우리의 과거와 현재를 이해할 수 있도록 한국어나 중국어로 번역해서
출판하면 좋겠어"라고 하셨다. 나는 그분들의 지지와 격려에 대해 깊이
사의를 표한다.

두 번째 일은 지린대학교 조선족 이직휴양·퇴직교원 친목회의 김순
조, 김인훈 교수가 이 책을 쓰는 과정에 조선족 역사문제를 쓸 때 마땅히
주의할 문제를 나한테 건의하고 중요한 역사자료를 제공한 것이다. 1950
년대 초 공안 부문에서 사인한 조선인 '거민증' 원본은 김순조 선생이 제
공한 것이다. 신중국 수립 후 조선족 변천과정이 비교적 복잡하므로 실
사구시적으로 설명해야 한다고 인정했다. 이 친목회의 대부분 회원은 지
린대학교 이과 각 학부의 이직·휴양·퇴직 교수들로서 도합 30여 명인데
매달 한 번씩 연환모임을 가진다. 노인의 심신건강과 정보교류에 모두
중요한 의의가 있다. 나와 마누라도 이 친목회의 성원으로서 그들의 관
심과 지지에 감사를 표시한다.

세 번째 일은 일본어판 회고록이 일본에서 출판된 후 일본 독자들과
매스컴의 관심을 받게 된 것이다. 규슈대학 아시아문화학과에서 수업을
맡은 마츠모토 하쿠분松本博文 교수는 이 책을 참고서로 삼았다. 선생은 "나
는 이 『나의 삼국지』를 학생을 교육하고 아시아 근현대사를 이해하는 참
고서로 삼는다. 학생들로 하여금 일본 근대 역사를 새롭게 사고하도록
하기 위해서다"라고 말했다. 마츠모토는 일찍이 나에게 회고록을 쓰라고
건의한 분이다. 그는 편지에서 학생들의 『졸업논문집』을 정리하는 중에
『나의 삼국지』에 대한 평론을 쓴 학생의 글도 보았다고 했다. 나는 일본
독자들과 매스컴의 적극적인 평론을 계속해서 보았다. 주요 논점에 대해

종합적으로 소개하면 다음과 같다. 서평을 실은 매스컴들로는 〈조일신문〉, 〈서일본신문〉, 〈주간도서인〉, 〈도서신문〉 등과 잡지 《월간박다博多》, 《축자창취筑紫蒼翠》 등이다. 여기에 실린 평론들은 주요 초점을 다음의 몇 가지 점에 두었다. 첫째는 중국 조선족의 민족의식 특점과 조선인, 한국인의 구별 문제, 둘째는 위만주국 시기의 중·일·조 관계와 조선 민족의 역사인식, 셋째는 신중국이 수립된 후 조선족의 변천과정 및 민족의식의 변화 그리고 신중국 수립 전후 중국 조선족의 변천 역사에 대한 일본 독자들의 짙은 취미, 넷째는 작자의 불우한 경력과 중국 현대사 중 일부 중대한 사건인식에 대한 것 등이었다.

이를테면 오사카 시립대학의 이름난 경제학 교수 사사키 신쬬佐佐木信彰는 「중국 조선족 일생기 — 역사의 증인」 서평에서 이렇게 말했다. "작자는 문화대혁명 등 고난의 정치동란에서 없어야 할 정치박해를 받았고 중국 사회의 민족 편견으로 여러 가지 괄시를 받았다. 중국인들은 언제나 '민족여과기'로 그의 언행을 관찰하는 것 같다. 그러나 작자는 종래로 중국 귀속의식을 잃지 않았고 자기의 확고한 정치이념에 동요하지 않았다. 그의 주체의식은 깊은 민족의식과 견정한 중국 의식의 유기적인 통일체이다." 교수는 이어 말했다. "작자는 두 번이나 조선을 방문했지만 가보고 싶었던 출생지에는 가지 못했다. 그는 중국의 이름난 학자로서 여러 번 한국을 방문했다. 그러나 그의 느낌에는 그 나라가 자기의 조국이 아니다. 작자의 불우한 인생 자서전은 일본인들이 중국 조선족 및 현대 중국사를 이해하는 한 부의 역사교과서이다"(〈주간독서인〉, 2003년 6월 27일). 또 이를테면 재일한국인으로서 이름난 경제학자 박일 교수가 지적했다. "이 회고록은 20세기 중국 조선족의 역사증언으로서 중국 조선족 문제에 대한 귀중한 연구성과이다. 작자의 불우한 생애사는 노도와 같은 동북아 근현대사의 축소판이다. 이 회고록의 문헌가치와 학술가치를 중시해야 한다"(〈도서신문〉 2003년 6월 7일).

네 번째 일은 우리나라가 베이징올림픽을 성공적으로 주최한 2008년 여름에 나는 일본 후쿠오카 다자이후 시 지쿠시조가쿠엔 대학교의 일본 방문 초청장을 받아 이 학교 아시아학과 설립 10주년 기념활동에 참가하게 된 것이다. 그들은 나더러 기념대회에서 주지연설을 하라고 했다. 나는 일본을 떠난 지 6년여 만에 생각지도 못한 일로 또 일본을 방문하게 된 것이다. 마누라 도선도 초청을 받았으나 수속이 복잡해서 가지 않았다. 비자제한일은 보름이어서 나는 5일을 머물다 돌아왔다.

그 사이 6년 못 본 동료들은 나를 보고 아주 기뻐하고 열정적으로 환영했으며 일부 졸업생들도 참가했다. 내가 예전에 가르친 학생들 중 이미 결혼한 학생들이 적지 않았다. 두 명의 임신한 학생도 먼 데서 나를 보러 왔다. 그중 한 명이 말했다. "선생님, 저는 남자아이를 임신했습니다. 선생님이 연설하실 때 이 아이가 뱃속에서 움직였습니다. 아마 저처럼 감동을 받았나 봐요." 그 자리에 있던 동학들이 모두 웃었다. 내가 한 연설 테마는 '중국 개혁개방 30년과 중·일관계 비전'이었다.

지쿠시조가쿠엔 대학교에서 내가 연설한 그날 저녁, 그들은 나를 위해 성대한 연회를 베풀었다. 모두들 기뻐하는 통에 연회는 3시간 넘게 지속되었다. 오사小山 총장도 참가하였는데 예전에 아시아학과 학장을 맡은 적이 있어 내가 준 회고록을 읽었다. 그러나 그가 똑똑히 기억하리라고는 나는 생각하지 못했다. 그는 "조 선생의 '삼국지' 이야기를 저는 진작 읽었습니다. 마지막 장의 제목은 '일본이여 잘 있으라'였습니다. 마치 다시 일본에 오지 않을 것처럼. 선생의 '인생 삼국지'에 이번 일본 방문을 보태기를 바랍니다"라고 말했다. 이때 키타무라喜田村라고 불리는 여교수가 말했다. "명년에 조 선생이 다시 일본을 방문하도록 총장께 건의할 겁니다. 그때 보태도 늦지 않을 겁니다!" 기념대회에서 사회를 본 요코야마 교수가 말했다. "어떤 학생은 연설을 듣고 조 선생을 다시 청해 우리에게 강의하도록 해달라고 건의했습니다." 모두들 아주 기뻐한 것 같다.

이번 강연회와 연회는 아시아학과 학장 최숙분 교수가 사회를 보았다. 그녀는 나와 함께 아시아학과 설립에 참가한 중국인으로서 일본 규슈대학 문학부를 졸업한 젊은 박사이다. 그녀는 노학명이라는 한국 교수를 특별히 초청해 나를 동반하게 했다. 노학명은 이 학교 사회복지학과의 교수로서 내가 그 대학에 있을 때 그를 알고 있었다. 그는 원래 한국 수원대학교 교수이다. 나의 연설이 끝난 후 그는 나에게 말했다. "제가 선생의 연설을 들을 때 어떤 교수는 시창짱西藏폭동 문제를 제기했습니다. 그때 저는 선생 때문에 걱정이 되어 심장이 세차게 뛰었습니다. 헌데 선생은 그렇게 떳떳하게 문제에 대답해 저는 찬탄을 금치 못했습니다." 그는 같은 '한민족'으로서 이 문제가 나를 난처하게 하리라 걱정한 모양이다. 나는 그에게 "이 문제는 똑똑히 말 못할 문제가 아닙니다. 중국의 소수민족정책은 시짱에 대한 정책을 포함해 떳떳한 화제입니다. 감출 것 없습니다. 저는 그 교수가 제기한 시짱폭동사건에 대해 아주 고맙게 생각합니다. 그렇지 않으면 저는 이 문제를 설명할 기회가 없습니다"라고 말했다. 나는 학교에서 녹화제작한 DVD를 가지고 귀국한 후 마누라와 천진에 있는 아들 원준에게 보여 주었다. 연설을 듣는 일본인들이 편견만 없다면 내 연설은 설득력이 있을 것이다.

대학의 기념활동이 끝난 세 번째 날 나는 일본동아학회의 초청을 받아 '당대 중국의 경제혁명과 경제과학의 역사사명—나의 학문여행을 회고하여'란 제목으로 학술보고를 했다. 어떤 사람이 물었다. "선생은 선생의 학문여행에서 누구의 사상을 제일 숭배하는가요?" 나는 그에게 알려주었다. 나는 여러 해 이론경제학과 지구경제문제를 연구하여 나의 이론신앙은 '시대와 더불어 발전'하는 마르크스주의이다. 나는 철학을 배우는 동시에 기타 쓸모 있는 학술사상도 배우고 연구한다. 또 물었다. "'시대와 더불어 발전'한다는 것은 어떻게 이해해야 하는가요?" 나는 그에게 알려주었다. "이를테면 마르크스는 일찍 사회주의 계단엔 시장경제가 존재하지 않는다고 가상했지요. 그것은 자본주의 온상이기 때문입니다. 그러나 중국의 경험이 증명하다시피 사회주의도 시장을 이용할 수 있습니다. 이 말은 덩샤오핑이 말한 것입니다. 이 논단은 중국 사회주의 현대화 건설의 새 시대를 열었습니다! 이건 고의적으로 과장한 것이 아닙니다. 시대와 더불어 발전하는 것은 인류가 인식 발전하는 보편적인 법칙입니다." 이것은 미리 생각해 놓았던 말이다. 보고회는 일본동아학회의 도쿠지마 치에이德島千穎가 사회를 보고 오가와 오히라 상무부회장이 참가했다. 회의 후 나를 위해 저녁만찬을 마련했다.

학술활동이 끝난 후 나는 일찍 아내와 같이 4년 생활한 다자이후고쬬太宰府五条 거리에 갔다. 미카사가와御笠川 강변의 시민도서관에 가 『나의 삼국지』가 여전히 역사목록 책꽂이에 있는 것을 발견했다. 도서관은 여전히 깨끗하고 조용하고 질서정연했다. 근년에 많은 새 책이 들어왔는데 그중에는 중국문제에 관한 책도 포함된다.

다섯 번째 일은 새해 봄에 들어와 일본동아학회에서 나더러 논문 한 편 쓰라는 것이다. 학회는 동아학회 설립 20돌을 기념하기 위해《동아연구》라는 전문잡지를 출판하려는 것이었다. 시간이 급하니 두 달 안에 내라고 한다. 그들은 나 개인의 시각에서 '나의 학문여행'을 써주기를 바랐다. 이 제목은 전에 그들에게 강의한 것이다. 그들은 괜찮은 힌트를 주기에 나더러 정리해 학술논문으로 공개 발표하라고 했다. 이것은 나한테 역사 경험을 총정리하는 좋은 기회이다. 나는 이 기회를 빌어 마르크스주의를 배우던 데로부터 마르크스주의를 신앙하게 된 것을 분석하고 다시 마르크스주의를 깊이 연구한 곡절적인 과정을 사고했다. 이데올로기 면에서 당대 중국 60년 역사를 회고하였다. 일본 경제학자들도 이러한 문제에 흥미를 느꼈다. 마르크스경제학설은 종래로 사회주의 국가의 '특허'가 아니며 또 그렇게 되지 말아야 한다.

조선에 살고 있는 조카 해성, 조카딸 경실, 그리고 그들의 가족들.

나의 인생 이야기는 아직 끝나지 않았다. 이야기는 계속된다. 나는 나의 인생 자서전 '후기'를 '후속'으로 고치면 더 적절하다고 생각한다.

나의 '삼국지' 이야기는 조선에서 시작하여 위만주국과 신중국을 거쳐 또 조선반도와 일본을 거쳐 중국에 와 끝맺어야 한다. 그러나 일본 친구

가족사진

가 말한 것처럼 『나의 삼국지』는 계속 이어 나가야 한다. 도대체 언제 어디에서 끝낼지 지금 예측하기는 어렵다. 헌데 나의 회고록은 여기서 끝맺는다. 나는 작년 말부터 쓰기 시작해 이미 네 달 동안 썼다. 확실히 매우 피로함을 느꼈다. 나의 촬영활동과 노인대학 학과목 공부가 지체되었다.

나의 70여 년 생애에서 행운이라고 할 일은 몇 가지 안 된다. 그러나 내가 겪은 시대는 음미할 만하다. 더욱 위대한 새 시대를 맞이하기 위해 먼저 지나간 시대로 '돌아가'야 한다. 우리 민족의 과거를 꼭 이해해야 한다. 새 시대는 낡은 시대에서 탈태해 왔기 때문이다. 우리 민족은 다사다난했던 시대로부터 천신만고를 거쳐 새 시대로 왔다. 역사는 설득력이 있는 것이다. 이런 의미에서 『나의 인생 자서전』의 출판은 행운이다. 나의 생애와 가족사는 조선 민족의 격동의 세월과 중국 조선족의 변천사를 반영했다. 조선민족사를 큰 배경으로 하고 중국 조선족의 변천사를 중심 내용으로 구성하였다. 나의 인생은 '작은 일'이나 반영한 시대는 '큰 일'이다. 이것 역시 『나의 인생 자서전』의 취지이다. 나는 이 회고록을 '한 시대의 증언'으로 독자들에게 드린다.

이 회고록이 다 탈고되었을 때 나는 자기를 알고 남을 아는 과정에서 자기를 아는 것이 더 힘들다는 느낌이 들었다. 나의 만년 회상이 '자아주체의식을 인지'하는 맨 처음에 먹은 생각과 요구에 거의 도달했는지 나는 섣불리 결론을 내리지 못하겠다. 독자들이 졸작에 대한 기탄없는 평론과 많은 가르침을 주기를 간절히 바란다.

동아시아 삼국을 살아온 이야기
-배천 조씨(趙氏)의 디아스포라

　조봉빈趙鳳彬 선생님은 중국 지린吉林 대학교에서 40년간 교수로 재직하
시다가 1998년에 퇴임하셨다. 나는 1991년 초에 지린대학교 교수로 부임
하면서 선생님을 알게 되었던 것으로 기억된다. 해마다 봄이 되면 '조선
족 축제'가 열렸는데, 아침부터 축구와 달리기 등 운동경기를 하고 모여
서 식사하면서 친목을 다졌다. 창춘長春에 살고 있는 조선족은 직장 단위
로 팀을 구성해서 축제에 참가했다. 평소에 서로 볼 일이 별로 없지만,
축제에 가면 선배 교수님들과 그 가족들도 만날 수 있었다. 부임 첫해에
나도 축제에 참가했다. 신참인 나는 조봉빈 선생님을 비롯한 선배 교수
님들을 만나게 되었고, 함께 점심을 먹으면서 하시는 말씀을 귀담아 들
었다. 교수 생활에 잘 적응하기 위해서였다.

　1997년에 나는 한국으로 유학을 오고 그 후로 선생님을 만나지 못했
다. 유학을 마치고 귀국했을 때, 선생님은 벌써 은퇴하셨다. 그리고 2011
년 가을에 나는 한국에 계명대학교 교수로 부임했다. 이듬해 봄에 성균
관대 최박광 교수님을 뵙게 되었고, 조봉빈 선생님의 '자서전'의 번역을

제의받았다. 그 해 여름 방학을 이용해 고향에 가서 조 선생님을 뵙게 되었고 정식으로 번역, 출간을 부탁받았다. 한 때 동료였던 내가 번역하는 것이 다른 사람보다 낫다고 말씀하셨다. 내가 이 책을 번역하게 된 사연이다.

조 선생님은 2003년에 일본에서 《동북아시아를 살다: 어느 코리아계 중국인의 삼국지(東北アジアを生きる : あるコリア系中国人の三国誌)》라는 제목으로 자서전을 출판하셨다. 그리고 2010년에는 일본어판을 보충하여 《我的人生自述: 一个朝鮮族家族变迁史录》라는 제목으로 중국어판을 출판하셨다. 일본과 중국에서 꽤 좋은 평판을 얻었다. 최박광 교수님은 일본어판을 읽으셨고, 이 책은 중국어판을 저본으로 번역한 것이다.

이 책은 평안북도 출신 조봉빈 선생님의 가족사이자 자서전에 해당한다. 이야기는 할아버지 조택제趙宅濟가 고향에서 일제 식민통치에 저항하다가 1913년에 중국 지린吉林성 환런桓仁현으로 망명해 대한독립단에 가입하면서 시작된다. 조봉빈 선생은 1938년 말 6살의 어린 나이에 조부를 찾아 중국에 왔다. 그 후 선생님은 중국과 일본, 그리고 한국에서 격동의 세월을 경험하게 된다. 이 책은 조봉빈 선생을 중심으로 배천 조씨 가문의 백년 이민사 즉 조선족 디아스포라의 삶을 기록한 것이다. 저자가 서문에서 언급한 바처럼, 배천 조씨의 이야기는 한민족의 근대 격동의 역사를 배경으로 중국에서의 '조선족'의 형성과정과 발전사를 역동적으로 보여주고 있다. 거기에는 20세기 한중일 동아시아 3국의 특수한 역사적 흐름이 존재한다. 말하자면 개인사라는 '작은 일(小事)'을 통해 시대의 흐름이라는 '큰 일(大事)'을 다이내믹하게 보여주고 있다.

저자는 중국 조선족의 엘리트 지식인으로서의 뚜렷한 민족의식과 역사인식을 가지고 있다. 일제 식민지시기에 중국으로 건너가 당시 반일운동이 가장 치열했던 동북에서 독립군의 가족으로 살았다. 현지인들로부터는 '얼구이쯔(二鬼子 일제의 앞잡이)'라는 수모를 받으며 '투 패이스(两个脸谱)'의 조선인으로 성장했다. 일본인 학교에서 몰래 한글을 익히다가 고초를 당했지만 민족의 얼을 버리지 않았다. 신중국이 건립된 후엔 '조선족'이라는 새로운 신분으로 중국의 엘리트로서의 입지를 다졌다. 끊임없이 자신의 정체성을 고민하는 선생님의 모습이 인상적인데, 아마 나 자신도 중국에 살면서 늘 그런 고민을 해서였는지 모르겠다. 배천 조씨의 이야기는 디아스포라로서의 중국 '조선족' 지식인의 삶과 번뇌를 솔직하게 보여주고 있다.

번역을 하면서 최대한 원문에 충실하게 뜻과 맛을 살리고자 했으나, 부족한 점이 많다. 또 분량을 줄일 필요가 있어 나의 판단으로 일부 축약하여 번역한 부분이 있는데, 소중한 부분이 누락되지 않았을까 하는 우려도 있다. 미진한 부분은 모두 역자인 나의 몫이다. 훗날 원문 그대로 통으로 출판할 수 있기를 기대한다. 돌이켜보면, 참으로 오랜 시간에 걸친 우여곡절 끝에 이 책을 출간하게 되었다는 느낌을 떨칠 수 없다. 사연은 많았으나 전적으로 나의 나태와 불민함 때문이다. 최 교수님과 조 선생님께 신의를 저버린 것 같아서 송구할 따름이다.

마지막으로 출판 사정이 여의치 않음에도 선뜻 허락해 주신 도서출판 박문사 윤석현 사장님과 섬세한 교정과 편집을 맡아 노고를 아끼지 않으신 박인려 님께 감사의 마음을 전한다.

지담재芝澹齋에서
이춘희 씀